事例で学ぶ
認知行動療法

伊藤絵美 著

誠信書房

＊はじめに

筆者は臨床心理士として精神科医療および産業臨床の現場で認知行動療法を実践した後、現在、認知行動療法を専門とする民間カウンセリング機関を運営する者である。筆者の現在の活動は主に三つあり、一つは現場での認知行動療法の実践、もう一つは認知行動療法の実践家の育成、さらにもう一つは基礎心理学と認知行動療法のインタフェースにかかわる研究である。筆者のなかでその三つはどれも等しく重要な活動であるが、認知行動療法に対する社会的ニーズの高まりを考慮するとなかでも二つめの活動、すなわち専門家の育成は急務である。さまざまな疾患や問題に対する認知行動療法のエビデンスがいくら喧伝されようと、現場で認知行動療法をきちんと実践できる専門家が足りなければ、当事者が認知行動療法から利益を得ることができないからである（エビデンスが見出されているのに、それを受けられないというのは、かえってストレスフルであるかもしれない）。

＊＊＊

筆者自身、認知行動療法を現場で実践しはじめて、たかだか十五年程度の「中堅どころ」である。専門的なトレーニングをしっかり受けたというよりも、現場で試行錯誤しながら自分なりの認知行動療法を作ってきた面も大きい。そのような者が専門家育成に携わるというのは、はなはだおこがましいことであるというのは承知している。しかし認知行動療法に対するニーズの高まりと、それに対する専門家の不足を考えると、筆者のような者でも、「自分にできることは何か」ということを考えざるをえなくなる。そしてそのように考えてみた結果、この数年行っている活動の一つが、認知行動療法に関するワークショップを開催することである。

ワークショップでは主に、認知行動療法の基本的な理論とスキルを受講者の方々に実践的に学んでもらうことを目的としている。そのワークショップを受講してくださった方々から、「事例検討会に出たい」「スーパーヴィジョンを受けて事例について詳しく検討したい」「もっと具体的な事例を知りたい」といったリクエストをいただくことが多い。そこで「事例検討ワークショップ」といった、開催してみたところ、事例そのものを検討するためのワークショップを何度か企画し、開催してみたところ、「認知行動療法の具体的な実践の仕方がわかった」「技法の具体的な運用の仕方が理解できた」といった好意的な反応を多くいただいた。「事例について詳しく知りたい」というリクエストは筆者にもよく理解できる。現場で臨床実践を行うわれわれのような者は、「それを現場の具体的な事例にどのように活かせるか」という実にシンプルな視点を持って、ワークショップや研修会に足を運ぶからである。臨床家にとって「すべては事例に始まり事例に終わる」といっても過言ではないだろう。

ワークショップは専門家育成という点では、非常に魅力的で有効な手段である。しかしワークショップを開催するには多大な労力を要するのと、やはり一度のワークショップにご参加いただけるのはせいぜい数名から数十名程度の人数ということになってしまう、という問題点もある。そこで認知行動療法についてある程度の知識をすでに有し、現場で実践をしようと思っている、事例を中心としたテキストのようなものの助けになるような、事例を中心としたテキストのようなものを書いてみたいと思うようになった。そうして出来上がったのが本書である。本書に紹介されている12の事例は、臨床現場でよくお目にかかるタイプの主訴だったり問題だったりする。そのような主訴や問題に対する筆者のアプローチを、できるだけ具体的に紹介し、参考にしていただきたい、というのが本書のコンセプトである。ただし今「筆者のアプローチ」と書いたとおり、本書の事例はすべて「筆者の認知行動療法」のアプローチでしかなく、それが唯一の正しいやり方であるということでは決してない。読者の方々にお願いしたいのは、本書の事例はあくまで一つのサンプルとして参考にしていただき、自分なりの認知行動療法を作っていっていただきたい、ということである。

　　　　＊　＊　＊

　ところである時期から筆者は自分が担当するすべてのクライアントに対し、専門家育成のために事例を紹介させていただくことについての許可を頂戴することにしているが、このような出版という形になると、多くの人びとの目に事例が触れることになるので、秘密保持という点から、本書においてそのままの形で事例を紹介するようなことは一切行っていない。すべての事例は、筆者がこれまでに経験した複数の事例を、個別の情報を差し替えたうえで再構築したものである。そういう意味では、本書の12の事例はすべて筆者の「創作」による「架空の事例」である。ただし筆者は小説家のような想像力を一切持ち合わせていないので、自分が経験したこと以外のことを書くことはできない。その意味では本書の事例は筆者にとってやはり「まことに生々しい現実の事例」であるとしか言いようがない。どの事例を書きながらも、これまでに担当させていただいたクライアントさんの顔がいくつも思い浮かび、さまざまな思いにとらわれ、執筆が立ち往生してしまったことが多々あった。出版社の方には大変申し訳なかったのだが、これが本書の執筆が遅れた筆者の言い訳である。

　　　　＊　＊　＊

　現場で遭遇する事例は実際には千差万別であるので、本書で紹介する12の事例だけですべてをカバーできるはずは到底ないだろう。「もっとこういう事例について知りたかった」というご要望やご不満があればぜひお知らせいただきたい。また筆者の事例の進め方について、「本当はこうしたほうが良かったのではないか」「こういうやり方のほうが適切ではないか」といったご指摘があればそれもぜひご教示いただきたい。なお「失敗例について知りたかった」というリクエストがあることは十分に予想されるが、本書ではあえて失敗例を取り上げなかった。本

書の事例が筆者の自験例の再構築であるというのがその最大の理由である。（成功例というよりは）「何とか"おとしどころ"を見つけて終結まで持っていけた」事例に比べ、「うまくいかなかった」事例は、筆者にとってより強烈で、個別性が強い。そのような事例を複数まとめて「架空のものとして」再構築するという作業は、今の筆者の力をはるかに超えている。その点、皆様にご理解いただければ幸いである。

＊　＊　＊

上にも書いたが、これまでに担当させていただいた多くのクライアントさんに思いを馳せながらの執筆は、実に複雑な感慨を伴うものであった。臨床家は個別の事例を担当させていただいて初めて「臨床家」という立場として仕事ができ、成長することができる、というごく当たり前のことに改めて深く感じ入った次第である。これまでに一緒に協同作業させていただいたすべてのクライアントさんに感謝したい。最後に、このように遅れに遅れた執筆作業に辛抱強くお付き合いくださった誠信書房の松山由理子さんと佐藤道雄さんに御礼を申し上げる。ありがとうございました。

二〇〇八年七月吉日

著　者

目次

はじめに　i

序章　認知行動療法概説……2

0・1　認知行動療法の基本モデル……2
0・2　認知行動療法の特徴……4
0・3　認知行動療法における構造化……4
　CBT全体の構造化　4
　一回のセッションの構造化　5
0・4　各作業や技法とツールについて……6
　アセスメント　6
　問題の同定と目標の設定　7
　認知再構成法　8
　問題解決法　8
　曝露法（エクスポージャー）・曝露反応妨害法　8
　リラクセーション法　10
　注意分散法　12
　コーピングシート　12

1章　大うつ病性障害……14

1・1　事例Aの概要……14
1・2　CBTの導入期（初回～第5セッション）……16
　全体の進め方の相談（初回セッション）　16
　アセスメント（第2～4セッション）　17
　問題の同定と目標の設定（第5セッション）　18
1・3　CBTの実践期（第6～11セッション）……20
　認知再構成法とは　20
　認知再構成法その1――場面・自動思考・気分の同定　21
　認知再構成法その2――自動思考の検討　22
　認知再構成法その3――新たな思考の案出と効果検証　26

2章 気分変調性障害 34

1・4 CBTの仕上げ期（第12〜13セッション） 27
- 実践期を通じてのAさんの変化 27
- 維持と般化 28
- 再発予防のための話し合いと終結 28

1・5 事例Aのまとめ 29
- 重症の抑うつ状態に対するCBTの導入について 31
- アセスメントの重要性 31
- 認知再構成法の1クール目を丁寧におこなう 32
- 環境（状況，対人関係）にも目を向けることの重要性 33

2・1 事例Bの概要 34

2・2 CRTの導入期（初回〜第12セッション） 37
- 生活歴のヒアリング（初回〜第3セッション） 37
- 発症後の経過のヒアリング（第4〜6セッション） 38
- 活動と気分のモニタリング（第4セッション後に導入） 38
- アセスメント（第7〜10セッション） 39
- 問題の同定と目標の設定（第11〜12セッション） 43

2・3 CBTの実践期（第13〜37セッション） 46
- 両親へのコンサルテーションおよび医師との連携 45
- セラピストの自己開示と，【気分にだまされないぞ】というキャッチフレーズ 46
- 問題解決法とは 48
- 問題解決法の導入 48
- 問題の同定と明確化（ツール6-1） 48
- 問題解決のための認知をととのえる（ツール6-2） 49
- イメージ可能な具体的な目標を設定する（ツール6-3） 49
- 目標達成のための具体的な手段を案出し，評価する（ツール6-4） 52
- 実行計画を立て，行動実験を行う（ツール6-5） 53
- 問題解決法を繰り返し実施する 54

2・4 CBTの仕上げ期（第41〜60セッション） 55

2・5 事例Bのまとめ 59
- 経過の長い事例におけるヒアリングの重要性 61
- セルフモニタリングの効用 61
- サイコロジストが"診断"にどう関与するか 62
- エピソードレベルでの詳細なアセスメントの重要性 62
- CBTの構造化そのものが活性化の"しかけ"として機能する 63
- 協同的問題解決過程としてのCBT 64
- 技法としての問題解決法の有用性 65
- セラピストの自己開示 65

3章 複雑な気分障害 ... 68

- 3・1 **事例Cの概要** ... 68
- 3・2 **さまざまな「うつ」のアセスメント** ... 71
  - アセスメント①――慢性的な抑うつ気分 73
  - アセスメント②――年末年始の"うつ" 75
  - アセスメント③――秋の"うつ" 77
  - アセスメント④――さまざまなきっかけがあって生じる"うつ" 78
- 3・3 **個々の「うつ」への対処法** ... 80
- 3・4 **事例Cのまとめ** ... 84
  - クライアント自身が自分をアセスメントできるようになる効果 85
  - アジェンダにフリートークを入れ込むことについて 85
  - 複雑な主訴は小分けにする 87
  - ツールに外在化することの効果 87
  - 中核信念（スキーマ）に対する介入について 88
- 3・5 **事例Dの概要** ... 89
- 3・6 **軽躁病エピソードへの対応と再発予防** ... 91
- 3・7 **事例Dのまとめ** ... 98
  - エピソードを振り返ってのアセスメントと生涯にわたる再発予防計画 98
  - 躁転の徴候がみられたら 98
  - 主観的評定のコツ 99
  - コーピングシートやコーピングカードの活用 99
  - 自動思考や気分・感情にかかわらず一定の生活リズムを保つ 100
  - 「ふりをする」効用 100
  - 双極性障害を乗り越えたクライアントの変化 100

4章 パニック障害 ... 102

- 4・1 **事例Eの概要** ... 102
- 4・2 **パニック発作と回避のアセスメント** ... 104
- 4・3 **パニック障害の心理教育および目標の設定と技法の選択** ... 106
- 4・4 **各技法の実践** ... 117
  - 段階的曝露 117
  - 認知再構成法 118
  - リラクセーション法 120
  - ストレスマネジメント教育と再発予防のための話し合い 121
- 4・5 **事例Eのまとめ** ... 122
  - 「実験」というアナロジーの活用 123
  - 不安障害では心理教育が特に重要かつ効果的である 123

5章 強迫性障害

「曝露（エクスポージャー）」についても心理教育が要である 124

曝露と他の諸技法との整合性を保つ 125

できるだけ詳細な不安階層表を作成し、曝露のお膳立てをする 126

リラクセーション法はこまめに実施し続けてもらうことが重要 127

5・1 事例Fの概要 128

5・2 強迫性障害のアセスメントと心理教育 130

Fさんの洗浄強迫について 130

Fさんの確認強迫について 132

5・3 曝露反応妨害法の計画と実践 133

強迫性障害についての心理教育 133

曝露反応妨害法の計画 136

曝露反応妨害法の実践 140

半年後の「ぶりかえし」に対するセッション 145

5・4 事例Fのまとめ 147

アセスメントはセラピスト主導で実施し、心理教育につなげる 148

侵入体験をノーマライズする 148

強迫性障害の心理教育と技法の導入について 149

曝露反応妨害法はセッションでしっかりと計画を立ててから実施してもらう 150

言い聞かせ（認知的安全行動）について約束事を決める 150

周囲の人にそっけない返答を依頼する 151

一つの課題をがっちりやればやるほど、その後の展開がスムースになる 151

「ぶりかえし」への対応 152

発症の「原因」の扱いについて 152

5・5 事例Gの概要 152

5・6 診断の確定と心理教育 154

5・7 アセスメントと心理教育 155

5・8 認知に焦点を当てた曝露反応妨害法 157

5・9 事例Gのまとめ 161

病名をめぐるしかけ作り 161

アセスメントシートは便利に使う 162

認知的強迫行為の説明には洗浄強迫のアナロジーを用いる 162

認知に焦点を当てた曝露反応妨害法のポイント 162

6章 社会不安障害・対人恐怖……164

- 6・1 事例Hの概要……164
- 6・2 アセスメントと心理教育……168
- 6・3 問題の同定・目標の設定と技法のプランニング……172
- 6・4 個々の技法の実践……177
  - 曝露 177
  - 問題解決法 178
  - 認知再構成法 180
  - リラクセーション法 181
  - 注意分散法 182
  - Hさんの変化とその後のケースの流れ 183
- 6・5 事例Hのまとめ……185
  - 主訴を作る 185
  - 社会不安障害のクライアントのセラピストに対する態度の特徴 185
  - 「社会不安障害」と診断がつくことについて 186
  - 社会不安障害に対するCBTにおける「仕事」の位置づけ 186
  - 多種多様な技法を適用する際の注意点＝CBTのフルパッケージ 187
  - 「曝露の精神」だけで展開する社会不安障害のケースは少なくない 187
- 6・6 事例Ⅰの概要……188
- 6・7 アセスメントおよび技法の選択と実践……190
  - 主訴の経緯のヒアリング 190
  - 基本モデルを用いたアセスメント 190
  - 注意分散法とリラクセーション法の練習 191
  - 対人関係への段階的曝露 191
  - その後の経過 193
- 6・8 事例Ⅰのまとめ……194
  - 自己臭恐怖や自己視線恐怖の扱いについて 194
  - 対処法を提示することの意味 194
  - 十代後半の男性クライアントとのCBTについて 195

7章 摂食障害……196

- 7・1 事例Jの概要……196
- 7・2 動機づけのための話し合い……198
- 7・3 「体重や食事へのこだわり」に焦点を当てたアセスメントと認知再構成法……200
- 7・4 「自己評価の低さ」に焦点を当てたアセスメントと認知再構成法……204

7・5 事例Jのまとめ 207
　セッションの構造化 207
7・6 事例Kの概要 207
　拒食症クライアントのCBTに対するモチベーションをどう高めるか 207
　こだわりを外在化することによって自我違和的なものとする 208
　体重が回復する際の揺れ動き 208
　「摂食障害」を自己評価の低さへの介入に用いる 208
7・7 モニタリングとアセスメント 209
7・8 マインドフルな食べ方の探求 210
7・9 コーピングレパートリーを広げる 215
7・10 事例Kのまとめ 217
　過食嘔吐に焦点を当てるか、過食嘔吐の要因となっている問題に焦点を当てるか 220
　過食嘔吐の事例はセルフモニタリングが命 220
　「どうすれば"食"を普通のコーピングとして活用できるか」という問いを立てる 220

8章 境界性パーソナリティ障害 222

8・1 事例Lの概要 223
8・2 面接構造が安定するまで 227
8・3 諸問題への応急処置的コーピング 233
8・4 ヒアリング（これまでの生活歴の振り返り） 237
8・5 アセスメント 242
8・6 問題の同定・目標の設定・技法の選択・導入・長期フォローアップ 246
　問題の同定と目標の設定（第43～44セッション）247
　技法の選択と導入 248
　長期フォローアップ 248
8・7 事例Lのまとめ 249
　BPDの認知行動療法の場合、構造化が双方を救う 249
　クライアントの話が逸れてしまった場合の対応 250
　クライアントの生活環境を整えることが先決 250
　「応急処置」という枠組みでのコーピングシートの作成 251
　認知行動療法における「ヒアリング」について 252
　BPDに対するアセスメントの効果 253
　回復過程で親に甘え始めるBPDのクライアントについて 254

参考文献 256

索引 260

事例で学ぶ認知行動療法

伊藤絵美 著

序章：認知行動療法概説

認知行動療法（Cognitive Behavior Therapy；以下CBTと表記することもある）とは、クライアントの抱える心理社会的な問題や精神医学的な問題に、主に認知と行動の両面からアプローチする体系的な心理療法で、その最大の目的はクライアントの自助（セルフヘルプ）を援助することである。CBTではセラピストとクライアントがチームを形成し、協同的に問題解決を図るという特徴的なスタイルを有する。

本書の1章から8章まで紹介する12の事例は、すべて認知行動療法にもとづいて行われたものである。そこでまず、この序章では認知行動療法について概説し、筆者がふだん使っているツール類について紹介する。なお認知行動療法そのものについての詳細は文献を参照していただきたい（たとえば、伊藤〈二〇〇五a、二〇〇六b〉、ベック〈一九九五〉）。

0・1 認知行動療法の基本モデル

図0・1に認知行動療法の基本モデルを提示する。

認知行動療法ではクライアントの体験をこの基本モデルに沿って理解

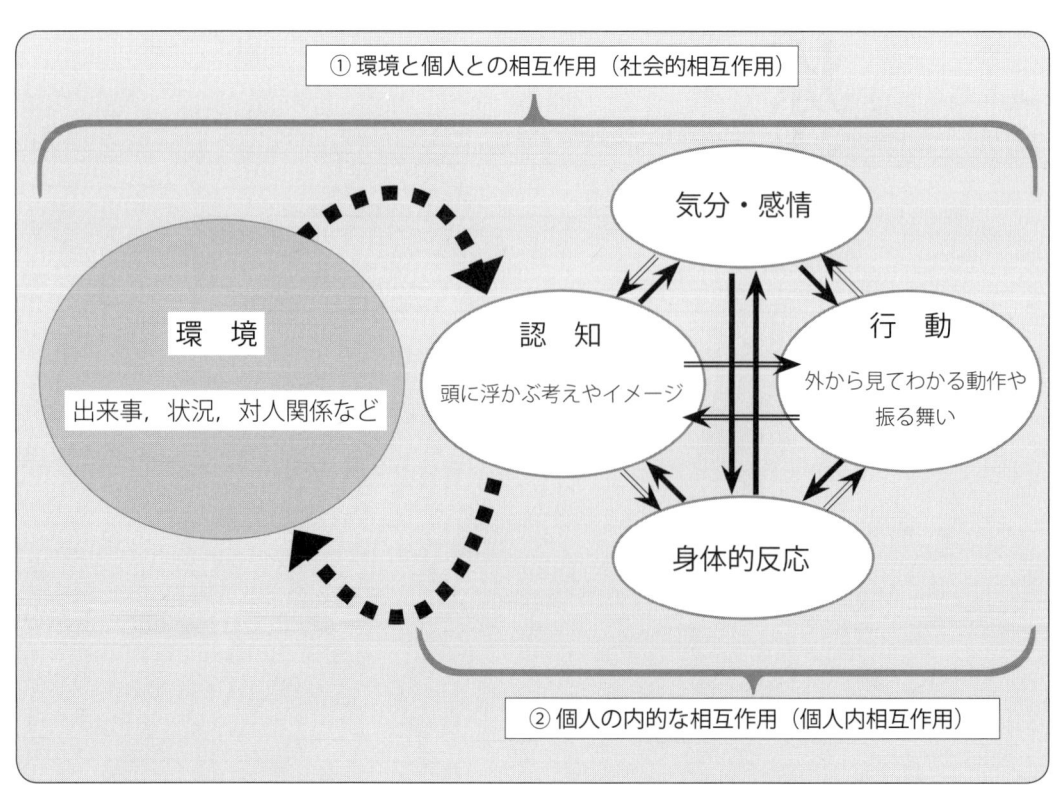

図 0・1　認知行動療法の基本モデル

する。このモデルのポイントは、個人の体験を、①環境と個人との相互作用（社会的相互作用）、②個人の内的な相互作用（個人内相互作用＝個人における認知、気分・感情、身体的反応、行動の相互作用）という二重の相互作用という視点から循環的に捉えようとする点である。その際、②の個人内相互作用の前に、①の社会的相互作用を先に見ることが重要である。つまりその人がどのような環境に置かれているか、その人はどのような状況に反応しているか、その人を取り巻く対人関係はどうなっているか、そちらを先に見るのである。そのうえで、そのような環境（状況、対人関係）に対し、その人自身がどのような反応を起こしているか、それを認知、気分・感情、身体的反応、行動の四領域から整理し、それらの相互作用を捉える。さらにその人のそのような反応が、環境にどのようにフィードバックされるかを把握する。このような認知行動療法の基本モデルを用いてクライアントの体験を循環的に理解することを「アセスメント」と呼ぶ（伊藤〈二〇〇五a〉）。

多くの事例では、この基本モデルに沿ったアセスメントをしっかりと行うことで、認知行動療法を進めていくことができる。しかし場合によっては図0・2に示すような階層的な認知モデルを使って、さらにアセスメントを深めることがある。

スキーマとはもともと認知心理学の用語で、「認知構造」を意味する。自動思考は心の表面（すなわち意識）に浮かんでくる思考やイメージだが、スキーマは心の奥に存在するその人なりの価値観、信念、ルール、思い込みといったものによって構成されている。自動思考を中心としたアセスメントだけではクライアントの体験が実感として理解しきれないとき、「クライアントの根底にどのようなスキーマがあって、それがどのようにクライアントの反応に影響を与えているのだろうか」という問

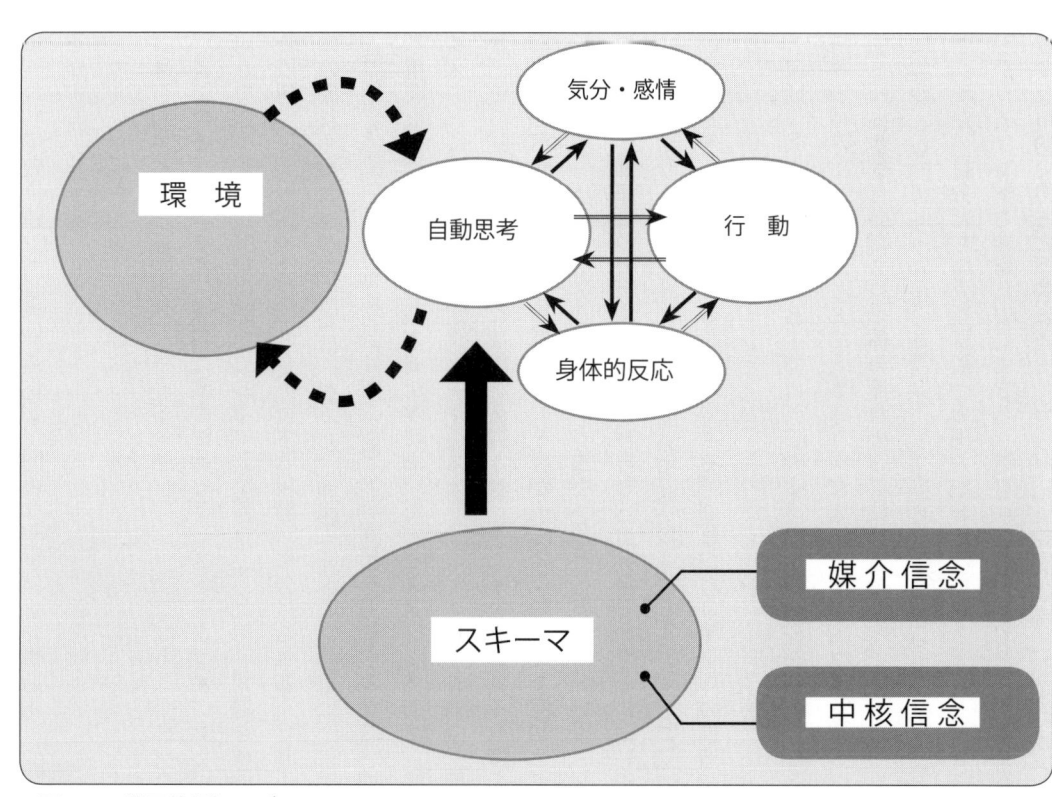

図0・2　階層的認知モデル

いを立て、それをクライアントと一緒に探求することがある。その場合に提示するのが図0・2のようなモデルである。なおベック（一九九五／二〇〇五）は、スキーマをさらに「媒介信念」「中核信念」という階層に分け、詳細に論じている。

0・2 認知行動療法の特徴

認知行動療法における主な特徴は以下の通りである。

① セラピストとクライアントは「問題解決チーム」を作り、積極的に協同作業を行う。
② クライアントのすべての体験を基本モデルに沿って理解しようとする。
③ ソクラテス式質問法を中心とした積極的なコミュニケーションを図る。
④ 各種ツールを使ってクライアントの体験やセラピーの進行を外在化する。
⑤ 心理教育を重視する。
⑥ ホームワークによる実践を通じて、クライアントが自助のために認知行動療法を使いこなせるようになることを目指す。
⑦ セラピーの全体の流れ、および一回のセッションの流れを構造化する。

0・3 認知行動療法における構造化

前で述べたとおり、認知行動療法では「構造化」を重視する。構造化とは、CBT全体のプロセスや毎回のセッションのプロセスをそのときどきの流れにまかせず、計画的にマネジメントすることをいう。以下に、CBTの全体の流れの構造化と一回のセッションの構造化について紹介する。

● CBT全体の構造化

冒頭で述べたように、認知行動療法はセラピストとクライアントが協同して進める問題解決の過程である。「問題解決」とは、「問題を理解する段階」と「解決策を探索し、実行する段階」に分けられる。CBT全体の流れをおおまかに言えば、前半が「問題を理解する段階」、後半が「解決策を探索し、実行する段階」である。「問題を理解する段階」で最も重要なのは、CBTの基本モデルに沿ったアセスメントであり、アセスメントにもとづく事例定式化（ケース・フォーミュレーション）である。その結果、さまざまな技法が選択され、クライアントはそれらを日常生活で実践し、効果を検証する。それが後半の「解決策を探索し、実行する段階」に該当する。このようなプロセスを通じてクライアントは、認知行動療法のモデルや方法を習得し、自分自身のために使いこなせるようになる。そうなれば「自助の援助」は達成されたことになり、CBTそのものを終結することができる。これがCBT全体の構造である。

協同作業を重視するCBTでは、このような全体の流れをセラピストとクライアントが共有することが不可欠である。セラピストとクライアントは「今、自分たちは全体の流れのどこにいるのか」ということを常に確認しながらセラピーを進めていく。「CBTのプロセスのすべて」と「現在の自分たちの立ち位置」の両方がわかっていると、セラピストもクライアントも非常に安心できる。この「安心」もCBTの構造化の重要な目的であると筆者は考えている。

図0・3は、筆者が現在インテーク面接時にクライアントに渡しているツールであり、CBTの全体の流れが記載されている。これを提示しながらCBTについて心理教育することで、CBTに対する理解が深まりモチベーションが上がるクライアントは少なくない。

● 一回のセッションの構造化

認知行動療法では全体の流れだけでなく、一回のセッションの流れそのものも構造化する。典型的な構造は図0・4のとおりである。

「橋渡し」（bridging）とは、前回のセッションから今回にかけて大きな変化や出来事があったかどうか、前回から今回にかけて全体的にどのように過ごしていたか、おおまかに報告してもらうことを指す。もし前回から今回にかけて重大な変化や出来事が生じており、それをセッションで報告したり検討したりする必要がある場合は、次の「アジェンダ設定」のときに、改めてアジェンダとして提案してもらう必要がある。

「アジェンダ」とは「議題」「項目」という意味であり、「アジェンダ設定」のときに、セラピストとクライアントの双方が、その日のセッションで何について話し合いたいか、どういう課題に取り組みたいか、提案をし、優先順位を決めるなどしてすり合わせをする。最後の「まとめの作業」における「フィードバック」とは、その日のセッションに対してクライアントに率直な感想を語ってもらうことを指す。協同作業を目指すCBTでは、クライアントのフィードバックを非常に重視している。

一回のセッションの流れについても、インテーク面接もしくは初回セッションできちんと心理教育を行うことが不可欠である。全体の流れと同様、一回のセッションの流れがこのように構造

```
┌─────────────────────────┐
│      はじめの作業          │
│ （橋渡し、現状チェック、    │
│  ホームワークの実施状況    │
│       チェック）           │
└─────────────────────────┘
            ⇩
┌─────────────────────────┐
│      アジェンダ設定        │
└─────────────────────────┘
            ⇩
┌─────────────────────────┐
│ 各アジェンダについての話し合い │
└─────────────────────────┘
            ⇩
┌─────────────────────────┐
│      まとめの作業          │
│ （セッションのおさらい、    │
│  ホームワークの設定、      │
│    フィードバック）        │
└─────────────────────────┘
```

図0・4　認知行動療法の1回のセッションの流れ

```
┌─────────────────────────┐
│ 1. インテーク面接          │
│ 2. 全体像のアセスメント     │
│ 3. 問題の同定              │
│ 4. カウンセリングにおける目標の設定 │
│ 5. 具体的な手段・技法の選択  │
│ 6. 具体的な手段・技法の実践  │
│ 7. 効果の検証              │
│ 8. 効果の維持と般化         │
│ 9. 再発予防の計画           │
│ 10. 終結                   │
│ 11. フォローアップ          │
└─────────────────────────┘
```

図0・3　認知行動療法の全体の流れ

化されていることに対して安心感を表明するクライアントは少なくない。セッションの構造化とはある種の「枠組み」である。ある程度の枠組みがあることによって、セラピストもクライアントもむしろ自由な気持ちでセッションに臨めるのではないかと筆者は考えている。CBTの構造化の詳細については、文献を参照いただきたい（たとえば、伊藤〈二〇〇五a〉伊藤・向谷地〈二〇〇七〉、ベック〈一九九五〉）。

0・4　各作業や技法とツールについて

以下にCBTの各作業や技法について、それに該当するツールとともに概説する。各ツールの具体的な使用例については1章以降の事例をお読みいただきたい。また主要な作業と技法（アセスメント、問題の同定と目標の設定、認知再構成法、問題解決法、エクスポージャー、リラクセーション）を導入するためのコミュニケーション技法については伊藤〈二〇〇六b〉を参照いただきたい。

● アセスメント

認知行動療法の基本モデルにもとづき、クライアントが抱える問題を循環的に理解し、さらにそれらを外在化すること、すなわち**アセスメント**の作業が、CBTにおいて不可欠であることは前述の通りである。

筆者がふだん用いているアセスメントシートを**図0・5**に示す（便宜上「ツール1」と呼ぶ）。このツール1の上半分に示されているのが、CBTの基本モデルである。ツール1には基本モデル以外にコーピングとサポート資源を書く欄がある。クライアントの抱えている悪循環だけ

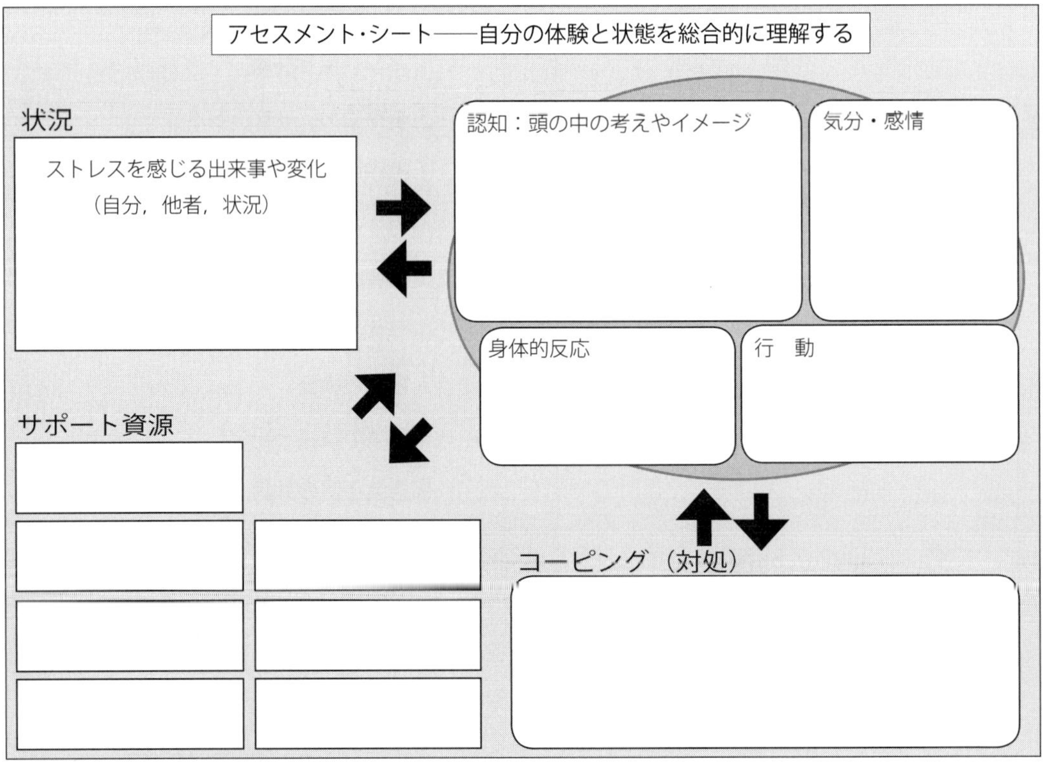

アセスメント・シート——自分の体験と状態を総合的に理解する

状況
　ストレスを感じる出来事や変化
　　（自分，他者，状況）

認知：頭の中の考えやイメージ

気分・感情

身体的反応

行　動

サポート資源

コーピング（対処）

図0・5　アセスメントシート（ツール1）

でなく、その悪循環に対するクライアント自身の対処（コーピング）やクライアントの有するサポート資源といったポジティブな情報も併せて同定することが、クライアントの体験やクライアント自身を全体的に把握するために有効なのではないかと考えたためである。

● 問題の同定と目標の設定

アセスメントによってクライアントの抱える悪循環がCBTのモデルに沿って整理・理解された後、セラピストとクライアントは、その悪循環を維持しているメカニズムを同定し（**問題の同定**）、悪循環を解消するための見通しを立てる（**目標の設定**）。この過程はCBTのケースマネジメント上、決定的に重要であり、この過程においてはある程度セラピストが主導的に機能する必要があると筆者は考えている。この過程の具体的な進め方は1章以降を参照していただくが、この段階において筆者が用いているツールを図0・6に示す（便宜上「ツール2」と呼ぶ）。問題が同定され、目標が設定された時点で、セラピストとクライアントは目標を達成するための技法を選択する。

ツール2の左下の部分にはCBTの基本モデルが小さく記載されている。これはツール1のアセスメント内容をさらに抽象化して整理する場合に用いるものである。ツール2の上部には同定された問題を文章にして外在化するための欄が、右下の部分には設定された目標を同じく文章にして外在化するための欄が設けられている。

以下は、各技法について筆者が用いているツールを紹介するに留める。各ツールの具体的使用例については1章以降を参照いただきたい。

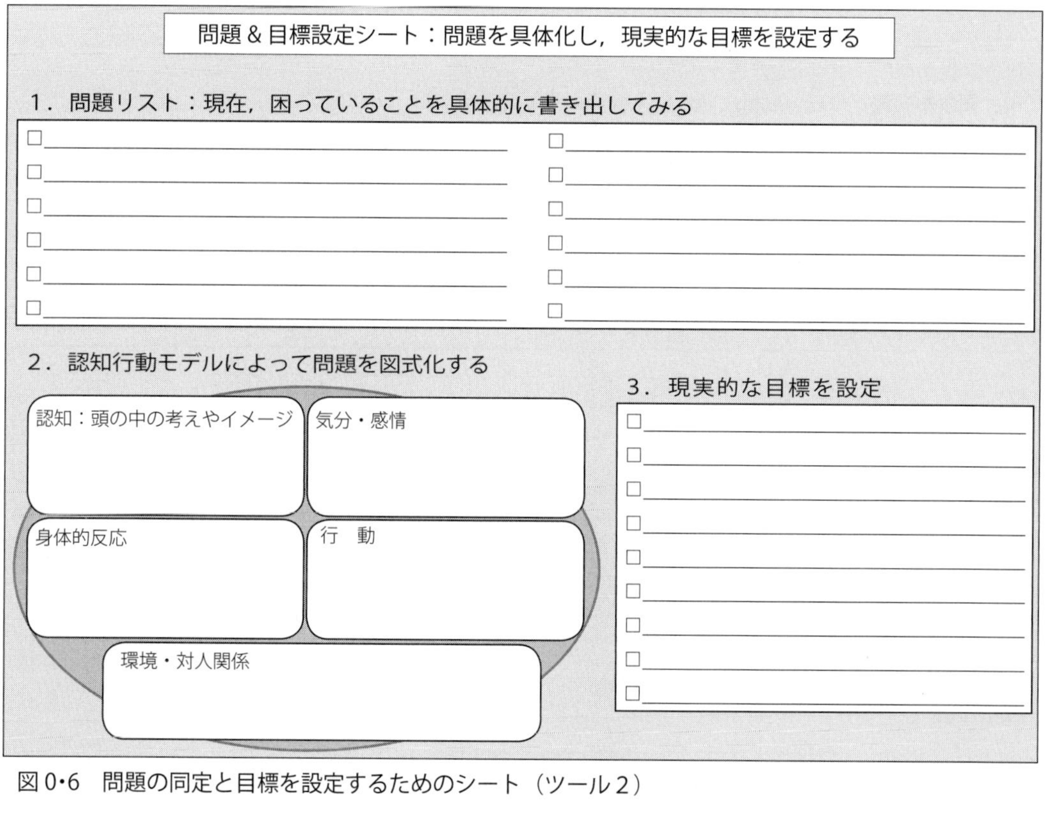

問題＆目標設定シート：問題を具体化し，現実的な目標を設定する

1. 問題リスト：現在，困っていることを具体的に書き出してみる

2. 認知行動モデルによって問題を図式化する

認知：頭の中の考えやイメージ
気分・感情
身体的反応
行動
環境・対人関係

3. 現実的な目標を設定

図0・6　問題の同定と目標を設定するためのシート（ツール2）

● 認知再構成法

認知再構成法とは、クライアントの非機能的な認知を同定・検討し、新たな機能的認知を生み出すための技法である。筆者は認知再構成法を、①場面と反応を同定するためのシート（ツール3）、②自動思考を検討するためのシート（ツール4）、③代替思考を案出するためのシート（ツール5）の三枚を用いて実施している。それぞれを、図0・7、図0・8、図0・9に示す。認知再構成法という技法そのものについての詳しい解説はベック（一九九五）を参照いただきたい。

● 問題解決法

問題解決法とは、まさにその名のとおり、クライアントが抱える問題をクライアント自身が上手に解決できるようにするための技法である。「どう考えたらいいか」「どうふるまったらいいか」「どう対処したらいいか」を見つけるのが認知再構成法だとしたら、「どう動いたらいいか」を見つけるのが問題解決法だといえる。そういう意味では一見、行動的技法のように見えるが、問題解決にあたって認知的志向を整えることが重要であると実証的にも示されているので（たとえば、ズリラ〈一九八六〉）、一概に行動的技法であるとも言い切れない。筆者は問題解決法を、図0・10のような一枚のシートを用いて実施している（ツール6）。問題解決法という技法そのものについての詳しい解説は、ズリラ（一九八六）、ネズら（一九八九／二〇〇四）などを参照いただきたい。

● 曝露法（エクスポージャー）・曝露反応妨害法

自分に生じた不快な反応（認知、気分・感情、身体的反応）を無理に

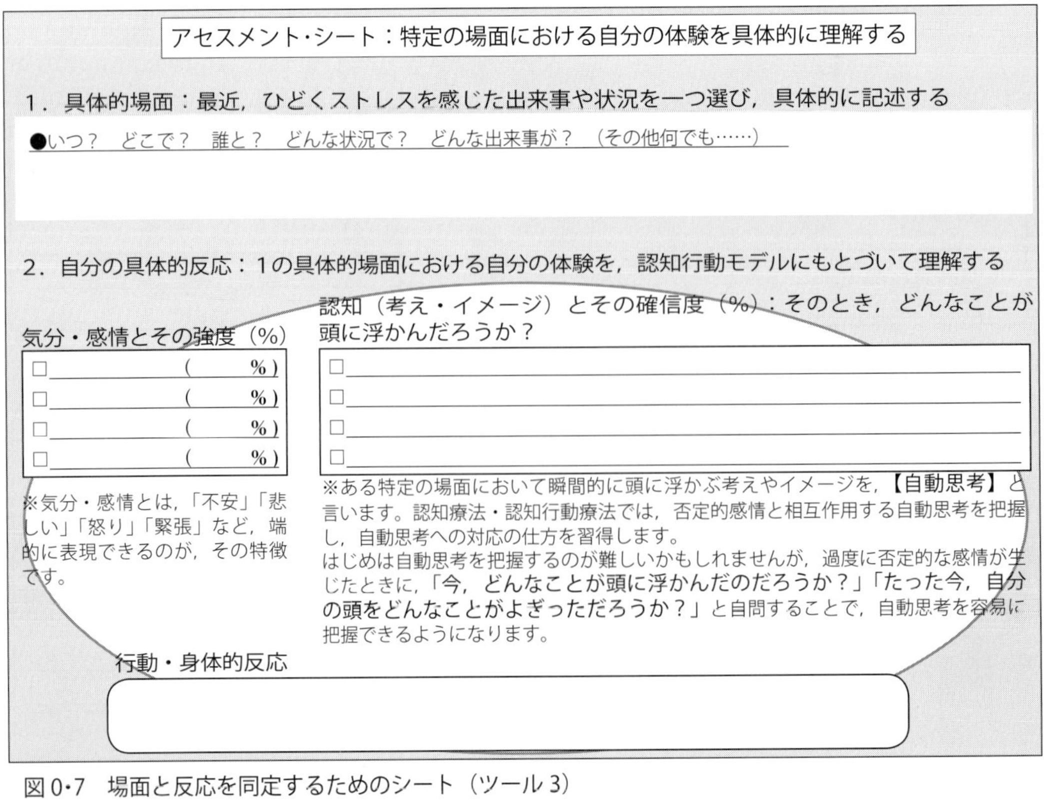

| アセスメント・シート：特定の場面における自分の体験を具体的に理解する |

1. 具体的場面：最近，ひどくストレスを感じた出来事や状況を一つ選び，具体的に記述する

●いつ？　どこで？　誰と？　どんな状況で？　どんな出来事が？　（その他何でも……）

2. 自分の具体的反応：1の具体的場面における自分の体験を，認知行動モデルにもとづいて理解する

気分・感情とその強度（％）

□（　　　％）
□（　　　％）
□（　　　％）
□（　　　％）

※気分・感情とは，「不安」「悲しい」「怒り」「緊張」など，端的に表現できるのが，その特徴です。

認知（考え・イメージ）とその確信度（％）：そのとき，どんなことが頭に浮かんだろうか？

□
□
□
□

※ある特定の場面において瞬間的に頭に浮かぶ考えやイメージを，【自動思考】と言います。認知療法・認知行動療法では，否定的感情と相互作用する自動思考を把握し，自動思考への対応の仕方を習得します。
はじめは自動思考を把握するのが難しいかもしれませんが，過度に否定的な感情が生じたときに，「今，どんなことが頭に浮かんだのだろうか？」「たった今，自分の頭をどんなことがよぎっただろうか？」と自問することで，自動思考を容易に把握できるようになります。

行動・身体的反応

図0・7　場面と反応を同定するためのシート（ツール3）

自動思考検討シート：否定的感情と関連する自動思考について検討する

1. 具体的場面：最近，ひどくストレスを感じた出来事や状況を1つ選び，具体的に記述する
   ● いつ？　どこで？　誰と？　どんな状況で？　どんな出来事が？　（その他何でも……）

2. 気分・感情とその強度（%）

3. 自動思考（考え・イメージ）とその確信度（%）

4. 自動思考の検討：さまざまな角度から，自動思考について考えてみます

自動思考がその通りであるとの事実や根拠（理由）は？	最悪どんなことになる可能性があるか？	他の人なら，この状況に対してどんなことをするだろうか？
自動思考に反する事実や根拠（理由）は？	奇跡が起きたら，どんなすばらしいことになるか？	この状況に対して，どんなことができそうか？
自動思考を信じることのメリットは？	現実には，どんなことになりそうか？	もし＿＿＿（友人）だったら何と言ってあげたい？
自動思考を信じることのデメリットは？	以前，似たような体験をしたとき，どんな対処をした？	自分自身に対して，どんなことを言ってあげたい？

※ 否定的感情と関連する自動思考を把握したら，その自動思考について，まずは上の問に対して具体的に回答してみます。このように自動思考を，さまざまな角度から検討することが認知療法・認知行動療法では重要なのです。自分のつらい気持ちに気づいたら，このシートに記入して，自動思考を検討してみましょう。

図0・8　自動思考を検討するためのシート（ツール4）

思考の幅を広げるためのワークシート：より適応的な思考を探索し，考案してみる

1. 具体的場面
2. 気分・感情とその強度（%）
3. 自動思考（考え・イメージ）とその確信度（%）
4. 自動思考を検討するための質問集
   - □ 自動思考がその通りであるとの事実や根拠（理由）は？
   - □ 自動思考に反する事実や根拠（理由）は？
   - □ 自動思考を信じることのメリットは？
   - □ 自動思考を信じることのデメリットは？
   - □ 最悪どんなことになる可能性があるか？
   - □ 奇跡が起きたら，どんなすばらしいことになるか？
   - □ 現実には，どんなことになりそうか？
   - □ 以前，似たような体験をしたとき，どんな対処をした？
   - □ 他の人なら，この状況に対してどんなことをするだろうか？
   - □ この状況に対して，どんなことができそうか？
   - □ もし＿＿＿（友人）だったら，何と言ってあげたい？
   - □ 自分自身に対して，どんなことを言ってあげたい？

5. 新たな思考を考え出してみよう・確信度（%）

6. もとの自動思考に対する
   現在の確信度 ⇒（　　　%）
   現の気分とその強度 ⇒＿＿＿（　　　%）
   ⇒＿＿＿（　　　%）
   ⇒＿＿＿（　　　%）

図0・9　代替思考を案出するためのシート（ツール5）

抑えようとせず、そのままにし、それらの反応が自然に収まるに任せるというのが**曝露法**の基本である。また不快な反応を回避せず、その場に踏みとどまることも曝露法である。不快な反応を抑えるため、もしくは回避するための行動を妨害する手続きを組み込めば、それは**曝露反応妨害法**となる。

筆者は今のところ曝露法については特定のツールを使っておらず、クライアントの反応パターンに合わせた図をクライアントの目の前で描きながら、心理教育を行っている。図0・11はその一例である。曝露法および曝露反応妨害法については、不安障害のCBTのテキストであれば、必ず記載されてあるはずである。

●リラクセーション法

リラクセーション法とは、心身の緊張を自分で緩めるための諸技法の総称である。具体的には腹式呼吸法、漸進的筋弛緩法、自律訓練法、バイオフィードバック、ストレッチング、イメージ技法などさまざまなやり方がある。筆者は普段、まず姿勢を整え（重心を下に置く）、ゆっくりとした腹式呼吸を行うというやり方をリラクセーション法として導入しており、そのようなシンプルなやり方を丁寧に実施してもらうだけでかなりの効果を得られることを経験している。そのうえでさらなる介入が必要な場合、もしくは「もっといろいろなリラクセーション法を身につけたい」というクライアントの希望がある場合だけ、ストレッチン

問題解決ワークシート：対処可能な課題を設定し、行動実験をしてみよう

1．問題状況を具体的に把握する（自分，人間関係，出来事，状況，その他）

2．問題解決に向けて，自分の考えをととのえる
- □ 生きていれば，何らかの問題は生じるものだ。問題があること自体を受け入れよう。
- □ 原因を一つに決めつけず，さまざまな要因を見つけてみよう。
- □ 問題を「悩む」のではなく，「何らかの解決を試みるべき状況」ととらえてみよう。
- □ 大きな問題は小分けにしてみよう。小さな問題に分解して，突破口を見つけよう。
- □ 「解決できるか」ではなく，「対処できそうなこと」「できないこと」を見極めよう。
- □ できることから手をつけよう。「実験」としてチャレンジしてみよう。
- □ どんなことを自分に言うと，良いだろうか？ 下欄に記入してみよう。

3．問題状況が解決または改善された状況を具体的にイメージする

4．問題の解決・改善のための具体的な手段を案出し、検討する

　　　　　　　　　　　効果的か　　実現可能か
1.＿＿＿＿＿＿＿＿　（　　％）　（　　％）
2.＿＿＿＿＿＿＿＿　（　　％）　（　　％）
3.＿＿＿＿＿＿＿＿　（　　％）　（　　％）
4.＿＿＿＿＿＿＿＿　（　　％）　（　　％）
5.＿＿＿＿＿＿＿＿　（　　％）　（　　％）
6.＿＿＿＿＿＿＿＿　（　　％）　（　　％）
7.＿＿＿＿＿＿＿＿　（　　％）　（　　％）

5．行動実験のための具体的な実行計画を立てる

※以下のポイントを盛り込んだ計画を立てます：●いつ ●どこで ●どんなとき ●誰と・誰に対して ●何をどうする ●実行を妨げる要因とその対策は ●結果の検証の仕方

図0・10　問題解決シート（ツール6）

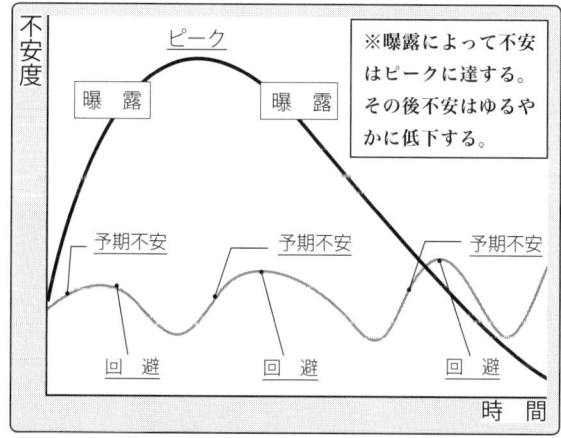

図 0・11　曝露の説明図の例

グやイメージ技法、自律訓練法などを追加で紹介している。図 0・12 に筆者がリラクセーション法の心理教育のために用いているツールを示す。CBT におけるリラクセーション法については、ネズら（二〇〇四）に比較的詳しく紹介されている。

リラクセーション法マニュアル

リラクセーション法とは？　……人はストレス状況に対して，心身の緊張という反応を起こします。過度の緊張が長く続くことにより、心や身体にさまざまなストレス反応が生じ、それが、さまざまな症状につながってしまうことが多くみられます。リラクセーション法を身につけることで、ストレス反応を自分で予防したり、緩和したりすることができるようになります。

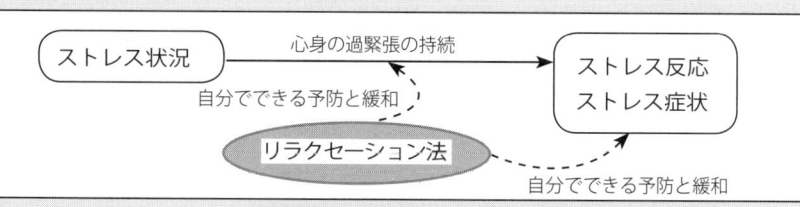

1. リラックスするための姿勢：姿勢を少し工夫するだけで，リラックスできます
- □みぞおち（下腹部）と両足の裏を意識して、重心を下半身に置きます。
- □両肩の力をストンと抜きます（抜きづらいときは、一度両肩を持ち上げてから力を抜きます）。
- □両腕の力も抜きます。手のひらを上にむけて、手の甲を身体のわきに置くか、腿の上に置きます。
- □顎をひきぎみにします。胸が反らないように注意します。
- □軽く目を閉じます。

2. リラックスするための腹式呼吸
- □上記 1 の「リラックスするための姿勢」を保ちます。
- □ため息をつくように、一度息を全部吐ききります。
- □鼻から、息を少しだけ吸い込みます（鼻水をすすりあげる要領で）。
- □一度、息を軽く止めます。
- □口から、さきほど吸った息を、細く長く少しずつ吐いていきます。
- □吐ききったら、「少しだけ鼻から吸う ⇒ 軽く止める ⇒ 口から細く長く吐く」を何度か繰り返します。リラックスしようと張り切るのではなく、心身の反応を受身的に感じてください。

3. 自律訓練法：上級リラクセーション法
※上記 1，2 を身につければ、十分リラックスすることができますが、その上級編として「自律訓練法」という自己催眠法があります。これは、正しいやり方を正しい練習によって身につける必要がありますので、興味のある方は、担当カウンセラーに相談した上で一緒に練習してみてください。

4. アロマテラピー：最近注目されているリラクセーション法
※「芳香療法」とも呼ばれます。自然の植物などを濃縮した精油（アロマオイル）を鼻と皮膚から吸い込むことで、心身に影響を与えます。特にリラクセーション効果が高いものとしては、ラベンダーが有名です。当機関でも簡単な用具は用意してありますので、興味のある方は担当カウンセラーに相談した上で、一緒に体験してみてください。

図 0・12　リラクセーション法の説明シート

● 注意分散法

人間の認知資源（注意資源）の容量には制約がある。したがってある一つのことだけに注意を向けて、それにあまりにもとらわれてしまうと、それだけにほとんどすべての注意資源が奪われてしまい、その結果問題が生じる可能性がある（例：赤面恐怖の人が、人前でスピーチする際に、赤面のことで頭がいっぱいになってしまい、肝心のスピーチがまくいかない）。人間は本来、適度に注意を分散させて適応しているはずである（車を運転している人が、道路状況に常に注意を向けつつも、同乗者と話をし、同時に音楽を聴いている、というのは特別なことではないだろう）。注意分散法とは、このような人間の本来の注意の有り様を改めて認識し、一つのことに注意が向きすぎてしまったときに、意図的に注意を他の物事に分散させるという技法である。

図0・13が、筆者がふだん注意分散法について心理教育を行ったり、実際に注意分散の練習を行ったりする際に用いているツールである。なお具体的な使い方については本書の6章、事例Hを参照いただきたい。

● コーピングシート

図0・14に示すコーピングシートとは実に便利なツールである。ある問題に対して認知再構成法などの技法を十分に適用した後、そこで創出された新たな認知をコーピングシートにまとめ行動実験に生かすこともできるし、まだ十分にアセスメントされていない問題に対して「とりあえず」の対策を考えた場合に、それをコーピングシートに外在化して応急処置的に活用することもできる。曝露反応妨害法といった特定の技法を実践する際の、細かい約束事をコーピングシートに外在化することも

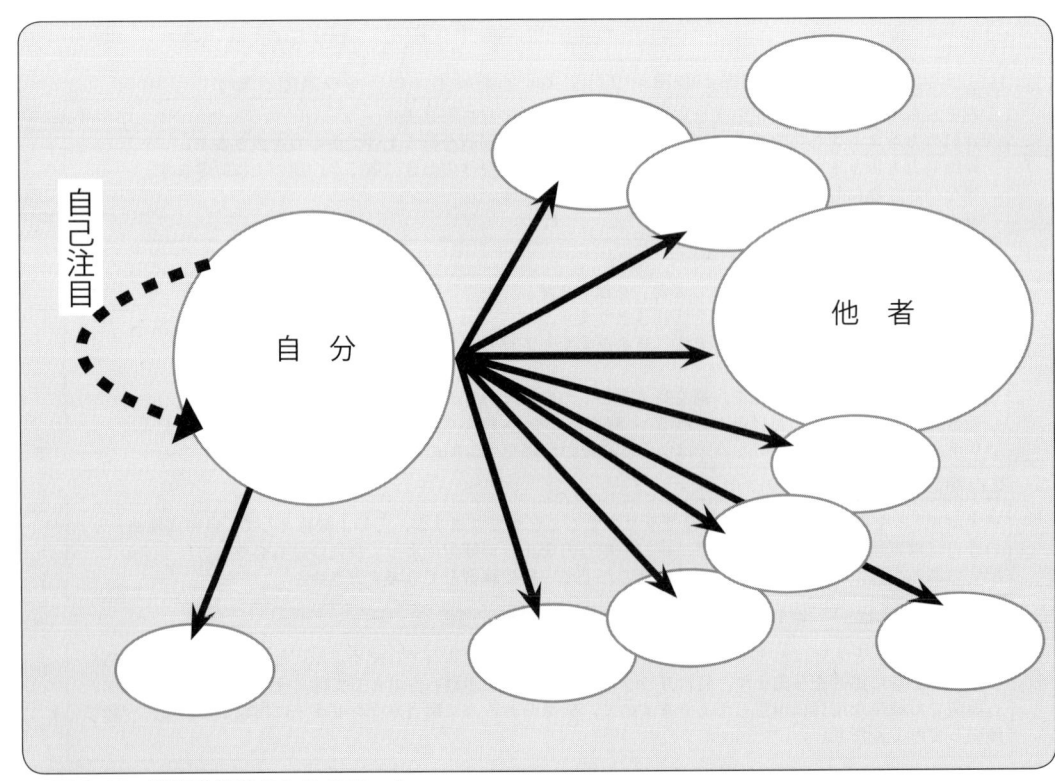

図0・13 注意分散法のためのツール

できる。いずれにせよセッションで検討した認知的コーピングと行動的コーピングを外在化して、持ち運べるようにしたのがコーピングシートである。ここで重要なのは「外在化」と「持ち運び」であるので、実際にはコーピングシートにこだわらず、カードやメモ帳、携帯電話などを用いてさまざまな工夫ができるだろう。

以上本章では、ここから先に出てくる事例を読み進めていただくために、最低限必要であると思われるCBTの概要や技法、ツールなどについて紹介した。「はじめに」にも書いたとおり本書は、経験はともかくCBTについて、ある程度の予備知識をもつ人を本書の読者に想定している。CBTについてほとんど知識のない方は、初心者向けのCBTのテキストに一度目を通していただいたうえで、1章以降にお進みいただくことをお薦めする。

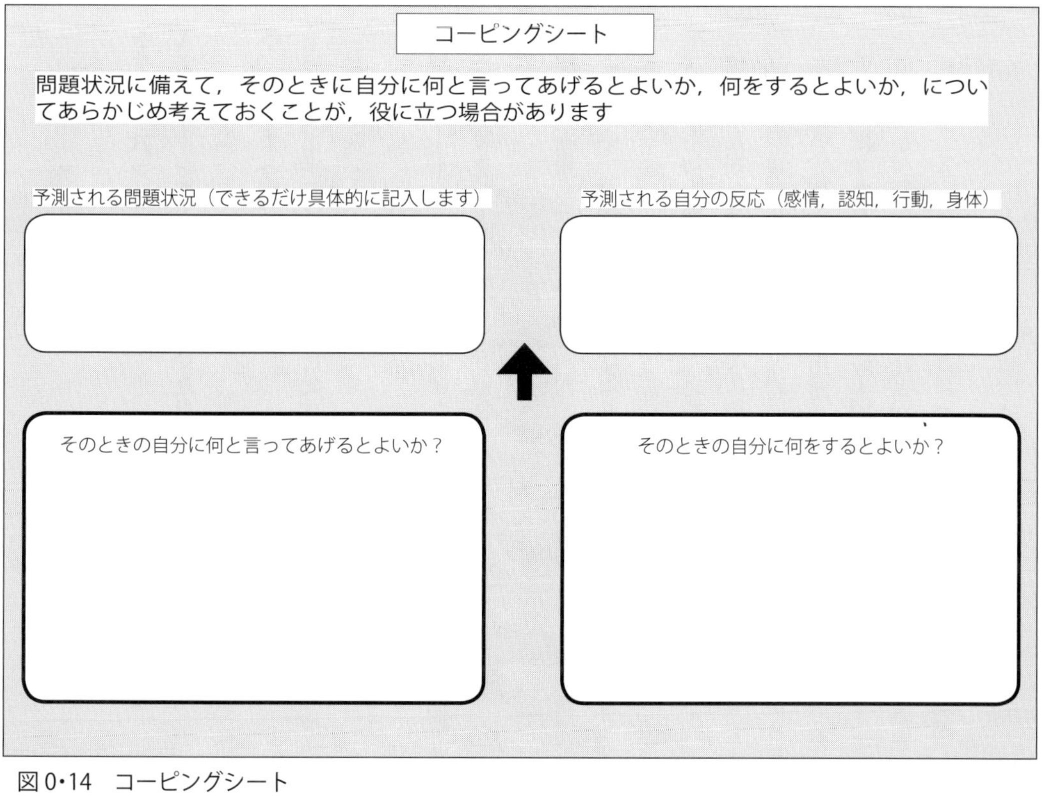

コーピングシート

問題状況に備えて，そのときに自分に何と言ってあげるとよいか，何をするとよいか，についてあらかじめ考えておくことが，役に立つ場合があります

予測される問題状況（できるだけ具体的に記入します）　　予測される自分の反応（感情，認知，行動，身体）

そのときの自分に何と言ってあげるとよいか？　　そのときの自分に何をするとよいか？

図 0・14　コーピングシート

1章 大うつ病性障害

本章では、大うつ病性障害のクライアントに対する認知行動療法の事例を紹介する。いわゆる「アーロン・ベックの認知療法」（たとえば、ベックら、〈一九七九〉は、もともと大うつ病性障害に対して開発されたものであり、併存症の見られない大うつ病のクライアントには、ベックの認知療法、特にその中心技法である認知再構成法は、非常に有効なアプローチであると筆者は実感している。

ただし重要なのは、序章で強調したとおり、まずはアセスメントをしっかりと行って、その人の「うつ」のパターンを同定し、目標を立て、そのうえで技法を導入する手続きを丁寧に進めることである。アセスメントの結果、そのクライアントが確かに大うつ病性障害であり、非機能的な認知が症状の発生要因や維持要因となっているという事実をクライアントと共有できてはじめて、認知再構成法というアプローチを取り入れることができるのである。

本章ではまず、そのような全体の流れを示したうえで、大うつ病性障害のクライアントに対する認知再構成法の適用の実際のあり方を紹介したい。

1・1 事例Aの概要

❖ **クライアント**
Aさん──女性・二十八歳・会社員。

❖ **インテーク面接**

来談経路──カウンセリングを受けたいと思い、インターネットで探して来談。

医療情報──通院中の医療機関はなし。これまでに精神科の通院歴はない。カウンセリング・心理療法も受けたことはない。

家族──両親、三歳下の弟と四人で暮らす。両親ともに会社員。弟は大学院生。遺伝的素因は特になし。家族関係にも特に問題なし。

生活歴──幼少期より真面目で、ややおとなしめだったが、学校での適応は良好だった。特に学業は優秀で、成績はつねにトップクラスだった。幼少期よりピアノを習っており、社会人になってからも教室に通い、毎年発表会にも出演している。大学は法学部だったが、就職難だったため、とりあえず内定の出た一部上場企業（メーカー）に入社し、勤続六年目。入社当初は事業部の営業事務に配属され、四年後（X－2年）に総務部に異動となり、現在は本社に勤務している。

1章 大うつ病性障害

来談に至る経緯——異動後、本社勤務になってから業務量が増えたが、残業しながら何とかこなしてきていた。X年四月、自分の下に新人が配属されており、上司からも信頼されていた。X年四月、自分の下に新人が配属されており、通常の業務の他に、後輩の指導という仕事が加わった。もともと人に何かを教えることが苦手で、しかもその後輩がものをはっきりと言うタイプで、「Aさんの指示がものをはっきりと言うタイプで、「Aさんの指示がよくわからない」などと言われることが増え、悩むようになった。X年六月ごろより、不眠（とくに入眠困難、早朝覚醒）、食欲不振、気分の落ち込み、マイナス思考、気力低下などを自覚するようになった。心身の調子の悪さがそのまままずっと続くなかで、X年九月某日、例の後輩に「もっとわかりやすく教えてくれませんか」と上司のいる前で言われたことがきっかけで涙が止まらなくなり、とうとう会社を休んでしまった。その後さらに調子が悪くなり、かろうじて出勤している状態が続き、「自分は〈うつ〉なのではないか。このままではまずいかもしれない」と思い、カウンセリングを受けようと思い立ち、自宅近くの当機関に来談した。

◆

主訴——「あまりに落ち込みがひどく、マイナス思考から抜けられない。不眠になり、食欲がまったくなくなってしまった。自分は〈うつ〉なのではないか」

◆

心理テスト結果（一部）——BDI-II（ベックの抑うつ尺度改訂版）のポイントが46ポイント（かなり重症レベル）だった。ちなみに「自殺念慮」の項目が「3」すなわち「機会があれば自殺するだろう」だった。

Aさんの様子や印象——小柄で、大変痩せている。会社帰りということで、スーツを着ており、全体的に地味だが清楚な印象を受けた。のどを絞るような発声の仕方であり、小声で言葉少なに答える。セラピストの質問に、少し時間をかけて考えてから、話すのがとても苦しそうな発声の仕方であり、小声で言葉少なに答える。ずっとうつむいており、ときおりセラピストと目を合わせる程度。表情は乏しく、笑顔はまったくない。肩のあたりがこわばっており、緊張や警戒がうかがわれた。

◆

インテーク面接で合意されたこと——セラピストは、Aさんから以上の話をざっと聞き、大うつ病性障害が強くうたがわれること、しかもBDI-IIの点数や、話の内容やAさんの様子から、かなり重症である可能性が高いと考え、「私は医師ではないので、病気の診断はしませんが」と前置きしたうえで、Aさんが心配しているとおりうつ病の可能性が認められることを伝え、カウンセリングを開始する前に精神科医に診てもらう必要があることを説明した。そして認知行動療法についても簡単に説明し、精神科を受診して主治医の許可が出れば、治療と並行して認知行動療法を行うこともできるということと、その場合、現状の改善だけでなく、特に再発予防が目的となるということを伝えた。私の説明に対し、Aさんは深くため息をつき、「やっぱりそうですか。うつ病ということを認めたくないから、精神科に行かないでカウンセリングを受けに来たのですが、でも、それが必要ならしようがないです」と言った。Aさんが希望したため、当機関が連携の取れる精神科クリニックを紹介することにし、

その場で紹介状を作成し、渡した。そして再度認知行動療法について簡単に説明し、Aさんがその気になったら、そして紹介先の医師の許可を得られれば、初回面接の予約を入れてほしいと伝え、インテーク面接を終了した。

◆

インテーク面接に対するAさんの感想──「うつ病と言われたことはショックだったけど、専門家に言われたことで、あきらめもついた。紹介していただいたところに行ってみて、できれば認知行動療法を受けてみたいと思う」

❖ CBTの経過の概要

X年十月某日、インテーク面接を実施した。その一カ月後に初回面接の予約が入り、X年十二月某日に初回セッションを実施した。X+1年六月までの約七カ月間に、十三回のセッションを実施し、終結とした。その半年後に郵便物を通してフォローアップを実施した。

□ 1・2 CBTの導入期（初回～第5セッション）

● 全体の進め方の相談（初回セッション）

インテーク面接の一カ月半後に、精神科医の紹介状（「うつ病」と診断し、抗うつ剤を中心とした薬物療法を開始してほしい旨が記載されてあった）を携えて、Aさんが初回面接に訪れた。「私がそのまま認知行動療法の担当者になりますが、よろしいですか？」と確認した後、認知行動療法の全体の流れと、一回のセッションの構造について説明し、合意を得た。

BDI-IIを実施したところ、37ポイントであった。「自殺念慮」の項目は「2」すなわち「自殺したいと思う」に下がっていた。確認すると、確かに自殺念慮が強く生じるときがあるが、うつ病の症状だとわかっているし、実行はしないだろうとのことであった。

精神科医にうつ病と診断され、薬を服用しはじめたこと、また医師の勧めにより会社を休むことにして三週間が経過していること、病気で心身の状態がすぐれないため医師の指示に従ってしばらく会社を休みたいことを上司に伝えたところ、「実は僕もAさんのことを心配していたんだよ。ゆっくり休んで、ちゃんと治してから復帰しなさい」と言ってもらってホッとしたこと、おそらく薬や休養のおかげで少しだけ楽になった感じがすることなどが話された。声の小ささや表情が硬いのは相変わらずであったが、インテーク時に比べると、「少しだけ楽になった」というAさんの発言どおり、どこがというわけではないが、全体的に少し何かが和らいだ印象を受けた。

Aさんに、認知行動療法のペース、進め方、回数などの希望をうかがうと、「早く職場復帰したいので、（認知行動療法も）できるだけ早く進めてほしい」「回数もあまり多くはかけたくない」との回答であった。

インテーク面接時に聴取した内容からも、これまでの生活歴を詳細にヒアリングする必要はないとセラピスト側もとりあえず判断した。そこで、発症の要因と思われる仕事や後輩との関係について簡単にヒアリングした後、早速、認知行動療法のモデルを使ってアセスメントを行うという流れで進めていくことが合意された。

現在会社を休んでおりひどく落ち込むことはないとのことで、今回の抑うつエピソードのきっかけとなった後輩とのやりとりを、アセスメ

1章 大うつ病性障害

トの題材とすることにした。

● アセスメント（第2〜4セッション）

図1・1に、第3、第4セッション中にAさんと作成したアセスメントシートを示す。

図1・1の上部を見ると、もともと業務量が多いところに、人の指導が苦手なAさんの下に四月から後輩がついたという事情が、九月の抑うつのエピソードの背景にあり、そのうえで九月某日の出来事がきっかけとなり、Aさんの調子が崩れていったことがわかる。

上司（課長）の目の前で、後輩に「もっとわかりやすく教えてくれませんか」ときつい調子で言われてしまったAさんは、その瞬間、「どうしよう、またうまく説明ができなかった」などの自動思考が生じ、ひどくびっくりしたりあわてたりし、大きなショックを受けてしまった。同時に、動悸などの身体反応が強く生じた。しかしAさんはその場では、何とか笑顔を作り、後輩に再度説明をしてその場をおさめている。

ここでAさんの反応が収束していれば、単なる一つの出来事として済ませることができるのだが、この後ずっとAさんの頭の中には「どうせ私には能力

アセスメント・シート──自分の体験と状態を総合的に理解する

ストレス状況

ストレスを感じる出来事や変化
（自分，他者，状況）

※業務量が多い。4月からU（後輩）が下につく。自分は人の指導が苦手。
① 9月某日：Uと一緒にPCを操作しながら，ある業務をUに教えているとき「もっとわかりやすく教えてくれませんか」とはっきりときつい調子で言われる。課長が目の前にいた。
⑤ その後，職場で一人でずっと仕事をしていた。

認知：頭の中の考えやイメージ
② 「どうしよう、またうまく説明ができなかった」「課長の前で言われてしまった」
⑥ ぐるぐる考え続けてしまう。例：「どうせ私には能力がないんだ」

気分・感情
② びっくり 80％
　あわてる 80％
　ショック 80％
⑦ 落ち込み 80％
　悲しい 80％

身体的反応
③ ドキドキ。顔が熱くなる。
⑧ 涙が出る。脱力感。

行動
④ 笑顔を作って説明しなおしたが、顔がひきつっていただろう。
⑨ とりあえず淡々と業務をこなす。Uには自分から話しかけない。

サポート資源

彼　氏	
上　司	ピアノを弾くこと
ピアノの先生	C子（親友）
甘いもの	会社の制度

コーピング（対処）
・「考えてもしょうがないから考えないようにしよう」と言い聞かせる。……結局気がつくと、ぐるぐる考えている。
・テレビやメールや電話で気を紛らわせる。……その間はよいが、結局またぐるぐると考えてしまう。
・休養や治療を始めたこと……ホッとした面がある。薬は多少効いている感じ。認知行動療法の効果はまだ不明。

図1・1 Aさんと作成したアセスメントシート（ツール1）

がないんだ」といったネガティブな考えがぐるぐると渦巻き、落ち込みや悲しさを強くじつづけることとなってしまった。シートには記載されていないが、この日、仕事を終え帰宅する最中にも、帰宅して入浴したり歯を磨いたりしているときも、そしてベッドに横たわり寝るために目をつむっていても、「うまく説明できない私が駄目なんだ」「課長は私のことをどう思ったのだろう」「どうせ私には能力がないんだ」「あの後輩に教えるなんて、もう私にはできない」「後輩が怖い」など、さまざまなネガティブな考えが次から次へと生じ、ひどく落ち込んだ状態が続いてしまったということであった。

図1・1の上部（循環図）は第3セッション中に、セラピストがAさんの話を聞きながら作成したものである。第3セッションでホームワークとして依頼したのは、以下の二点である。①循環図がAさんの落ち込みのパターンを典型的に表わしたものであるかどうかを検討してくる。②仮に循環図がAさんの落ち込みのパターンだとして、そのようなパターンに対するAさんなりのコーピング（対処）と、そのようなAさんの支えになっているサポート資源について、どのようなものがあるかを考えて、メモしてくる。

次の第4セッションで、図1・1の循環図がAさんの落ち込みの典型的なパターンであることが共有された。すなわち、何かコトが起こるとまずその場でびっくりしたりショックを受けることが多く、その後、その出来事について想起し、そのような出来事が起きてしまった自分自身についてネガティブに考えつづけ、気持ちがひどく落ち込んでしまう、というパターンが、さまざまな状況でAさんにおいて繰り返されている

ということであった。また、ホームワークでメモしてもらったリストをもとに、図1・1の下部、すなわちコーピングとサポート資源にも書き入れていった。Aさんなりにぐるぐる考えて落ち込む、というパターンが強みているのだが、結局はぐるぐる考えて落ち込む、というパターンが強力で、それに戻ってしまうことが共有された。サポート資源としては、複数の人物（例：恋人、上司、友人など）が挙げられており、多様なサポートが得られていることが共有された。ちなみに「会社の制度」と「ピアノを弾く」「甘いもの」といったサポート資源も同定され、さらにサポートが得られていることによって「戻る場所がある」と思え、Aさんは、仕事を休んで休養できる制度があることが、Aさんの支えになっている。

ここで、Aさんの落ち込みのパターンやコーピングやサポート資源を全般的に表わしたアセスメントシートが完成した。アセスメントの作業を通じてAさん自身がCBTの基本モデルを実感を持って理解できるようになったことが確認できたので、このシートをもとに問題を同定し、具体的な面接目標を設定する作業に進むことにした。

●問題の同定と目標の設定（第5セッション）

第5セッションでこれまでのヒアリングやアセスメントの内容をセラピストとAさんとで一覧し、図1・2のように、図1・1のような悪循環のパターンを、一つ抽象度を上げて図1・2のようにまとめてみた。

第5セッションで確認されたのは、図1・2にまとめられたとおり、Aさんには、他人からの指摘に敏感に反応しやすい傾向（図1・2の①の循環）と、他人からの指摘の後に、そのことについて何度も何度も

考え続け、最終的には「どうせ自分は駄目なんだ」と結論づけ、ひどく落ち込み、ぐったりして何もできなくなってしまうという傾向（図1・2の②の循環）があるということである。図1・2を作る際、セラピストは、同じことを繰り返しぐるぐると考えてしまう認知的現象は「反すう」と呼ばれていること、反すうそのものが問題ではないが、ネガティブな反すうは抑うつと関係があるかもしれず、Aさんの場合も反すうによって図1・2の②の循環にはまっているように思われることを伝えた。

Aさんは「反すう」の説明に大いに納得したようで、「まさにそれ（反すう）なんです。人に何か言われると、後になってグルグル考え続けてしまって……。ドツボにはまってしまうんです。これってたぶん、今に始まったことではなく、小さいときからだと思います」と話した。セラピストが、〈そのようなAさんの反すう傾向と今回のうつは、関係あると思いますか？〉と問うと、「すごくあると思う。そのときにあわてるのはしょうがないとしても、それをいつまでもくよくよ考えることが、自分で自分の首を絞めているような気がします」ということであった。

このような気づきと図1・2をもとに、セラピストとAさんは、Aさんの抑うつを持続させる要因を、図1・3のような問題リストに整理した。さらに問題リストをもとに、AさんとのCBTで目指す具体的な面接目標を、図1・4のような目標リストとしてまとめた。

図1・3、図1・4からわかるとおり、AさんとのCBTでは、反す

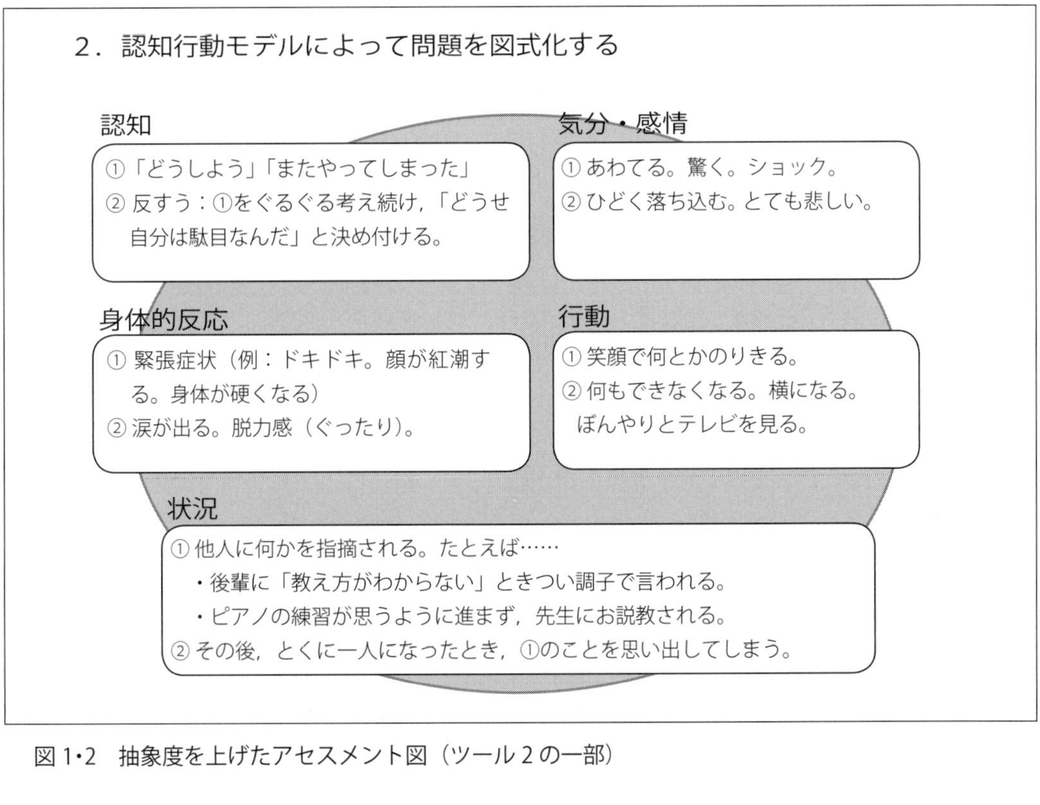

2．認知行動モデルによって問題を図式化する

認知
① 「どうしよう」「またやってしまった」
② 反すう：①をぐるぐる考え続け，「どうせ自分は駄目なんだ」と決め付ける。

気分・感情
① あわてる。驚く。ショック。
② ひどく落ち込む。とても悲しい。

身体的反応
① 緊張症状（例：ドキドキ。顔が紅潮する。身体が硬くなる）
② 涙が出る。脱力感（ぐったり）。

行動
① 笑顔で何とかのりきる。
② 何もできなくなる。横になる。ぼんやりとテレビを見る。

状況
① 他人に何かを指摘される。たとえば……
　・後輩に「教え方がわからない」ときつい調子で言われる。
　・ピアノの練習が思うように進まず，先生にお説教される。
② その後，とくに一人になったとき，①のことを思い出してしまう。

図1・2　抽象度を上げたアセスメント図（ツール2の一部）

うという認知的問題に焦点を絞って進めていくことがこの時点で合意された。Aさんの場合、確かに反すうの前段階において〈他人から何かを指摘される〉という出来事や、それに対して思うように対応できないという問題、そして指摘されることがそもそも苦手であるという問題があった。そこでセラピストとAさんはその件について話し合った結果、「他人とかかわりあって生きていく限り、他人から何かを指摘されるということからは免れることはできない。また、他人から指摘されることが苦手とはいえ、その場では何とかしのげている。したがってここでのCBTではあえてそのことに焦点化せず、指摘された後の〈反すう〉に取り組んでいこう」という結論に至った。

図1・4に示された二つの面接目標を達成するために奏効する可能性が高いのは、認知再構成法である。そこで第5セッションの最後に、セラピストが認知再構成法という技法について簡単に説明し、まずそれを一緒に練習するのはどうかと提案したところ、Aさんが同意し、次の第6セッションから認知再構成法の練習に入ることになった。

1・3 CBTの実践期（第6〜11セッション）

●認知再構成法とは

認知再構成法とは、過度にネガティブな気分・感情や、不適応的な行動、そして過剰で不快な身体反応と関連する認知（そのような認知を**非機能的認知**と呼ぶ）に焦点を当て、クライアント自身が自らの非機能的認知を同定し、それをさまざまな視点から検討し、より機能的な認知を案出できるようになるための技法である。本章の冒頭に記したとおり、

---

1. 問題リスト：現在，困っていることを具体的に書き出してみる

☐ 1. 何かがあった後に，「反すう」が始まってしまい，それを止められない。

☐ 2. 反すうの結果，ひどく落ち込んだり悲しくなったりして，それがずっと続いてしまう。

☐ 3. 上記「2」が起きると，身体の脱力感がひどく，何もできなくなってしまう。

☐ 4. とくに他人に何か指摘された後，上記1〜3の悪循環にはまることが多い。

→ 他人からの指摘に弱い。やりすごすことができない。

図1・3　Aさんと作成した問題リスト（ツール2の一部）

---

3. 現実的な目標を設定する

☐ 1. 他人から指摘されるなど苦手な出来事があった後，反すうが始まったらすぐにそれに気づき，思考の中身を自分で別の方向に持っていけるようになる。

☐ 2. 反すうをある程度コントロールできるようになり，気分や身体や行動に対する反すうの悪影響を最小限にとどめられるようになる。

図1・4　Aさんと作成した目標リスト（ツール2の一部）

〈アーロン・ベックの認知療法〉としてよく知られている技法であり、扱う情報量が多いためコラム（表）などのツールを用いて実施することが多く、〈コラム法〉と呼ばれることもある。なお筆者らは現在、通常のコラムではなく三枚の図を用いて認知再構成法を実施することが多い。またそのような見取り図をクライアントに示す必要があるクライアントのモチベーションが上がることも多い。

認知再構成法に限らずどの技法もそうだが、CBTで技法を選択し、導入していく際に重要なポイントは二点ある。

一点は、CBTの基本モデルに沿ったアセスメントをきちんと実施したうえで導入する必要があるということである。アセスメントを通じて、非機能的な認知がクライアントの苦悩を持続させている大きな要因であることが、セラピストとクライアントの間で実感をもって理解されてはじめて、認知再構成法という技法は導入可能になるのである。Aさんの場合も、前述の図1・1から図1・3で示したとおり、Aさんの抑うつの悪循環のパターンに、ネガティブな反すうが大きくかかわっていることが、セラピストとAさんとの間で繰り返し共有された。そのようなプロセスのなかで、Aさん自身がネガティブな反すうという非機能的な認知が問題であり、それを何とかしたいという思いが醸成された。セラピストはそれを受けて、認知再構成法という技法を提案したのである。

もう一点は、選択した技法についての心理教育を、技法の練習を始めるまえに、時間をかけてしっかりと行うということである。セラピストは技法について熟知しているかもしれないが、クライアントにとっては、新たな技法を練習するというのは、まったくの新しい体験である。「自分がこれから取り組む技法はどういうもので、どのような目的をもつのか。今後どのようなツールを用い、どんなふうに練習を進めていくのか」という見取り図を、セラピストは予めクライアントに示す必要がある。またそのような見取り図を先に示されることで、技法習得に対するクライアントのモチベーションが上がることも多い。

本事例では第6セッションの約半分の時間をかけて、認知再構成法の導入と心理教育を行った。具体的には、図1・1から図1・4までをおさらいし、Aさんのネガティブな反すうという非機能的認知パターンが問題で、今後それに焦点を当ててCBTを進めていくことについて再度確認した。そして認知再構成法という技法の目的や進め方、そして用いるツールについて具体的に説明した。さらに本技法は一種のスキルであり、一度実施すればそれで効果が表れるというパターンが解消されるわけではなく、繰り返し実施することで効果が表れること、そのためにはセッションとホームワークを使ってAさん自身に何度も練習をしてもらう必要があることを説明した。このような一連の説明を終えた後、〈もし認知再構成法を始めるとしたら、今説明したような感じになりますが、どうですか？　練習を始めてみますか？〉と尋ねたところ、Aさんは「難しそうだけど、ぜひやってみたい」と答え、練習に入ることとなった。

●認知再構成法その1──場面・自動思考・気分の同定

第6セッションの後半から、認知再構成法の本格的な練習に入った。認知再構成法においてまず重要なのは、ストレスを感じる場面をそのまま切り取り、その場面において生じる自動思考（その場面においてパッ

と頭に浮かぶ思考やイメージ）とそれに伴う気分・感情を同定し、自動思考の確信度（どれぐらいその思考を「その通りだ」と思うか）と気分・感情の強度を評定することである。Aさんはアセスメントの段階で、CBTの基本モデルに沿ったセルフモニタリングのやり方をしっかりと身につけていたので、少し説明しただけでこの段階の作業内容を的確に理解し、場面などの同定ができるようになった。

第6セッションで一緒に作成した「場面と反応を同定するシート（ツール3）」を図1・5に紹介する。

第6セッションでは次回までのホームワークとして、①自動思考をつねにモニターするようにする、②ストレスを感じたらそれをツール3に記入する、の二点を設定した。第7セッションの冒頭でホームワーク①②について確認するとどちらもとてもよくできていたため、認知再構成の次の段階に入ることとした。

●認知再構成法その2——自動思考の検討

認知再構成法の第二段階は、検討の対象となる非機能的な自動思考を選択し、それをさまざまな角度から検討するということを行う。Aさんと話し合った結果、ホームワークで作成したツール3ではなく、第6セッションで作成したツール3で作成した複数のツール3で同定された自動思考を一通り実施することになった（図1・5）を用いて認知再構成法を一通り実施することになった。Aさんは、四つ同定された自動思考のうち、「仕事ばかりかピアノまで自分はまともにできないんだ」（確信度90％）を検討

アセスメント・シート：特定の場面における自分の体験を具体的に理解する

1．具体的場面：最近，ひどくストレスを感じた出来事や状況を1つ選び，具体的に記述する

● いつ？ どこで？ 誰と？ どんな状況で？ どんな出来事が？ （その他何でも……）
先週の土曜日のピアノのレッスンにて。調子があまりよくなくて練習ができていなかった（先生にはうつ病や休職のことは伝えていない）。
レッスン中に私がつっかえながら課題曲を弾いていたら，先生に「もういいです。忙しいのはわかるけど，発表会もあるんだし，今から練習を進めておかないと，間に合わなくなっちゃうわよ」と言われた。その帰り道，電車のなかでつり革につかまりながら，先生に言われたことを思い出していた。

2．自分の具体的反応：1の具体的場面における自分の体験を，認知行動モデルにもとづいて理解する

気分・感情とその強度（％）

□ 落ち込み	（90％）
□ 悲しい	（90％）
□ 不安	（60％）
□ あせり	（40％）

※気分・感情とは，「不安」「悲しい」「怒り」「緊張」など，端的に表現できるのが，その特徴です。

認知（考え・イメージ）とその確信度（％）：そのとき，どんなことが頭に浮かんだろうか？

□「自分のせいで先生を怒らせてしまった」	(90％)
□「仕事ばかりかピアノまで自分はまともにできないんだ」	(90％)
□「やっぱり私は駄目なんだ」	(70％)
□「このままじゃ本当に発表会に間に合わなくなる」	(60％)

※ある特定の場面において瞬間的に頭に浮かぶ考えやイメージを，【自動思考】と言います。認知療法・認知行動療法では，否定的感情と相互作用する自動思考を把握し，自動思考への対応の仕方を習得します。
はじめは自動思考を把握するのが難しいかもしれませんが，過度に否定的な感情が生じたときに，「今，どんなことが頭に浮かんだのだろうか？」「たった今，自分の頭をどんなことがよぎっただろうか？」と自問することで，自動思考を容易に把握できるようになります。

行動・身体的反応

涙がふっと出そうになったが，電車のなかなのでこらえていた。持っている本を読もうとしたが，自動思考がグルグル反すうして本はまともに読めなかった。脱力感もあり，座り込みたかったが，結局座れず，ずっと立っていたので，さらにぐったりしてしまった。

図1・5　Aさんと作成したシート（ツール3）

の対象とすることに決め（確信度が高く、ネガティブな気分との結びつきが最も強い自動思考であるという理由から選択）、「自動思考を検討するためのシート（ツール4）」を作成する作業に入った。

ツール4は、自動思考をさまざまな角度から検討するための十二の質問が記載されている。それらの質問についてあれこれ考え、出てきた回答（アイディア）を素材として、自動思考に対抗したり自動思考の替わりとなる新たな思考を作っていく、その素材出しをするのがツール4である。ツール4に一問一答式に記入していくのでもよいが、時間があれば、各質問についてそれぞれブレインストーミングを行い、すべてのアイディアを記録しておき、そこから新たな思考の素材を見つけるというやり方が、もっとも確実である。ただしその場合は一通りやり終えるまでに相応の時間がかかる。セラピストがこのことをAさんに伝え、彼女の希望により、時間をかけてブレインストーミングをすることになった。具体的には第7セッションでツール4における各質問の意味を説明し、さらにブレインストーミングについて心理教育を行った。すなわち、一つひとつのアイディアを評価することなしに、自由な気持ちでできるだけ多くのアイディアを出すことが重要であるということである。

第7セッション後のホームワークとしてブレインストーミングをやってきてもらい、第8セッション中にセラピストとそれを共有し、さらにセッション中にアイディアを出し合った。質問によってはロールプレイを行って、具体的なアイディアを出すコツなどもAさんに提示した。それはたとえば、ツール4の11番目の「もし自分の親しい友達が、その場面でそのような自動思考を抱いてそのような気分に陥っていたら、どんなことを言ってあげたいか？」という質問に対して、セラピストが"物わかりの悪い友人"役を演じ、クライアントに説得してもらうというロールプレイである。この質問をするクライアントは多い。「何で大丈夫なの？」「大丈夫じゃないから、こんなに苦しんでいるんじゃない！」「気にしないほうがいいのはわかっているけど、どうしても気になってしまう。どうすればいいの？」というように、ロールプレイにおいて、"駄々をこねる"のである。するとクライアントは、「大丈夫」「気にしないほうがいい」の根拠を必死に考えるようになり、より具体的な説明を数多く案出する。それらの説明が、新たな思考を生み出す際の素材として、非常に役に立つことが多い。

Aさんとも11番目の質問を使ってロールプレイを行った。その一部を以下に示す。

友人役（セラピスト）　「仕事ばかりかピアノまで自分はまともにできないんだ」って、どうしてもそう思っちゃうの。

Aさん　そんなことないよ。仕事だってそう思うよ。

友人役（セラピスト）　ちゃんとやってたら、こんなことになってない。そんな気休めを言わないで！

Aさん　気休めじゃないよ。うまくいかないときだってあることだと思うけど、でも大体はちゃんと真面目にやっているじゃない。

友人役（セラピスト）　どうしてそんなことが言えるの？

Aさん　そもそもあなたは今うつ病で、仕事を休んでいるのに、ピア

ノの練習は休まず続けている。それだけでも十分頑張っていると思うけど。

友人役（セラピスト）　でも、先生はそのことを知らないでしょう？

Aさん　先生は知らなくても、自分ではわかるでしょう。

友人役（セラピスト）　うん、まあ、そうだけど。……でもどうしても「自分はまともにできない」って、すぐに思っちゃうんだよね。

Aさん　すぐにそう思っちゃうのは仕方がないかもしれないけど、ずっとそう思い続けていたら、あまりにもつらすぎるんじゃない？

友人役（セラピスト）　うん、自分でも何とかしたいんだけど。……どうしたらいいの？

Aさん　「まともじゃない」と決め付けないで、良い面も探してみたらいいのでは？

友人役（セラピスト）　たとえば？私の良い面って何？

Aさん　仕事だってあなたは一生懸命やっていたと思うよ。上司だって評価してくれていた。だから「ゆっくり休め」と言ってくれているんじゃない？病気なのに練習を続けてるし、レッスンも休まないのだからすごいと思う。まだ発表会まで時間はあるから、少しでも調子のよいときに練習するようにすれば、希望は持てると思うよ。

友人役（セラピスト）　それに本当につらかったら先生にそれを話して、発表会の参加を取りやめてもいいんじゃないかなあ。

Aさん　うーん、そうかなあ？

友人役（セラピスト）　うーん、先生には言いづらいけど。……でも本当につらかったらそうしてみてもいいかもしれない。少なくともそう考えると、少し楽になるような気がする。ありがとう。

Aさん　どういたしまして。

Aさんとはいくつかロールプレイを行ったが、特にこのロールプレイで友人を助けるため必死で考えるなかで、ハッと気づくことが何度もあったようで、Aさんがロープレイ後に晴れ晴れとした表情を見せていたのがセラピストには印象的であった。

第8セッションでこのように一緒にブレインストーミングをすることで、Aさんは「ブレインストーミングを出してみたい」と希望を述べ、第8セッション後のホームワークは、「ブレインストーミングをさらに続け、アイディアをたくさん出してみる」というものになった。次の第9セッションでは、Aさんが実際にたくさん考え出してきた回答群から、新たな思考の素材となりうるアイディアを選択し、それをツール4に転記する作業を行った。それを図1・6に示す。

ツール4に記載されたことを素材として、**自動思考とは別の新たな思考を作り出し、文章にまとめる**のが認知再構成法におけるツール4の素材を参照しながらいくつか案出することと、「代替思考を案出するためのシート（ツール5）」に記載して、それぞれの考えの確信度を評価してくることが第8セッションでのホームワークとなった。またセラピストからは、〈常に自動思考のことを念頭に置いて、何かストレスを感じることがあったら、そのとき生じた自動思考をさっとつかま

1章 大うつ病性障害

えようとしてみてください。つまり自動思考のモニターを習慣にするのです。モニターができてこそツール4を使って検討できるわけですから〉と心理教育的に自動思考の同定を習慣的に行うことの重要性を伝え、これもホームワークとして依頼した。第8セッションの終了時のAさんのフィードバックは、「ロールプレイが面白かった。他人に対して具体的にアドバイスしようとすると、まともな考えが結構出てきてびっくりした。あと自動思考のモニターが重要というのも、先生の話を聞いて改めてよくわかった。普段から気をつけてみようと思う」というものだった。セラピストは、Aさんが認知再構成法にかなり手応えを感じているのではないかという印象を持った。

自動思考検討シート：否定的感情と関連する自動思考について検討する

1．具体的場面：最近，ひどくストレスを感じた出来事や状況を1つ選び，具体的に記述する

●いつ？ どこで？ 誰と？ どんな状況で？ どんな出来事が？ （その他何でも……）

先週の土曜日のピアノのレッスンにて。（中略）先生に「もういいです。忙しいのはわかるけど，発表会もあるんだし，今から練習を進めておかないと，間に合わなくなっちゃうわよ」と言われた。その帰り道，電車のなかでつり革につかまりながら，先生に言われたことを思い出していた。

2．気分・感情とその強度（%）

落ち込み90%　　悲しい90%
※選んだ自動思考と関連する気分のみ記載

3．自動思考（考え・イメージ）とその確信度（%）

「仕事ばかりかピアノまで自分はまともにできないんだ」90%

4．自動思考の検討：さまざまな角度から，自動思考について考えてみます

①自動思考がその通りであるとの事実や根拠（理由）は？	⑤最悪どんなことになる可能性があるか？	⑨他の人なら，この状況に対してどんなことをするだろうか？
レッスンでうまく弾けなかった。先生にこのままだと間に合わないと言われた。毎日練習することができていない。	「こんな自分は生きていてもしょうがない」と考え，そのまま家に帰らず失踪する。自殺する。仕事もピアノも全てやめて廃人になる。	「こんなときもある」と自分を慰める。先生の前で泣く。家に帰って人泣きする。一晩寝て忘れる。調子の悪い日はレッスンを休む。
②自動思考に反する事実や根拠（理由）は？	⑥奇跡が起きたら，どんなすばらしいことになるか？	⑩この状況に対して，どんなことができそうか？
こんな状態なのにピアノの練習は続けている。先生は私に期待してくれている。うまく弾けるときもある。	完全に開き直る→「仕事もピアノもできなくて何が悪い！」急に仕事やピアノが素晴らしくできる人間になる。	「済んだことはしょうがない」と気を取り直して練習を続ける。あまりにもつらかったら先生に相談し，発表会に出ないことにする。
③自動思考を信じることのメリットは？	⑦現実には，どんなことになりそうか？	⑪もし＿＿＿（友人）だったら何と言ってあげたい？
うぬぼれなくて済む。謙虚になれる。気を引き締めてピアノの練習をする。	家に帰りご飯を食べて寝る。寝ると少しは気分が変わる。ときに落ち込みながらもピアノの練習を続ける。	そう思っているとさらにつらくなってしまうよ。あなたはちゃんと努力して評価もされている。できるときに練習すればいいじゃない。
④自動思考を信じることのデメリットは？	⑧以前，似たような体験をしたとき，どんな対処をした？	⑫自分自身に対して，どんなことを言ってあげたい？
自分を嫌いになる。反すうやひどい気分が続く。電車の中なのに泣きそうになる。ピアノの練習を放棄するかもしれない。	「自分は自分。仕方がない」と自分に言い聞かせた。甘いもの食べて気を紛らわせた。気を取り直して練習を続けた。	うまく弾けなかったことはこれまでにもたくさんある。今はうつだからこう思っちゃうんだ。反すうをやめて気持ちを切り替えよう。

※ 否定的感情と関連する自動思考を把握したら，その自動思考について，まずは上の問に対して具体的に回答してみます。このように自動思考を，さまざまな角度から検討することが認知療法・認知行動療法では重要なのです。自分のつらい気持ちに気づいたら，このシートに記入して，自動思考を検討してみましょう。

図1・6　Aさんと作成したシート（ツール4）

● 認知再構成法その3──新たな思考の案出と効果検証

前で少し触れたとおり、自動思考をさまざまな角度から検討した結果出された数々のアイディア（ツール4に記載されたもの）を素材として、自動思考とは別の適応的・機能的な思考を自分で作ってみる、そして新たな思考を作った結果、もとの自動思考や気分がどう変化したかを検証する、というのが認知再構成法の第三段階である。その際に用いるツールが、「代替思考を案出するためのシート（ツール5）」である。

Aさんとの第9セッションでは、Aさんがホームワークで作成してきた新たな思考（Aさんは五つの新たな考えを書き出してきた。〈図1・7〉）を共有したうえで、新たな思考を生み出した効果を検証するために、セラピストは次のようにAさんに教示した。

〈もしここにタイムマシンか何かがあって、今回の認知再構成法で対象としている場面、すなわちレッスン帰りの電車のなかで、先生の言葉を思い出すという場面に戻るとしますね。で、先生の言葉を思い出したAさんの頭には、「仕事ばかりかピアノまで自分はまともにできないんだ」という自動思考が浮かびます。さてここで、「あ、今『仕事ばかりかピアノまで自分はまともにできないんだぞ』と気づいたAさんは、ホームワークで書き出した新たな思考も併せて考えてみることにします。つまり新たな考えでつぶやいてみるのです。五つの新たな考えをひとつひとつ丁寧に、頭の中でしっかりと意識してみてください。……つぶやいてみましたか？　そうしたらもう一度、「仕事ばかりかピアノまでまともにできない

んだ」という自動思考を見てください。一度はこの自動思考のせいで、電車のなかでひどく落ち込んでしまいましたが、今はどうでしょう？　自動思考とは別の新たな考えを生み出し、意識した結果、今のAさんはもともとの自動思考を何十％ぐらい確信していると言えますか？　そして今の気分はいかがですか？〉

以上のようなセラピストの誘導に応じてAさんが回答したことをツール5に記載し、ツール5が完成した〈図1・7〉。五つの新たな思考のうち四つは70〜80％の確信度がついている。またもとの自動思考の確信度は90％から40％に低下した。また落ち込みは90％から30％にそれぞれの強度が低下している。さらに「安心感」という新たな気分が固定され、その強度は50％であった。Aさんはこの安心感について、「すごく丁寧に新しい考え方を作ったので、無理やり考え方を変えた感じではなく、これが新しい自分の考え方なのだと思うことができる。新しい考え方の中身も、自分を安心させるような感じだが、それだけでなく、新しい考え方を自然に作っていくことができたことで、安心感が持てるんだと思う」とコメントしてくれた。

これでAさんとの認知再構成法の1クール目が終了した。第6〜9セッション、つまり四回ものセッションとホームワークを通じて認知再構成法を一通り体験したことについてAさんの感想を尋ねたところ、「結構難しかった。ブレインストーミングとか、『こんなに丁寧にやるんだ』と驚いたけど、やっぱり丁寧にやることが大事だと思う。頭で考えるだけなら"新たな考え"もすぐに思いつくことができそうだけど、それじゃ自分自身を納得させることはできないと思う。だからやっぱり丁

寧にやることが大事」「ブレインストーミングが途中から面白くなった。先生のアイディアを聞いて『あー、そういうのもアリか』と思ったり、物わかりの悪い友人とロールプレイすることで必死で考えたり……。必死で考えると結構いろいろ思いつくものだなあと思った」「自動思考をモニターするのが、だんだん習慣になってきた。その場で自分の自動思考に気づくことができると、少し客観的になれるような気がする」など、それほど口数の多くないAさんが饒舌に語ってくれたのが印象的であった。

◉実践期を通じてのAさんの変化

認知再構成法が自分の役に立ちそうだと実感したAさんは、その後ホームワークで認知再構成法を実施し、セッションでそれを共有した。必要に応じてセラピストがアドバイスするということを何度か繰り返した結果、第11セッション終了までに計五回分の認知再構成法を共有することができた。そして第11セッションの最後に、Aさんがスムースに認知再構成法を実施できるようになったこと、日常生活で自動思考をモニターすることが習慣化され、ツールを使わなくてもその場で非

思考の幅を広げるためのワークシート：より適応的な思考を探索し，考案してみる

1．具体的場面

先週の土曜日。ピアノのレッスンの帰りの電車のなかで，先生に言われたことを思い出していた。

2．気分・感情とその強度 (%)

落ち込み 90%
悲しい　90%

3．自動思考（考え・イメージ）とその確信度（%）

「仕事ばかりかピアノまで自分はまともにできないんだ」90%

4．自動思考を検討するための質問集

- □ 自動思考がその通りであるとの事実や根拠（理由）は？
- □ 自動思考に反する事実や根拠（理由）は？
- □ 自動思考を信じることのメリットは？
- □ 自動思考を信じることのデメリットは？
- □ 最悪どんなことになる可能性があるか？
- □ 奇跡が起きたら，どんなすばらしいことになるか？
- □ 現実には，どんなことになりそうか？
- □ 以前，似たような体験をしたとき，どんな対処をした？
- □ 他の人なら，この状況に対してどんなことをするだろうか？
- □ この状況に対して，どんなことができそうか？
- □ もし　　　　（友人）だったら，何と言ってあげたい？
- □ 自分自身に対して，どんなことを言ってあげたい？

5. 新たな思考を考え出してみよう・確信度 (%)

確かに今日のレッスンではうまく弾けなかったけど，気を取り直して練習を続ければ，たぶん何とかなるだろう（80%）

私はちゃんと努力しているし，上司もピアノの先生もそれを認めてはくれている。「自分はまともにできない」とわざわざ考える必要はない。（80%）

「まともにできない」という反すうしても，気分がつらくなってしまうだけだ。甘いものでも食べて気分転換するほうが，よほど自分のためになる（80%）

うまく弾けなかったことはこれまでにもたくさんある。うつでも練習を続けていられることを「良し」と思って，地道に続けていけばよい。（70%）

うつなのにピアノの練習を続けているのは，真面目すぎるという意味で「まともじゃない」のかも。先生に言って休んだっていいのかもしれない。（40%）

6. もとの自動思考に対する

現在の確信度 ⇒（40%）

現在の気分とその強度⇒落ち込み（40%）
⇒ 悲しい（30%）
⇒ 安心感（30%）

図1･7　代替思考を案出するためのシート（ツール5）

機能的な認知に気づき、頭の中でそれを再構成できるようになりつつあることが共有され、今後はセッションで特に時間をかけずに、必要に応じてAさん自身が認知再構成法を活用するということになった。

Aさんの調子は、特に第7セッション終了後あたりから落ち着いてきており、セッション開始時の「橋渡し」の際にも、第8セッションでは、「全体的に少し楽になってきた感じがする」、第11セッションでは、「何かきっかけがあって考え始めても、前ほどひどく反すうにならない」といった発言がみられた。セラピストから見ても、表情や話し方が前より柔和になった印象があり、また、セラピストの質問やコメントに対するAさんの発言量が、前よりずっと多くなったように思われた。初回セッションで37ポイントだったBDI-IIのスコアも、第6セッションまでは上がったり下がったりしながらゆるやかにポイントが低下する感じであまり大きな変化は見られなかったが（第6セッションでは32ポイント）、第7セッション後、明らかに下がり始め、第10セッションでは18ポイント（14〜19ポイントは「軽い抑うつ状態」とみなす）、第11セッションでは14ポイントまで低下した。

第11セッションでセラピストは、上記の印象をAさんに伝え、またBDI-IIのポイントの推移をあらためて共有したところ、Aさん自身も回復してきた実感があるとのことだったので、次回のセッションでは、CBTの進め方そのものについて検討することになった。なお面接のペースであるが、認知再構成法が軌道に乗ってきた第10セッションからは、月に一度のペースに落としている。

1・4 CBTの仕上げ期（第12〜13セッション）

●維持と般化

CBTの目標達成に向けて設定された目標がほぼ達成され、クライアントの抱える問題が大方解消されると、その後はいわゆる「維持療法」の時期に入る。この時期の目標は、CBTを通じて習得した考え方やスキルを幅広く活用し続けてもらうことである。Aさんの場合は、第12セッションでこの「維持と般化」について話し合った。

第12セッションではBDI-IIは9ポイントまで下がっており、またAさんが認知再構成法を適切に活用し続けていることが確認された。また主治医から復職の許可が出て、会社側と調整した結果、翌月から職場復帰する可能性のあることが語られた。セラピストとAさんはそれらを受けて、CBTの進捗具合を確認するために、ツール2の目標リスト（図1・4）と問題リスト（図1・3）について、今現在どうなっているかを検討することにした。

まず目標リストに記載された二つの目標に対する"達成度"を、Aさんにパーセントで評定してもらったところ、一番目の目標「他人から指摘されるなど苦手な出来事があった後、反すうが始まったらすぐにそれに気づき、思考の中身を自分で別の方向に持っていけるようになる」については達成度70%（ただしこれは職場復帰してみないと本当の達成度はわからないということである）、二番目の目標「反すうをある程度コントロールできるようになり、気分や身体や行動に対する反すうの悪影

響を最小限にとどめられるようになる」ということであった。また問題リストに記載された四つの問題の"解消度"も評定してもらったところ、すべて90％ということであった。ただしこれも四番目の問題「とくに他人から何か指摘された後、悪循環にはまることが多い。すなわち、他人からの指摘に弱い。やりすごすことができない」については、実際に職場復帰して、特に苦手な例の後輩と接してみないと本当の解消度はわからない、ということであった。

これで一応「職場復帰してみないとわからない」という未知数の部分があるにはあるが、AさんとのCBTでの目標がほぼ達成され、CBTのモデルに基づいて同定された問題もほぼ解消されたことが確認できたことになる。〈このように改善されたポイントは何だと思いますか？〉とセラピストが尋ねると、Aさんは「認知再構成法が大きかった。こういうやり方があるんだとわかったことは、変な言い方だけどうつ病になって、ここで認知行動療法が受けられて良かったと思う」とコメントしてくれた。

残された課題は、復職後に職場でのストレスに対して、CBT、とくに認知再構成法をAさん自身が使いこなすことであることも共有された。復職後のストレス、特に例の後輩とのコミュニケーションに対応できることが確認されれば、ここでのCBTも終結可能であるという話になり、それを見極めるためにも次の第13セッションの予約は三カ月後に取ってもらうことになった。その際、万が一ぶりかえしが見られたら、予約を早めるという取り決めにした。

● 再発予防のための話し合いと終結

三カ月後に予約どおりAさんは来談した（第13セッション）。経過と現状を確認すると、復職して二カ月になるが、職場の配慮もあり残業をしない程度にもとの業務を担当していること、後輩の言動は相変わらず自分にとってきつく感じられるが、意識して認知再構成法を実施しつづけたところ、前のようにAさんのなかで反すうしつづけたりすることはなくなったということである。BDI-Ⅱは三カ月前と同じ9ポイントであった。Aさんは次のようなエピソードを話してくれた。

あるときAさんがあるデータの処理の仕方について例の後輩に教えていたとき、「もうちょっと簡単に説明してほしいんですけど」と言われた。上司も近くにいた。以前ならここでひどく混乱するところだが、そう言われた瞬間のAさんの頭には、「どうしよう、また言われちゃった」という自動思考がさっとよぎったものの、即座に「この自動思考にハマると前の自分に戻ってしまう。落ち着いて対応しよう」と考え直し、その場を乗り切った。その際、以前ほど気分が動揺したり、身体反応が生じることはなかった（軽い動悸を自覚した程度）。

そしてこの場面の後、以前であればネガティブな反すうが始まって、それを制御できなかったのだが、Aさんは、「どうせ自分は駄目だ」という自動思考に気づいた直後にトイレの個室に入ってツール5を眺め、ツール5に記載されている質問群のうち、とくに「友人だったら何と言ってあげるか？」という質問について、物わかりの悪い友人役のセラピストと問答するシーンを想像し、次のような考えを案出することができてきた。それは『「簡単に説明してほしい」と言われたことのどこが"駄

目"なの？ 現にあなたがもう一度説明したら、彼女（後輩）だって理解してくれたじゃない。自分のことを『駄目だ駄目だ』と反すうしても、あなたがつらくなるだけだよ。気を取り直して仕事をして、帰りに○○（Aさんのお気に入りの店）で美味しいケーキを食べて帰ったらどう？」というものである。

Aさんはこの代替思考をトイレの個室のなかで急いでツール5に書き付け、自分のデスクに戻り、さきほど後輩に言われたことについてネガティブな反すうが起きそうになると、トイレで記載したツール5をさっと取り出し、代替思考を黙読した。「そうだそうだ」と心のなかで自分に声をかけ仕事に戻る、ということを繰り返した。そうやってなんとか反すうに巻き込まれないように頑張り、その日の業務をこなしたAさんは、帰りに実際に○○に寄り、好物のケーキを楽しんだ。

Aさんは笑いながらこのエピソードについて話をし、セラピストは〈完璧ですね！〉とコメントした。このエピソードを体験することで、Aさん自身、「これで私は大丈夫だ。何とかやっていける」と言う。他にもAさんは、「以前の私はどこかビクビクして、自信が持てなかった。だから誰かに何かを指摘されると、自分の駄目なところを見透かされた気がして、あれほど動揺してしまったのだと思う。それがうつ病の原因だったのではないか。今だって自信があるわけじゃないけど、前と違ってそれほど動じないで済むのは、自分のなかで何か"しっかりしたもの"ができたからだと思う」「うつ病になってよかったとは思わないけど、病気になって仕事を休んでも上司は私を信頼してくれているし、彼（恋人）も友達も家族も私を大事にしてくれることがわかって、それはとてもうれしかった。考えてみれば彼女（例の後輩）だって、仕事をちゃんと覚えるために何気なく私にああ言ってきたにすぎなかったのかもしれない。でも私が自分に自信がないから、一つ一つ過敏に反応してしまった。そういう意味では、自分で自分をうつ病に追い込んだと言えるかもしれない」など、うつ病という自分の体験について思うところをいろいろと語ってくれた。

再発予防計画

- 月に1度はCBTのおさらいをする（例：記入したツール類を見直す。CBTに関する本やサイトを見る）
- ストレスを感じたらCBTのモデルを使ってモニターし，ツール1に書き出してみる。
- 自動思考をつねにモニターし，あまりにもきついときはツール5を使って認知再構成法を行う。（頭のなかで切り替えができればよいが，それでは間に合わないときは必ず紙に書き出す）
- 調子の悪さを自覚したらBDI-IIを実施する。
  - 19点以下……自分でCBTを行う。これまでに作成したツールをすべて読み返し，立て直しを図る。
  - 20点以上……自分でCBTを試みるが，2週間以上20点台が続いたら，フォローアップセッションの予約を取る。
  - 30点以上……すぐにフォローアップセッションの予約を取る。
- 精神科への通院を続ける。薬を減らしたり止めたりすることについてはかならず主治医と相談する。
- 何かあったときは，どんなにささいなことでも早めに誰か（例：彼氏，上司，友達，家族など）に相談して，聞いてもらったりアドバイスしてもらったりする。

図1・8　再発予防計画

1・5 事例Aのまとめ

以上、大うつ病性障害に対するCBTの事例を紹介した。本事例は、初発で、クライアントの知的能力もCBTに対するモチベーションも高く、またプライベートでも職場でも周囲からのサポートが良好であるという意味では、きわめて理想的な事例であり、CBTの経過も順調であった。臨床現場に持ち込まれる事例は、もっと複雑で経過の長いものが多いが、このような比較的シンプルなうつ病の事例も少なくない。以下に本事例におけるポイントをいくつか挙げてみる。

● 重症の抑うつ状態に対するCBTの導入について

Aさんは医療機関を受診せずに筆者の勤務する相談室に来談したが、話の中身からも、Aさんの様子からも、そして心理テスト（BDI-II）の結果からも、重症のうつ病が強く疑われた。その場合、CBTをすぐに開始するのではなく、まずは医療機関（できれば精神科）を受診し、薬物療法を中心とした医療的対応を受けてもらうことが不可欠である。Aさんの場合、初来談時のBDI-IIの点数が46ポイントと非常に高く、また自殺企図の危険性が高かったため、すぐに精神科を受診してもらった。その際、CBTの説明を簡単にしたうえで、ある程度症状が落ち着き、主治医の許可が下り、Aさん自身が希望するのであればCBTを開始できることを伝えた。そして実際に薬物療法の効果が出始めたころ、主治医の紹介状を携えてふたたび筆者のもとに来談し、そこから本格的なCBTをスタートさせた。

CBTの実施機関が医療機関でない場合、そしてCBTの実施者が医師ではない場合はとくに、安全な環境でCBTを進めていくために、このような手続きをふんだうえで、CBTを開始することが重要である。クライアントのなかには「薬を飲むのは絶対に嫌だ。精神科にはかかりたくない」「CBTを受けることを主治医に知られたくないので、紹介状なしでCBTを始めてもらいたい」と主張する人もいるが、その場合、うつ病およびうつ病治療についての一般的な心理教育を行ったうえで、CBTを実施するのであれば医療との併用が不可欠であることを丁寧に説明し、クライアントに納得してもらうことが必要であろう。このようなうつ病治療におけるケースマネジメントもCBTの重要な要素である。なおうつ病治療におけるサイコロジストと医療との連携については、伊藤（二〇〇五c）を参照していただきたい。

よい状態が維持されていること、CBTで習得したことをAさん自身で続けていること、何よりもAさん自身が「大丈夫」との実感を持っていることなどから、この第13セッションで終結とすることが合意された。そこでセッションの残り時間を使って再発予防計画を簡単に立て、次のように紙に書き出した（図1・8）。

Aさんとは第13セッションの半年後に、フォローアップのために手紙をやりとりし、現状を確認させてもらった。Aさんから送られてきた手紙には、Aさんが上記の再発予防計画を「多少サボりながらも」実施していること、うつにつながるようなひどい反すうが生じることはまったくないこと、主治医と話し合い抗うつ薬を止めたが大丈夫であることが書かれてあった。

● アセスメントの重要性

Aさんのような併存症のみられない典型的な大うつ病性障害の場合、認知再構成法が奏効する可能性は高い。またCBTの実践家のなかには、このようなケースでは詳細なアセスメント（ケース・フォーミュレーション）を行わずして、認知再構成法を早々に導入する方も少なくないと思われるし、それで十分な成果を上げている方もおられるのかもしれない。

しかし筆者はこのような事例であっても、他のCBTの事例と同様、基本モデルを用いたアセスメントを詳細に実施し、クライアントのはまりやすい悪循環のパターンを同定したうえで、具体的な面接目標を設定するというプロセスを経て技法を導入するほうが、一見遠回りに見えても結果的には有効なのではないかと考えている。

その理由は、三つある。第一に、自分の抑うつの悪循環パターンにおいて、非機能的な認知が鍵となっていることをクライアント自身が実感することの効果である。セラピストの指摘によってではなく、クライアントが「まさに自分のこのような認知が、自分のつらさを引き起こし、維持させてしまっているのだ」と自ら気づくことによって、そのような非機能的な認知を何とかしたいというモチベーションが高まるのではなかろうか。本事例でも、ツール1でAさんの落ち込みのエピソードを詳細に同定し、「まさに自分のパターンはこれだ」とAさんが実感した時点で、「反すう」についてセラピストが心理教育したところ、その説明がヒットし、Aさんが「（反すうによって）自分で自分の首を絞めてい

る」と気づいたことが、認知再構成法を導入するための下地として大きかったのではないかと思われる。

第二の理由は、アセスメントをしっかり行うことによって、CBTの基本モデルがクライアントに内在化され、それがそのまま認知再構成法を効果的に進めるための下準備になる、ということである。モデルがクライアントに内在化されるということは、すなわち、状況➡認知➡気分の流れを着実にモニターできるようになるということである。アセスメントの段階でそのようなモニターができるようになっていれば、認知再構成法のストレス場面やその場面における自動思考や気分の同定（すなわちツール3の作業）は、かなりスムーズにできるようになるはずである。

第三の理由は、具体的なエピソードを用いてアセスメントできれば、そこで同定される認知はおのずと「自動思考」になる、ということである。アセスメントの段階で自動思考の同定に慣れておくことができれば、そして自動思考という概念をある程度心理教育しておくことができれば、認知再構成法を導入した後で「自動思考の同定」という課題に新たに直面するのを避けることができる。自動思考の同定は、認知再構成法を実施するにあたって最も重要な手続きである。自動思考を同定できなければ、それを検討することも、新たな思考を案出することも不可能だからである。そのような重要な手続きの下準備を、アセスメントの段階でしておくことができれば、それは認知再構成法のスムーズな進行に大いに貢献するだろう。

● 認知再構成法の1クール目を丁寧におこなう

認知再構成法は一度やればよいというものではなく、他のCBTの技法と同様に、何度も練習して身につけるスキルである。どんなスキルでも最初はゆっくり丁寧に時間をかけて練習することが必要であり、認知再構成法の1クール目（一回目の練習）は、複数のセッションとホームワークを使って、できるだけ丁寧に行うことが望ましい。CBTに対する親和性が高く、知的能力の高いAさんであっても、四回ものセッションとホームワークを費やして1クール目を実施した。一度、これだけ丁寧に認知再構成法を実施しておくと、2クール目以降は、クライアントが自力で丁寧に認知再構成法を実施できるようになることが多い。

認知再構成法は大雑把にやろうと思えばできなくもない技法である。しかしこれだけ効果のある技法を大雑把に扱って、大雑把な効果しか得られなければ、それは大変もったいないことだろう。筆者は臨床家として、認知再構成法はやはり非常に強力な技法であるとの実感を持っている。これほどの強力な技法であるからこそ、大事に扱い、クライアントのなかにしっかりと根付いてもらいたいのである。

● 環境（状況、対人関係）にも目を向けることの重要性

CBTはもちろんその名の通りクライアントの「認知」と「行動」に焦点を当てるのだが、セラピストはつねにクライアントの置かれた環境、クライアントを取り巻く状況、とくに対人関係に配慮する必要がある。CBTの基本モデルを念頭においておけば、環境や状況や対人関係を含めて、クライアントの体験の全体像を追っていくことができるの

で、セラピストは基本モデルを意識しつづけることが重要である。

そして同時にセラピストが意識しておきたいのが、クライアントを取り巻くソーシャルサポートについてである。質のよいサポートがあったり、サポートしてくれる人が多ければ、それはCBTにとっても好材料である。逆にソーシャルサポートがあまりにも乏しければ、それを増やすこと自体が面接目標の一つとなりうる。場合によってはクライアントの認知や行動に介入するより、問題のある対人関係を改善するとか、良質のソーシャルサポートを増やすとか、あまりにもストレス度の高い環境から離れるとか、そういった環境（状況、対人関係）に焦点を当てた工夫のほうが役立つときもあるだろう。

Aさんの場合、たとえば後輩の言動に対する自分の認知的反応が問題であるとAさん自身が認識し、認知再構成法を導入したが、仮に、「後輩の言動そのものがあまりにもきつくて耐えられない」ということがセラピストとクライアントで合意されれば、そちらを変化させたり後輩から離れたりといった別の対応策が検討されたかもしれない。また、Aさんの場合、恋人や上司や友人などソーシャルサポートが豊富であることがアセスメントの段階で確認され、また休職中や復職後にもそれらの資源がAさんの支えとして大いに機能しており、それらがいかに重要かということもセッション中に何度か共有された。繰り返しになるが、CBTは認知と行動にセッション中に焦点を当てるのだが、認知も行動も環境（状況、他者）とのかかわりにおいて機能するものであり、クライアントを取り巻く環境を念頭におきながらCBTを進めていく重要性について再度強調しておきたい。

2章 気分変調性障害

本章では気分変調性障害のクライアントに対する認知行動療法の事例を提示する。よく「うつ病は心の風邪だ」「うつ病には何よりもまず休養が必要だ」などと言うが、この世間一般で言うところの"うつ病"とは、基本的には大うつ病性障害のことを指している。ところが、気分変調性障害のクライアントも、医療機関で"うつ病""うつ状態"との診断名を告げられることが多い。そして本人も周囲も「心の風邪」「休養が必要」と思ってその通りにしているにもかかわらず、いつまでたっても良くならない、ということを経験していることが多いのである。残念なことに気分変調性障害の場合、休養や薬物療法だけでは回復しないこともままあり、休養を取れば取るほど症状が長引いていく場合も少なくない（伊藤、二〇〇六a）。筆者の経験からは、気分がどんなにすぐれなくても、活動レベルを上げていき、それに伴って気分が上がっていくのをクライアント自身に体験してもらうことが、気分変調性障害への対処のポイントであるように思われる。いずれにせよ重要なのは、"うつ"を主訴として来談したクライアントに対して、自動的に大うつ病性障害の心理教育をしたり、大うつ病性障害の認知行動療法を適用するのではなく、その人の"うつ"の経過と現状をしっかりと把握し、アセスメントを行ったうえで、その人の"うつ"がどのようなものかを見極めることである。"うつ"の経過が長いクライアントの場合はなおさらである。

2・1 事例Bの概要

❖ **クライアント**
Bさん――男性。三十六歳、無職（CBT開始当初）。

❖ **インテーク面接**
来談経路――主治医の勧めによる。
医療情報――大学生時に一度、精神的な調子を崩し、学内の診療所にて精神科医の治療（診察と投薬）を半年間ほど受けていたことがある。八年前に精神科クリニックを受診し、「うつ病」と診断され、八年間抗うつ剤を中心とした服薬を続けている。通院中のクリニックが提携する相談機関で五年間、心理療法（カウンセリング）も受けている。主治医から筆者に対する紹介状には、「診断名：慢性抑うつ状態」と記載されており、さらに「調子の良し悪しには波があり、就労しても長続きしません。薬物治療だけではこれ以上の回復は見込めず、当方から本人に認知行動療法をお勧めし、貴機関にご紹介する次第です」と書かれてあった。三環系抗うつ薬と睡眠薬の処方も併せて記載されていた。

❖ **家族**――両親、七歳上の姉、五歳上の兄がいるが、姉と兄はすでに独立しており、現在は両親と三人暮らし。父親は公務員、母親は

遺伝的素因——父方の曽祖父が自殺をしているらしいが、詳細はよくわからないとのこと。

◆

生活歴——いわゆる"いい子"として育ち、中学校卒業時までは優等生であった。高校生時より少し元気がなくなってきたが、普通に高校を卒業し、一浪後、私大の経済学部に進学した。単位が足りず一年留年したため五年かけて大学を卒業した。公務員を目指すも試験に合格できず、大学卒業三年目（二十七歳）に民間企業に就職したが、二・三年目の秋ごろから心身の調子を崩し、現在通院中のクリニックを受診。「軽いうつ状態」との診断を受け、治療を続けながら仕事に行っていた。三一歳のとき異動をきっかけに調子が悪化し、休職し自宅療養を行うも、調子が戻らず、そのまま退職した。その後、再就職したり派遣社員やアルバイトとして働いたこともあるが、調子が悪くなると仕事に行けなくなり、ズルズル休んだ末に退職するというパターンが続いている。インテーク面接をする一年ほど前に、三カ月間続けた運送会社の仕分けのアルバイトを辞めた後は、ずっと家にこもっているとのことである。

◆

インテーク面接時の生活状況——昼夜逆転気味の生活を送っているが、睡眠、食事、入浴などはやや不規則ながらもきちんとできている。両親はあきらめているのか、あまり口出しをしてこない。Bさんは両親に対してうしろめたさを感じており、自分から両親を避けている。大方の時間を、自室にこもってテレビやDVDを観たり、インターネットをしたりして過ごしている。友人づきあいはほとんどないが、インターネットを通じて知り合い、メールのやりとりをしている人が何人かいる。食費など生活にかかるお金や治療費はしてくれているが、ネット代や本代などは働いていたときの貯蓄から出している。ちなみにカウンセリング代は親が支払うことで合意されているとのことである。

◆

来談に至る経緯——主治医からは「薬だけでは治らない。自ら生活を変えていくことが必要」と言われ続けており、自分でもそうだと思って仕事に就いたり、生活リズムを整えようとしてみるものの、気分が落ち込むとそれが崩れてしまい、ズルズルと長引いてしまっている。五年間受けたカウンセリングは、話を聞いてもらうことが中心で、特にアドバイスをしてもらったことはないので、人と話すことで気が楽になるという意味では良かったが、回復には結びついていないということである。カウンセリングを中断し、通院服薬だけは続け、なかば投げやりになって暮らしていたが、三十代も後半に入り、「さすがにこのままじゃまずい」と焦りだした。そのことを主治医に訴えたところ、認知行動療法およびその専門機関である当機関を紹介され、インテーク面接を申し込んだ。ただし、認知行動療法についてはほとんど知らないとのことである。

◆

主訴——はじめセラピストが主訴を尋ねたときは「何もかも困っているといえば困っているんです」という漠然とした回答であり、ソクラテス式質問を繰り返すなかで、以下のような"問題"をとりあえずの主訴とすることで合意された。

「うつ状態の調子に波があり、生活や仕事がままならない。気分に波があり、自分でコントロールできない。このままの状態がずっと続くと思うと、非常に不安である」

BDI-Ⅱ（ベックの抑うつ尺度改訂版）──28ポイント（中度のうつ状態。ただし29ポイント以上だと重症レベルに入るので、決して軽い状態ではない）。

◆

Bさんの様子や印象──年齢より若く見える。色白でやや太り気味。髪型や服装などにあまり気を配っていない様子である。話している間も顔の表情に変化がなく、ずっと沈んだ様子を示していた。自発的な発言はほとんどなく、セラピストの質問に対して、ぼそぼそと答える感じであったが、回答の中身はわりあい的確であった。CBTの説明はよく理解したものの、「まあ、やってみないとわからないし、このままだとまずいと思っているし、先生（主治医）にもそう言われているので、とりあえず始めてみたい」という回答で、さほどモチベーションが高いようではなかった。また、ホームワークのことを伝えた際、「毎回ちゃんとできるかどうかわからない」と心配そうな様子を見せた（セラピストは、〈始めてみて、できそうもないと思ったら、そのときにそうおっしゃってください〉と答えた）。

◆

インテーク面接で合意されたこと──八年も長引いている症状なので、すぐに解消することは難しく、せっかくCBTを始めるなら時間をかけてじっくりと着実に進めていくことが必要であるとセラピストが伝え、合意された。またCBTは、今、目の前にある現実問題の解決を目指すものではあるが、問題の背景を知ることも重要で、そのためには少し元気がなかったという高校生時代や、大学時に精神的に調子を崩して留年した話、また公務員試験や就職にまつわる話や発症時の状況、さらに発症後から現在に至る経過などを、要するにこれまでの経緯をある程度きちんとヒアリングしたいということをセラピストから伝えたところ、Bさんも同意してくれた（積極的な同意というより、「まあ、ここまできちゃったんだから、仕方ないですよね」という同意の仕方であった）。したがって、これまでの経過をある程度きちんとヒアリングしたうえで、現状のアセスメントを行い、あとは標準的なCBTのプロセスを進めていくということになった。

毎週はつらいというので二週間に一度のペースで面接を開始することにした。〈何回の面接が必要なのか、またどれぐらいの期間で終結まで持っていけるかは、もう少し詳しく話を聞かないとわかりませんが、経過の長さを考えると三カ月とか半年といった期間ではなく、一年とか二年とか年単位で進めていくものとお考えください〉とセラピストが伝えたところ、これに対しても「まあ、そうなんでしょうね」といった反応ではあったが、ある程度時間をかけていくということについても一応合意された。

❖ CBTの経過の概要

X年一月某日、インテーク面接を実施。その後ほぼ二週間に一度のペースでセッションを実施。X+2年二月までに四十回のセッションが終了した後、月に一度のペースに落とし、長期フォローアップを続けた。最

終面接はX＋3年十一月で、計六十回のセッションを実施したところで終結とした。その二年後に電子メールにて終結後のフォローアップを実施した。

2・2　CBTの導入期（初回〜第12セッション）

●生活歴のヒアリング（初回〜第3セッション）

まず三回のセッションを使って特に高校生以降の生活歴をヒアリングした。ヒアリングしたものは年表の形で外在化し、この期間のホームワークとして、①年表を見直して、追加や修正があったら記入してくる、②次回のヒアリングで何を話すか心積もりしてくる、という課題が出された。Bさんは、「このぐらいのホームワークなら大丈夫」とのことであった。

高校生から入社二年目（二十七歳）の発症までを時系列でざっとヒアリングしたところ、とくに、ある状況に対してプレッシャーや劣等感を感じると、その後、気分が沈む傾向が、高校生以降顕著であることが見出され、共有された。

例1——高校は進学校だったため、勉強のできる生徒が多く、定期試験のたびにプレッシャーを感じ、また思うような成績ではなかったため、それらが要因で元気がなくなっていったのかもしれない。

例2——大学二年から所属したゼミにすごいやり手がいて、Bさんは彼と一緒にグループ発表を行うことになった。その際、Bさんの情報収集やプレゼンテーションのやり方について、いちいち彼からダメ出しされ、Bさんは次第に萎縮し、そのうち気力を失い、大学に行けなくなってしまった。その後、親に強く勧められ、大学内の診療所を受診した。

例3——公務員試験に親しい友人は合格し、Bさんは不合格だったことに対して、「やはり自分は駄目なんだ」とくよくよ思い悩むようになり、受診するほどではなかったが気持ちが沈んだ日々をしばらく過ごした。

例4——二十七歳時、民間企業にやっと就職できたが、他の人より入社会人としてのスタートが遅いことを最初から気にしており、何気ない上司の一言に、「君はただでさえ人より遅れているんだから」と一気にプレッシャーや劣等感を感じるようになり、毎日悩んでいた。ただしそのときは仕事を覚えるのに必死で、いつしか悩みも解消されていた。

例5——入社二年目の秋、上司から指示された企画書の作成が間に合わず、ひどく叱責されたことがきっかけで、仕事に対するやる気を失い、憂うつな気分が増し、そのうち朝起きられなくなり、精神科クリニックを受診した。上司に言われた「二年目にもなって、こんなこともまだできないのか」という言葉が大きかったとのことである。

このような傾向が見出されたことについてBさんの感想を問うと、「うすうすわかっていたことが、明るみになった感じです。同じことを繰り返しているようで、こういうことを突きつけられると、『やっぱり自分は駄目なんだ』と感じてしまいます」との回答が返ってきた。セラピストが〈Bさんの現状をよりよく理解するために、過去の話を教えていた

だいているんです。決してBさんに"突きつける"ためではありません。実際、今後に役立ちそうな具体的な話をいくつも教えていただきたいことができました。よければ引き続き、過去の話を教えていただきたいのですが、よろしいですか？」とお話したところ、快諾してもらえた。

● 発症後の経過のヒアリング（第4～6セッション）

前ページの例5が今回の"慢性抑うつ状態"が発症したときのエピソードである。第4セッションから第6セッションまで、発症後の症状や治療、および仕事や生活の変遷について、やはり年表に記入しながらヒアリングを続けた。

ここではこれ以上は具体的に紹介しないが、セラピストとBさんで共有されたのは、Bさんは何かきっかけがあるとそれに反応するように抑うつ気分、気力の低下、疲労倦怠感、「やはり自分は駄目だ」という認知、過眠傾向などが生じ、家から出られなくなり、その結果、仕事を辞めるということが繰り返されているということである。Bさんの感想は、「結局、自分は高校生のときから、ずっと同じことを繰り返しているわけですね。もうたくさん、なんとかここから脱け出したい、と前よりもっと強く思うようになりました」というものであった。ヒアリングを6セッションかけて行うなかで、Bさん自身がこれまでの経緯や自分の傾向についてあらためて考えたことにより、「これじゃまずい」という思いに実感が徐々に伴っていったように思われた。当初、受身的だったBさんが、少しずつCBTにおいて主体的になっていくような印象を受けた。セラピストがそのような見解や印象を伝えると、Bさんは、「確かに先生（主治医）に長年カウンセリングを受けていたのに良くならなかったということもあって、先生というか認知行動療法を信じきれていなかったと思います。正直最初は、先生にカウンセリングを始めてみると、毎回アジェンダを決めていきます。でも実際にカウンセリングを始めてみると、毎回アジェンダを決めます。でも実際にカウンセリングをしてくれたり、毎回僕からも感想を言ったり、毎回宿題が出たり……もう何もかも前とは違います。だからここに来るときは、それほど気分は悪くないんです。これを信じてやってみようになりました」と話してくれた。

● 活動と気分のモニタリング（第4セッション後に導入）

初回から第6セッションまでは、過去の経緯のヒアリングが主なアジェンダであったが、毎回の経過報告時に「今週も何もできなかった」「朝、どうしても二度寝をしてしまう」「入浴のタイミングを逃すと、一週間ぐらい風呂に入らないときもある」というような、生活リズムや日常生活についての話が頻出していた。そこで第4セッションでセラピストから、〈今のBさんの生活がどうなっているか、記録をつけてみませんか。そこから何か気づくこともあるでしょうし、今後アセスメントするときの題材になると思いますよ〉と提案したところ、Bさんもそれに同意し、活動モニタリングシートに毎日の活動と気分および体調を記入し、毎回のセッションに持参してもらうことになった。毎日記録できるかどうかBさん自身当初不安気だったが、やってみるとさほど大変ではないということがわかり、結果的にモニタリングシートへの記入は終結までずっと続けられた。

たとえばこの時期の典型的なBさんの一日は、次のとおりである（図2・1）。

Bさんは自分の記録を見て、「こういう生活から早く脱け出したいが、自分ではどうしていいかわからない。『明日こそ』と毎晩思うのだが、いざ起きてみると、気分は悪いし、身体もだるいので、結局何もしないでゴロゴロしてしまう。こういう自分が嫌になる」と嘆いた。セラピストは〈今はBさんの現状を把握している段階。現状を認知行動療法のモデルでしっかりと理解すれば、脱け出し方も見えてくると思う。それはここで一緒にやりましょう。今は現状を変えようとするより、このようにBさんがモニタリングしてくれると、認知行動療法にはすごく役に立つ。なので当面は、この課題を続けてください〉とコメントした。そして〈このように私に言われて、どう思いますか?〉と問うたところ、「少しホッとする。シートに書き出すと現状が見えてつらい面もあるが、『何かやっている』という気になれるので、多少は楽になる」とのことであった。

なおBさんの場合、毎回BDI‐Ⅱをセッション開始時に実施していたが、初回から第6セッションにかけて、ほぼ20ポイント台後半の点数が維持されていた。

●アセスメント（第7〜10セッション）

第7セッションから、認知行動療法の基本モデルに沿ったアセスメントを開始した。これまでにやってもらったモニタリングシートから、図2・1のような生活がほとんど毎日続いていることがすでに共有されており、特に朝（というか午前中）、目が覚めたときから不快な気分や身体感覚を自覚し、起きて活動したいのにできない、というのがBさんにとってつらいのだ、ということがセラピストとしてもよく理解できたので、朝（午前中）、覚醒したときの場面を詳しく聴取しながら、セラピストがそれをアセスメントシートに整理していった。それが図2・2である。

図2・2のアセスメントシートは第7セッションで作成を開始し、第8

時間帯	活動や気分など
午前 7時〜 午前10時	活動：寝ていた。 活動：11時頃起床。ベッドの上でゴロゴロする。 気分：ボーっとしている。憂うつ。
午前10時〜 午後12時	体調：だるい。眠い。
午後12時〜 午後 4時	活動：食事。部屋でゴロゴロ。ネット。 気分：憂うつ。少し落ち込んだ感じ。 体調：だるい。重い。
午後 4時〜 午後 7時	活動：ネット。コンビニで立ち読み。昼寝。 気分：憂うつ。落ち込み。やる気が出ない。 体調：だるい。重い。
午後 7時〜 午後11時	活動：テレビ。ゴロゴロ。食事。ネット。 気分：憂うつ。落ち込み。自分を責める。 体調：だるい。重い。
午後11時〜 午前 4時	活動：メール。ネット。テレビ。3時に就寝。 気分：少し気が晴れる。でも憂うつ。 体調：（特にない）

図2・1　ある日のBさんの活動モニタリングの記録

セッションで完成させたものである。第7セッションで朝の状態についてアセスメントを開始した際、Bさんによれば「今朝も同じパターンだった」というので、〈では今朝のことを教えてください〉と言って、セラピストは質問を始めた。Bさんはセラピストの質問があまりにも細かいことに驚き、「……わかりません」「……思い出せません」という回答を連発した。セラピストは〈アセスメントは、できるだけ具体的に詳しく行うのが重要なんです。詳しくわかればわかるほど、どこが問題なのか見えてくるし、突破口が見つかりやすくなるんですよ〉と説明し、Bさんもそれを理解したので、第7セッションのホームワークは、"朝の状態について、できる限り詳しく、具体的に自己観察してくる"という課題にした。第8セッションでも同様に、その日の朝の体験を想起しつつ、第7セッションに比べてずっとスムースにBさんは質問に答えることができた。このやりとりをもとに図2・2のシートが完成した。第8セッションのホームワークは、"このアセスメントシートがAさんの朝の状態を正確に表しているかどうか、確認してくる"というものであった。

第9セッションで〈ホームワークで確認していただいて、いかがでしたか？〉と尋ねたところ、「本当にこの通りでした。これまで、ただ単に『朝、調子が悪くて起きられない』とだけ思っていたけれど、細かく見てみると、短い時間の

アセスメント・シート――自分の体験と状態を総合的に理解する

ストレス状況

ストレスを感じる出来事や変化
（自分，他者，状況）

①午前11時頃，自室 ベッドのなか
（部屋は西向きで薄暗い）

⑬午後12時頃，自室 ベッドのなか
（部屋はやはり薄暗い）

認知：頭の中の考えやイメージ

③「あれ～，朝だ」④「もう11時だ」「起きなきゃ」⑦「だるい」「起きたくない」「このまま布団のなかにいたい」

⑩「こんな気分だからしょうがない」

⑯「またやってしまった」「今日も駄目だった」「自分は駄目だ」

気分・感情

⑤ぼーっとしている80%

⑧憂うつ60%
不快感60%

⑰後悔90%
落ち込み90%
自責感90%

身体的反応

②自然に目が覚める
⑥だるい。まぶたが重い
⑨だるい。脱力感
⑫いつの間にか眠る
⑭自然に目が覚める
⑱だるい。重い。

行 動

④時計を見る
⑪布団のなかでグズグズする。そのうち目を閉じる。
⑮時計を見る
⑲起き上がってTVをつける。

サポート資源

医者	
家族	ネット
カウンセラー	ネットの知り合い
認知行動療法	甘いもの（ビスケット，プリン）

コーピング（対処）

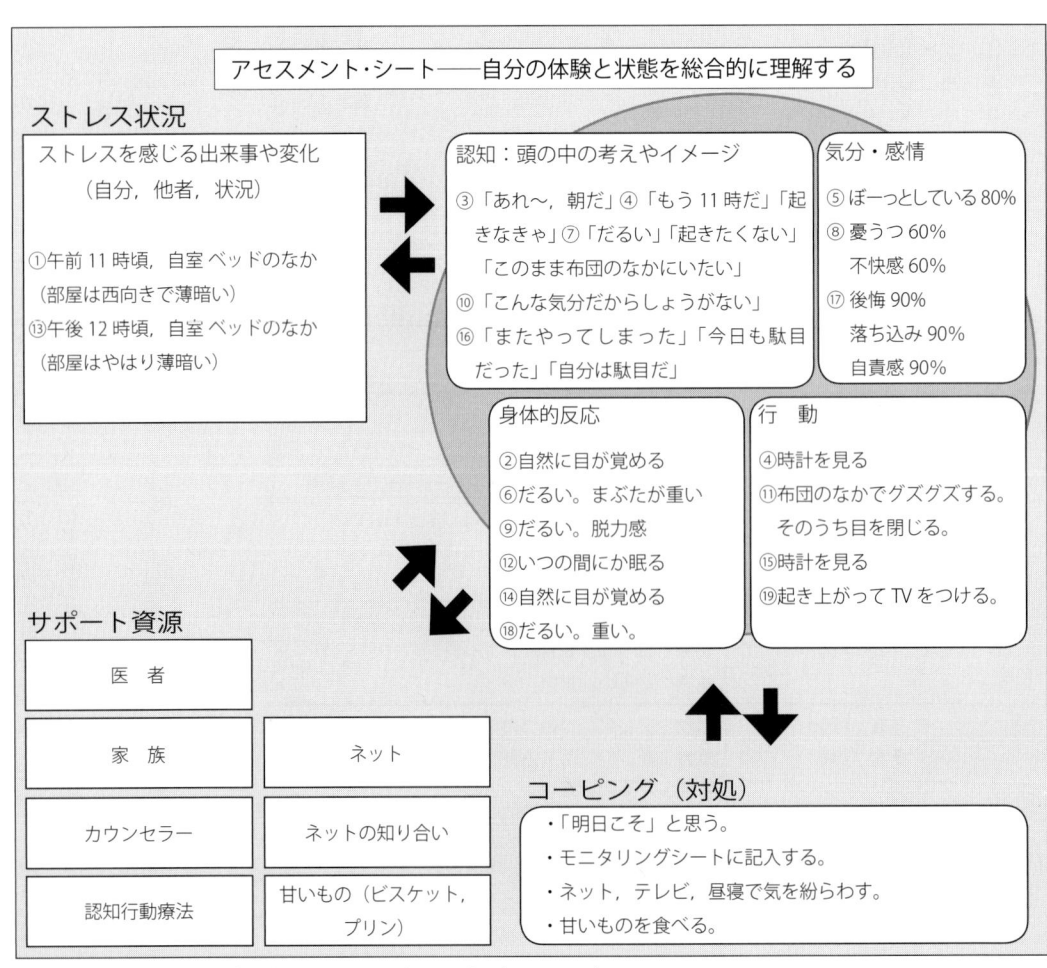

・「明日こそ」と思う。
・モニタリングシートに記入する。
・ネット，テレビ，昼寝で気を紛らわす。
・甘いものを食べる。

図2・2 Bさんと作成したアセスメントシート（ツール1）

2章 気分変調性障害

うちで、いろんなことを考えたり、感じたりしていることがわかって面白いですね」というコメントが返ってきた。現在一番問題になっている朝についてはアセスメントができたが、そもそもBさんが解決を望んでいるのは、"何かきっかけがあるとそれに反応するように抑うつ気分、気力の低下、疲労倦怠感、過眠傾向などが生じ、家から出られなくなり、仕事を辞めるということが繰り返されている"という認知、仕事を辞めるということが繰り返されている"というこれまでのパターンである。当時Bさんは仕事など社会的活動をしていなかったため、仕事などに関するエピソードがなかったが、こちらのパターンについてもアセスメントをする必要があるということで合意した。そこで第9、10セッションでは、過去のエピソードを素材にして、もう一枚、アセスメントシートを作成した。それが図2・3である。

図2・3の上部（CBTの基本モデルの部分）は、二年間のアルバイト先（コンビニエンスストア）でのエピソードを整理したものである。しかしアセスメントをして、それをツールに書き出す作業をしているうちに、Bさん自身が、「このときに限りません。いつも同じパターンです。大学のゼミを続けられなくなったときも、最初の会社を辞めたときも、その後の数々の仕事を辞めたときも、大体こんな感じです。ずっと同じことを繰り返してきているんです」と気づいた。そこで、コーピングとサポート資源の欄には、"ずっと同じことを繰り返している自分"にとってのコーピ

アセスメント・シート──自分の体験と状態を総合的に理解する

ストレス状況

ストレスを感じる出来事や変化
（自分，他者，状況）

①二年前の七月。コンビニのバイト。ある作業について店長に注意された後，「しっかりしろよ」と言われた。
⑤その日の仕事が終わった後や翌日。

認知：頭の中の考えやイメージ

②「一言多いんだよ！」「やってらんない」「帰りたい」
⑥「もう耐えられない」「辞めたい」「嫌だ」「仕事に行きたくない」
⑩「自分は駄目人間だ」

気分・感情

③ふてくされた気分　不満。やる気が失せる
⑦憂うつ。重たい。
⑪劣等感。抑うつ感

身体的反応

⑧だるい。疲労感。全身が重たい。
⑫⑧が悪化

行動

④「はい」とだけ答えて，あとは黙々と仕事をする。
⑨何もできない。ゴロゴロ。仕事に行けない。
⑬仕事を辞める。家でゴロゴロ。

サポート資源

医者	
家族	ネット
カウンセラー	ネットの知り合い
認知行動療法	甘いもの（ビスケット，プリン）

コーピング（対処）

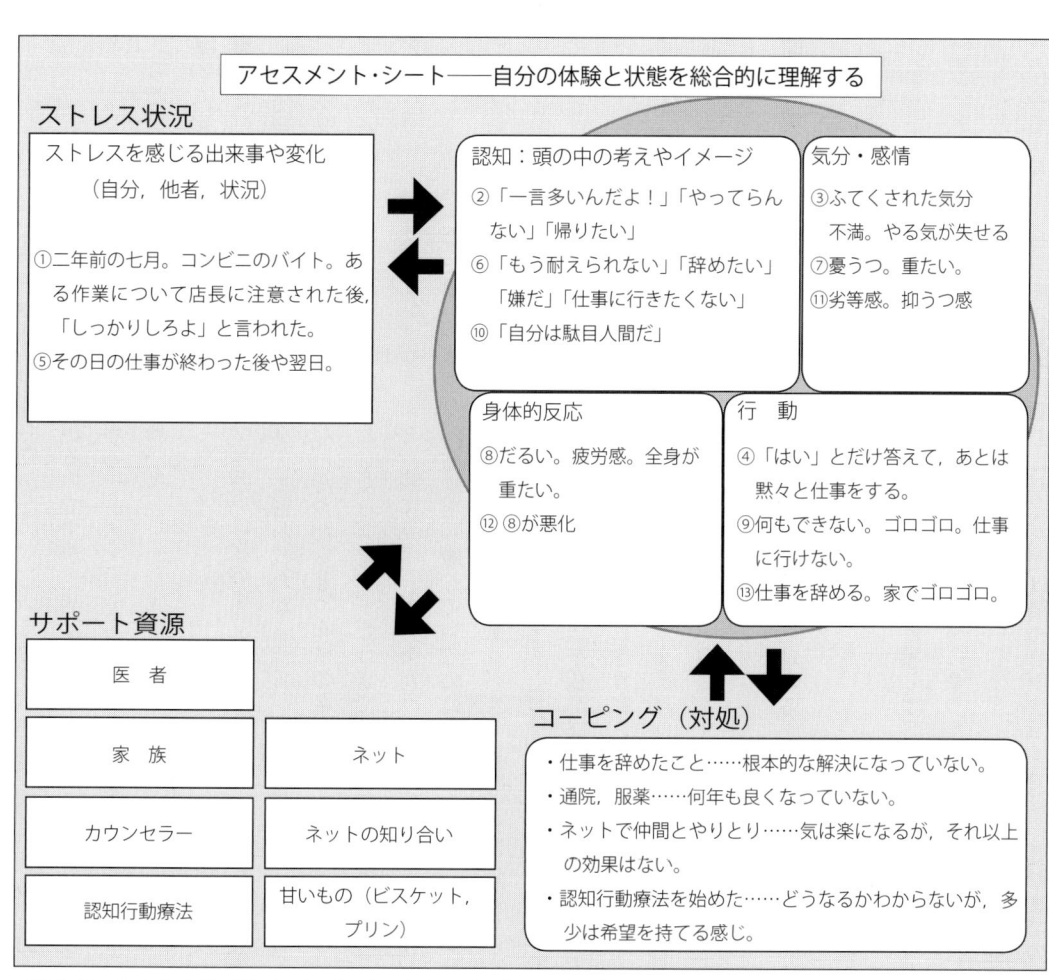

・仕事を辞めたこと……根本的な解決になっていない。
・通院，服薬……何年も良くなっていない。
・ネットで仲間とやりとり……気は楽になるが，それ以上の効果はない。
・認知行動療法を始めた……どうなるかわからないが，多少は希望を持てる感じ。

図2・3　Bさんと作成したアセスメントシート（ツール1）

第10セッションで二枚のアセスメントシートを一緒に眺め、あらためてBさんの感想を尋ねたところ、「両方ともこの通りです。わかったからって何が変わるというわけではないけど、自分のパターンが整理されて、少しスッキリしました。それにしても、世間では『うつは心の風邪だ』とか言われているけれど、自分のうつは何でこんなにダラダラと長引いているんだろうと思います。よほどうつには休養が必要だ』とか言われているけど、本当にどうしたらよいのかわからない？ このままじゃいけないと思うけど、どうしたらよいのかわからない」とのコメントが返ってきた。

セラピストは〈ちょうどもうそろそろ、そのあたりの説明をしようと思っていたところです〉と言って、『精神疾患の診断・統計マニュアル』（DSM-Ⅳ）の気分障害のページを開いてBさんの前に置き、大うつ病性障害と気分変調性障害の診断基準を一緒に確認し、〈これまでにおうかがいした話からすると、Bさんの場合、気分変調性障害におきそうに思われます〉と述べた。そして、気分変調性障害の場合、休養によって気分が回復するのを待つのではなく、意図的に活動レベルを上げるなどして気分を回復させていく工夫が必要な場合があることを伝えた。それに対しBさんは、「そう言われればそうかな、という感じもします。確かに今まで、ネットとかに書いてあるうつ病の話を見ても、どこかにピンと来ないものがありました。休養で治るのなら、とっくに治っているはずだし、かといって他にどうすればいいかわからないし……。確かに医者も両親も『何かしてみたら』と言うけれど、その『何か』をやってみても、

ングおよびサポート資源を記入することにして、図2・3のようなシートが完成した。

た調子が悪くなって続かない、ということが続いていて……。なので先生のお話はよくわかるのですが、活動レベルを上げるということを、この認知行動療法でやっていくことが本当にできるのでしょうか？」と、半信半疑の様子で述べた。

それに対してセラピストは次のように答えた。〈ただ単に私に『活動レベルを上げましょう』と言われたからって、それが自動的にできるということはありません。だったらとっくにできていますよね。ここで私とそれをやっていくとしたら、まず、これまでのアセスメントシートやモニタリングシートを一緒に見て、どのあたりが問題でBさんが回復できないのか、活動を邪魔しているのは何か、ということを一緒に見つけていきます。そのうえで、活動レベルを上げるためにどうすればよいか、という具体的な目標を立てます。具体的な目標が立てられれば、その目標に合った認知行動療法の技法を私が提案できますし、Bさんも技法の練習ができます。こんなふうに徐々に、しかし確実に進めていくことで、結果的にBさんの活動レベルを上げ、気分を持ち上げることを、Bさんご自身が『よし、このセラピストと一緒にやってみよう』と思えるのであれば、やってみる価値はあると思います。……ここまでの説明についてどう思いますか？〉。

セラピストの説明と質問に対し、Bさんは即座に「このままじゃまずいことは確かなんです。そこまで一緒にやってもらえるのであれば、頑張れそうな気がする。よろしくお願いします」と答えた。そこで前述のセラピストの説明どおり、次回以降のセッションでは、これまでのアセ

スメントシートとモニタリングシートを再度共有し、問題点を抽出したり、目標を設定したりすることに取り組むことで合意された。なお、上記のセラピストからの気分変調性障害についての心理教育的説明は、かなりBさんに響いたようで、この第10セッションの最後に、セッションについての感想を話してもらったときにも、「自分がなんでこうなっちゃっているのか、それがよくわかったのが良かった。まだ先は長いと思うけど、初めて何か今後の見通しが持てたような気がする。今日は本当にここに来て良かったと思う」と実感をこめて話してくれた。

◉問題の同定と目標の設定（第11〜12セッション）

第11および第12セッションでは、これまでにアセスメントしたりモニターしたりしたことをツール2の循環図に抽象化してまとめ直し、それに沿って問題リストを作成し、さらにそれに沿ってCBTでの具体的な目標を設定した。下の**図2・4**がツール2に記載した抽象度を上げたアセスメント図である。**図2・4**には、Bさんが、とりわけ大きなきっかけがなくても、「……したくない」「嫌だ」という否定的な認知が生じて、その結果気分的にも身体的にも重たい感じになり、回避的でだらだらした行動を取る、という循環を繰り返していること、そしてそのような自分を否定してしまっている、ということが示されている。

図2・4を改めて眺めてみての感想をBさんに尋ねると、Bさんは、これがまさに自分が何年間も続けてきている悪循環のパターンであると実感できること、またこのようなパターンは病気になる前から確実に自分にあったこと、そして前回のセッションでセラピストに言われた〝気分変調性障害〟はまさにこのことなんだと理解できたことを話してくれた。

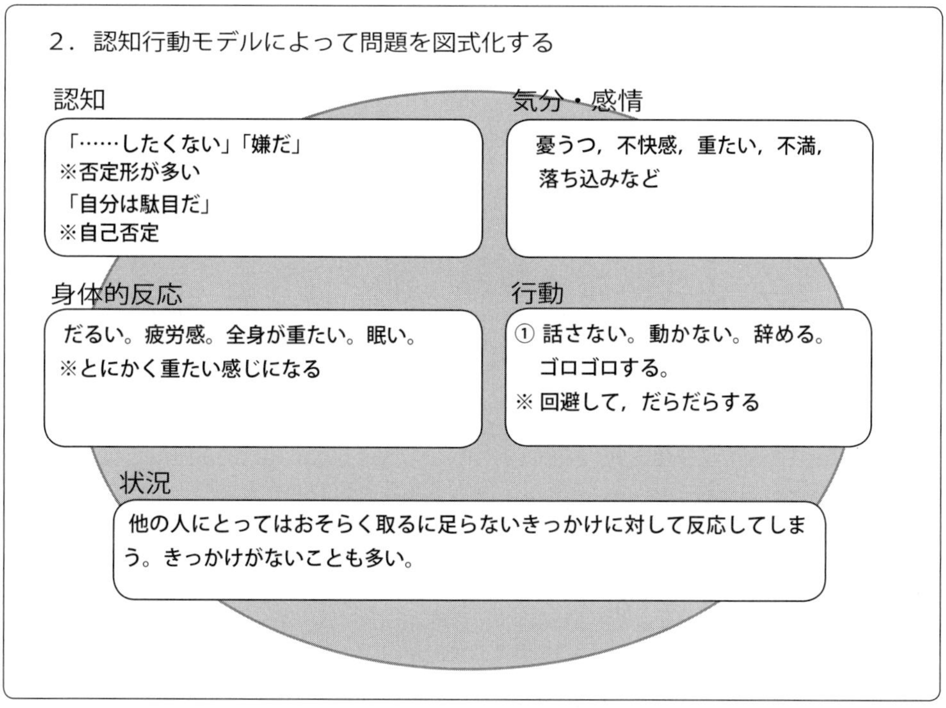
2．認知行動モデルによって問題を図式化する
認知
「……したくない」「嫌だ」
※否定形が多い
「自分は駄目だ」
※自己否定
気分・感情
憂うつ，不快感，重たい，不満，
落ち込みなど
身体的反応
だるい。疲労感。全身が重たい。眠い。
※とにかく重たい感じになる
行動
① 話さない。動かない。辞める。
ゴロゴロする。
※ 回避して，だらだらする
状況
他の人にとってはおそらく取るに足らないきっかけに対して反応してしまう。きっかけがないことも多い。

図2・4　抽象度を上げたアセスメント図（ツール2の一部）

そのときのBさんの様子は、どこか他人事のようだったCBT開始当初とは異なり"まさに自分のこととして理解し、語っている"という感じであり、CBTに対するBさんの主体性やモチベーションが上がってきているようにセラピストには感じられた。そのことを率直にBさんに伝えたところ、「自分でもそう思います。認知行動療法で何とかなるかもしれない、自分で何とかこれに取り組んでいこうという気持ちになっています」とのことであった。〈そのお気持ちをBさんの回復に活かすことができるよう、ぜひ一緒に頑張っていきましょう〉とセラピストはコメントした。

次にセラピストとBさんは、**図2・4**の循環図にもとづいて、ツール2の問題リストの作成を開始した（**図2・5**）。**図2・5**の①、②、③は第11セッションで一緒に記入したもの、④、⑤は、「問題リストを見直して、必要であれば追加してくる」というホームワークに応じて、Bさんが書き足してきたものである。Bさんいわく、「とにかくこれ（ツール2の循環図）が癖になって長年続いていること自体が大きな問題だと思った」ということであり、問題点として追加してきたのだが、言われてみればなるほど確かに悪循環が癖として続いてしまっていることや、それによる弊害（例：体力の低下、社会復帰が困難になること）も問題であるとセラピストも納得できた。

第12セッションの残りの時間を使って、**図2・5**の問題リストを参照しながら、目標リストを作成した。それが**図2・6**である。

問題リスト（**図2・5**）には認知的な問題が挙げられていたが、セラピストとBさんは話し合った結果、目標リスト（**図2・6**）には認知に焦

1．問題リスト：現在，困っていることを具体的に書き出してみる
□ ① さまざまなことに対して，反射的に「……したくない」「嫌だ」と認知することで，さまざまな不快な気分が生じ，身体的にも重たい感じになってしまう。
□ ② 上記①の状態になると，行動が回避的になり，だらだらして過ごしてしまう。
□ ③ 上記②のように過ごす自分を責めてしまい，さらに心身の状態が悪化する。
□ ④ 「嫌だ」と思うことが癖になっていて，さらに「嫌だ」という認知が出るとそれにすぐに負けてしまう。そういう負け癖がついてしまっている。
□ ⑤ だらだら過ごすのが癖になっている。そして活動レベルの低い生活が続いた結果，体力が落ち（年のせいもあるが），社会復帰がますます難しくなっている。

図2・5　Bさんと作成した問題リスト（ツール2の一部）

3．現実的な目標を設定する
□ ① たとえ「……したくない」「嫌だ」と思っても，その認知に負けず，そのときやりたいこと，やる必要のあることを実行できるようになる。
□ ② 不快な気分にだまされずに，そのときやりたいこと，やる必要のあることを実行できるようになる。
□ ③ 活動する前にやめてしまうのではなく，活動したらどうなるか，ということを実際に活動してみて確かめる，という習慣を身につける。
□ ④ 生活全般の活動レベルを少しずつ上げていき，仕事が長続きできるような体力と気力を取り戻す。

図2・6　Bさんと作成した目標リスト（ツール2の一部）

2章　気分変調性障害

点を当てたものをあえて入れなかった。「……したくない」「嫌だ」という認知の癖はかなり強固でパターン化されており、それを変えるのは大変そうであるとBさんのその結論を受けて、「たとえ『……したくない』『嫌だ』という認知が出まくっていても、その認知のまま活動ができればそれで良いし、『嫌だ』と思いつつも活動できるようになれば、結果的に『嫌だ』という認知が出づらくなる可能性があるので、あえて認知に焦点を当てない」ということを、セラピストとBさんとで話し合って決めた、というのが二つめの理由である。

図2・6の四つの面接目標を達成するために奏効する可能性の高い技法としてまず挙げられるのは、問題解決法である。また日々の活動レベルや活動の内容を具体的に把握するためには、すでにBさんが取り組んでいる活動モニタリング（モニタリングシートへの記入）である。第12セッションの後半に、セラピストからこのことを心理教育的に説明し、Bさんが同意したため、活動のモニタリングとモニタリングシートへの記入は引き続きホームワークとしてBさんに継続してもらい、次のセッションから早速問題解決法への取り組みを始めることで合意された。

なおBDI-Ⅱのポイントは、アセスメントが開始された第7セッション以降、第12セッションまでは、20ポイント台半ば（24〜26ポイント）で推移していた。CBT開始当初よりBさん自身は、「多少良くなっているようなが下がっていることに対し、Bさん自身は、「多少良くなっているようなが気もするし、変わっていないような気もする。よくわからない」とコメントしていた。

● セラピストの自己開示と、【気分にだまされないぞ】というキャッチフレーズ

ところで第12セッションでは、セラピストとBさんとの間に、次のようなやりとりがあった。

Bさん　きっと先生は僕みたいなことはないんでしょうね。
セラピスト　「僕みたいなこと」って？
Bさん　すぐに「嫌だ」と思って、物事ができないということです。
セラピスト　もちろんありますよ。それで自分で自分が嫌になることも。
Bさん　え〜!? そうなんですか!? とてもそうは見えません。
セラピスト　仕事に穴を開けることはしませんけど、でも、たとえば家の掃除とか、食器洗いとか、スポーツクラブに行くとか、買い物に行くとか、そういうときになんか気分が乗らなくて、「嫌だなあ、やめちゃおうかなあ」と思って、先延ばしにすることは、結構多いかもしれないです。
Bさん　でも、だからといって僕のようにはなっていないですよね。それは何でですか？
セラピスト　何でですかねえ。たとえば家の掃除なんかは、「もういいや、年末の大掃除にやれば」と思ってわりきってしまうんです。で、ホコリがたまっていても見なかったことにしてしまうんです。まさに回避ですね。でも、休みの日にスポーツクラブに行こうと計画していたのに、行く前にどうも気分が乗らないとき、実際に行かないと、必ず後で後悔するんです。そして逆に、ふだん運動しないです

から、休日ぐらい運動したほうがいいことはわかっているし、そんなに気が乗らなくても、スポーツクラブに行って運動すれば、結果的にはスッキリして、「行って良かった」と思うだろう、ということもどうにもわかっているんです。だからスポーツクラブに行く前に、気分がどうにも乗らなくて、「めんどくさいなぁ」とか「嫌だなぁ」と思ったとしても、「それでも行った方がいいってことはわかっているでしょ」と自分に言って、とにかくそのときの自分の気分にだまされないよう、気をつけることにしているんです。「気分にだまされない」と呪文のように心のなかで唱えるときもありますよ。それで結局は「行って良かった」と思っていい気分になるわけですから、こういうときは私は自分の気分を信用しないことにしているんです。

セラピスト　ああ、なるほどね。「気分にだまされない」ね。それすごくわかるような気がします。それでいくと僕なんかは、いつも気分にだまされて、結局後でもっと嫌な気分になっているということになりますね。何か、すごく勉強になりました。

Bさん　こんな話でも役に立つばうれしいです。

セラピスト　メモしていっていいですか？（自分の手帳に「気分にだまされないぞ」と書き留める）今度から、これをいつも見るようにします。

Bさん　ああ、なるほどね。それはいい考えかもしれませんね。

開示した。すると、セラピストが自分のために使っている「気分にだまされない」というフレーズがたまたまBさんにフィットしたようで、その後実際、Bさんは手帳に書き留めた「気分にだまされないぞ」という言葉を自分のキャッチフレーズのようにして使うようになっていった。

またこれは後日Bさんが話してくれたことだが、Bさんはセラピストのこのような率直な自己開示に驚いたとのことである。上のやりとりの「きっと先生は僕みたいなことはないんでしょうね」というBさんの発言は、セラピストに対する質問というよりは、ちょっとしたコメントのようなものにすぎず、以前受けていたカウンセリングで同じようなコメントをしても大した反応が返ってこなかったのに対照的に、セラピストから直接的な反応が返ってきたのに驚き、また非常に嬉しかったということであった。

その後、Bさんは「先生自身は、こんなときどうしているんですか？」といった質問をするようになり、その都度、セラピストは答えられる範囲で率直に自己開示的な回答をした。またBさんは、セラピスト側はこのような自己開示をすることが効果的に機能することを知ったセラピストも、ときおり戦略的に自己開示を行うようになった。自己開示をすると面接室の雰囲気が非常になごみ、よりいっそうBさんとコミュニケーションしやすくなるのをセラピストは感じていた。

●両親へのコンサルテーションおよび医師との連携

なお第12セッション終了後、Bさんの希望もあり、セラピストは一回だけ、Bさんの両親とコンサルテーションのセッションを行った。コンサルテーションとはよくあるが、このやりとりではBさんの問いに答える形で、セラピストは半ば戦略的に、ただしありのままの自分の体験を率直にBさんに自己開示をすることと

サルテーションの目的は、両親にCBTについて説明し、BさんのCBTの進行状況などを理解してもらうことである。その当時両親は、Bさんのことを心配しつつも、あまりにも長期にわたってBさんが"自宅療養"しているため、なかばあきらめているような態度を示していた。ただし、CBTの費用を両親が負担していることもあるためか、Bさんに対して遠まわしに「今度のカウンセリングはどうか」「親もカウンセリングの先生に会うことはできるのか?」と訊いてくることがあり、それにうまく答えられないので一度親に会ってほしいと依頼されたのである。

〈Bさんがご自分でご両親にここでやっていることを伝えるという手もありますが?〉とセラピストが言ってみたところ、「ここで何をしているか先生に伝えてもらうほうが、両親も理解しやすいと思う。その後は必要に応じて自分から親に伝えるようにしたい」とのことで、その回答にセラピストも納得できたので、両親とのセッションを設定した。

コンサルテーション・セッションでは、上記の目的をセラピストから伝え、CBTそのものについて大まかに説明したうえで、BさんとのCBTの進行状況を具体的に伝えた。その際、図2・1〜図2・6までのツール1(アセスメントシート)やツール2(問題同定と目標設定のシート)を両親に提示し、またBさんが毎回ホームワークで記入するモニタリングシートも提示すること(これらの記入済みのツール類を両親に示すことについては、予めBさんの許可を得ている)。そして一通り説明をした後、両親から質問を受け、コメントをもらった。二人とも認知行動療法についてはよく知らないとのことだったが、セラピストからの説明をよく理解し、特に再発予防の話をしたとき、母親は、「私たちが健在な今のうちはいいけれども、息子がこのままの調子で家にいて、仕事

も続かず、いったいどうなってしまうのか本当に不安でたまらない。もしここでのカウンセリングで息子の状態がよくなって、再発予防の話までしてくれるのであれば、そんないいことはない」と言って、涙ぐんでいた。セラピストは、〈認知行動療法は、ただ話をするだけのカウンセリングではなく、このようにいろんな作業を一緒にやっていく必要があるのですが、息子さん(Bさん)はここでも熱心に取り組んでおられますし、宿題も意欲的にやってきてくれています。それはとても素晴らしいことです〉と、Bさん自身がCBTに主体的に取り組んでいることを両親に強調した。

また、アセスメント、問題の同定、そして目標設定が一通り済んだこの時点で、Bさんの主治医にもBさんの進行状況を伝えるため、また活動レベルを上げていくことを目指すことになったということについて、主治医の許可を得ておきたいという意図もあり、セラピストはBさんに対して、診察時にツール類などを見せながら、いつもより詳しくCBTの進行状況を伝え、さらに活動レベルを上げることについて主治医のコメントをもらってくるという課題を、ホームワークとして依頼した。次のセッションでその結果を報告してもらったところ、主治医は「へえ、面白いねえ」と言いながらツールをぱらぱらとめくって目を通し、活動レベルを上げるという目標については「もちろんそれでオーケーです、とカウンセラーさんに伝えておいてください」とのことであった。

2・3 CBTの実践期（第13〜37セッション）

● 問題解決法とは

問題解決法とは、社会生活や日常生活におけるさまざまな悩みや困り事を"問題"として定式化し、そのすべてあるいは一部を自分自身にとって望ましい方向に解決していくための考え方と方法を、クライアント自身に習得してもらう、というCBTの技法である。「技法」といっても、1章で紹介した認知再構成法と同様、さまざまな要素が集まった大きな技法であり、もっと大きなくくりで「**問題解決療法**」と呼ばれることもある（たとえば、ズリラ〈一九八六〉）。

認知行動療法とは、環境・認知・気分感情・身体・行動の悪循環を、認知的な工夫と行動的な工夫によって解消するためのアプローチであるが、筆者は、認知的な工夫と行動的な工夫のために最も有効な技法であり、行動的な工夫のための最も有効な技法が"**認知再構成法**"であり、行動的な工夫のための最も有効な技法が"**問題解決法**"であると考えている。端的にいえば、「どう考えたらいいか」を検討するには認知再構成法を、「どう動いたらいいか」を検討するには問題解決法を適用すると良いということである。本事例のBさんの場合、上記のとおり、たとえネガティブな認知や気分が生じても必要な行動を取れるようになることが面接目標として合意されたので、問題解決法が技法として選択されたということになる。

なお問題解決法および問題解決療法の考え方や方法については、ズリラ（一九八六／一九九〇）、伊藤（二〇〇三／二〇〇六a・b）、ネズら（一九八九）を参照されたい。また本事例で紹介する問題解決のためのツールやその用い方については伊藤（二〇〇六b）を、問題解決についての理論やモデルを心理療法の事例定式化や治療計画そのものに活用するための理論や方法についてはネズら（二〇〇四）を、問題解決法の効果研究については境ら（二〇〇四）を参照されたい。

● 問題解決法の導入

第13セッション以降、BさんとのセッションはまずBDI-IIを実施した後、前半の15分間ほどモニタリングシートの内容を共有しながら前回から今回にかけての橋渡しをし、その後問題解決法の練習を実施するという構造で実施された。

第13セッションで、問題解決法そのものについて心理教育的な説明を行い、問題解決シート（ツール6）を紹介した。その際に強調したのは、問題解決法の目的は、個々の問題を解決する体験を何度もすることを通じて、何か問題が生じたときに問題を回避するのではなく、問題解決的な発想を持ちながら何らかの解決を目指そうとする構えを作っていくことである、ということである。つまり問題解決法という技法を通じて問題解決の試みを何度も繰り返すことにより、問題解決法の考え方や手続きそのものを習得することが重要なのである。Bさん自身、それまでのアセスメントや問題同定の手続きを経て、自分が回避的な認知や行動を取りやすいことは心底から実感していたので、セラピストの説明は、とりあえずの理屈としてはよく理解できたようであった。

第14セッション以降、問題解決法の各ステップの説明と練習を段階的

問題解決法の第一クールは、日常生活上で実際に生じた問題を素材に、七回ものセッションをかけて行った。その結果、できあがったツール6が図2・7である。図2・7に沿って、第一クールをどのように進めたか、簡単に解説する。

● 問題の同定と明確化（ツール6-1）

第13セッションで"問題解決法で扱う日常生活上の問題を選んでくる"というホームワークを出したところ、第14セッションでBさんは、"何かをしようとするとすぐに「めんどくさい」「やりたくない」と思ってぐずぐずしてしまい、結局やらないままで終わってしまう"ということが、日常的に繰り返されており、それを問題解決法で扱いたいと述べた。そこで前回から今回にかけてどのようなエピソードがあったか尋ねたところ、図2・7のツール6-1に記載されたような、"ドラッグストアにシャンプーを買いに行く予定を立てたが、ぐずぐずして行けなかった"というエピソードを挙げてくれた。セラピストはソクラテス式質問を繰り返し、そのときのBさんの体験や、それの何が問題なのか、それがいかに問題なのかをBさん自身に具体的に語ってもらい、図2・7のように記載してもらった。

また、このようにツール6-1に問題を記載する際には、エピソードレベルで、多面的かつ具体的に問題を明確化することが重要であることを心理教育的に説明した。「いかにも問題らしく書くということですね」とBさんは納得していた。

ところで図2・7に記載されたシャンプーの問題は、結局Bさんが母親

に買い物を依頼することによってすでに解決していた。しかしセラピストとBさんは、この種の問題が頻発していることから、シャンプーの問題が発生した当日の現場に立ち戻って、どうやってこの問題を解決するか、ということをテーマに、問題解決法の第一クールをやりきってしまおうということで合意した。そしてホームワークでは毎回おさらいとして、その時々に発生する問題に対し、その時点で学んだところを適用してみるということを繰り返す、ということで合意された。

● 問題解決のための認知をととのえる（ツール6-2）

第14セッションでは、問題解決法の第二ステップである、"問題解決に向けて認知をととのえる"ということについて心理教育を行った。ツール6-2に記載されている六つの文言は、ストレスマネジメントが上手な人がどのように問題を受け止めているのかを示した一種のお手本（モデル）である。これはズリラ（一九九〇）などを参考にして、筆者（セラピスト）がアレンジしたものである。

たとえば第一の文言「生きていれば、何らかの問題は生じるものだ。問題があること自体を受け入れよう」というのは、問題の存在に気づいたときの心構えを表わしたものである。回避的な人は、問題の存在に気づいたとき、「信じられない」「なかったことにしよう」「こんな問題は知らない」というように、問題の存在そのものを否認しようとする傾向があるが、問題解決が上手な人、すなわちストレスマネジメントが上手な人は、問題の存在をむしろ前向きに受け入れる傾向があるということから、このような文言が導き出されている。第二の文言「原因を一つに決めつけず、さまざまな要因を見つけてみよう」というのは、原因帰属に

ついての傾向を示したものである。これも問題解決やストレスマネジメントが上手でない人は、原因を何か一つに決めつけて、そこから身動きが取れなくなってしまう場合が多く（たとえば「全部自分が悪い」と考えても、解決策につながるようなアイディアはなかなか出てこないだろう）、逆に上手な人は、現実生活上の問題には多種多様な要因があり、それらをできるだけ多く同定し、解決のための突破口を見つけていこうとする傾向が見られる、ということから導き出された文言である。

第15セッションでは、このようにツール6-2の六つの文言について、一つひとつ心理学的な理論的根拠を示しながらセラピストから説明し、Bさんに理解してもらっていった。なお各文言の説明の仕方の実際については、伊藤（二〇〇六b）を参照されたい。筆者の臨床的経験では、Bさんのようなホームワークは、問題解決に向けた適応的認知をクライアント自身に案出してもらうよりも、ツール6-2のように、問題解決の上手な人の適応的認知をお手本として示すほうが、むしろスムースにそのような認知を受け入れ、自分のものにすることができるように思われる。Bさんも一つ一つの説明に対し、「なるほど、確かにそう考えてみるといいかもしれない」と納得し、一つの文言を新たな構えをして身につけようという気持ちにすぐになったようである。第15セッションのホームワークは、日常生活で何か問題が生じたら、すぐにツール6を取り出して、これら六つの文言を見て個々の問題に当てはめて自分の言葉で言い換えてみる、という課題とした。

第16セッションでホームワークの結果を尋ねたところ、何かをしようとして「やりたくない」とぐずぐずしてしまうという問題が相変わらず頻発しており、そのような問題に気づいたらその都度ツール6を取り出して、ツール6-2の六つの文言を眺めるようにしたとのことであった。セラピストがBさんに感想を問うと、特に第一の"問題の受け入れ"と、第四の"問題の細分化"が自分には合っているような気がすると述べた。Bさんには、ドラッグストアにシャンプーを買いに行ったり、コンビニにちょっとした食品を買いに行ったりすることも、そのときにはとてつもなく大きな課題のように感じられ、圧倒されてしまうのであるが、そのようなとき、「でもシャンプーは必要だし」「でもコンビニに行かないと、食べるものがないし」と考えて問題の存在を受けいれ、さらに「とりあえず着替えよう」「とりあえず靴をはいて外に出よう」と考えてドラッグストアやコンビニへの道のりを細分化すると、圧倒される感じが和らぐような気がして十分であること、今後も何か問題が生じるたびにツール6-2の文言をその問題に当てはめて考えてみることを繰り返し、これらの認知を自分のものにしていくよう教示した。

第16セッションではさらに、ツール6-2の最後に記載されている「どんなことを自分に言うと、良いだろうか？下欄に記入してみよう」という文言と、その下にある空欄について心理教育を行い、実際に空欄に記入する自己教示的文言をBさんに案出してもらった。ツール6-2の空欄は、上の六つのお手本以外にも、問題解決のための文言をクライアント自身に考え出してもらうための文言をクライアント自身に案出してもらうためのものであり、問題解決を良い方向に進めるための認知再構成法を習得しているクライアントであれば、割合スムースに自分なりの新たな認知を考え出すことができるだろう。しかし、そうでないBさんのようなクライアントさんの場合には、"シャ

問題解決ワークシート：対処可能な課題を設定し，行動実験をしてみよう

1. 問題状況を具体的に把握する（自分，人間関係，出来事，状況，その他）

前日「明日，ドラッグストアに行ってシャンプーを買おう」と予定していた。しかし今朝起きたら昼の12時を過ぎていて，ぐずぐずしているうちに夕方になり，シャンプーのことを思い出しく，「外出するのがめんどくさい」「行きたくない」と思う。

気が重く，めんどくさい気分。身体も重たい。迷っているうちにますます「行きたくない」と思い，ますますめんどうになり，ますます身体が重くなり，家でだらだらしてしまう。シャンプーが切れているので，入浴もできない。

2. 問題解決に向けて，自分の考えをととのえる

☐ 生きていれば，何らかの問題は生じるものだ。問題があること自体を受け入れよう。
☐ 原因を一つに決めつけず，さまざまな要因を見つけてみよう。
☐ 問題を「悩む」のではなく，「何らかの解決を試みるべき状況」ととらえてみよう。
☐ 大きな問題は小分けにしてみよう。小さな問題に分解して，突破口を見つけよう。
☐ 「解決できるか」ではなく，「対処できそうなこと」と「できないこと」を見極めよう。
☐ できることから手をつけよう。「実験」としてチャレンジしてみよう。
☐ どんなことを自分に言うと，良いだろうか？下欄に記入してみよう。

「気分にだまされないぞ」「だらだらしてこのまま家にいるとどうなるか，自分が一番よくわかっているはずだ」「何か行動を起こそう」

3. 問題状況が解決または改善された状況を具体的にイメージする

「めんどくさいなあ」と思いつつ，「気分にだまされないぞ」と唱えながら，ジーンズにはきかえて，顔を軽く洗って，2000円持って，玄関に行く。

サンダルをはいて，とりあえず外に出て，ドラッグストアの方向に歩き出す。そのまま歩いて10分するとドラッグストアに到着する。いつものシャンプーと，あと何か必要なものを買って帰宅する。

4. 問題の解決・改善のための具体的な手段を案出し，検討する

	効果的か	実行可能か
1 部屋の時計に「シャンプーを買おう。気分にだまされないぞ」と書いたポストイットを貼っておく。	(70%)	(90%)
2 時計を見て，「シャンプーを買いに行こう」と思い，めんどくささが出てきたら，それを自覚する。	(60%)	(100%)
3 外に出て歩き出すまではずっと「気分にだまされないぞ」と声に出して唱えつづけ，自分に言い聞かせる。	(90%)	(90%)
4 スウェットを脱ぎ，ジーンズにはきかえ，引き出しから2000円取り出してポケットに入れる。	(90%)	(60%)
5 外出気分を高めるために帽子をかぶる。	(100%)	(100%)
6 玄関で大きめの声で「行ってきます」と言って，右足→左足の順にサンダルをはく。	(90%)	(90%)
7 玄関のドアをあけ，すばやく家を出て，鍵をかけ，ドラッグストアの方向に100歩まで数えながら進む。	(90%)	(90%)

5. 行動実験のための具体的な実行計画を立てる

「シャンプーを明日買おう」と決めたときにすぐ「シャンプーを買おう。気分にだまされないぞ」とポストイットに書いて，部屋の時計に貼り付け，時計を見るときに毎回意識する。

当日午後3時をすぎたら「シャンプーを買いにいこう」と声に出して言い，めんどくさい気分を「あ，今，めんどくさくなっているなあ」とそのまま感じ，次に「気分にだまされないぞ」と声に出して自分に言う。そして「気分にだまされないぞ」と唱えながらスウェットを脱ぎ，ジーンズをはき，机の引き出しから2000円取り出してポケットに入れる。次に「気分にだまされないぞ。俺は外出するんだ」と1度唱えて，帽子をかぶる。玄関まで進み，家に母親がいれば母親に，いなければ自分自身に「行ってきます」とはっきり言って，右足→左足の順にサンダルをはき，

最後に「気分にだまされないで外出するぞ」と声に出して言って，玄関のドアをあけ，すばやく家を出て，鍵をかけ，ドラッグストアの方向に100歩まで数えながら歩き続ける。

※以下のポイントを盛り込んだ計画を立てます：●いつ ●どこで ●どんなとき ●誰と・誰に対して ●何をする ●実行を妨げる要因とその対策は ●結果の検証の仕方

図2・7　Bさんと作成した問題解決シート（ツール6）

ンプーを買いに行く予定なのに、「行きたくない」と思って、家でだらだらする〟という〝現場〟に戻ってもらい、その現場で自分にどんなふうに声をかけてあげると、良い方向に自分を持っていけそうか、ブレインストーミングをするとよい。頭の中でいろいろな案を出してもらい、シミュレーションをしてあげそうなものを選ぶ、という手続きを踏むと効果的なのである。Bさんの場合、以上のことを心理教育し、ホームワークでブレインストーミングをして、良さそうな認知を選んできてもらうことで合意された。第17セッションで、「気分にだまされないぞ」「だらだらしてこのまま家にいるとどうなるか、自分が一番よくわかっているはずだ」「何か行動を起こそう」という三つの自己教示的な認知が選ばれたことが報告された。〈『だらだらしてこのまま家にいるとどうなるか、自分が一番よくわかっているはずだ』というのは、なんだか自分で自分を脅すような認知のように思われるのですが、Bさんはこれでいいのですか?」とセラピストがちょっと気になったので問うと、Bさんは笑いながら、「いや、放っておくとだらだらしたい自分を擁護するような自動思考が出てくるので、自分に多少脅しをかけるような認知ぐらいが自分にはちょうどいいんですよ」と答えた。

●イメージ可能な具体的な目標を設定する（ツール6-3）

第17セッションでは、問題解決法の第三段階である〝目標設定〟（ツール6-3）についての心理教育を行い、実際の作業に入った。ここで設定する目標は、どういう状況になったら、あるいは何をどのようにできれば、ツール6-1で記載した問題状況から抜け出せたと言えるのか、を示すものでなければならない。そのためには目標はできるだけ具体的かつ現実的である必要がある。そして、それを判断する際の基準は、〝設定さ

れた目標をありありとイメージできるかどうか〟である。イメージできないような目標は、まだ具体性や現実味が足りないと判断し、より具体化していく必要があるだろう。

また目標を設定する際、常にCBT全体の面接目標、すなわちツール2で合意された面接目標を参照し、それと矛盾しないような目標を設定しなければならない。たとえばBさんの場合、図2-6で示したとおり、

① たとえ「……したくない」「嫌だ」と思っても、その認知に負けず、そのときやりたいこと、やる必要のあることを実行できるようになる、
② 不快な気分にだまされずに、そのときやりたいこと、やる必要のあることを実行してしまうのではなく、やる必要のある活動する前にどうなるかを実際に確かめるような、仕事が長続きできるような体力と気力を取り戻す、
③ 活動レベルを少しずつ上げていき、
④ 生活全般の活動レベルを少しずつ上げていき、

という四つの面接目標が合意されている。問題解決法で個別の問題に対して設定する具体的目標は、これらの面接目標の達成につながるようなものにする必要がある。したがってシャンプーを手に入れるには、母親に頼んで買ってもらう、というのも一つの方法ではあるが、それは面接全体の目標とも、問題解決法の目標としては適切ではない、ということになる。

第17セッションでは以上のことについてまず心理教育を行い、Bさんが理解したことを確認した後、〝シャンプー問題〟に対してどのような目標を設定したらよいか、ということについて話し合い、結果的に図2-7に記載したような目標を設定することで合意された。Bさんの感想は、「こんなに具体的に目標を立てるということを今までやったことはなかっ

た。新鮮だし、面白い。イメージが重要だということが、実際にやってみてよくわかった」というものであった。第17セッションのホームワークとしては、①今回設定した具体的目標を何度もイメージしてみること、②目標を何度もイメージして本当にこの目標で良いか、何か違和感はないか、確認してくること、という二点が設定された。

● 目標達成のための具体的な手段を案出する
（ツール6-4）

第18セッションの冒頭で、"ホームワークの"目標をイメージする"という作業をやってみたところ、それが予行演習のようになることがわかった。シャンプーではなくて別の用事があったのだが、同じようにイメージしてみると、すんなりとそのことができたので驚いた」という報告がBさんからあった。問題解決法で目標イメージを明確にするという練習をすると、このような報告を受けることがよくある。現実的に達成可能な、すなわち少し頑張って手を伸ばせば届きそうな自分の言動や場面を繰り返しイメージすることで、それがイメージリハーサルの効果を持ち、そのうちにすっかり「そのえ」になってしまい、目標を実現するのである。そのことを心理教育の一環としてセラピストが説明すると、Bさんは「要は認知行動療法って、その気にさせる治療法なんですかね」と言い、〈そうなんですよ。自分でその気にさせるスキルを、今、Bさんに身につけてもらっ"ているんです"〉と答えたセラピストと共に笑い合った。

第18セッションでは、問題解決法の次のステップである"目標達成のための手段を案出し、検討する"（ツール6-4）について心理教育を行

い、実際の練習に入った。
ツール6-4には手段を記載するための欄が七つしかないが、時間に余裕がある場合は、別紙を使ってブレインストーミングを行い、すべての案を出しつくした後、それぞれの案について、「その手段は目標達成のためにどれぐらい実行可能か」〈実行可能性〉と「その手段はどれぐらい実行可能か目標達成のためにどれだけ効果的か」〈効果〉と、パーセンテージで評価し、両者ともに高い数値がついたものだけを拾ってツール6-4に書き込むのが望ましい。Bさんは「せっかくならブレインストーミングのやり方を心理教育した後、「とにかくできるだけたくさんの案を出す」ことを目的に案を出し、それを白紙に書き出す作業を行った。Bさんが案を出すのに行き詰まったときだけセラピストから案を出し、またそれに乗じてBさんが案を出す、という感じでこの作業は進められた。結果的にセッション中に25の手段が案出され、「頑張ってもっと多くの案を追加してくる」というのがホームワークとなった。

ブレインストーミングに対するBさんの感想は、つぎのようなものだった。「たくさん案を出すのは大変だけど、結構楽しい」「先生から助け舟を出されると、またそこから案が出てくるのが面白い」「案を考えるだけだと、結局そのうち忘れてしまうが、書き出していくと同じ考えを繰り返さずに済むし、どんどん案が増えていくのがわかる。書き出すことが重要だと改めて思った」。

次の第19セッションでは、すべての案（ホームワークの追加分を含めて二十九個の案が出された）について、上記のとおりそれぞれ評価をし、効果と実行可能性の数値の高いものだけをツール6-4に書き出した。B

さんは"外出気分を高めるために帽子をかぶる"という案をいたく気に入ったようで、「この間の話にあった"その気にさせる"道具として、自分にとっては帽子がすごく役立つと思う。これはさっそく使ってみたい」と話していた。

● 実行計画を立て、行動実験を行う（ツール6-5）

第19セッションではさらに、ツール6-4に書き出された手段を使って、問題解決法の次のステップである"行動実験のための計画づくり"（ツール6-5）を行った。これはツール6-4で案出された手段を取捨選択し、組み合わせて、認知と行動のシナリオを作る作業である。セラピストは〈その計画を見ただけで、自分が何を考え、何を行えば良いかわかるように細かく書いてください。その際、できるだけ具体的にシナリオのように書いてください。役者さんがそれを見ただけで、演じられるぐらい、具体的に細かく書いてください〉と教示した。

図2・7のツール6の第5欄のとおりに書き出した。〈書き出してみてどうですか？〉と尋ねると、「ここまで細かいと、自分が何をすればよいのか手に取るようにわかる。目標をイメージしたときもその気になりそうだ。ここまで細かいところか、今すぐやってみたい気持ちになる」との回答が返ってきた。

セラピストからは、ツール6-5に記載されたシナリオはあくまでも行動実験のためのものであり、実験して結果を検証することが重要であることを伝え、たとえ実験の結果が思わしくなくても実験だから構わないこと、思わしくない結果については、むしろ「こういう計画でこういう実験をしてみたら、こういう結果が出た。だからこの計画は自分にとってはあまり効果的でないことがわかった。自分には別の計画が必要だ」と考えればよいことを説明した。

ところで、この"シャンプー問題"はすでに過去に生じた問題で、実際に今現在Bさんはシャンプーを買いに行く必要はない。そこで〈次のセッションまでに、買う必要があるんだけれども、いざ買い物に出ようとなると気が進まないというものが、何かありますか？〉と尋ねたところ、「買い物については特にない」ということであった。そこでせっかく作ったシナリオを行動実験するためにどうすればよいかをBさんに考えてもらったところ、Bさんはしばらく考えた後、"自動車免許の更新"が見つかった。そこで第19セッションのホームワークは、図2・7に記載されたツール6-5の計画を応用する形で、行動実験をしてみることで合意された。その際セラピストからは、〈必ずこの計画通りにやってみてください。そうでないと何が良くて、何が必要なかったか、あるいは何が良くなかった、というのがわかりませんから〉と教示した。

次の第20セッションでは、まずホームワークの報告をしてもらった。Bさんは前回のセッションから帰宅したらすぐに、「免許を更新しに○○警察署に行こう。気分にだまされないぞ」とポストイットに書き、時計に貼り付けたそうである。そしてその翌日、案の定「めんどくさい」気分が生じたが、シナリオ通り「あ、今、自分はめんどくさくなっているなあ」と感じながら、シナリオ通り「気分にだまされないぞ」と唱え、計画通りに外出の準備をし、帽子をかぶり、玄関を出て、警察署まで出向いて、無事免許を更新できたということであった。つまり図2・7の計画はBさんに

とって"役に立つ"ものであることが検証できたのである。行動実験の感想をBさんに問うと、「必ずこの通りにやれ」と先生に言われていたので、その通りにやってみたが、「気分にだまされないぞ」と声に出していうのが自分でおかしくてたまらず、「笑いながらやってしまった。このせりふは声に出さないで、心のなかで自分に言い聞かせたほうがいいと思った。あとはこのシナリオ通りで良かったと思う。面白かった」ということであった。

これで問題解決法の第一ツールが終了したことになるので、セッションの残りの時間を使って問題解決法の全体の流れをおさらいしたうえで、一通りやってみての感想を改めてBさんに尋ねたところ、「嫌なことをやらない自分の行動パターンは長年のものなので、それが本当に変えられるかどうか、半信半疑な気持ちがあったが、ここまで細かくやってみると何とかなるものなのだということがわかった。自分にはこういう技法が必要だったんだと思う。もっと早く問題解決法に出会いたかった」とのことであった。そこでセラピストとBさんで話し合った結果、問題解決法をしっかりと自分のものにするために、セッションとホームワークを使って何度も練習を繰り返そうということが合意された。

● 問題解決法を繰り返し実施する

その後、第37回セッションまでは、①BDI-IIの実施、②橋渡し(活動モニタリングシートのチェックを含む)、③問題解決法の練習(ホームワークの報告を含む)という構造のセッションが続けられた。Bさんは日常生活上でやらなければならないがこれまでなかなかできなかったこと(例:買い物、生活リズムの改善、家事、書類作成、片付け、犬の散歩、さまざまな用事)や、やってみたいとは思うもののなかなかできなかったこと(例:映画館に出かける、料理をする、友人と会う、プールに行く、講座に出る、ハローワークに行く、兄や姉の家に遊びに行く、両親を車で送り迎えする)を、問題解決法を使って一つ一つ実行できるようになっていった。それに伴い、BDI-IIのポイントも、多少の波はあるものの少しずつ下がってきて、10ポイント前後が維持されるようになった。次ページの図2・1は第28セッション時に持参したモニタリングシートの一部である。図2・8と比較すると、活動内容が多様になり、活動量も増え、Bさんがまずまずの気分や体調で一日を過ごせるようになったことがうかがわれる。

第30セッションを過ぎたころ、Bさんは自発的に仕事を探し始め、コンビニエンスストアで週に四日、店員として働くことになった。そのために履歴書を書いたり、面接に行く必要があったが、それも問題解決法を使って乗り切った。アルバイトが始まった当初は、ずっと在宅の生活が続いていたため、ひどく疲れたり、気分が重くなったり、職場でのコミュニケーションで傷ついたりすることもあったが、それらも問題解決法を用いて一つ一つ乗り切っていった。このころには、ツールを使ってこと細かに問題解決法を行うことは減っており、たいていの問題はツール6を思い浮かべながら頭の中で問題解決法の手順を実施することができるようになっていた。しかし、何らかの対処法を編み出し、実行することが、丁寧にツールを使ってBさんにとって苦手な問題場面が発生したときは、丁寧にツールを使って書き出しながら作業を進めるということで合意されていた。たとえば、アルバイト先の店長に叱られ、そのせいで翌日バイトに行く気が重い、という状況があったが、Bさんはバイトに行く前にオンタイムで問

題解決法を実施し、それをツールに書き込み、出勤に備えた。その際のツール6が図2・9である。Bさんは図2・9に書かれたとおりのシナリオを即座に実行し、無事、仕事に行くことができた。この件について、Bさんは、「昔の自分だったら、ここで『行きたくない』『辞めたい』と思い、実際に気分や体調も悪くなって、次の日はバイトに行かず、そのままズルズルと休み続け、結局辞めてしまっただろう。でも今回は問題解決法を使って泥沼にはまるのを自分で食い止めることができた。これで少し自信がついた気がする」と述べた。

セラピストはこのエピソードを受けて、アセスメントで作成したツール1（図2・3）を取り出し、そこに記載されている悪循環と今回のエピソードとを比べてみることを提案し、Bさんもそれに賛成した。Bさんいわく、今回店長に叱られたという出来事は、図2・3のストレス状況（図の①に該当）とほとんど変わらないということである。そして②と同様の認知（「一言多いんだよ！」「やってらんない」「帰りたい」）が生じ、次に③と同様の気分・感情（ふてくされた気分、不満、やる気が失せる）が生じ、さらに④と同様の行動（「はい」とだけ答えて、あとは黙々と仕事をする）を取ったのだという。しかも仕事を終えた後、⑥と同様の認知（「もう耐えられない」「辞めたい」「仕事に行きたくない」）が生じ、それに伴って⑦と同様の気分・感情（憂うつ、重たい）や⑧と同様の身体的反応（だるい、疲労感、全身が重たい）が生じたのは確かだという。ただし今回は図2・3の⑥⑦⑧に記載されているほど強烈ではなかったとのことである。そしてその日は仕事で疲れていたので帰宅後は何もせずに寝てしまったが、その際、「明日になっても嫌な気分が続いていたら問題解決法をやろう」と思っていたそうである。翌日、

時間帯	活動や気分など
午前 7 時〜 午前 10 時	活動：8時に起床。新聞を読む。朝食を取る。テレビを見る。母親を駅まで車で送る。洗濯をする。 気分：少し重たいが悪くはない。淡々としている。 体調：少し眠たいが動いているうちに普通になる。
午前 10 時〜 午後 12 時	活動：市民プールに行く。30分泳ぐ。帰りに図書館と本屋に寄る。本を読む。 気分：少しめんどうだったが泳いでスッキリ。楽しい。 体調：泳いだら体がほぐれた。少し疲れた。
午後 12 時〜 午後 4 時	活動：家に戻って昼食を作って食べる。洗濯物を取り込む。ソファで横になってうた寝。メールとインターネット。友人にメールを書く。 気分：洗濯物の取り込みはめんどくさかった。ネットをやっているときは楽しかった。あとはふつう。 体調：少し疲れた感じ。眠かったので昼寝した。
午後 4 時〜 午後 7 時	活動：犬の散歩。母親を駅まで迎えに行く。帰りにスーパーに寄って荷物もち。新聞を読む。テレビを見る。 気分：ふつう。 体調：ふつう。
午後 7 時〜 午後 11 時	活動：夕食。食器を洗う。入浴。テレビ。両親と話す。ツール6をやる。メールとインターネット。 気分：少し楽しい。 体調：ふつう。お風呂に入って気持ちがよい。
午後 11 時〜 午前 4 時	活動：テレビ。インターネット。歯みがき。読書。午前1時に就寝。 気分：少し楽しい。 体調：ふつう。自然に入眠できた。

図2・8　ある日のBさんの活動モニタリングの記録

2章 気分変調性障害

問題解決ワークシート：対処可能な課題を設定し，行動実験をしてみよう

1．問題状況を具体的に把握する
（自分，人間関係，出来事，状況，その他）

昨日，ちょっとしたミスをしてバイト先の店長に叱られた。そのため，今日もバイトだが，昨日のことを思い出すと行きたくない➡いつもの認知のくせ。しかしここで行かないと，またもとの自分に戻ってしまう。

今は午後の2時。バイトに行くなら3時には家を出ないといけない。でも行きたくないので，なかなか外出の仕度ができない。いまだに顔も洗わず，スウェットを着たまま。気分も身体もめちゃめちゃ重たい。

2．問題解決に向けて，自分の考えをととのえる

- □ 生きていれば，何らかの問題は生じるものだ。問題があること自体を受け入れよう。
- □ 原因を一つに決めつけず，さまざまな要因を見つけてみよう。
- □ 問題を「悩む」のではなく，「何らかの解決を試みるべき状況」ととらえてみよう。
- □ 大きな問題は小分けにしてみよう。小さな問題に分解して，突破口を見つけよう。
- □「解決できるか」ではなく，「対処できそうなこと」と「できないこと」を見極めよう。
- □ できることから手をつけよう。「実験」としてチャレンジしてみよう。
- □ どんなことを自分に言うと，良いだろうか？下欄に記入してみよう。

「またいつもの癖が出ている」「気分にだまされないぞ」「とにかく準備をしよう」

3．問題状況が解決または改善された状況を具体的にイメージする

もちろん気分にだまされることはなく，重い気持ちと身体をひきずりながら，バイトに行くための仕度をして，2時50分には家を出て，バイト先に行く。バイト先についたら「お疲れ様です」とはっきりと店長にあいさつし，タイムカードを押して，いつもどおりに仕事をする。昨日のことは気にしないようにして，普通に仕事ができればよい。

4．問題の解決・改善のための具体的な手段を案出し，検討する

	効果的か	実行可能か
1 顔を洗って，ひげをそり，ジーンズに着替える	(100%)	(100%)
2 バナナを食べて，歯みがきをする	(100%)	(100%)
3「気分にだまされないぞ」と自分に言い聞かせる	(100%)	(100%)
4 スウェットを脱ぎ，ジーンズにはきかえ，引き出しから2000円取り出してポケットに入れる。	(100%)	(100%)
5 2時50分になったら帽子をかぶって外に出る	(100%)	(100%)
6 寄り道しないで，まっすぐにバイト先に行く	(100%)	(100%)
7 まず店長に「お疲れ様です！」と元気よく言う。	(100%)	(100%)

5．行動実験のための具体的な実行計画を立てる

このツール6を書いていて，今2時20分。急いで上の1と2をやる。やりながらときどき3と4を自分に言い聞かせる。2時50分になったら帽子をかぶって気合を入れ，靴をはいて外に出る。そのときこのツール6を持っていく。外に出たらバス停までまっすぐ行き，2時57分のバスに乗る。

バスのなかで「行きたくない」と思って気が重くなるかもしれないので，バスに乗ったらすぐにこのツール6を見て，上の3と4を自分に言い聞かせ，店長に元気よく「お疲れ様です！」とあいさつすることをシミュレーションする。バスから降りたらまっすぐ店に行き，すぐ店長のところに行って「お疲れ様です！」とあいさつし，仕事を始める。

仕事中に昨日のことを思い出したら，このツール6のことや気分にだまされてはいけないことをさらっと考えて，たんたんと仕事を続ける。それでOK！

※以下のポイントを盛り込んだ計画を立てます：●いつ　●どこで　●どんなとき　●誰と・誰に対して　●何をどうする　●実行を妨げる要因とその対策は　●結果の検証の仕方

図2・9　Bさんが作成した問題解決シート（ツール6）

やはり「行きたくない」という認知が生じ、図2・3のような悪循環に陥りかけたが、Bさんはそこで「ここで行かなくなってしまったらまずい。ツールを使ってちゃんと問題解決法をやろう」と認知を修正し、その場で問題解決法を実施するという行動を取った。問題解決法を通じて自分をバイトに行かせるためのシナリオ（実行計画）を立てたBさんは、そのシナリオに沿って行動することができ、図2・3のような悪循環の泥沼にはまり込みそうになっている自分を、自分で救うことができたのである。

以上を一緒に確認することで、Bさんはさらに自信が持てたとのことであった。そして「今先生と一緒にこれを確認して、この何年もの駄目な状態から脱け出せそうだと、やっと実感できました」と嬉しそうに話してくれた。セラピストも同じように実感できたので、それをBさんに伝えた。これが第36セッションであった。

次の第37セッションで、改めて前回共有したエピソードを振り返り、面接目標が達成されつつあるのではないかという話になったので、ツール2（問題同定・目標設定シート）を見て検討することにした。まず目標リスト（図2・6）のそれぞれの面接目標がどれぐらい達成できているかBさんに評価してもらい、それを目標リストに書きこんでいった。それが図2・10である。

はじめの三つの目標はすべて90％の達成度であるとBさんは評価した。「今は、生活全般の活動レベルを少しずつ上げていき、仕事が長続きできるような体力と気力を取り戻す」という最後の目標についてBさんは、

3．現実的な目標を設定する
□ ① たとえ「……したくない」「嫌だ」と思っても，その認知に負けず，そのときやりたいこと，やる必要のあることを実行できるようになる。（達成度90％）
□ ② 不快な気分にだまされずに，そのときやりたいこと，やる必要のあることを実行できるようになる。（達成度90％）
□ ③ 活動する前にやめてしまうのではなく，活動したらどうなるか，ということを実際に活動してみて確かめる，という習慣を身につける。（達成度90％）
□ ④ 生活全般の活動レベルを少しずつ上げていき，仕事が長続きできるような体力と気力を取り戻す。（達成度60％）

図2・10　Bさんと作成した目標リスト（ツール2の一部）※達成度が追加されている

1．問題リスト：現在，困っていることを具体的に書き出してみる
□ ① さまざまなことに対して，反射的に「……したくない」「嫌だ」と認知することで，さまざまな不快な気分が生じ，身体的にも重たい感じになってしまう。（解消度80％）
□ ② 上記①の状態になると，行動が回避的になり，だらだらと過ごしてしまう。（解消度80％）
□ ③ 上記②のように過ごす自分を責めてしまい，さらに心身の状態が悪化する。（解消度80％）
□ ④ 「嫌だ」と思うことが癖になっていて，さらに「嫌だ」という認知が出るとそれにすぐに負けてしまう。そういう負け癖がついてしまっている。（解消度80％）
□ ⑤ だらだらと過ごすのが癖になっている。そして活動レベルの低い生活が続いた結果，体力が落ち（年のせいもあるが），社会復帰がますます難しくなっている。（解消度80％）

図2・11　Bさんと作成した問題リスト（ツール2の一部）※解消度が追加されている

少しずつ体力と気力を取り戻している最中で、今の努力を続けていけば、この数字はこれからもっと上がっていくと思います」ということで、60％と評価した。

さらに、セラピストとBさんは、ツール2の問題リスト（図2・5）を参照し、それぞれの問題の解消度をBさんに評価してもらった。それが図2・11である。

これも目標リストの評価と同様、最初の四つの目標は「解消度80％」、最後の「だらだら過ごすのが癖になっており、活動レベルの低い生活が続いた結果、体力が落ち、社会復帰がますます難しくなっている」という問題については、現在進行形で取り組んでいる問題であるということで、「解消度60％」ということになった。

〈あらためてこのように評価してみて、どのように思いますか？〉とセラピストが問うと、Bさんは、「ここまで頑張ってやってきて良かったと思います。大変だったけど自信がつきました。もっと早く認知行動療法を始めていれば良かったと思うけど、こればかりはしょうがないですよね。逆にもし、二年前にカウンセリングを始めていなかったら、たぶんあのままダラダラしてた生活を続けていたはずです。そう思うとぞっとします。手遅れにならなくて良かったと思っています」と語った。〈カウンセリングを始めた当初、Bさんは『自分は駄目だ』と口癖のようにおっしゃっていましたが、こんなふうに認知行動療法に粘り強く取り組んで結果を出すことのできた自分自身について、今はどのように思いますか？〉とセラピストが訊くと、Bさんは笑いながら「駄目な自分も依然としているのですが、そういう駄目な自分と闘える駄目じゃない自分

もいると思います」と答えてくれた。

この第37セッションでは、BさんとのCBTの過程がようやく「維持療法」の段階に入ったことを共有し、今後のペースダウンについても相談した。いきなりペースを落とすのは不安であるとのBさんの希望を受けて、あと三回はこれまでと同様の隔週ペースでセッションを実施し、その後、月に一度のペースで維持や般化を図りながら経過を観察していくことで合意した。

2・4　CBTの仕上げ期（第41〜60セッション）

前述のとおり、第41セッション以降は月に一度のペースで面接を継続した。セッションの構造は、①BDI-Ⅱ実施、②経過の報告と共有、の二点だけは毎回行い、あとは必要に応じてBさん自身にアジェンダを設定してもらった。依然として調子の波はあるものの、BDI-Ⅱの値は高くても15ポイント程度におさまっており、大体は10ポイント前後を推移していた。Bさんは多少調子が落ち、気分が悪くなっても、それに引きずられることなく、自分が必要だと決めたことは実行するという方針を守り、それによってズルズルと調子を落とすこともなくなった。ツールを使ったセルフモニタリングや問題解決法も、たとえば少し調子が落ち気味であると自覚したときなど、Bさんが必要だと判断したときだけ実施することにし、ふだんは頭の中でモニタリングや問題解決法を続けるということで合意された。

Bさんはコンビニエンスストアのアルバイトを一年間続けられた時点

で、正社員として就職したい、今ならできそうだと考えるようになり、アルバイトの傍らハローワークに出向くなどして就職活動を始めた。すでにこのとき三十八歳になっており、またこれまでの経歴もあって、職探しはなかなか思うようにはいかなかったが、粘り強く就職活動を続けた結果、地元の小さな不動産会社に営業事務として雇用されることとなった。そして三カ月の試用期間も何とか乗り切り、本採用になってしばらくした時点で終結とした。

最終セッションでは再発予防とフォローアップの計画を立て、Bさんに CBT について全体的な感想を訊いた。再発予防については、Bさん自身が「とにかく自分のネガティブな気分や認知にだまされず、問題解決法をやりつづけることです」と述べ、それに尽きるということで合意された。また自分の状態を客観的に把握するため、毎週日曜日の夜、定期的に BDI-II を実施し続けることになった。そして万が一調子が落ちて、一カ月以上そこから浮上できない場合や、BDI-II の値が15ポイント以上に上がり、それが一カ月以上続く場合は、予約を取り、フォローアップのセッションを設けることが計画された。逆に特に問題ない場合は、フォローアップのためにわざわざセッションを行うことはせずに、「大丈夫である」ということをメールで連絡してもらうことにして、予めその日程も決めておいた（半年後、一年後）。決めた日程にBさんからメールが来ない場合は、セラピストからBさんにメールを入れることにした。終結時にもBさんは通院を続けていたので（徐々に薬を減らしている最中であった）、CBTの終結についてはBさんから主治医に報告してもらうとともに、セラピストからも簡単な報告書をお送りすることにした（なおBさんの主治医は、Bさんの回復ぶりをみてCBTを大変気に入ってくれ、その後すでに数名の患者さんを紹介してくれていた）。

CBT全体についてのBさんは次のように感想を話してくれた。「ここに来たときは、このままでは本当に自分の人生が駄目になってしまうと思い、でもどうしたらよいかわからず、とても苦しかったんです。カウンセリングだって何年も受けて駄目だったから、やっぱりここでも駄目なんじゃないか、という気持ちもありました。始めてみて、最初はこれを続けてどうなるんだろうと不安に思った時期もあったけれども、いろいろ書き出してみることで自分の駄目なところがよくわかりましたし、特にこのツール2（問題同定＆目標設定シート、**図2・5**、**図2・6**）をやってみて、とにかく気分にだまされないということがわかったことが大きかったです。結局自分がうつから脱け出せなかったのは、ずっと気分に引きずられていたんだなあって。それがわかってから、問題解決法を頑張ることができたんだと思います。あと、すごくよくわかったのは、細かくやっていくのがいいということです。役に立ちそうなせりふをメモにして持ち歩くとか、帽子をかぶって外に出るとか、そういうことなら気分が沈んでいても何とかできるから。そういう細かい工夫をたくさんここで教えてもらいました」。セラピストはCBTをやりぬいたBさんに敬意を表し、終結とした。

Bさんは予定通り終結の半年後および一年後にメールにて近況を知らせてくれた。ときどき仕事や職場の人間関係でストレスを感じ調子が悪くなるときもあるが、Bさんなりに CBT を使って何とか乗り切れている、ということであった。

2・5 事例Bのまとめ

以上、気分変調性障害に対するCBTの事例を紹介した。本事例のクライアントBさんは、二十代後半に"うつ病"と主治医に言われ、本人もその"うつ病"を克服しようと何年も四苦八苦していた。症状が回復せず、また社会適応もうまくいかず、しかもリズムが乱れ気味の生活を送り、途方に暮れていた状態からCBTをスタートした。このような事例は、1章で紹介した事例Aと比べると経過も現状も複雑で、そのぶんCBTでも多様な対応や進行が求められる。実際、筆者が臨床現場で出会うのは、このような複雑な事例が非常に多い。以下、本事例における会うポイントを挙げてみる。

● 経過の長い事例におけるヒアリングの重要性

CBTでは過去ではなく、現在抱えている問題に焦点を当て、何らかの形でその解決を目指すというのがその基本姿勢であるが、上記のとおり、実際の面接場面に訪れるクライアントが抱える主訴や症状には、それぞれの歴史があり、主訴や症状をアセスメントする際、その歴史を把握しておく必要があるのは当然である。それまで何の問題もなかったクライアントがあるイベントがきっかけで三カ月前にうつ病を発症した場合と、複雑な生育歴を有し、思春期にいじめられるなどのつらい体験をし、それでも何とか社会適応できていたが、あるイベントがきっかけで三カ月前にうつ病を発症した場合、同じうつ病でも歴史がかなり異なる可能性が高い。前者の場合なら、二カ月前のイベントにについて情報収集し、その後のクライアントの反応をアセスメントすることで、CBTを進めていくことが可能であろう。しかし後者の場合、生育歴や思春期の体験などが発症の背景や要因となっている可能性があり、それらの出来事について具体的な情報を得ることがアセスメントを促進したり、より精度の高いアセスメントを実現したりする手助けになる場合が少なくないと思われる。

しかも本事例のBさんのように、発症後、何年も経ってからCBTを開始するクライアントも大勢おり（そちらのほうが多いかもしれない）、その場合、発症後の経過ももちろんセラピストは知っておく必要がある。

筆者は、問題（主訴、症状）の歴史が長く、しかも発症後の経過が長い複雑な事例の場合、CBTの基本モデルを用いたアセスメントの作業の前に、"ヒアリング"と称して、過去の経緯の聞き取りをさせてもらうようにしている。その際、ここで書いたようなこと、すなわちヒアリングが必要であるとの根拠をクライアントに説明し同意を得たうえで、どれぐらいの回数や期間をヒアリングにかけてもよいか、ということもクライアントと一緒に相談して決める。本事例はインテーク面接時に経過の長い複雑な事例であることがわかったため、セラピストからBさんにヒアリングの必要性を説明し、承諾を得た。ヒアリングにかける回数や期間について、Bさんに特に希望がなかったため、過去の生活歴、病歴、治療歴などを時系列でヒアリングしていくこと、ヒアリングの回数は特に決めないが急ぎすぎず、かついたずらに時間をかけすぎず、今後のCBTの進行に役立つ情報を共有したいことを、セラピストから提案し、合意された。そしてヒアリングを終えるまで、結果的に六回のセッションを費やした。

ヒアリングはそういう意味では単なる情報収集なので、その間、クライアントの状態が良くなることはあまり期待できない。しかしこれまでの自分の生き方を振り返る良い機会となったり、自分の反応パターンを振り返ることによって「セラピストに自分のことをよく話をすることによって、ヒアリングでいろいろと話をしてもらった」とクライアントが思えるようになったり、これは人それぞれであるが、大事なことに気づけるようになったり、実は高校生時から同じパターンであったり、副作用がもたらされることもある。Bさんの場合、今回の発症は八年前であったが、実は高校生時から同じパターンを自分が繰り返していることに気づけるのが大きな収穫であったと思われる。このように気づくことで、自分の"うつ病"が単なる病気としてではなく、自分の生き方にかかわる問題であるとBさんのなかで再定式化された。

● セルフモニタリングの効用

本事例の場合、第4セッションから生活のモニター（セルフモニタリング表への記入）をホームワークとしてBさんにやってきてもらうことになった。具体的には毎日の各時間帯にどんな活動をしてどんな気分や体調であったか、ということを毎日記入してもらい、それを毎回のセッションで共有した。

セルフモニタリングは、目標設定に至るまでのホームワーク課題として、非常に使いやすい課題である。というのも、たとえば、認知再構成法、問題解決法、リラクセーション法、曝露法など、CBTでよく使われる介入のための技法は、CBTでの目標を設定してからでないと基本的に使うことができないからである。少なくともアセスメントが終わるまでは、「今後、どうしたらよいか」ではなく、「今、何がどうなってし

まっているのか」という現状に対する理解が、セラピストとクライアントの共有課題である。その現状の理解のために、セルフモニタリングをし、その記録を取ってもらうことは非常に役に立つし、しかも介入に入る前の"つなぎの課題"としても役に立つ。"つなぎの課題"とは、言葉が適切でないかもしれないが、CBTにとってホームワークを毎回やってもらうことは非常に重要であり、しかしまだ技法が定まっていない、という段階では、そうそう新たな課題をホームワークにすることはできない。その意味で、セルフモニタリングは"つなぎ"としての使い勝手がよいといえる。しかもさほど負荷の高い課題ではないので、状態があまりよくないクライアントでも、取り組むことができる。そのようなクライアントにとっては、「自分にも何かができる」「自分も何かをしている」という体験になるのだろう。まった実際に記録を取ることで、自分の生活や反応のパターンについてクライアント自身が、さまざまな気づきを得ることも多い。さらに、記録が"データ"として残るので、Bさんのように回復期のモニタリングシートと照合して、自分の変化を確認する際にも大変役立つことがある。

また、細かいことであるが、このような記載型のホームワークは、クライアントに依頼して、セッション前にセラピスト用のコピーを取っておいてもらうと効率的である。コピーを取ってからホームワークの課題として設定しておくと、クライアントも事前にコピーを取っておくことを忘れずに行えるようになる。

● サイコロジストが"診断"にどう関与するか

本事例で示したとおり、Bさんの診断は"気分変調性障害"に該当す

ると考えられる。ここで筆者のような非医師であるサイコロジストが、精神科診断にどう関与することができるか、私見を述べたい。

日本の法律では、医学的診断は医師がするもので、サイコロジストが診断をすることはあってはならないこととされている。しかし一方、CBTはDSM-Ⅳの診断基準に沿ってクライアントの診断を確定し、それに沿ったパッケージを適用することを重視する治療法である。したがってCBTの施術者がサイコロジストや他のコ・メディカルであっても、診断の問題は避けて通ることはできない。ではどうすればよいのだろうか。筆者が思うに、こういうときこそDSMの"操作的診断"という概念を利用することができるのではないだろうか。セラピストはクライアントから詳しく話を聞き、それをたとえばツール1のようなアセスメントシートに記入する。記入されたアセスメントシートをクライアントと共有し、「確かにこのとおりの現象が起きている」「確かに自分はこのような体験をしている」「確かにこのような悪循環によって、今自分は苦しんでいる」とクライアントが確認した後、そのシートとDSMとを照らし合わせ、"DSMによれば、このクライアントが抱えている現象は、○○という疾患に該当するようだ"という形で、診断を共有するのである。言ってみれば、セラピストが診断するのではなく、"DSM先生"に診断を提示してもらう、という考え方である。そしてその診断に沿ってエビデンスを検討し、その後のCBTの進め方の参考にする。

ただし診断がすべてではないことを、ここで強調しておきたい。同じ診断がついても、実際のクライアントの体験のあり方は、"そのクライアントのもの"としか言いようのない独自性がある。しかし診断がつくこ

とがクライアントの自己理解の助けとなったり、CBTの進行の一助になることが多々あることも事実であり、やはり診断もその他の多くの情報と同様、重視するべきであると筆者は考える。

事実、本事例でもBさんはずっと自分を"うつ病"だと考えており、世間に流布する"うつ病"の情報に沿って自分の状態を照らし合わせてきた結果、むしろ自分の状態がそれに合致しないこと、そしていつまでたっても回復しないことに苦しんでいた。そこでアセスメントされた内容をDSM-Ⅳと照合し、改めて"気分変調性障害"として定式化することで、これまでの経緯や現状について新たな視点から理解しなおし、その後のCBTの見通しをより効果的な形で立てることができた。

●エピソードレベルでの詳細なアセスメントの重要性

CBTの基本モデルに沿ってクライアントの抱える問題を理解する、というアセスメントの作業は、CBTのすべてのケースにおいて実施すべき重要な手続きであると筆者は考えている。その際、どの問題をどの程度詳細にアセスメントすると良いのだろうか？　筆者はツール1を開発後、それを多種多様なケースで用いて試行錯誤してきたが、現時点では"エピソードレベルでの詳細なアセスメントを最低一回はきっちりと行うことが最も効果的である"と結論づけている。

自分の問題について「いつも同じことの繰り返しです」と語るクライアントは多い。しかし「いつも同じことの繰り返し」の"いつも"のレベルで、漠然としたアセスメントシートを描くことにあまり意味はない。たとえそれ少なくともそこから新たな気づきを得ることはないだろう。たとえそれ

が"いつも"起きていることであれ、まさに本事例で実施したエピソードレベルでのアセスメントと同様の考え方と手続きに基づいている。CBSAPは高度にパッケージ化されたアプローチであり、状況分析以外にもさまざまな手続きを含むものであるが、CBSAPの慢性うつ病に対する高いエビデンスの大きな要因の一つが、この"状況分析"の効果であると筆者は考えている。そしてCBSAPという高度なアプローチを用いることができなくとも、少なくとも本事例のように、アセスメントの段階でエピソードレベルでの詳細な理解をセラピストとクライアントが共有できれば、本書で示すようなCBSAPの一般プログラムが慢性うつ病に対してもそれなりに奏効するのではないかと考えている。

●CBTの構造化そのものが"しかけ"として機能する

慢性的なうつを訴えるクライアントでのCBTは、仕事や学業などをドロップアウトしてしまっているBさんのような人は、活動性の低い生活を「このままでは駄目だ」と思いながら送っているのだが、生活の立て直しのきっかけを自分でつかめずに、悶々と暮らしていることが多い。そしてそのような生活を送っていることについて、さらに自分を責め、その結果その一つが遷延化してしまっているように思われる。このようなケースに対するCBTでは、まず活動性の低い生活そのものが問題であることをクライアントが理解し、日々の生活における活動レベルをクライアント自身が上げていけるよう手助けする必要がある。

その際、"構造化"というCBTの特性そのものが大いに役に立つ。CBTは、ケース全体の流れにも、一回のセッションの流れにも一定の"段取り"があり、その段取りをしっかりとつけることがセラピストの重要な仕事であり、それがCBTの"構造化"である。一方、生活におて、その"いつも"がどのように起きているか、それを詳細に把握することが重要である。そうすることによって、"いつも"の体験が、実にさまざまな認知的要素、気分・感情的要素、身体的要素、行動的要素に満ちており、かつそれらの要素間の循環的な相互作用によって構成されていることを、クライアント自身がCBTのモデルで自身の体験を詳細にモニターできるようになり、それにより新たな気づきが生まれたりする。するとクライアントが自分の体験をCBTのモデルに沿ってきめ細かく実感できるようになり、CBTに対する信頼感やモチベーションが上がったりする。本事例のBさんも、朝の状態について詳細にアセスメントを行い、それをツール1に外在化したことに対して（図2・2）、「本当にこの通りでした。これまで、ただ単に『朝、調子が悪くて起きられない』とだけ思っていたけれど、細かく見てみると、短い時間のうちで、いろんなことを考えたり、感じたりしていることがわかって面白いですね」と語っている。このようにCBTのモデルで自分の"いつも"の体験を詳細に外在化して理解することで、"いつも"の体験が"面白い"対象となるのである。そしてその分クライアントの苦悩は少しだけ軽減されるように思われる。

なお、Bさんの病態は"慢性うつ病"に分類することができるが、近年、慢性うつ病に対するCBTの治療パッケージとして注目されている、"**認知行動分析システム精神療法** (Cognitive Behavioral Analysis System of Psychotherapy; CBASP)"というアプローチがある（マッカロー、二〇〇〇）。CBSAPを構成する重要なプロセスとして、**状況分析**"というものがあるが、これは、ある特定の場面に限定して、クライアントの体験を状況と個人の反応の相互作用として詳細に把握するとい

て活動レベルが低いクライアントは、段取りをつけて生活できていないということであり、生活が構造化されていないということである。そのようなクライアントにとって、CBTの構造化は、自らの生活を再び構造化するための"しかけ"として機能するように思われる。

まず、これはCBTに限らないが、予約を入れて時間通りにセッションに訪れるということ自体が、生活における一つのアクセントになる。そして一回のセッションを、①橋渡し、②ホームワークのチェック、③アジェンダ設定、④各アジェンダについての話し合い、⑤新たなホームワークの設定、⑥セッションの振り返り、といった段取りに沿って進めていくという体験を毎回することで、計画を立ててそれを実施することによる完了感、達成感が持てるようになる。そして次のセッションまでにホームワークの課題を実施することが、生活の構造化につながり、そのぶん生活が活性化されていく。このようにセラピスト自身によってお膳立てされた構造化に乗っているうちに、次第にクライアント自身が構造化のスキルを身につけ、活用できるようになるのである。

生活を活性化しなければならないと頭ではわかっているものの、それをどのように実現したらよいかきっかけがつかめず困っているクライアントは多い。そのようなクライアントは、家族や主治医など周囲の人からも、「何かやってみたら」とさんざん言われており、しかしそれができなくて困っており、そのような自分を責めている。CBTであれば、「構造化しよう」と口で伝えるのではなく、構造化セッションを実際にやってみせることで構造化のヒントをクライアントに体験してもらうことが可能である。

● 協同的問題解決過程としてのCBT

1章でも述べたとおり、CBTの理念は"協同的問題解決"である。すなわちセラピストとクライアントが協同して、クライアントの抱える問題の解決を図り、そのプロセスを通じてクライアントの問題解決力の向上を図る。その際、事例の進行全体のマネジメントの責任は、当然ながらセラピストにある。

本事例は、技法としての問題解決法が強力に効いた事例であると言えるが、その根底には、事例の進行そのものが、大きな問題解決のプロセスとしてマネジメントされていたことが大きいと思われる。逆に、事例の流れ全体が問題解決的にマネジメントされていなければ、問題解決という技法だけ取り入れても、あまり役に立たないのではないかと筆者は考えている。事例全体を問題解決的に進めていくための考え方や方法については、伊藤（二〇〇〇／二〇〇一／二〇〇五a）、ネズら（二〇〇四）を参照されたい。

● 技法としての問題解決法の有用性

上記のとおり、CBTの事例全体の流れを協同的問題解決として進めていくことそのものが重要であるのだが、本事例のように、そのうえで問題解決法を技法として導入することが大いに効果を発揮することがある。問題解決法は1章で示した認知再構成法に比べるとあまり知られていないが、うまく導入できれば非常に効果の高い"大技法"である。特にBさんのように回避的な行動が問題となっている人の場合、もちろん認知の変化も重要であるが、回避行動に変わる別の行動を取れるように

ならなければ、結果的に問題は解消されない。つまり「どう考えたらよいか」だけでなく「どう動いたらよいか」ということを、クライアント自身が見つけ出し、実行できるようになる必要があるのである。そうなると問題解決法が第一に検討すべき技法となる。

問題解決法で重要なのは、個々の問題の解決ではなく、何か問題が生じたときにその都度、クライアントが問題解決的に対処できるようになることである。そのためにはクライアントに何度も練習をしてもらい、問題解決法の手続きそのものを習得してもらう必要がある。また問題解決法を繰り返すうちに、自分に合った対処法、役に立つ対処法を見つけ、それを新たな問題に対しても使えるようになる、ということも重要である。つまり繰り返しの練習によって問題解決法を習得するうちに、問題解決法の考え方ややり方が内在化していくのが理想的である。たとえばBさんの場合、問題解決法の第一クールにおいて、目標を達成するための手段をブレインストーミングするなかで、「外出気分を高めるために帽子をかぶる」というアイディアを思いついた。それをプランに盛り込み、行動実験をしてみたところ、実際に役に立つことが確認された。その後、Bさんは、外出に絡む問題が生じるたびに、帽子をかぶるという手段をプランに折り込み、活用できるようになった。

1章、2章を総合すると、悪循環を認知から断ち切ろうとするときに役に立つ技法が認知再構成法、行動から断ち切ろうとするときに役に立つ技法が問題解決法であるということになる。CBTの他の諸技法と比べ、この二つの技法は手数が多く、習得に時間を要する"大技法"である。し

かしその分しっかりと習得すれば、非常に役に立つ技法である。そしてもちろん二つの技法共にクライアントに習得してもらうこともできる。その場合、いっぺんにではなく、どちらか一方を選んで習得してもらった後で、もう一方を導入するのが良いと思う（伊藤、二〇〇六c）。

●セラピストの自己開示

本事例では、第12セッションで問題リストについて話し合っているとき、Bさんの「きっと先生は僕みたいなことはないんでしょうね」という発言に端を発し、セラピストが同じようなことを自分も体験していること、そしてそれに対してどのような対処法を取っているかということを自己開示した。その対処法がBさんに役立ったというのはたまたまであったと思われるが、Bさんは後日、セラピストによる自己開示そのものに対してポジティブな感想を抱いたことをセラピストに話してくれた。その後セラピストは意図的に自己開示をするようにし、Bさんも「先生は、こんなときどうしているんですか？」「先生にもこういうことってありますか？」と、気軽に訊いてくるようになった。自己開示の内容が直接Bさんの役に立つこともあったが、より大きかったと思われるのは、セッション中のコミュニケーションがより円滑になり、セッションの雰囲気がいい意味でカジュアルになったことである。

セラピストの自己開示についてはさまざまな考え方があるだろうが、CBTの場合、戦略的にそれが用いられるのであれば、一種の技法として推奨することができる（伊藤、二〇〇五b）。したがってセラピストは、自己開示を行うたびに、それが何のための自己開示なのか認識しつつ、実際にその自己開示がクライアントに役に立ったのかどうかもその都度

確認する必要があるだろう。その際、〈今の話に対して、どう思いましたか?〉〈今の私の話は、役に立ちそうですか?〉と直接尋ねるのが最も良いように思われる。双方向的な対話のできる関係性ができていれば、クライアントは率直に、ポジティブな反応もネガティブな反応も返してくれるだろう。

3章 複雑な気分障害

1章では大うつ病性障害の、わりあい典型的であると思われる事例を紹介した。2章では気分変調性障害の、わりあい典型的であると思われる事例を紹介した。しかし、臨床現場で出会う気分障害のクライアントは実に多種多様であり、複雑なケース、対応に細心の注意を必要とするケースなどさまざまである。

本章では"複雑な気分障害"ということで二つの事例を紹介する。一つは季節性のうつや反応性のうつなど複合的な抑うつ症状を抱えるクライアントに対するCBTの事例である。もう一つは、双極Ⅱ型障害のクライアントに対するCBTの事例である。どちらもセラピストとクライアントが試行錯誤しながら年単位でCBTに取り組み、「これなら何とかやっていける」という状態にまでもっていった、というケースである。両事例については、その詳細を具体的に紹介するのではなく、全体の流れを示しながら、ポイントとなる点に的を絞って解説する。なおパーソナリティ障害が併存する気分障害に対するCBTついては、8章で別に事例を紹介するのでそちらを参照されたい。

3・1 事例Cの概要

❖ クライアント
Cさん──女性。三十四歳。派遣社員。

❖ インテーク面接
来談経路──主治医からの紹介。
医療情報──二十二歳で就職したころより、ときおり気分がひどく落ち込むようになる。二十八歳時に転職したが、その半年後ぐらいから気分の落ち込みが悪化したまま戻らなくなってしまった。それを機に、精神科を受診し「うつ病」と診断され、薬物療法が開始された。しかし、はかばかしい改善が見られず仕事に支障を来すようになり、また他にやりたいこともあったので退職した。その後、精神科への通院は断続的で、落ち込みがひどくなると通院・服薬を再開し、状態が多少ましになると中断するということを繰り返しているとのことである。現在の精神科クリニックには一年半前から通っており、「うつ病」の診断のもとに、三環系抗うつ薬、抗不安薬、睡眠薬が処方されている。X年一月の受診時に、年末年始にいかに自分が落ち込んだかをCさんが主治医に強く訴えたところ、「そういう心理的要因が絡んでいるのであれば、カウンセリングが役に立つかもしれない」と言われ、筆者（セラピスト）が紹介された。紹介状には「抑うつ症状に心理社会的な背景が関連しているようなので、カウンセリングをお勧めし

3章　複雑な気分障害

ました」と記載されてあった。

家族——夫と二人で暮らしている。夫は会社員。夫婦仲は良好である。両親は二人とも他界しており、四歳下の妹は国際結婚してカナダで、八歳下の妹も結婚して北海道で暮らしている。二人の妹にはそれぞれ子どもが二人いるが、Cさん夫婦には子どもはいない。

◆

生活歴——父方の祖母、両親、妹二人の六人家族に育つ。Cさんが小学校五年生時に母親が自殺し、当時寝たきりに近かった祖母の面倒をCさんがずっと見ていたという経緯がある（祖母はCさんが高校生時に病死した）。父親は会社員だったが、非常に多忙で、母親が亡くなった後も仕事に追われ、家のことは長女であるCさんと父親で何とか回していた。学校での適応は良好で、小学校、中学校、高校を通じて友人も多く、学業も優秀だったそうである。しかし母親がいなかったせいでクラブ活動には参加することができず、学校が終わるとまっすぐに帰宅し、祖母の面倒を見たり、食事の仕度をしたり、洗濯や掃除をするなど、学業と介護と家事に追われる毎日だった。高卒後、現役で有名私大の理工学部に入学する。その頃になると下の妹も小学校高学年に入り、さほど世話をする必要がなくなったので、大学生活は満喫できた。大学では男性の友人が多くでき、勉学や研究、友達づきあいやサークル活動（スキー）などすべてが非常に楽しく、充実していた。

大卒後、大手電機メーカーに就職し、研究開発の仕事に携わるも、上記のとおり就職後、抑うつ症状が生じるようになる。二十七歳時、職場の同僚（同期入社）と結婚し、残業の多い職場で家事と両立できないので異動を希望したところ叶えられず、また環境を変えれば抑うつ症状が回復するのではないかと期待して転職するも、これまで断続的だった抑うつ症状が慢性化し、さらに悪化してしまった。その後はそのときどきの自分の状態に合わせて、自宅療養をしたり、専門学校に通ったり、ボランティアをしたり、派遣社員として働いたりしている。なお父親はCさんが三十歳時に病気で他界している。

◆

来談に至る経緯——X-6年、二十八歳で転職した後、抑うつ状態がひどくなり、薬物療法や、ときどき実施する自宅療養だけでは回復しないため、何とかしなければとはずっと思っていた。X-1年十二月の中旬ぐらいからX年一月の初旬にかけてひどい抑うつ状態に陥った際、この数年、年末年始にいつも状態が悪くなっていることを夫から指摘され、「そう言われるとそうかもしれない」と思い、そのことを主治医に伝えたところ、心理社会的な要因があるかもしれないという話になり、カウンセリングを勧められ、来談した。認知行動療法についてはまったく知らないとのことである（主治医もとくにCさんを筆者に紹介したようである）。

◆

主訴——「長年続く"うつ"を何とかしたい」

心理テスト結果（一部）――BDI-Ⅱが34ポイント（重度のうつ状態）。

◆

Cさんの様子や印象――仕事が休みの土曜日に来所されたので、ラフな格好ではあるが、きちんとした身なりで、髪形や化粧もきちんとしている。しかし表情に生気がなく、こちらの質問に淡々と、端的に、過不足なく答える感じで、声も小さく弱々しい。母親の自殺などかなりシビアな話が出てきたが、その際も、淡々と、しかも理路整然と話していたのが印象的であった。

◆

インテーク面接で合意されたこと――"カウンセリング"として筆者が紹介されたこともあり、筆者は次のように説明し、CBTを行うか、別のアプローチで面接をするか、Cさんに検討してもらった。

「カウンセリングには大きく分けると二種類あります。一つは、クライアントさんが自由に話をし、カウンセラーはひたすらそれを大事に聴き、受け止めるというやり方です。自由に話をするなかで、クライアントさんが何らかに気づいたり、気持ちが自然に整理されたりというように、何らかの変化が起きてくるでしょうから、そのような自然な変化をじっくりと待つ、という感じです。もう一つは、一方が話をして一方が聴くというのではなく、クライアントさんとカウンセラーが一緒に話し合いをして、積極的に問題解決を図るようなやり方です。この場合、自然な変化を待つのではなく、クライアントさんの抱えている問題がいったいどうなっているのかを一緒に把握したうえで、その問題をどうしていったらいいのか、いろいろな作戦を立て、実際に試していきます。その意味では、この二番目のやり方では、ただ話をするのではなく、私たちで協同作業を進めていく感じになります。二番目に挙げたやり方は、"認知行動療法"と呼ばれており、実は私はこの認知行動療法を専門としていますが、もちろん一番目に挙げたような方法を取ることもできます。もし私と一緒にカウンセリングを始めるとしたら、どちらのやり方がいいですか？」。このように説明しながら、筆者は次のような図

```
┌─────────────────────────────────────────┐
│                    ①                    │
│    頭に浮かぶ考えやイメージ → カウンセラー │
│       自由に話す            傾聴する      │
│           自然な変化を待つ                │
│                    ②                    │
│    頭に浮かぶ考えやイメージ ↔ カウンセラー │
│       話し合いをする，協同作業をする      │
│           問題解決を図る                  │
│                        （認知行動療法）  │
└─────────────────────────────────────────┘
```
（カウンセリング）

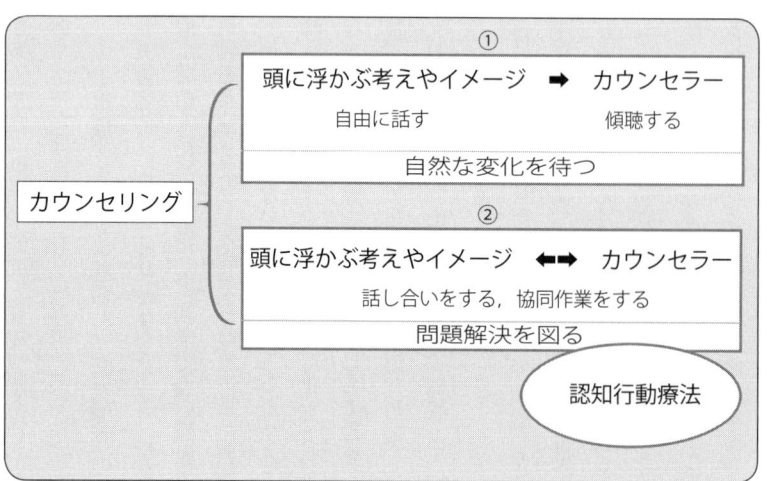

図3・1　カウンセリングの説明図

を描いて、Cさんに見せた（図3・1）。いくつかやりとりがあった後で、Cさんは図3・1の②、すなわち認知行動療法を指して、「こちらのやり方でやっていただきたいです」とおっしゃった。そこで筆者から改めてCBTについて考え方やモデル、進め方などについて具体的に説明し、CBTを開始することで合意された。その際、2章のBさんにしたのと同様、経過が長く、複雑であるように思われるので、まずはこれまでの経緯をヒアリングしたり、問題解決を目指すCBTといえども、現状をアセスメントしたりすることに時間をかける必要があることを説明し、Cさんの承諾を得た。インテーク面接の感想を問うと、「カウンセリングにもいろいろやり方があるんですね。私の場合"うつ"で本当に困っていて、それは話をするだけでは絶対に治るものではないと思っているので、こちら（図3・1の②を指す）を選びました。よろしくお願いします」とのコメントが返ってきた。

❖ CBTの経過の概要

X年一月下旬にインテーク面接を実施し、X+3年九月までの約三年八カ月の間は、ほぼ二週間に一度のペースで九十回の面接を実施した。その後二年以上にわたり、一〜二カ月に一度のフォローアップ面接を実施し、X+6年二月に終結となった。最終的な面接回数は百六回である。

3・2 さまざまな「うつ」のアセスメント

CBT開始後しばらくは、生活歴やこれまでの"うつ"の経過をヒアリングする一方で、毎回のセッションの冒頭でBDI-Ⅱを実施しうつ状態の推移を把握しながら、そのときどきの生活状況やCさんの状態を聴取し、アセスメントのターゲットを絞り込んでいった。生活歴を含むこれまでの経緯をヒアリングするのに、どれぐらいの期間やセッション数をかけるか、最初にCさんと相談したところ、「時間がかかってもいい。せっかくの機会なのでこれまでの人生を振り返ってみたい」との回答が返ってきた。また、インテーク面接で改めてセラピストに話をしたら少し気が晴れ、「こうやって自分のことを改めて人に話すのも、結構いいもんだなと思った」とのことで合意され、実際、Cさんのペースでゆっくりと進めていった。その内容はここでは紹介しないが、たとえば母親に自殺されてしまったことへの思いを語ったときや、中学生時に祖母や妹たちの面倒をみなければならないことがいかにきつかったかについて語ったときにはさめざめと涙を流し、逆に大学時代の楽しかった思い出（例：スキー合宿）を語るときは身振り手振りを交えて笑顔で話し続けるなど、インテーク時に比べると、はるかに生き生きとした話し方をするようになった。

結果的に、生活歴を含むこれまでの経過をヒアリングし終えるのに、約三十回のセッションを使った。期間にして一年三カ月である。ヒアリングを終えたところで、感想を尋ねると、「（ヒアリングは）ただ昔の話をするだけだと思っていたけれど、話しているうちにいろんなことが思い出されて、ちょっときつかった。でも、これからのことを先生とやっていくのなら、これまでのことも知っておいていただきたいし、自分自身、いろいろと振り返ることができて良かったと思う。結構いろいろあって自

分も大変だったんだなあって思った」「ふだんはあまり自分のことを話さない。それは昔から。とくに中学生のとき、母親のことや、祖母の面倒みたり家事をしたりしていることなど、人に言えないことが多くて、その頃から自分のことを人に話さなくなったような気がする。夫とも話はするが、ほとんど聞き役。だからこんなふうに自分のことだけを話して誰かに聞いてもらう、という体験がすごく新鮮だったし、嬉しかった」など、少し涙ぐみながら饒舌に語った。このような感想を受けてCさんと話し合った結果、今後のセッションでも「10分間フリートーク」というアジェンダを毎回設定し、Cさんが自由に話し、セラピストはそれを傾聴するというコミュニケーションを続けていくことで合意された。

またヒアリングを終えた時点で、今後のCBTの進め方について話し合った。すでにヒアリングで聴取されたこれまでの経緯や、毎回のセッションで把握したそのときどきのCさんの抑うつ状態についての情報（BDI-Ⅱの結果を含む）から、Cさんの"うつ病"がかなり複雑で、いくつかの下位項目に分類できそうであることがわかってきたので、それを以下のように名前をつけてリスト化した。そして今後、それぞれについてアセスメントしていくということで合意された。

① 慢性的な抑うつ気分
② 年末年始の"うつ"
③ 秋の"うつ"
④ さまざまなきっかけがあって生じる"うつ"

なお毎回BDI-Ⅱを実施して抑うつの程度を把握しているが、その

推移を図3・2に示す。

ここまでの約三十回のセッションの平均値は約27ポイントで、これはCさんが確かに上記①の慢性的な抑うつ気分を有していることをある程度裏づけているだろう。またX年一月およびX+1年一月の前後、すなわち年末年始の結果はすべて30ポイント以上で、これが上記②の「年末年始の"うつ"」に該当すると考えられる。そしてヒアリングを続ける

BDI-Ⅱ得点

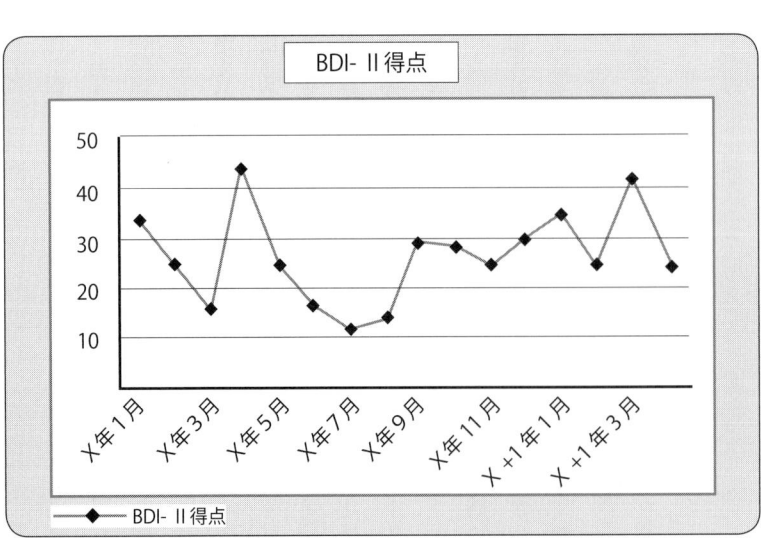

図3・2　Cさんの抑うつ尺度（BDI-Ⅱ）の得点の推移

なかで、Cさんが毎年、天候が「秋らしいな」と感じる頃から、具体的には九月初旬頃から体調や気分が「ずんと沈む」ことがわかってきたが、たとえばX年の数値を見ると、六月から八月にかけてはわりと調子が良く、BDI-IIも10ポイント台で推移しているが、九月に入りそれが30ポイント近くまで跳ね上がることが確認されている。「毎年、秋の始まりは大体こんな感じ」ということで、これを上記③の「秋の"うつ"」として見ていくことにした。最後に、X年四月やX+1年三月に、BDI-IIの得点が跳ね上がったときがあるが（それぞれ45ポイント、43ポイント）、このときは両方とも、仕事や親戚づきあいで大きなストレスを体験した時期であり、突発的なストレッサーが生じると、それに即座に反応し、大きく調子を崩すパターンがあることがセラピストとCさんとで共有された。これを上記⑤のように「さまざまなきっかけがあって生じる"うつ"」と命名し、やはり一緒に見ていくことにした。

このようにアセスメントの対象とする項目を決めた上で、その後さらに約三十回のセッションをかけて、各項目のアセスメントをそのときどきの状況やCさんの状態に応じながら同時並行的に実施していった。その期間は約一年二ヵ月である。この間のセッションにも、Cさんの希望により必ずフリートークの時間を設け、受容的な空間で自由に語るという営みも継続された。

以下、約一年二ヵ月かけてアセスメントを続け、セラピストとCさんとの間で「ほぼこの通りである」というところまでまとめあげたアセスメントシートを、項目毎に紹介する。

● アセスメント①――慢性的な抑うつ気分

次ページの図3・3がアセスメント項目①の「慢性的な抑うつ気分」をまとめたものである。

このようにまとめた結果、「慢性的な抑うつ気分」については以下の点がポイントであろうということが、Cさんとセラピストとで共有された。

・何か出来事があって落ち込むのではなく、ちょっとした間ができると、とりとめのないネガティブな自動思考が入り込んできて、それにつかまってしまうというパターンがある。

・最終的にはそういう自分を責めまくったり、生きるとか死ぬとかそういう極端なことを考え続けるようになり、深みにはまっていくのもいつものパターンである。

・一度そのような自動思考につかまってしまうと、身体的にも気分的にも重たい感じになり、すると次に何をしたらよいのかわからなくなってしまい、その場にへたり込んでしまう、という流れもパターン化されている。

・以上のパターンにCさん自身うすうす気がついており、そのことで自殺企図など最悪の事態には陥らずに済んでいる。

・「中学生のときにつらい日々を過ごしていた自分」が思いのほか、今のCさんの支えになっている。ヒアリングをするなかで、あの頃いかにつらかったかということをしみじみと思い出したが、あの頃に比べれば今のほうが、毎日面倒を見なければならない人がいるわ

けでもなく、ずっと楽なはずである。

・夫の存在や夫との関係は、理屈のうえでは最大の「サポート資源」であるはずなのだが、Cさんはどうしても実感レベルではそうと認められず、サポート資源の欄に記入できなかった。コーピングとして夫にメールを送るのはいいけれど、どこかで全面的に頼ってはいけないとCさん自身が思っているのかもしれない。

なお、CBTの基本モデルを使ったアセスメントを継続的に行うなかで、Cさんは自分の体験をモデルに沿って自己観察する視点を身につけていった。すると図3・3に記載されているような悪循環にはまりかけても、どこかで「あ、また始まった。これを観察しておかなければ」と思うようになり、その分はまり方が浅くなったという変化がこの時期に見られた。そこで、この件もコーピングの欄に追加記入することにした（図3・3コーピングの欄を参照）。

「慢性的な抑うつ気分」というアセスメント項目が最終的には図3・3のように一枚のツールにまとめられたことに対するCさんのコメントは、「長年、もやもや、ざわざわ悩み続けてきたけれど、こうやってまとめてみると、『なんだ、この単純なパターンは！』という感じです。もういい加減、このようなパターンからは抜け出

アセスメント・シート――自分の体験と状態を総合的に理解する

ストレス状況

ストレスを感じる出来事や変化
（自分，他者，状況）

① 何かをしていて，ふと間があいたとき。なんとなく時間があるとき。何かを始める前や終えた後。
例：仕事から帰って，これから夕食を作ろうというとき。土曜日に夫が休日出勤で，一人で家にいて特に予定がないとき。さまざまなメールの返事を書き終えて，やれやれというとき。

認知：頭の中の考えやイメージ

② 「ああ，疲れたなあ」「いつまでこんな人生が続くんだろう」「いったい何をしたらいいんだろう」「私はここで何をしているんだろう」など，とりとめのない考えがざわざわと浮かんでくる。
⑥ 「何やってんだろう，私」「こんなんじゃ駄目だ」「生きている意味がない」「死ねば楽になるのかな」

気分・感情

③ 疲労感，重たい感じ
憂うつ感
気がふさぐ感じ
不安感
（すべて40％ぐらい）
⑦ 罪悪感 落ち込み
自己嫌悪
（40〜80％）

身体的反応

④ 疲労倦怠感 40％
⑧ 疲労倦怠感 70％
涙が止まらなくなる

行動

⑤ 次の行動になかなか取りかかれない。ボーっとその場にへたり込む。背中をまるめ，ため息をつく。
⑨ へたり込んだまま泣き続け，何もできない。

サポート資源

中学生のときの自分（あのときほど今は辛くない）	
何とか生きている自分	たまに楽な気持ちになるときがある
薬	主治医の先生
カウンセラー	いつかは死ねること

※夫をどうしてもサポート資源だと思えない。どうしてか自分でもわからないけど。どこかで頼っちゃいけない，と思っているのかも。

コーピング（対処）

・「またいつもの病気が出た」と考え，深みにはまらないようにする。
・「どうせいつかは死ぬんだから」と考えてみる。
・夫にメールを送る。夫からは「大丈夫だよ」という返事が戻ってくるのがわかっており，実際にそういう返事が戻ってくるので，それで少し落ち着く。でも気休めだけど。
・ひどいときは頓服を飲む。
・落ち込んでいる自分を観察する（認知行動療法）。

図3・3　Cさんの「慢性的な抑うつ気分」（ツール1）

したいと，まとめてみて強く思った」「夫を"サポート資源"にどうしても入れられない自分がショックだった。不思議なんですけど，どうしても『入れたくない』って思っちゃう。それがどういうことなのか，もう少し自分で考えてみたい」というものであった。

●アセスメント②――年末年始の"うつ"

図3・4がアセスメント項目②の「年末年始の"うつ"」をまとめたものである。

このようにまとめた結果，「年末年始の"うつ"」については以下の点がポイントであろうということが，CさんとセラピストとでJ共有された。

・テレビの番組やコマーシャル，街の雰囲気などによって，クリスマスや正月について意識（認知）すると，さまざまなネガティブな自動思考が生じ，その結果，さまざまなネガティブな気分が生じる。アセスメント①の「慢性的な抑うつ気分」とは異なり，世の中の浮かれた様子を皮肉っぽい目で見るような認知だったり，どちらかというと「しらけ」とか「イライラ」といった気分から悪循環が始まるのが特徴的である。

・世の中のクリスマスっぽい場所や正月っぽい場所を，意図的に避けまくっている。とにかく世の中の

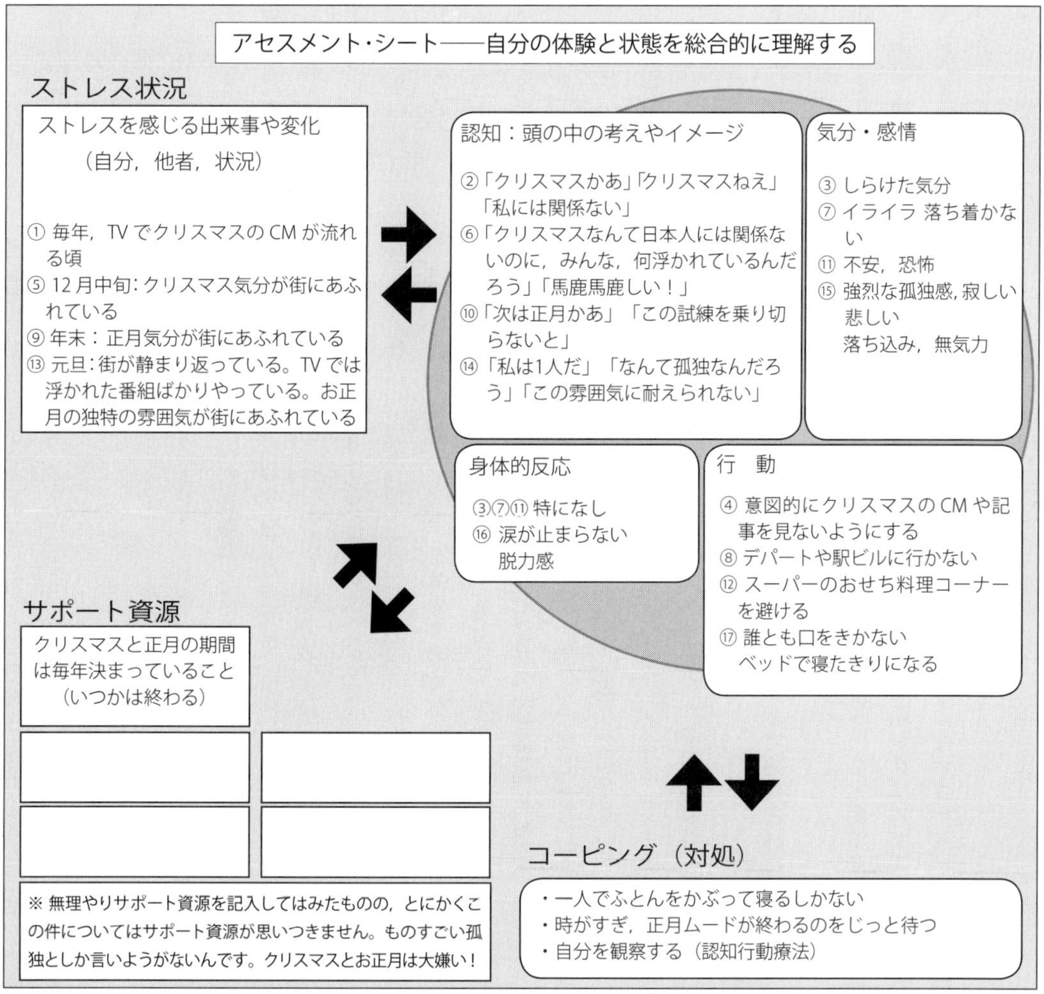

図3・4 Cさんの「年末年始の"うつ"」（ツール1）

雰囲気から距離を置こうと必死になっているようだ。

・これまではクリスマスと正月の時期をひっくるめて「調子が悪い」と感じていたが、実際に詳細にアセスメントした結果、クリスマスに対するCさんの反応と正月に対するCさんの反応とは、別のものであるらしい、ということが明確になった。クリスマスに対しては上記の「しらけ」「イライラ」という感じに留まり、それ以上調子が悪くなることはないが、正月に対するCさんの反応はもっと激烈である。毎年Cさんは夫と新年を迎え、元旦は夫と過ごし、その後は夫の親族やCさん自身の妹家族と一緒に過ごす。というふうにまるっきり一人で過ごすようなことはないのだが、なぜか「孤独だ」との強烈な認知と強烈な孤独感に襲われてしまうのである。

・この「年末年始の"うつ"」に対してはなす術がなく、世の中の正月気分が終わるまで息を潜めて待つことしかできない。ただしCBTの基本モデルに沿ってアセスメントするという考え方や、やり方を知ることで、X＋1年十二月からX＋2年一月にかけての年末年始は、モデルに沿って自己観察するというコーピングが使えるようになり、そのためかどうかは不明だが、前年よりは苦痛が軽減された。BDI‐IIのポイントも前年の年末年始は30ポイント台だったのが20ポイント台に低下した。

この「年末年始の"うつ"」については、これまでの年末年始を想起してもらいつつ、実際にCBT開始後に経験した二回の年末年始に特に焦点を当ててアセスメントしていった。なかでもX＋1年十二月からX＋2年一月の年末年始には、前述したが、CさんがCBTの基本モデルをかなり使いこなせるようになっていたので、まさにリアルタイムで自己観察してもらうことができた。そこで図3・4のような循環が明確化され、しかも上記のようないくつかのポイントが明らかになったのである。

このようにアセスメントされた「年末年始の"うつ"」について改めてどう思うかCさんに尋ねたところ、「これをまとめていて思い出したことがあるんです。母が亡くなった後、とにかく生活をまわしていくのに精一杯で、世間一般の人たちのようにクリスマスとかお正月をイベントとして楽しんだりすることが、ずっとできませんでした。当時はとにかく精一杯だったから何とも思わなかったけど、大学生になって友達との付き合いが広がって、クリスマスのイベントがあったり、サークル（スキー）の合宿をお正月にやったりしたとき、何かいつも自分だけ乗り切れない感じがあったんです。『クリスマスだの正月だの言ったって、しょせん365分の1にすぎない、ただの一日じゃない！』という感じで、自分ひとり盛り上がれず、というか盛り上がりたいとも思わず、いつも盛り上がるみんなをすこし離れたところから見ていたように思います。そのことと、この『年末年始の"うつ"』って関係あるんじゃないかなあ、と思いました」との報告があった。この件について話し合った結果、次のような仮説がCさんとセラピストとで共有された。

仮説1──母親の死後、Cさんは生活するのに周囲が大変でクリスマスやお正月どころではなかった。そのため周囲がクリスマスやお正月で浮かれていると、違和感を抱き、さまざまなネガティブな認知や気分が生じてしまう。

ただしこの仮説では、アセスメントされたクリスマスと正月の違いを説明できない。しかしこれについてはすぐに答えを出そうとせず、「機会があったら考えてみる」「考えてみて何かに気づいたらセッションで報告する」というレベルに留めておくということでこの時点では合意に至った。その上でさらにCさんに感想を尋ねたところ、「これまでは『年末年始の"うつ"』とひとくくりにして考えていたものが、クリスマスとお正月に分かれることがわかって驚いた。なぜお正月に自分をこんなにも孤独だと感じてしまうのか気になる、というか、興味がわいてきました」「このツールに書き出すと、今までどうしようもなかった自分の"うつ"が、『何とかなるかもしれない』と思えるから不思議です」とのことであった。

●アセスメント③──秋の"うつ"

図3・5がアセスメント項目③の「秋の"うつ"」をまとめたものである。その結果、「秋の"うつ"」については以下の点がポイントであろうということが、Cさんとセラピストとで共有された。

・アセスメント①の「慢性的な抑うつ気分」やアセスメント②の「年末年始の"うつ"」は共に、ある状況に対する認知が引き金となって悪循環が開始していたが、この「秋の"うつ"」については逆に、気

アセスメント・シート──自分の体験と状態を総合的に理解する

ストレス状況

ストレスを感じる出来事や変化
（自分，他者，状況）

① 毎年，9月の第1週か第2週ごろ
⑤ 9月後半～10月にかけて

認知：頭の中の考えやイメージ

③ 体調や気分の低下に気づく「なんか調子が悪い」「また秋の"あれ"が来た」「あーあ」「ますます悪くなるだろう」
⑦ 「今日も調子が悪い」「なんでこんなに調子が悪いんだろう」「こんなに調子が悪いんじゃ，もうどうしようもない」※自分の調子の悪さについて，あれこれと考え続ける。

気分・感情

② なんとなく気持ちが沈む（30%）
⑥ ますます気分が沈む（60%）

※身体と気分の⑥と認知の⑦と行動の⑧がぐるぐると悪循環しつづける

身体的反応

② 首筋や手足がひやっとする。なんとなく体調がすぐれない。（30%）
⑥ ますます体調がすぐれない。疲労倦怠感。（60%）胃が重たい。

行動

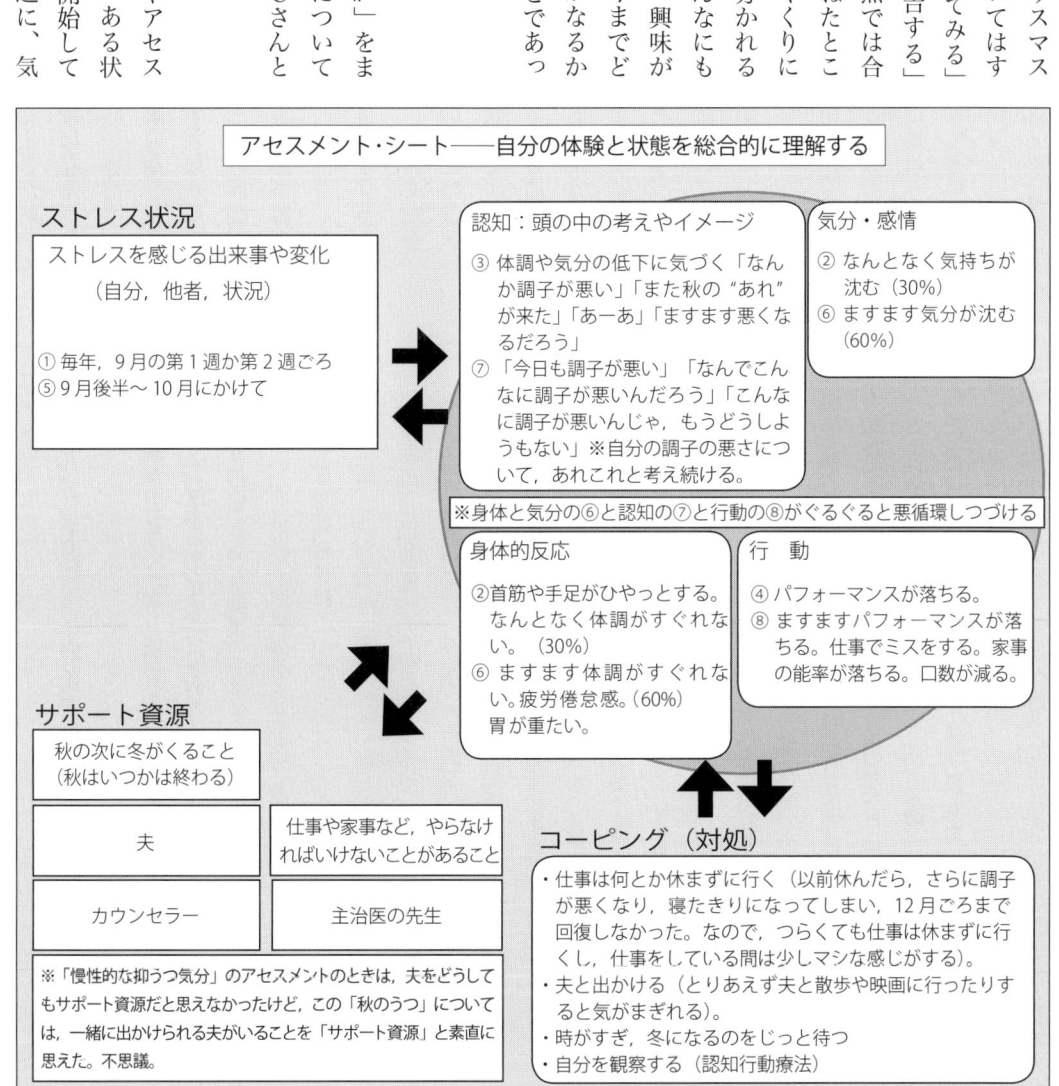

④ パフォーマンスが落ちる。
⑧ ますますパフォーマンスが落ちる。仕事でミスをする。家事の能率が落ちる。口数が減る。

サポート資源

秋の次に冬がくること
（秋はいつかは終わる）

夫

仕事や家事など，やらなければいけないことがあること

カウンセラー

主治医の先生

※「慢性的な抑うつ気分」のアセスメントのときは，夫をどうしてもサポート資源だと思えなかったけど，この「秋のうつ」については，一緒に出かけられる夫がいることを「サポート資源」と素直に思えた。不思議。

コーピング（対処）

・仕事は何とか休まずに行く（以前休んだら，さらに調子が悪くなり，寝たきりになってしまい，12月ごろまで回復しなかった。なので，つらくても仕事は休まずに行くし，仕事をしている間は少しマシな感じがする）。
・夫と出かける（とりあえず夫と散歩や映画に行ったりすると気がまぎれる）。
・時がすぎ，冬になるのをじっと待つ
・自分を観察する（認知行動療法）

図3・5　Cさんの「秋の"うつ"」（ツール1）

- 分反応や身体的反応が先に生じ、それらの反応によって生じた調子の悪さに気づくというように、悪循環の出発点が認知ではなく、気分や身体的反応であることが明確化された。
- 毎年九月に入ってしばらくすると、必ず心身が少し不調になり、その不調を注目しすぎると、不調についてあれこれ考えすぎたりした結果、さらに不調に陥る、という悪循環がある。またそれに伴って行動面でのパフォーマンスが落ちる、というのもパターン化されている。
- パフォーマンスが落ちるに任せていると調子が良くなるどころかますます悪化し、長引いてしまうことを、Cさん自身、長年の経験からわかっており、つらくても仕事や家事など最低限のことはこなしたり、休日は夫と外出したりすると、何とか気がまぎれるようである。そしてこのようにだましだまし気を紛らしているうちに、秋から冬に季節が移ると自然と回復する、という流れがあるようである。つまり調子の悪さに浸りきってしまうと良くないというのが、この「秋の"うつ"」の特徴のようである。
- この「秋の"うつ"」は主治医も認識しており、処方をあれこれ変えてさまざまな薬物を試してみたがほとんど効果がなかった。

以上のことが共有された上で、あらためてCさんに感想を問うと、「アセスメントしてみて、やはりこれだけは他の"うつ"とは質が違うと改めてわかった。日本で暮らす限り、秋という季節からは逃れられないので、付き合い方を見つけていくしかないんだと思います」ということであった。

●アセスメント④——さまざまなきっかけがあって生じる"うつ"

図3・6がアセスメント項目④の「さまざまなきっかけがあって生じる"うつ"」についてまとめたものである。
このようにまとめた結果、「さまざまなきっかけがあって生じる"うつ"」については以下の点がポイントであろうということが、Cさんとセラピストとで共有された。

- Cさんの自己評価にかかわるようなストレスフルな出来事があると、「自分は駄目だ」といった自己否定的な自動思考が生じ、しかもその自動思考が連鎖的にさらに自己否定的なものに展開し、いわゆる"ネガティブな反すう"思考が止まらなくなってしまう。それに伴い、ネガティブな気分が増大し、身体的にも非常にしんどくなってしまう。その結果、何もできなくなり、寝たきりになるという非機能的な行動しか取れなくなり、さらにそういう自分を責めるという悪循環が維持されてしまう。
- どんなにひどく落ち込み、希死念慮が強まっても、自殺企図にまで発展したことがこれまでに一度もないのは、母親の自殺を経験しているからである。自殺がどれだけ周囲の人々を苦しめるか、Cさんは身をもって知っているので自殺だけはしようと思わない、逆にいうことである。それはCさんにとって救いにもなっているが、「絶対に自殺できない」という縛りにもなっており、複雑である。

この「さまざまなきっかけがあって生じる"うつ"」のアセスメント

は、他の"うつ"についてのアセスメントを終えた後、最後に取り組んだものなので、この頃にはCさんはCBTの基本モデルに基づくアセスメントのやり方を完璧に近い形で身につけていた。そしてアセスメントのためにはCさん自身がその場で自己観察することが不可欠であることも理解し、何かストレスを感じるとすぐにCBTの基本モデルに沿って自己観察するということを習慣的に行えるようになっていた。そしてそのような構えが一度できると、何かあってもそれに自分のすべてが持っていかれることはなくなり、悪循環にはまりにくくなる。一方で悪循環にはまっている自分をその場で観察できるようになるので、その分、ネガティブな思考や気分が生じにくくなる。Cさんがまさにそうで、たとえばX+2年六月に、夫の親族からCさん夫妻に子どもがいないことについてあれこれ詮索される、というCさんにとっては非常にストレスフルな出来事が起きたのであるが、Cさんはそれに対して落ち込みつつも、一方で落ち込んでいる自分をCBTの基本モデルを思い浮かべながら(正確にいうとアセスメントシートを視覚的にイメージしていた)、「あ、今こういう自動思考が浮かんだ」「今、感じている落ち込みは大体30%ぐらいだな」「何かお腹のあたりの力が抜けてくる感じがする」というように自己観察していたということであった。実は図3・6に記載されている通り、これと同じ出来事がX+1年三月にも起きており、このときはこの件がきっかけで図3・6の通りの悪循環にはまり、BDI-IIは43ポイントまで悪化した。しかし、X+2年六月に同じ出来事が生じてもこのように自己観察ができるようになった結果、BDI-IIの値は確かに上昇したが25ポイント

アセスメント・シート——自分の体験と状態を総合的に理解する

ストレス状況

ストレスを感じる出来事や変化
（自分，他者，状況）

① 例
・仕事を期日までに上げられなかった。
・子どもがいないことについて夫の親族から詮索された。
・甥っ子に送ったプレゼントを，気に入ってもらえなかった。

認知：頭の中の考えやイメージ

② 「やっぱり私は駄目なんだ」「全部私のせいだ」「何をやってもうまくいかない」「どうせ私が悪いんだ」「こんな私を雇った会社はどこかおかしいんじゃないか」「こんな私と結婚した夫はどこかおかしんじゃないか」「もう疲れた。もう生きたくない。もう死んじゃいたい」
※ぐるぐると反すうが続く

気分・感情

③ 自責感，落ち込み，不信感，絶望感，無力感，死にたい気分……はじめは50％ぐらいだが，反すうが続くうちに100％にまで跳ね上がる

身体的反応

④ 疲労倦怠感，脱力感，涙が止まらなくなる……はじめは50％ぐらいだが，反すうが続くうちに100％にまで跳ね上がる

行動

⑤ 何もできなくなる，泣く，誰とも口をきかなくなる，ベッドで寝たきりになる

サポート資源

いつかは死ねること

認知行動療法

※ここまで認知行動療法をやってきて，もしかしたら自分も変われるかもしれない，と少しだけ思えるようになりました。まだまだだと思うけど……

コーピング（対処）

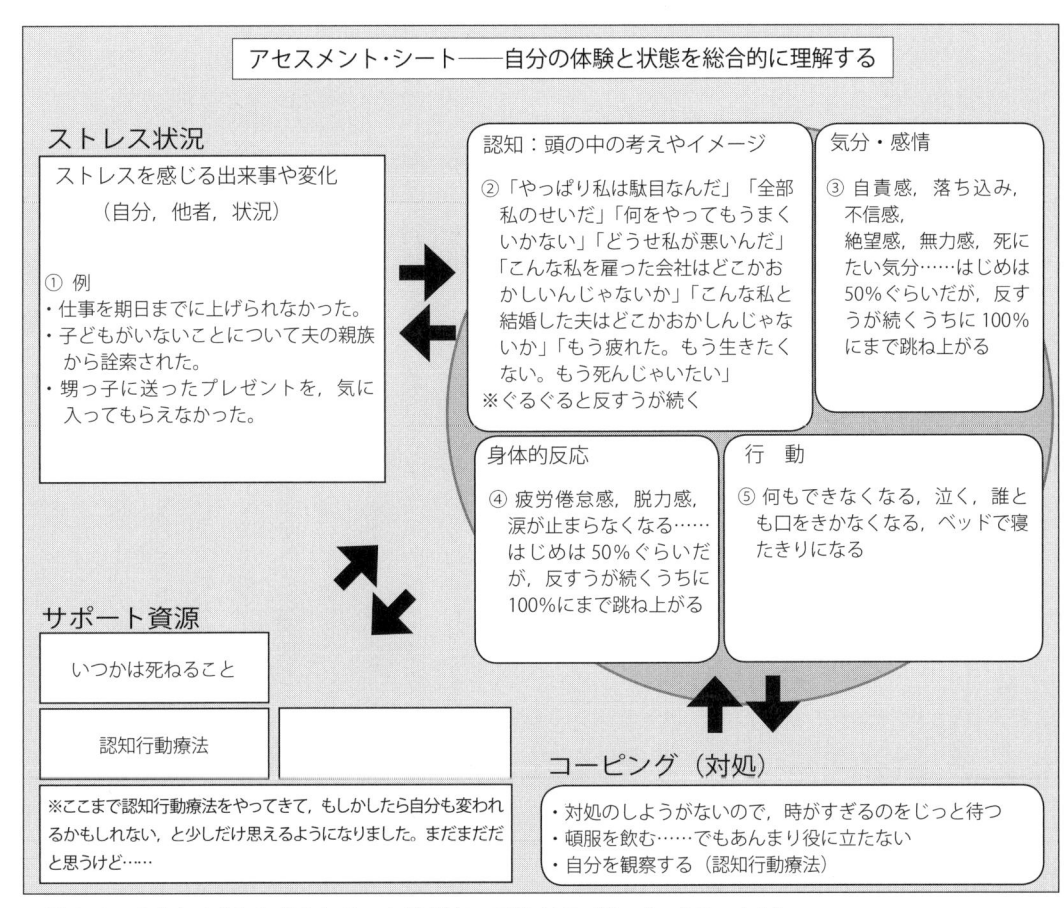

・対処のしようがないので，時がすぎるのをじっと待つ
・頓服を飲む……でもあんまり役に立たない
・自分を観察する（認知行動療法）

図3・6　Cさんの「さまざまなきっかけがあって生じる"うつ"」（ツール1）

で留まった。Cさんによれば、自己観察をするというスキルを身につけていなければ、このときも確実に40ポイント以上にBDI-Ⅱの結果は跳ね上がったにちがいない、ということである。

このように約一年二カ月、約三十回のセッションをかけて、Cさんのそれぞれの"うつ"のアセスメントが終了した。アセスメントとは「クライアントの抱えている問題はどのようなものなのか」「クライアントの抱える問題をCBTの基本モデルに沿って整理すると、そこにはどのような悪循環のメカニズムが働いているのか」ということを明確にする作業であり、問題の解決を目指すための複雑な作業ではない。Cさんの場合も、時間をかけてやっとCさんの抱える複雑なうつが小分けにされ、それぞれが整理されたに過ぎない。しかし、図3・6の備考欄にCさん自身が書き込んだとおり（「ここまで認知行動療法をやってきて、もしかしたら自分も変われるかもしれない、と少しだけ思えるようになりました」）、これまで訳のわからない大問題であった"うつ"が、小分けにされ、CBTのモデルに沿ってアセスメントされ、しかもそれがツールに外在化されたことにより、Cさん自身が距離を置いてそれらを眺められるようになったことで、多少気持ちに余裕が出てきたようである。BDI-Ⅱの結果を見ると、ヒアリング時の平均値は27ポイントであり、このアセスメントの期間の平均値は21ポイントである。大きな変化ではないが、Cさんがアセスメントを通じて多少楽になってきたことがこの数字からも読み取れる。

3・3　個々の「うつ」への対処法

その後、さらに一年二カ月、約三十回のセッションを使って、個々の"うつ"への対処法について話し合ったり、対処法を実際に練習したりすることが行われた。具体的には下で紹介したアセスメントシートから問題点を抽出し、その問題を少しでも解消するための具体的な目標を立てて、目標を達成するための技法をそれぞれ選択したり、目標達成のための対処法の案を直接出し合ったりした。さらにCさんが実生活でそれぞれの技法や対処法を実践し、その結果をセッションで報告してもらい、効果を検証していった。そして効果があると認められた具体的な対処法をリスト化し、それぞれ"コーピングシート"にまとめたものが図3・7から図3・10である。以下、個別に解説していくことにする。

①　図3・7は「慢性的な抑うつ気分」に対するコーピングシートである。図3・3（七四ページ）のような、自動思考の悪循環によって次の行動が取れなくなる、という流れに介入するため、認知再構成法および問題解決法の二つの技法を実践した結果、認知的コーピングと行動的コーピングが有効であることが確認された。図3・7はそれらをコーピングシートにまとめたものである。なお、このコーピングシートは、さほど時間をかけずに作成することができた。

②　図3・8は「年末年始の"うつ"」に対するコーピングシートである。これの作成には、かなりの時間がかかった。というのも、年末年始の"うつ"が、実はクリスマスと正月に二分されることがアセスメントの段階で明らかになり（図3・4）、クリスマスに対する自分の反応

にはCさん自身合点がいったものの、なぜ正月にそれほどまでの孤独感を抱き、ひどく落ち込んでしまうのか、Cさんもセラピストもよくわからなかったからである。もちろんわかっていくこともできるのだが、Cさん自身、「なぜ自分がこうなってしまうのか、納得のいく説明を見つけたい」と希望したため、この件についてはセッションでも引き続き話し合っていくことで合意された。具体的には毎回のホームワークに、「正月のうつについて考えてくる」という課題を設定し、次のセッションでCさんが考えてきたことを共有する、ということを繰り返した。

転機となったのは、X+2年の夏である。X+2年の夏、カナダに住む上の妹が夫と子どもを連れて日本に里帰りをし、Cさん夫妻の家に三日間ほど滞在するということがあった。そのときCさんは、妹がCさん宅に来る前に、北海道にいる下の妹の家に寄り、一週間ほど滞在したことを知った。Cさんの報告によれば、そのことを知った瞬間、Cさんの頭に「また私だけがのけ者だ」という自動思考が生じ、強烈な孤独感を感じたのだそうである。そしてその後、Cさんが妹たちの面倒を見ていた頃から、昔Cさんのなかには「私と妹たちは別だ」という思いがあり、特にその思いが、二人の妹たちが立て続けに出産したときに強くなったということを思い出した。Cさんは抗うつ薬を服用していることもあって妊娠しないように気をつけているというのに、そういうことをまったく知らない妹たちは次々に子どもを産み（"うつ"についてCさんはいっさい妹たちに知らせていなかった）、そのたびに孤独感が強まっていったのではないか、というのがCさんが新たに立てた仮説である。正月、特に元旦は「家族が集う

テーマ：①「慢性的な抑うつ気分」に対するコーピング	
認知的コーピング	行動的コーピング
・「ざわざわしてきたぞ。またいつものあれだ。勝手にざわざわさせておこう」と考えながら自己観察する。 ・「無理に何かすることはない。私はもっとゆっくり過ごしたっていいんだ」と自分にやさしく語りかける。 ・「人は必ずいつか死ぬ。死ぬまでは生きるのだから、まあ死ぬまでは生きておくことにしよう」と考える。	・単純作業をする（例：靴をみがく。洗濯物をたたむ。野菜を刻む）。 ・あぐらの姿勢で腹式呼吸をする。 ・横になってストレッチをする。 ・塗り絵をする。 ・学生時代のアルバムを見る。 ・学生時代の友人にメールを送る。 ・これらのコーピングについて夫に報告する。

図3・7　コーピングシート：①慢性的な抑うつ気分

テーマ：②「年末年始の"うつ"」に対するコーピング	
認知的コーピング	行動的コーピング
・「クリスマスが年に1回でよかった。私には関係ないけど」と考える。 ・自分の孤独感を大事にかみしめる。「この孤独感は私が苦労して生きてきた証なんだ。しっかりとこの孤独を感じきってしまおう」 ・「今の私には夫がいる。夫が死んだらそのときにうんと悲しめばいいのだ」	・クリスマスにはこれまで通り、皮肉な態度を取り続ける。 ・自分と夫の好物ばかりを作って、それを「我が家のおせち」とみなす。 ・元旦には夫と神社に初詣に出かけ、1年の無事を祈る。 ・夫と一緒に「我が家のおせち」を食べながら、DVDで好きな映画を見る。

図3・8　コーピングシート：②年末年始の"うつ"

日」というイメージがCさんにはあり、「私と妹たちは別だ」「私は一人ぼっちだ」という思いがどんどん強くなった。しかもCさんがうつ病にかかってしまっている間に、妹たちは結婚して次々と出産し、一方、Cさんは結婚はしたものの、病気のせいで出産をしていない。そのせいで「やっぱり私は妹たちと違う。結局私は夫とうまくいっておらず、夫のことを大事に思っているが、母親を急に亡くすという体験をしていることから、夫にも同じことが起きるのではないかと恐れてラピストはその後もこの件について話し合いを続け、正月の孤独感について、新たな仮説を構築した。それが次に示す「仮説2」である。

Cさんはこのような"気づき"を得た結果、①の「慢性的な抑うつ気分」についてアセスメントした際、自分がなぜ夫をサポート資源だと思えないのか、ということにも思い当たったという。夫婦仲がよく、生活上では互いに十分にサポートし合っているというのに、Cさんはこう語った。「やっぱり私には、『自分は他の人たちとは違う、ずっと一人ぼっちなんだ』という思いがあるんだと思うんです。今は夫がいるけれども、どこかで彼が急にいなくなってしまうことを恐れているんだと思います。もちろん現実的には私のほうが夫より先に死ぬかもしれないし、そんなことはわからないんだけれども、今、彼にいなくなられたら、私は本当にもう今よりひどいうつになって、たぶん生きていけなくなるんじゃないかと思うんです。ひょっとしたら私はそれに備えて『ずっと一人ぼっちだ』ってわざと思うようにしているじゃないかとも思うんですよね」。Cさんとセラピストはその後もこの件について話し合いを続け、正月の孤独感について、新たな仮説を構築した。それが次に示す「仮説2」である。

底にある思いとそれによる孤独感が、元旦に急に強まってしまうという説明は、Cさんにとっては十分納得のいくものであった。

このような形でこれまで話し合ってきたことをあらためてまとめてみて、Cさんに感想を尋ねたところ、「すごく腑に落ちた気がする。ああ、こういうことだったんだ、と実感できる」ということであった。その後、この仮説についてさらに話し合ったり、認知再構成法や問題解決法といった技法を実践することを通じて、図3・8のような「年末年始の"うつ"」を象徴するような日だからである。

独だ」「私は一人ぼっちだ」という思いがどんどん強くなった。しかもCさんがうつ病にかかってしまっている間に、妹たちは結婚して次々と出産し、一方、Cさんは結婚はしたものの、病気のせいで出産をしていない。そのせいで「やっぱり私は妹たちと違う。結局私は夫とうまくいっており、夫のことを大事に思っているが、母親を急に亡くすという体験をしていることから、夫にも同じことが起きるのではないかと恐れてから、夫にも同じことが起きるのではないかと恐れて「私は一人ぼっちだ。孤独なんだ」と強く思うこと、そしてそう思うことに対して心の準備をしている面もある。そしてそう思うことが、正月とくに元旦に急激に強まるのは、正月が「家族団らん」を象徴するような日だからである。

仮説2――Cさんは小学校五年生時に母親に自殺されるという体験をしている。その後、Cさんは「保護者」としてずっと妹たちの面倒をみてきたので、「私たち三人」ではなく、「私と二人の妹」という図式で、自分たちをとらえるようになった。友達にも母親のことや家のことは話せず、実際に部活などもできなかったため、「私は孤

③ **図3・9**は「秋の"うつ"」に対するコーピングシートである。アセスメントの段階で、秋に調子が落ちるのは"体質"のようなもので仕方がないこと、しかしその不調に注目することでさらに調子が悪化することで、自分でも活動レベルを落とさないほうが調子を悪化させずにむこと、そして遅くとも十月下旬に入ると回復することが共有されてい

た。そのためコーピングを考え出すのも比較的速やかにできた。図3・9のコーピングシートに従ってX+2年の秋、およびX+3年の秋を過ごしてもらったところ、BDI-Ⅱの値も10ポイント台に留められるようになり、Cさんは「多少調子が落ちてもこのぐらいで済むのであれば、大丈夫」と思えるようになった。

④図3・10は「さまざまなきっかけがあって生じる"うつ"」に対するコーピングシートである。アセスメントの段階で、非機能的な認知を反すうすることによって"うつ"の悪循環にはまってしまうことが明確化されていた。このことに早めに気づいて認知再構成法をしっかりと行うということを中心に、図3・10のようなコーピングシートが作成された。

このように、四つに分類されたCさんの"うつ"について、それぞれの対処法をコーピングシートにまとめ、Cさんにそれらを実践しつづけてもらった。セッションではその報告を受け、現状を共有したり、技法のさらなる練習をしたりすることを続けていった。ときおり微調整が必要ではあったが、Cさんはその時どきの自分の"うつ"を上手に見極め分けにすることができた、（時には複合的な"うつ"もあったが、それをCさんは的確にその都度小分けにすることができた）、その結果、調子の悪くなる"なりかけ"で、それをCさんがコーピングシートに書かれてあることを実践し上手にコントロールできるようになっていった。Cさんいわく、「落ち込みがなくなったわけじゃないけれど、なんか"さらっと"落ち込めるようになった感じです」とのことであった。X+2年九月からX+3年九月までをコーピングの実践期とすると、その間のBDI-Ⅱのポイント

テーマ：③「秋の"うつ"」に対するコーピング

認知的コーピング
- 「ざわざわしてきたぞ。またいつものあれだ。勝手にざわざわさせておこう」と考えながら自己観察する。
- 「無理に何かすることはない。私はもっとゆっくり過ごしたっていいんだ」と自分にやさしく語りかける。
- 「人は必ずいつか死ぬ。死ぬまでは生きるのだから、まあ死ぬまでは生きておくことにしよう」と考える。

行動的コーピング
- 単純作業をする（例：靴をみがく。洗濯物をたたむ。野菜を刻む）。
- あぐらの姿勢で腹式呼吸をする。
- 横になってストレッチをする。
- 塗り絵をする。
- 学生時代のアルバムを見る。
- 学生時代の友人にメールを送る。
- これらのコーピングについて夫に報告する。

図3・9　コーピングシート：③秋の"うつ"

テーマ：④さまざまなきっかけがあって生じる"うつ"に対するコーピング

認知的コーピング
- 反すうが始まったら、すぐにそれに気づく。「認知再構成法のチャンスだ！」と考える。
- 頭の中で認知再構成法を行う。
- 頭の中だけでは間に合わなかったら、ツールを使って認知再構成法を丁ねいに行う。
- これまでに作成した認知再構成法のツールを読み返し、参考にする。

行動的コーピング
- 冷蔵庫に「反すうに気づく」「認知再構成法」と書いたメモを貼っておく。
- 認知再構成法のツール（未記入のもの）を常に持ち歩き、何かあったらすぐに取り出せるようにしておく。
- これまでに作成した認知再構成法のツールはリビングに置いておき、毎月1日にざっと見ておさらいをする。

図3・10　コーピングシート：④さまざまなきっかけがあって生じる"うつ"に対するコーピング

BDI-Ⅱ得点

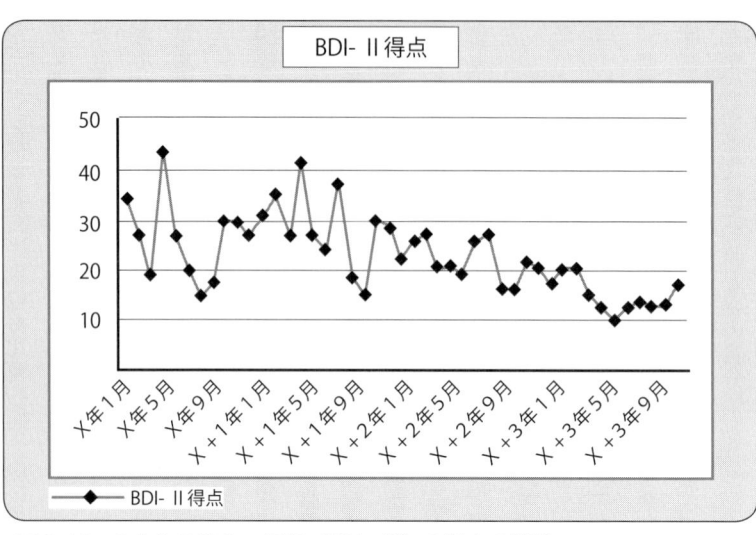

図3・11 Cさんの抑うつ尺度（BDI-Ⅱ）の得点の推移

の平均値は13ポイントで、うつ病としてはほぼ寛解期に入ったとみなすことができる。初回からX＋3年九月までのBDI-Ⅱのポイントの推移を、図3・11に示す。ここまでのセッション数は約九十回であった。

X＋3年九月に寛解状態が維持されていることをCさんと共有した上で、その後は一カ月から二カ月に一度の間隔でフォローアップのセッションを継続することで合意し、結局、X＋6年二月に最終セッション（第106セッション）を実施して終結とした。その三年後まで手紙のやりとりにて経過を追跡したがまあまあ元気に生活できていること、X＋8年には薬物療法を終了したということが記載されていた。Cさんからの手紙には、種々のコピングを実施しながら経過を追跡したが、最後にいただいた手紙には、「先生と一緒に作ったコーピングシートは私のお守りでもあり、これまで自分が頑張って生きてきた証でもあり、本当に大切な宝物のように思っています」と書かれてあった。

■ 3・4 事例Cのまとめ

以上、複雑な気分障害に対するCBTの一事例を紹介した。Cさんのように、生育過程においてさまざまな苦労を体験し、またうつ病を発症してから長い年月を経た後に、CBTにつながるクライアントも珍しくない。この場合、可能であれば本事例のように、時間をかけてこれまでの経過をある程度詳しく聴取し、アセスメントも時間をかけてじっくりと行うことが、結果的には役に立つのではないかと筆者は考えている。「時間をかけてじっくりと進めていく」というふうにポジティブに捉えるのであるか、「時間がかかってしまう」とネガティブに捉えるのではなく、「時間をかけてじっくりと進めていく」というふうにポジティブに捉えるのであるか。このようなCBTは、単に問題を解決するためのCBTというよりも、これまでの生き方を全般的に振り返り、新たな生き方を選択しなおすような感じになることが多い。また、どこか手探りで進めていくような様相になることも多い。そういう意味では、見通しが立つまでの長い期間、結構しんどい思いをしながら進め

ていくことになるのであるが、そのぶん、終結に至ったときのクライアントの満足感は非常に高く、深々としたものになることが多いようである。

筆者はCさんのこれまでの担当セラピストとして、過酷な少女時代を生き抜いてきたCさんのこれまでの人生に敬意を抱くと同時に、CさんがCBTを通じてあれほどまでに複雑で経過の長かった"うつ"を乗り越えていくのを目の当たりにさせてもらい、Cさんの持つ力、ひいては人間の持つそのような力を、ポジティブな方向に引き出す"しかけ"として機能しうることを、本事例を通じて筆者は学んだ。以下、本事例について簡単に解説する。

●アジェンダにフリートークを入れ込むことについて

CBTといえども、セッションのなかで、その時どきの自分の思いや関心事について「自由に話したい」「セラピストに聴いてもらいたい」と希望するクライアントは、筆者の経験からいってもも少なくないと思われる。本事例のCさんは、"カウンセリング"を主治医に勧められ、たまたまCBTを専門とする筆者が担当することになったのであるが、最初に"カウンセリング"の方針を決める際には、「話をするだけでは絶対に治るものではない」とCBTを選択した（図3．1）。しかし、インテーク面接で自分のことを話したら意外と気持ちが晴れたという体験をし、しかもヒアリングで過去のことを語るうちに、そのような体験が自分にとって役立つことにCさんは気づき、そのなかに「10分間フリートーク」の構造化セッションを継続しながら、あくまでもCBTの構造化セッションを継続しながら、Cさんが自由に語れる時間を毎回確保することにした。

自由に考え、語ることができる、というのは一つの能力だと筆者は思う。自由に考え、自由に語れるなかで、自分の気持ちを整理したり、何らかの気づきを得ることのできる能力は、すべての人に備わっているわけではない。だからこそ自発的に話すことが苦手な人にとって、CBTの構造化セッションは非常に助けになるのだろう。一方、自由に考え、語ることのできる人にとっては、あまりにもガチガチの構造化セッションは、かえって窮屈に感じるようである。その場合、本事例のように「フリートーク」を一つのアジェンダとして設定すると、一回のセッションにおいて、CBTを進めていくのと同時に、自由に話をするという体験もでき、構造化セッションに対する窮屈感がかなり軽減されるようである。

Cさんの場合は「10分間フリートーク」だったが、「半分はフリートーク、半分はCBTの時間」という、もっとゆるやかな設定でも良いし、その時どきのクライアントの状態によってその日のフリートークの時間を変えても良いだろう。効率よくCBTを進め、早々に終結に至りたいクライアントの場合フリートークは不要だが、そうでないクライアントの場合、セッション数がたとえ増えても、フリートークを入れた形でセッションを継続すると、CBT全体に対する満足度がもう一段上がるように、これまでの経験から筆者は感じている。

●クライアント自身が
自分をアセスメントできるようになる効果

CBTの主目的は、クライアント自身が自分のためにCBTを実施できるよう援助することである。ということは、CBTの理論、モデル、スキルをクライアントに習得してもらい、それらを使いこなせるようになってもらうことが不可欠である。その第一歩として必要なのは、

CBTの基本モデルをクライアントが理解すること、自分の体験を基本モデルに沿って整理できるようになること、すなわちセルフアセスメントができるようになることである。そのためには、基本モデルについて心理教育し、モデルに沿って自己観察してもらい、その観察内容をセッションで共有し、アセスメントシートに外在化する、ということを繰り返し実施することが有用である。

Cさんの場合、"うつ"を四つに細分化し、それぞれについて自己観察してもらい、それをセッションで共有し、アセスメントシートにまとめ、まとめたものを持ち帰ってもらい、再度それを参照しながら自己観察をし、セッションで報告してもらう、ということを年単位で継続していった。その結果をまとめ上げたものが、図3・3から図3・6の四枚のアセスメントシートである。つまりCさんには、年単位で基本モデルに沿った自己観察を継続してもらい、年単位でセルフアセスメントの練習をしてもらったことになる。

CBTにおけるアセスメントとは、問題解決のなかでも問題に焦点を当てた営み（＝問題志向）である。したがって理論的には、自己観察やアセスメントの時点では、「いったいこの問題はどうなっているのか」ということが明らかになるだけであって、実際には、問題の解消や解決を目指すのはその次の段階ということになるが、自己観察やアセスメントを実施する過程で主訴がいくぶん（場合によっては大いに）緩和されるケースは多い。Cさんもアセスメントの過程で、「このツール（アセスメントシート）に書き出すと、今までどうしようもなかった自分の"うつ"が、『何とかなるかもしれない』と思えるから不思議です」「アセスメントしてみて、やはりこれだけ他の"うつ"とは質が違うと改めてわかった。（中略）付き合い方を見つけていくしかないんだと思います」「ここまで認知行動療法をやってきて、もしかしたら自分も変われるかもしれない、と少しだけ思えるようになりました」といったコメントをしている。またこれまでの経過を聴取するヒアリングの段階に比べて、アセスメントの段階では抑うつの程度も下がってきている。

このようにアセスメントの段階で解決を志向していないのにもかかわらず主訴が緩和されるのは、右のCさんのコメントからもわかるとおり新たな気づきによる効果というのが第一に挙げられると思うが、もう一つ重要なのは、おそらくアセスメントによってメタ認知機能が促進されるからではないかと筆者は考えている。メタ認知とは"認知についての認知"であるが、もう少し正確に言うと、メタ認知的知識（認知についての知識）とメタ認知的プロセス（自分の認知をモニターしたりコントロールしたりするプロセス）を指す（清水、二〇〇二）。CBTの基本モデルとは、認知、および それにかかわる諸要素（状況、気分、身体、行動）全体の相互作用そのものを指しており、基本モデルを学ぶこと自体が、メタ認知的知識を習得することに他ならない。そして、基本モデルに沿って自己観察したりアセスメントしたりするということは、メタ認知的プロセス、特に認知のモニターを実践することである。つまりCBTにおける基本モデルに沿ったアセスメントの過程は、メタ認知機能を促進する一種の"しかけ"であると考えられるのである。メタ認知プロセスのもう一つの重要な構成要素である認知のコントロールは、認知再構成法や認知的コーピングによって促進されうるものであるが、メタ認知的知識を学び、認知的モニター機能が上がることにより、クライ

アントのなかに自分の体験に巻き込まれず、距離をもってそれを眺めることのできる"構え"ができる。さらに、距離をもってモニターできるのではないだろうか。上記のCさんの「何とかなるかもしれない」といった発言にそこはかと見られる"期待"は、アセスメントによるメタ認知機能の促進によるものと解釈することもできるのだと思う。また、この気づきが「年末年始の"うつ"」に対する理解および対処法を継続していくなかで、「また私だけがのけ者だ」という自動思考に気づき、Cさんはさらにその後、「年末年始の"うつ"」について自己観察を大きく展開させるきっかけとなったが、これも自分の認知のあり方や動きをモニターできるようになったことによる成果であると考えられる(CBTにおける「問題志向」やアセスメントの重要性と効果については、伊藤・向谷地〈二〇〇七〉を参照されたい)。

● 複雑な主訴は小分けにする

臨床の現場に持ち込まれる"問題=主訴は、シンプルなものから複雑なものまで実に多種多様である。インテークの段階で「主訴が何だかわからない」という場合も少なくない。また主訴が複雑でしかもその経過が非常に長い場合、基本的にはその長い経過をある程度詳しく聴かなければ、CBTで何をターゲットとするか、それすらも明確にすることは難しいだろう。その場合、やはりできれば時間をかけて経過をヒアリングしたうえで、複雑な主訴をそのまま丸ごと扱うのではなく、主訴の構成要素を明確にしてそれぞれ"小さな主訴"に名前をつけ、各々の"小さな主訴"に焦点を当てて、CBTのプロセスを進めていくのが良いのではないかと思う。というより、筆者としてはそれしかできないように思われる。

ただし、通常それには非常に長い時間を要する。幸いCさんの場合、時間をかけて着実にCBTを進めていくことへの同意が得られ、またそのような時間的・金銭的な余裕があったが、そうでない場合、どうしたらよいのだろうか? その場合、はじめから主訴全体を扱うのが不可能であることをセラピストとクライアントが共有したうえで、主訴の一部を切り取ってそれに対して限定的にCBTを進めるというのが、筆者が現在実施している工夫(苦肉の策?)である。小さな問題に限定してCBTを一通り体験してもらい、クライアント自身にCBTの考え方やスキルを習得してもらい、他の問題については終結後、クライアントが自力でCBTを実施するための計画を立てる。このようなやり方であれば、Cさんの事例ほど多数回のセッションを実施しなくても、複雑な主訴を抱えるクライアントの役に何とか立てるのではないだろうか。いずれにせよ、複雑な主訴はそのまま扱わずに小分けにするという原則自体に変わりはない。

● ツールに外在化することの効果

CBTではセッションやホームワークでさまざまなツールに外在化する。外在化する目的と効果にはさまざまなものがあるが(例:情報処理的負荷の軽減、メタ認知機能の促進、同じものをセラピストとクライアントが着実に共有できること、必要に応じて第三者とも共有できること、記録としていつでも参照できること)、

ここでは特に、外在化によってCBTの成果がクライアントの手元に着実に残ることの効果を挙げておきたい。

Cさんの事例でいうと、自分の"うつ"のパターンが四枚のアセスメントシートに外在化されることによって、ちょっと調子が悪くなったとき、何かストレスフルな出来事が起きたときなど、まずそれらのシートを眺めて、「今回の"うつ"は、このパターンだ」と即座に分類することができるようになった。また、それぞれの"うつ"に対して効果のある対処法が、やはり四枚のコーピングシートに外在化されたことで、その時々の"うつ"を分類し、それに該当するコーピングシートを引っ張り出して、そこに記載されている個々の対処法を実施することで、"うつ"の悪化を防げるようになった。そして重要なのは、これらの営みが、CBTの終結後、Cさん自身によってずっと継続されたということである。

もちろんわざわざツールに外在化しなくても、心理療法による効果を持続させることは可能であろう。しかしツールという外在化の"しかけ"があることによって、CBTの成果が目に見える形でクライアントの手元に残ることは、終結後に効果を維持するにあたってやはり大きな要因になるものと思われる。調子が落ちてきたとき、自分の長期記憶を検索して、過去に受けた心理療法の成果を自発的に想起するのは、かなりエネルギーを要することだからである。たとえばCさんは、四枚のアセスメントシートと四枚のコーピングシートを何枚もコピーして、その一部は縮小コピーしたうえでラミネート加工し、それらを自宅の目に付きやすい場所に貼り付けたり、財布に入れて持ち歩いたりしていた。そ

してことある度に、特に調子が落ちかけたときにすぐにそれを見て状態を立て直す、ということを実践し、終結後もそれを続けていた。だからこそ終結後のフォローアップでいただいた手紙に、コーピングシートが"お守り""大切な宝物"であると書いてくれたのだろう。このようなエピソードからも、CBTの成果を目に見える形で残しておくことの重要性がうかがわれる。

本事例の場合、「年末年始の"うつ"」をめぐって同定された「私はずっと一人ぼっちなんだ」という思いは、CBTにおいていわゆる"中核信念"や"スキーマ"と呼ばれる認知であるとみなすことができるだろう。

●中核信念(スキーマ)に対する介入について

同じCBTといえども、いわゆるベックの認知療法から発展したCBTは、アセスメントの段階から、自動思考だけでなく、思い込みや中核信念といった深いレベルの認知のあり方を仮説として定式化し、それらに対する介入も同時に行っていくことが多い(ベック、二〇〇五)。逆に行動療法から発展したCBTでは、中核信念といった測定のしようのないレベルの認知を想定することは、ほとんどないようである。つまり同じCBTといえども、中核信念やスキーマに対してはかなり温度差があるということになる。そして筆者はどうかというと、実は未だに中核信念やスキーマについては臨床的な姿勢が定まらないというのが本当のところである。認知心理学においてスキーマとは、時間をかけた継続的な学習によって徐々に形成される認知的構造であると定義される(バートレット、〈一九三二〉)。となると、スキーマに直接介入

したがって、本事例において「年末年始の"うつ"」のアセスメントにおいて同定された「私はずっと一人ぼっちなんだ」という中核信念に対するアプローチの仕方にも、さまざまな考え方があるとは思われるが、筆者はあえてそれを直接的に変容することは試みなかった。むしろこれまでCさんのなかに根ざしていた「私はずっと一人ぼっちなんだ」という思いを大事にしながら、それでもなお「年末年始の"うつ"」を防ぐために、あるいはその程度を軽くするために、その場その場の自動思考や気分にどのように対処すればよいか、認知再構成法などを使ってCさんと検討した結果、たとえば図3・8に挙げたような新たな認知（例：「この孤独感は私が苦労して生きてきた証なんだ。しっかりとこの孤独を感じきってしまおう」）を考え出し、それを認知的コーピングとして活用することにした。そして、それらの認知的コーピングを実施するなかで、「私はずっと一人ぼっちなんだ」という中核信念の内容そのものが変化することはなかったが、信念がもたらす苦痛はかなり軽減されたように思われる。だからこそ「年末年始の"うつ"」にCさんがひ

し、その修正を試みる、というのは理論的に成り立たなくなる。新たな適応的・機能的な対処法を学習し、それを継続するうちに結果的にスキーマが変容する、もしくは新たなスキーマが学習される、というのが認知心理学的には妥当な見方であると思われる。筆者は認知心理学をCBTの基礎理論として両者の整合性を図ることに関心があり、その意味でも、スキーマを直接CBTのターゲットとするという考え方に、今ひとつ馴染むことができない（ただし認知心理学でも「スキーマ学習」という概念があり、スキーマを直接ターゲットとすることがまったくあり得ないわけでもない）。

どく苦しめられることもなくなったのだと考えることができる。ただし今ここに書いたことはあくまでも仮説および推測であり、Cさんと十分に話し合ったわけでもない。筆者が中核信念やスキルを身につけていて、より確固とした理論やスキルを身につけていれば、「私はずっと一人ぼっちなんだ」という信念そのものの変容に寄与できたのかもしれない。今後、筆者自身が検討すべき課題である。（8章でも述べるが、筆者は最近になってヤングの「スキーマ療法」ヤングら、〈二〇〇三〉について学び、いわゆる「困難事例」に対しては、スキーマ療法がかなり有望であることがわかった。スキーマ療法についてはさらなる学びを続けていきたい）。

3・5 事例Dの概要

❖クライアント
Dさん——男性。四十三歳。自営業（フリーライター）。

❖インテーク面接

◆来談経路——主治医からの紹介。

◆医療情報——三十歳代後半に最初の大うつ病エピソードを経験する。薬物治療にて寛解するも、その後数年おきに二回、大うつ病エピソードが再発し、"大うつ病性障害、反復性"と診断されている。X年二月のインテーク面接のときは、二度目の再発の寛解期に入っており、維持療法のため三環系抗うつ剤が継続して処方されていた。

家族——妻（Dさんと同様、フリーライター）、子ども二人（高校生の長女、中学生の長男）。二世帯住宅に住んでおり、妻の両親と半同居状態。

◆

生活歴——生育歴に特筆すべきことは特にない。大学卒業後、いくつかの職を経て、三十五歳頃にフリーランスのライターとして独立し、順調に仕事を続けてきている。妻も同業者で、それぞれ多少の収入の浮き沈みはあるが、家計にも大きな問題はない。うつ状態がひどいときも、最低限の仕事は何とかこなし、仕事に穴をあけるようなことはこれまでなかったとのことである。子どもたちも概ね順調に育っている。

◆

来談に至る経緯——X年二月、精神医療に関する記事を仕事で請負い、取材を進めるなかで、認知療法がうつ病の治療法として注目されていることを知り、興味を持つ。当事者用のワークブックを購入して実施してみたところ、「これは自分に合っている」と思い、もっと本格的に習得したくなり主治医に相談したところ、筆者が紹介された。

◆

主訴——「認知療法を学びたい」

◆

Dさんの様子や印象——仕事柄、さまざまな人と会って話すことが多いせいか、物怖じせず、自分の伝えたいことを的確に伝え、質問したいことを質問するという、テンポよく、はきはきとコミュニケーションをする方である。服装がカジュアルだったこともあり、四十三歳という年齢よりもっと若々しく見える。インテークのやりとりの様子から、「かなり仕事ができる人なんだろう」との印象を受けた。

◆

インテーク面接で合意されたこと——一通り話を聞き、Dさんのニーズを確認した後、筆者からCBTについて説明した。そのうえで、三度目の大うつ病エピソードはCBTは寛解状態にあるということで、再発予防を兼ねてDさん自身がCBTを習得するということを目的としてCBTを開始するという考え方はどうかと提案したら、「まさに自分が望んでいたことです。ぜひ、お願いします」ということで同意が得られた。Dさんの仕事が不規則で忙しいこと、すでに寛解状態にあることから、一カ月に一度というゆっくりとしたペースで進めていくことになった。

❖ **CBTの経過の概要**

X年二月にインテーク面接を実施し、X年十一月まで月一回のペースでセッションを継続していたのだが、次の十二月のセッション（第10セッション）で明らかにこれまでとは違った様子で現れ、Dさんの言動から"躁転"が強く疑われた。筆者（セラピスト）から直ちに主治医に連絡を取り、Dさんに受診してもらった後、明らかな軽躁病エピソードに状態が移行し、診断も"大うつ病性障害"から"双極Ⅱ型障害"へと変更となった。

軽躁状態に移行後しばらくは週に一度のペースでセッションを

実施し、ある程度落ち着いた時点で二週に一度のペースに落とし、その後、月に一度のペースに戻した。一度目の軽躁病エピソードの後、Dさんは一時的にうつ状態に陥ったが、すみやかに回復し、回復後はセラピストと共に、今回の軽躁病エピソードについて振り返り、躁とうつの両方の再発予防を目的とした生活プランを具体的に立てた。その後プラン通りに生活できているかを確認するためのフォローアップセッションを一〜二カ月に一度のペースで約四年間継続し、Dさん一家の転居をきっかけに終結とした。最終セッション（第73回セッション）はX＋5年八月であった。

■ 3・6 軽躁病エピソードへの対応と再発予防

前述の通り、X年二月から同年十一月までは月に一回のペースで、うつ病の再発予防を兼ねてDさんにCBTの考え方やスキルを学んでもらうことを目的に、セッションを継続していた。具体的にはまず、過去の抑うつのエピソードを振り返り、どのようなストレッサーに対してどのような反応を起こすことが抑うつにつながりやすいのか、ということをCBTの基本モデルを使ってアセスメントしていった。その結果、仕事が忙しく心身の疲労が溜まっているときに、仕事上の対人関係において何らかのトラブルがあると、それに対して過度にネガティブで非機能的な自動思考が連鎖的に生じ、それが心身の抑うつ症状の引き金になることが共有された。そこでそのような自動思考を自分で修正するためのスキル、すなわち認知再構成法を再発予防の "武器" として習得することで合意され、X年八月以降は、セッションの時間とホームワークを使ってDさんに認知再構成法の練習をしてもらった。X年十月のセッション

では、Dさんが一人で認知再構成法を使いこなせるようになったことが確認されたため、あと数回セッションを実施して、Dさんに「これで大丈夫そうだ」という自信がついたら終結にしようということが話し合われた。

しかしX年十二月に実施された第10セッションに現れたDさんは、明らかにそれまでのDさんと様子が違っていた。具体的には以下のような振る舞いをセッションの冒頭でDさんは示した。

・これまでは、入室して着席してから、ツール類や筆記用具などを丁寧に机の上に並べてから、セラピストと対話を始めていたのであるが、この日のDさんは入室した途端、椅子に座る前から大きな声で「いやぁ先生、最近何かいろいろあってね、今日はまずその話を聞いてもらいますから」と話し始めた。

・セラピストがいつもどおりアジェンダ設定をしようとすると、それをさえぎって、「とにかくいろいろあったんだから、それを聞いてくれればいいんです！」と、半ば怒ったような尊大ともいえる態度を示した。

・態度や言動がやたらせかせかした感じで、落ち着きがなく、始終貧乏ゆすりをしていた。

・目つきがいつもと明らかに違っていた（表現が難しいのだが、据わっているような、焦点が合わないような、思いつめたような、何ともいえない目つきをしており、しかも視線が定まらないのでセラピストはDさんときちんと視線を合わせることができなかった）。

・声のトーンがいつもに比べて甲高く、裏返したような感じで

あった。

「とにかく最近いろいろあった」ということで、この第10セッションでは、認知再構成法の練習は保留にして、Dさんがセラピストに聞いてほしいという「最近のいろいろ」についてヒアリングするということが、その日のアジェンダとして合意された。Dさんが話してくれた「最近のいろいろ」の一部を以下に紹介する。

・某雑誌の編集者と飲み屋で打ち合わせ中、原稿の執筆方針をめぐって口論になった。これまでにもその編集者とは軽い口論をすることは数回あったが、今回は「これまでにないぐらい、頭にカーッと血が上って」、その雑誌やその編集者に対して溜まっていたうらみつらみを一気にまくしたてた。相手の編集者はDさんのあまりの剣幕に驚き、編集者が一人で店を出る形でその場は収まった。

・某新聞社の記者が、Dさんが執筆したある署名記事に対してメールで好意的な感想を寄せてくれた。Dさんはそれが嬉しくて長文の返事を出した。さらに記者から返事が来て、それに対してすかさず長文の返事を出したところ、相手から返事が来なくなった。「いつ返事が来るか気が気じゃなくなった」Dさんは、五分に一度はメールボックスをのぞいていたのだが、相手から返事が来ない。そこでDさんから返事がほしい旨を相手にメールを送ったが、翌日になっても返事はない。怒りを感じたDさんは記者に電話をし、「こっちがどんな思いで返事を待っているか、お前はわかっているはずだ！」と一方的に怒鳴って電話を切ってしまった。その後、記者からは連絡がない。

・高校生の長女の誕生日プレゼントを買いに、長女と一緒にショッピングモールに出かけた。一万円の予算で好きな洋服やアクセサリーを買うという計画で、長女があれこれと試着していたところ、Dさんは「欲しいなら全部買えばいい」と言って、長女のために4万円分の洋服を一度に購入した。長女は面食らっていたようだが、娘のために娘の欲しい服を何枚も買ってあげられたことがとても嬉しかったとのことである。

・仕事のために必要な洋書を書店に探しにいったところ、次から次へと欲しい本が見つかり大量に購入した。普段なら買うはずのない高価な写真集なども躊躇することなく購入し、電車で持って帰れなかったのでタクシーで帰宅し、妻に自慢して見せたところ、「あなたは最近おかしい。躁状態なのではないか」と心配された。それに対しDさんは、「人がせっかくいい気分で帰ってきたというのに、何で水を差すんだ！」と怒鳴り、結局夫婦喧嘩になってしまった。

以上の出来事（それ以外にもいくつかあった）をDさんが怒涛のように早口で話していたので、落ち着きのない様子でせかせかとまずいことになると思って私もセラピストに問いかけた。「先生、どうなんですかね。私は躁状態なんでしょうかね」と、落ち着きのない様子で家内がせかせかと言うように、私もまずいことになると思ってセラピストはいくつか質問をして、涙をハラハラと流し始めた。その後セラピストはいくつか質問をして、このような状態になったこと、夜になっても眠くならずいろいろと活動しているので毎晩の睡眠時間が平均三時間ぐらいしか摂れていないこと、仕事のア

イディアが次から次へと出てくるものの原稿にまとめることができていないこと、すでに締切を過ぎているのに脱稿できていない原稿が何本かあることなどが明らかになった。またこの二週間、大体においては気分爽快で、頭の回転が速く、そういう自分を心地よく感じるのだが、ときたま「このままいくとやばいのかな」と思ったり、ふっと力が抜けたときに体の疲れを感じたりすることがあるということであった。

以上の話から、Dさんが軽躁状態に陥っていることは間違いないとセラピストは判断し、精神医学の教科書の双極性障害のページ、特に軽躁病エピソードの箇所をDさん自身に読んでもらった。Dさんは、「認めたくないのですが、ここに書いてあることのほとんどが、今の自分に当てはまるようです。自分はうつ病じゃなくて、躁うつ病だったんですね。何てことなんだ！」と言って、再度頭を抱えて泣き出した。セラピストは、〈ちょっと落ち着きましょう。躁うつ病といってもいろいろで、人によっては調子が上がりすぎちゃって入院が必要になる場合もあるぐらいなんですが、Dさんの今の状態はここに書いてある"軽躁状態"なんだと思います。取り返しのつかないことになる前に、それがわかってむしろラッキーなんだと思いますよ。とにかくこのまま調子がエスカレートしていくとまずいので、まず現状にどう対処したらいいか、今日の残りの時間は、一緒に対処法を決めましょう〉と言って、コーピングシートを取り出した。そしてセラピストがリードする形で、ときおり軽躁病エピソードやその対処についての心理教育を交えながら、図3・12のようなコーピングシートを作成した。

コーピングシートを作成しながらセラピストが強調したのは、軽躁状

テーマ：「軽躁病エピソード」に対するコーピング	
認知的コーピング	行動的コーピング
・「今自分は，軽躁状態だ」としっかりと自覚する。 ・「ゆっくり考え，ゆっくり動こう」と常に自分にゆっくりと語りかける。 ・何かをやったり言おうとしたりするとき，「今ここで，それをやるのが本当に必要か？」「今ここで，それを言うのが本当に必要か？」と，静かにゆっくりと心のなかで自分に問いかける。 ・何か考えるとき，頭の中の思考のスピードをあえてゆるめてみる。ゆっくり話すように考える。	・何かを言ったりやったりする前にゆっくりと息をすべて吐く。吐ききってから行動にとりかかる。 ・「のろま」な人を演じるつもりで，すべての動作をわざとゆっくりと行う。話すときもゆっくりとのろのろと話す。 ・小さな声で，自分の声を聞きながら話す。 ・クレジットカードを妻に預ける。持ち歩く現金は3万円以内にする。 ・たとえ怒っていても「おだやかな人」を演じる。おだやかに怒りを伝える。 ・眠くなくても午前0時には床に入り，「眠っている人」のふりをする。 ・腹式呼吸をこまめにやる。

図3・12　コーピングシート：軽躁病エピソードに対するコーピング

態にあるときに自分の内から湧き上がる勢いに身を任せると、思考や言動のスピードがどんどん速くなり、非機能的な言動をとりがちになるので、何もかも意図的に「ゆっくり」にする必要がある、ということである。自分の内的な勢いと、意図的に取るゆっくりとした思考や言動がマッチせず、違和感やもどかしさを感じるかもしれないが、それでも「ゆっくり」を優先する必要があることを何度も説明して強調した。特に言動に関しては、〈違和感があってもいいのです。演技だと思って、勢いに任せてふるまっている人の「ふり」をしてください。怒りを感じても勢いに任せて怒りを表に出すのではなく、おだやかな人の「ふり」をしてください。勢いに任せて話したり動いたりすると、ご自身ではそれが「普通」のスピードだと感じていても、実際にはかなりのスピードになっている可能性がありますので、あえてのろのろと話したり動いたりしてください。つまりのろまな人の「ふり」をして欲しいのです〉と、ふりをすることが重要であると強調して伝えた。またDさんの呼吸がふだんより速くなっていることを口からの吸い込みが目立つことを指摘した上で、ゆったりとした腹式呼吸を一緒に練習し、こまめに実施するよう教示した。このような人の説明や話し方のスピードも落ち着いてきたようで、動作や話し方のスピードも落ち着いてきたようで、(それでも普段に比べるとはるかに"せかせか"していたが)。

Dさんは、このような状態になってからまだ一度も病院を受診していないということであった。そこでセラピストから直ちに受診するよう勧め、診察では、この二週間の調子や出来事をできるだけ具体的に主治医に伝えるよう依頼した。しかし、「予約外に受診するのは気が引ける」と言ってしぶるので、セラピストはDさんの了承を得たうえでの目の前で主治医に電話をかけ、Dさんの状態を伝えた。すると、主治医から「すぐにDさんをこちらに寄こしてください」との回答が得られた。セラピストはそのことをDさんに伝え、この日のセッションのコーピングシートのコピーをDさんに渡して、それらを主治医に見せ、コーピングシートに沿って生活してもよいか主治医の確認を取るように依頼した。そして何事もなければ次のセッションは四週間後のはずであったが、一週間後に予約を取って状態を確認させてほしいと依頼したところ、Dさんはすぐに快諾してくれた。

その一週間後、約束通りDさんは来談し、主治医から軽躁状態であるとの診断を受け、抗うつ薬が中止され気分安定薬が処方されはじめたこと、セラピストが作成したコーピングシートに書いてある通りの生活を送るよう主治医からも指示されたこと、医師とセラピストの双方からまったく同じことを言われたこともあり、一週間かけて自分が軽躁状態であることを徐々に受け入れつつあることなどが話された。ただしその話し方は一週間前より多少は良くなったものの、かなりスピードが速く、声は大きく言動もそわそわと落ち着きなく、ときどき不自然な笑い声を上げるなど、まだ予断を許さない状態であるように思われた。そこで、とりあえず今回のエピソードが収束するまでは毎週セッションを実施し、Dさんが軽躁状態に対するコーピングを継続して実施しているか一緒にチェックしてはどうかと提案したところ、Dさんも「それがいいと思う」とのことであった。

結局、軽躁対策のための毎週のセッションは約三カ月間続けられた。その間、ときどき勢いに任せて行動することで対人関係上の小さなトラ

ブルや不必要な買い物があったが、取り返しのつかないトラブルにまで至ることなく、何とか無事に経過し、三カ月後には主治医が「ほぼ今回のエピソードは収束した」と判断する状態にまで落ち着いた。しかしその間、いくつかの原稿を締切通りに提出できる状態にまで落ち着いたものでも出来が悪いということで編集者から駄目を出されたりするなど、提出できてはかなり困ったことになってしまっていた。妻が同業者のため、かなりフォローしてくれたのだが、それでもいくつかの大事な仕事を失う羽目になってしまい、そのことでDさん自身がかなり参ってしまい、また軽躁時の疲れがたたったこともあり、その後、しばらく抑うつ状態が続いた。しかし抑うつ状態も大うつ病エピソードの基準を満たすほどには悪化せずに済み、二カ月ほどしてようやくほどほどの状態に落ち着いた。

軽躁病エピソードが寛解し、その後の抑うつ状態もある程度軽減された時点で、セラピストからの提案により、今回の軽躁病エピソードの"おさらい"をし、抑うつ状態も含めた再発予防のための話し合いを行った。そして何回かのセッションを使って、以下の三つのツールを作成した。九七ページの**図3・14**をご覧いただくと、これらのツールの意味や使い方がご理解いただけると思われる。

以下のツールをセラピストと一緒に作成することを通じて、Dさんは軽躁病エピソードが危険であることをあらためて認識したようであった。またDさん自身、躁うつ病について本を読んだりネットで検索したりするなどして勉強したそうで、「(軽躁病エピソードが)あれぐらいで済んで本当に良かった。あの状態を放っておいたら自分も本に書かれて

テーマ:「軽躁病エピソード」に対するコーピング

- テンション 35% 以下 ➡ うつ状態
- テンション 40%〜65% ➡ 望ましい状態
- テンション 70% 以上 ➡ 軽躁状態

0 10 20 30 40 50 60 70 80 90 100

赤信号(30付近) 黄色信号(40付近) 黄色信号(70付近) 赤信号(80付近)

- テンション 45% 以下 ➡ 抑うつ対策が必要
- テンション 65% 以下 ➡ 軽躁への対策が必要
- テンション 30% 以下 ➡ 危険!すぐに対処必要!
- テンション 80% 以上 ➡ 危険!すぐに対処必要!

図3・13 気分状態チェックシート

いたように、すごい借金を作ったり、人間関係や仕事がめちゃくちゃになっていたかもしれない。今思うとゾッとします」と言っていた。上記のツールを作成し、「これに沿って気をつけて生活していけば大丈夫」ということが共有された後は、面接ペースを一～二カ月に一度に落とし、抑うつおよび軽躁対策を決めたとおりきちんと実施しているか確認するセッションを約四年間継続した。X＋5年八月に最終セッション（第73セッション）を実施して、終結とした。

Dさんはその間、抑うつ状態に陥ることはなかったが、一年に一回ないしは二回ほどのペースで、テンションが70％を超えるときがあり（図3・13）、そのときは上記の取り決めどおりに対処することで、なんとか軽躁病エピソードまでは至らずに乗り切ることができた。特にDさんにとって大きかったのは、「何でもできる」「何でもやってやる」という自動思考がX年の軽躁病エピソードの開始時に頻繁に生じていたことに、後で振り返って気づいたことである。X年のエピソードではDさんは、自動思考にそのまま乗っかる形で「何でもできる」「何でもやってやる」わけである。そしてそのうち自動思考がエスカレートして「どんどんやれ」「とことんやってやれ」というものになり、それにもそのまま乗っかっていくうちに、状態がひどくなってしまったのである。そのことが、エピソードの収束後Dさんとセラピストで共有さ

表3・1 軽躁病エピソード徴候チェックリスト

領域	具体的な現象	危険度（高・中・低）
睡眠・生活リズム	・午前1時まで起きている。まったく眠くない。	低
	・午前2時まで起きている。まったく眠くない。	中
	・午前3時まで起きている。まったく眠くない。	高
	・週の平均睡眠時間が5時間を切る。	低
	・週の平均睡眠時間が4時間を切る。	中
	・週の平均睡眠時間が3時間を切る。	高
お金	・すぐに必要ない日用品をよく考えずに購入する。	低
	・1万円未満の衝動的な買い物	中
	・1万円以上の衝動的な買い物	高
仕事	・仕事のアイディアが次々とわいてくる➡メモを取れる。	低・中
	・仕事のアイディアが次々とわいてくる➡メモを取れない。	高
	・締切ギリギリで脱稿することが続く。	低
	・締切を過ぎて脱稿する仕事が増えてくる。	中
	・ほとんどの仕事の締切が守れなくなる。締切を大幅に超えているのに原稿をまとめられない。	高
対人関係	・人の話を聞くのにイライラする。	低
	・相手の話を聞かず，自分だけが一方的にしゃべる。	中・高
	・メールや電話などを立て続けにしたくなる。	低
	・メールや電話などを立て続けにしてしまう。	中・高
飲食	・食事を抜く。食べることがどうでもよくなる。	低・中
	・酒量が増える。飲み方のピッチが速くなる。	中
自動思考	・自動思考のスピードが速くなり，次から次へと自動思考が浮かぶ。	低・中
	・「何でもできる」「何でもやってやる」	低
	・「どんどんやれ」「とことんやってやれ」	中・高
	・「皆，馬鹿ばかりだ」「俺の言うことを聞け」	中・高

れ、表3・1の「軽躁病エピソード徴候チェックリスト」作成の際にも役立った。これはDさんが事前に認知再構成法を習得しており、自動思考という概念を知っていたことも大きい。またDさんが何度も言っていたのは、「どんなに内面がせかせかしていても、動きやしゃべりや思考をあえてゆっくりにすることは可能である。最初は違和感があるけれども、"ゆっくり"ということを死守すれば、そのうち内面の"せかせか"が落ち着いてくることが、何度も体験してわかったことが大きい」ということである。以上をまとめるとDさんにとって特に役に立つのは、①常に自動思考をモニターして、「何でもできる」「何でもやってやる」という自動思考に気づいたら警戒することと、②内面が"せかせか"してきた場合、認知や行動のスピードを意図的に"ゆっくり"することで自分を落ち着かせること、という二点であることがセラピストとDさんの間で共有された。

最終セッションでは約五年半実施してきたCBT全体についてDさん自身に振り返ってもらった。それらをまとめると、「自分はずっと"躁"だ」と思っていたので、躁状態になったときには驚いたし、最初は認めたくなかった。でも、思い返してみると、もともと自分には"躁"の芽みたいなものがあったと思う。若い頃からやりたいことに熱中したり、人間関係でも熱くなって夜も寝ないでガーッとそのことを考えたりすることが少なからずあった。よく考えるとそういうとき本当は自分の言いたいことだけを相手にガーッと言ってしまって自分も苦しかったのではないか。だから『何でもできる』とか『やってやる』という自動思考に乗らずに、それを一つのサインと受け止めて、あえてゆっくりと考えたり、話したり、動いたりすることで、むしろゆ

テーマ：軽躁および抑うつ状態予防のためのコーピング
□ 毎朝、朝食後に「**気分状態チェックシート**」（図3・13）を見て、その日の気分（テンション）に数字をつける。数字はグラフにして記録を残しておく。
□ テンションが40％から65％までの範囲におさまっていればOKとみなすが、45％以下であれば抑うつ対策を実施する。65％以上なら軽躁対策を実施する。
□ 45％以下の抑うつ対策：具体的なストレスがあれば認知再構成法をツールを使って丁寧に行う。特に思いつかない場合はこれまでに実施した認知再構成法のツールを見直して、自分にとって「良い認知」を取り入れる。疲れている場合は、仕事のペースを落として十分に睡眠を取る。
□ 65％以上の軽躁対策：ただちにコーピングシート「**軽躁病エピソードに対するコーピング**」〈図3・12〉）に沿って、注意深く生活する。
□ 65％以上の場合、「**軽躁病エピソード徴候チェックリスト**」（表3・1）をただちに実施して危険度を具体的に確かめる。
□ 特に70％以上で、しかも「**軽躁病エピソード徴候チェックリスト**」（表3・1）の危険度「中」「高」のチェックが3項目を超えたら、すぐに主治医に相談する。
□ 40〜65％の良い状態が続いている場合でも、日曜日の夜8時に必ず「軽躁病エピソード徴候チェックリスト」に一通り目を通して、どういう状態になったらまずいか、ということを再確認するようにする。

図3・14　軽躁および抑うつ状態予防のためのコーピングカード

りをもって物事に取り組むことができるのがわかったのが自分にとって一番大きかった。うつの再発予防のために筆者自身何度か経験している。たとえそういう場合でも、一度目のエピソードからできる限りのことをして、クライアントが二度と同じ痛みを味わわないで済むよう、セラピストは最大限に手を尽くすべきであろう。そのために必要なのは、エピソードが収束した後、それを後から振り返る形でアセスメントし、躁状態や双極性障害について心理教育をしっかりと行ったうえで今後の再発予防計画を立てることである。そしてその計画を、一生続けてもらうことである。

● 躁転の徴候がみられたら

ケースを担当中に初めての躁転が生じたのであれば、セラピストは、そのエピソードが困った事態を引き起こすことをできる限り食い止めたいものである。そのためには、すべてのうつ病のクライアントが、「躁転」の可能性を秘めている、ということをセラピストは常に念頭に置いておくべきであろう。今のところ、躁転する可能性のあるクライアントとそうでないクライアントを、事前に明確に見分けられるほどのエビデンスはないからである。そして躁転の徴候が見られたら、セラピストはできる限りすばやく対応する必要がある。

CBTの基本原則は、"協同的問題解決"である（1章参照）。CBTの進め方、コミュニケーションのあり方、セッションの構造など、セラピストはすべてクライアントと相談し、合意を得ながら進めていく。ただし危機介入については例外である。躁転はそのままにしておくとクライアント自身が多大な損失を被る事態に陥る可能性が高いため、まさにそのような状態である「危機」であるといえる。躁状態に陥ると、まさに

て一番大きかった。うつの再発予防のために認知行動療法を受けに来たのが、こういう結果になって自分でも意外だが、とても良かったと思っている」ということであった。なおお気分安定薬を中心とした薬物療法はずっと継続しており、CBT終結後も通院は続けるということであった。

□ 3・7 事例Dのまとめ

筆者にとって、双極性障害に対してCBTを実施した経験は多いとは言えない。以下に本事例のまとめを記載するが、双極性障害のCBTについては、たとえば井上（二〇〇三）などを参照されたい。また今のところ双極性障害の治療においてCBTは中心的な治療法ではない。双極性障害の治療の全体像については、たとえば樋口・神庭（二〇〇二）などを参照されたい。

● エピソードを振り返ってのアセスメントと生涯にわたる再発予防計画

軽躁病エピソードや躁病エピソードは、うつ病のエピソードに比べてそう頻繁に心理臨床（カウンセリング、心理療法）の現場で遭遇するものではない。本事例では、Dさんの最初の軽躁病エピソードの出始めにリアルタイムで気づき、対処できたので、幸い大事に至らずに済んだ。しかし、うつ病に対するCBTを実施しているなかで生じてしまった最初の躁転を食い止められず、たとえば大きな借金を作ってしまったとか、貯金を使い果たしてしまったとか、仕事を辞める羽目に陥ってし

るがゆえに、セラピストはクライアントとじっくりと話し合うことが非常に困難になる。したがって躁転（軽躁病）エピソードや双極性障害について心理教育的説明をしっかりと行い、必要な対応をしなければならない。

ただし非医師である筆者のようなセラピストは、躁病（軽躁病）エピソードを「診断」する立場にはない。またセラピストは、躁病（軽躁病）エピソードとして躁状態について伝えても、まさに躁状態であるがゆえに、クライアントに反発される恐れがある（実際にそういう痛い経験も筆者にはある）。そこで役に立つのが、本事例でも用いたが、専門書（精神医学のテキストなど）である。それもDSMのようなそっけなく、淡々と記載されているような書物が良いと思われる。そのような書物を説明ツールとして用いると、クライアントはそれまでよりは少し落ち着いて書物に目を通し、今、自分に何が起きているか、ということを考えられるようになるようである。クライアントに「確かに今、自分は躁状態なのかもしれない」と少しでも認識してもらえれば、セラピストは、「ではこの状態をひどくしないために何ができるでしょうか」という対処法についての話し合いに何とか持ち込むことができる。

また筆者のような非医師の場合、躁転の徴候が見られたら、主治医と連携を取り、クライアントに直ちに受診するよう持っていくことは必須である。そのためには危機介入の必要性が生じる前から、何らかの形で医師と連携を取っておくべきだろう。また躁転の徴候が見られるクライアントの場合、"受診を勧める"というレベルのものではなく、確実に受診してもらえるよう出来る限りのことをする必要がある。本事例の場合、受診をしぶるDさんの目の前で主治医に連絡を取り、そのまま受診してもらった。また受診後、主治医からどのような説明や指示があったか、処方はどのように変更されたのかなども具体的に確認しておく必要があるだろう。主治医から躁状態であることを告げられたり、処方が大幅に変更されたりすることを通じて、躁転したことを徐々に受け入れられるようになるクライアントは多いと思われる。

● 主観的評定のコツ

通常CBTでは気分を主観的評定する際、「0」がその気分がまったくない場合、「100」がその気分が最大の場合、というふうに尺度設定するが、双極性障害の場合は、本事例のように「50」をニュートラルな状態とし、それより下がると抑うつ傾向、それより上がると躁傾向を示すような尺度を設定すると使いやすいように思う。そしてニュートラルな状態に近ければそれを「良い状態」とみなし、そこから離れれば離れるほど「危険な状態」であるとみなして必要に応じて対処するようクライアントと計画を立てる。ただし混合状態の場合このような尺度は使いづらいだろう（この尺度が使えないほど必要な混合状態を筆者は経験したことがない）。その場合は、やはり抑うつ状態について「0〜100」の尺度を使い、躁状態については別途「0〜100」の尺度を使うといいように、尺度を二つ設定するのが良いのかもしれない。

● コーピングシートやコーピングカードの活用

本事例のように現状に対して強力な働きかけが必要な場合は、対処法について口頭で話し合うのではなく、ツールを使って必ず外在化し、しかもそれを常に持ち歩いてもらうのが良い。ツールといっても上で示したように用紙やカードに対処法を書き並べ、しょっちゅうそれらを見

て、実践してもらうというシンプルなものである。このようなコーピングシートやコーピングカードをセッション中に作ったときは、その持ち運び法や一日のなかでいつそれを見るかといったことまで事細かにクライアントと相談して決めておく必要がある。そして次のセッションで実施状況を必ず確認する。

● 自動思考や気分・感情にかかわらず一定の生活リズムを保つ

躁(軽躁)状態のときは思考内容が誇大的になり、気分・感情が過剰にポジティブになったりテンションが高くなったりするが、とにかくそれらに振り回されず、一定の生活リズムを刻むことが重要である。3章で紹介した事例とは別の意味で、「思考や気分にだまされない」ことが必要なのである。セラピストは躁(軽躁)状態にについての心理教育時にそのことを明確にクライアントに伝え、生活リズムを安定化させるための何らかのしかけを設定しなければならない。本事例ではコーピングシートやチェックリストを作成し、それらを日常的に活用するための計画を立て、Dさん自身が生活リズムを淡々と刻むことを手助けした。どんなに認知や気分が盛り上がっても、安定した生活リズムを保てることが自分にとって役に立つ、ということをクライアント自身が実感できるようになればよいのだが、かなり時間がかかるというのが筆者の印象である。それだけ躁(軽躁)状態になったときの認知や気分の影響が大きく、行動や生活面の自己制御が難しいのだと思う。セラピストにとって必要なのはその難しさを十分に受容し、共感的理解を示した上で、それでもなお行動や生活面の自己制御が不可欠であることを繰り返し伝えていくことであろう。

● 「ふりをする」効用

躁状態の人に必要なのは、思考のスピードを落とし、活動レベルを下げることである(と思っている)にもかかわらず自分がそのときやりたくしないでいるということは、躁状態の人にとっては大変な苦痛を伴うようである。全速力で百メートル走れる(と本人は思っている)のに、のろのろと一メートルだけ歩けと言われるようなものだからである。その際有効なのが、「ふりをする」というアドバイスである。「ゆっくりしてください」と言うと、「ゆっくりなんかしたくない」「それができないから困っているんじゃないか」といった反発を買う恐れがあるが、「ゆっくりするふりをしてください」「のろまな人のふりをしてください」(場合によっては「死んでいる人のふりをしてください」「眠れないときは寝ている人のふりをしてください」)と教示すると、「ふりならできるかな」「ふりをしてみよう」と思って、実際にふりをすることであれば、何とか可能であるというクライアントは多い。そして「ゆっくりしている人のふりをしてくれる。「ゆっくりしよう」は難しいが、「ゆっくりしているふりをしてみよう」と思って、実際にふりをすることであれば、何とか可能であるというクライアントは多い。

● 双極性障害を乗り越えたクライアントの変化

筆者は双極性障害の方とお会いすると、クレッチマーの古典的な類型論を思い出し、「まさにこの方はクレッチマーがいうところの"循環気質"の持ち主なんだなあ」としみじみと実感することが多い。実にエネルギッシュで、ある種のびのびしていて、話していてこちらも楽しくなってくる方が多いように思われる。Dさんもそうであったというより「切羽詰まった方のテンションが上がってくると、エネルギッシュというより「切羽詰

まった」とでも表現できそうな様相に変化し、本来の「のびのびした感じ」が失われるように思われる。そういう方が双極性障害に罹患してさまざまな苦労を経験したうえで、ＣＢＴを習得して、上記のような行動や生活面での自己制御を身につけると、「エネルギッシュではあるがゆとりのある感じ」「エネルギッシュではあるが、どこか良い意味で冷めている」といった様相に変化するような印象を筆者は抱いている。あるクライアント（Ｄさんではない）が、「自分はこれまで生き急いできた。それが病気になってよくわかった。躁状態になって多くを失ったが、それでもこんなふうに落ち着いた気持ちで生活できるようになったことは大きな収穫である。違う人生を生き直しているようだ」と語ってくれたことがある。援助者としては、あるときある人が躁状態になるのを完全に食い止めるのは難しいとしても、躁状態の始まりに早く気づいて対処することで、多くを失うような羽目に陥ることなく、このクライアントの言うような〝生き直し〟ができるよう、最大限役立ちたいと心から思う。

4章 パニック障害

4章、5章、6章ではさまざまな不安障害に対する認知行動療法の事例を紹介する。具体的には、本章でパニック障害、5章で強迫性障害、6章では社会不安障害に焦点を当てる。不安障害に対する認知行動療法の理論や方法については、ネズ・ネズ（二〇〇四）および坂野・丹野・杉浦（二〇〇六）を参照されたい。

パニック障害に対する認知行動療法はほぼ確立されていると言ってもよいだろう。またその効果もかなり確実なものと考えられる。筆者自身、社会適応が良好で（たとえ現在適応が低下していても、発症前は良好に適応できていた場合を含む）、DSM-IVのII軸の問題のないパニック障害や特定の恐怖症のクライアントに対する認知行動療法は確かに実施しやすいという実感を持っている。そのようなクライアントにとって症状が非常に自我違和的なため、何とかして克服したいという意欲が大きいのだろう。本章で紹介するのは、社会適応が良好なパニック障害の成人女性クライアントに、パニック障害のパッケージをかなり丁寧に適用した事例である。

4・1　事例Eの概要

❖ **クライアント**　Eさん——女性。三十二歳。主婦。

❖ **インテーク面接**

来談経路——インターネット検索

◆

来談に至る経緯——二十五歳時に最初のパニック発作を経験し（電車内）、内科や脳神経外科等でさまざまな検査を受けるも異常は見つからず、そのまま経過していた。だが半年後に再度、電車内でパニック発作を起こし、乗り物に乗れなくなる。かかりつけ医（内科）にパニック障害ではないかと指摘され、心療内科を受診したところパニック障害と診断され、SSRIを中心とした薬物療法が開始される。治療の結果、パニック発作の頻度は大幅に減ったが、乗り物には依然として乗ることができないでいた。その後、結婚して転居し、妊娠出産を望んでいたためたたみ自己判断で服薬を中止したところ、パニック発作が頻発するようになり、発作が起きるたびに活動範囲が狭められてしまった。「このままじゃいけない」と本やインターネットで調べたところ、認知行動療法のことを知り、実施機関をインターネットで調べて筆者が勤務する相談機関に来談した。

◆

家族——夫と二人で暮らしている。夫は会社員で出張が多く、一年のうちトータルで半年は海外出張で不在にしている。Eさんは、夫の

出張中はほとんど、車で一時間程度の距離にある実家で過ごしており、実際には自宅と実家を行き来するような生活を送っている。

◆

生活歴――首都圏某市にて両親、母方の祖父母、五歳上の兄の六人家族に育つ。家族歴に特筆すべきことはない。Eさんは幼少期より活発で、学校でも目立つ存在だった。友人は多く、勉強も運動もでき、いつも楽しく通学していた。四年制大学を卒業後、地方の新聞社に就職し報道記者として働いていたところ、二十五歳時にパニック障害を発症し、取材に行くことができなくなり、内勤職に異動した。その後結婚を機に退職し、東京に転居する。夫は七歳上で、商社に勤めており、仕事はかなり忙しい。Eさん夫婦は上記のとおり東京に転居後、妊娠出産を望んでいたが、Eさんのパニック障害が悪化したため、今のところ妊娠を控えているそうである。

◆

主訴――「パニック障害のため、活動範囲が極端に狭くなってしまっており、生活がつまらない」「パニック障害を治して、子どもを産みたい」

◆

Eさんの様子や印象およびセラピストの見立て――とてもおしゃれな人である。こちらの質問に対し、にこやかにてきぱきと答えてくれる。もともと活発だったというのが、納得できる感じである。コミュニケーションは非常にとりやすい。家族歴、生活歴などに大きな問題は見られず、社会適応も良好な方であると思われ、現在はパニック障害のため外出がほとんどできなくなってしまっているが、パニック障害が回復しさえすれば現在の社会適応や機能レベルも速やかに改善するものと思われる。なおインテーク面接の様子からも、各種心理テストからも抑うつ状態はじめ、他の並存症やII軸障害の問題はないと判断した。

◆

インテーク面接で合意されたこと――CBTに対する希望をEさんに訊くと、「とにかく今の生活は非常に不便で困っているが、薬による対症療法は望まない。CBTできっちり治しておきたい。そのためには多少時間がかかってもいいが、妊娠を望んでいるので、あまり長期間かかるのも困る。治るためなら何でもやる」ということであった。そこでセラピストからは、パニック障害およびパニック障害に対するCBTについて簡単に説明し、Eさんと筆者との協同作業で頑張ってCBTに取り組めばよい結果が望めるであろうと伝えたうえで、ただし効果を上げるためにはセッションでの話し合いだけでは不十分で、セッションで「計画」したことを実生活でEさん自身に「実験」してもらい、「結果を確認」してもらうこと、それをセッションで報告してもらい、一緒に「結果を検証」し、さらに新たな「計画」を立てていくことが不可欠であることを、図を描きながら説明した（**図4・1**）。Eさんは実験についての説明をよく理解し、そのうえでパニック障害に対するCBTを開始することがセラピストとEさんの間で合意された。

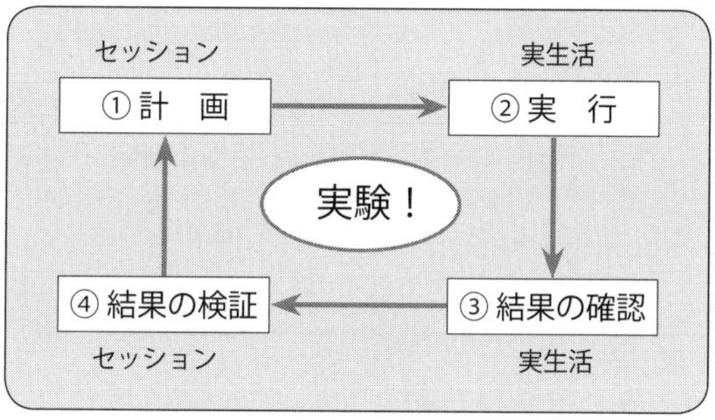
セッション
実生活
①計　画
②実　行
実験！
④結果の検証
③結果の確認
セッション
実生活

図4・1　実験についての説明図

◆ CBTの経過の概要

X年四月にインテーク面接を開始し、週に一回のペースで、X年七月末までの間に計十回のセッションを実施した。この時点でかなりの効果がみられ、Eさんにも自信がついたため、三カ月後にフォローアップのためのセッションを実施することで合意した。そして予定通り三カ月後のX年十月にフォローアップのために第11セッションを実施し、Eさんの状態が安定していること、パニック障害に対するCBTをEさん自身がしっかりと習得し実践できていることが確認されたため終結とした。なお終結後しばらくの間、Eさんは毎年筆者に年賀状を送ってくれていたが、X+3年一月に送ってくれた年賀状には無事男児を出産し、楽しく育児をしている旨が書かれてあった。最後に年賀状をいただいたX+5年一月(終結の約四年後)時点で、再発は起きていない。

4・2 パニック発作と回避のアセスメント

Eさんとセラピストは、初回セッションおよび第2セッションを使って、典型的なパニック発作と、現在Eさんの生活を阻害している回避のパターンについて、CBTの基本モデルを使ってアセスメントを実施した。またアセスメントの作業を通じて、CBTの基本モデルそのものをEさんに学んでもらった。図4・2がパニック発作の典型例が記載されたアセスメントシート、図4・3が現在の回避のパターンの典型例が記載さ

アセスメント・シート ―― 自分の体験と状態を総合的に理解する

ストレス状況

ストレスを感じる出来事や変化
（自分、他者、状況）

去年の夏のある日

町に新しくできたレストランで夫と外食する。窓際の角の席。
① 夫がトイレに行っている間に、となりのテーブルに家族連れ4人が座った。
⑥ 夫がなかなか戻って来ない。

認知：頭の中の考えやイメージ
③「あ、また来た！」「嫌だな」「どうしよう」
⑧「助けて」「倒れそう」
⑫「もう駄目だ」「ここにはいられない」

気分・感情
④ 不安緊張(40%)、あせり(40%)、不快感(40%)
⑨ 不安緊張、あせり、不快感(すべて100%)
⑬ ⑨と同じく(100%)

身体的反応
② 息苦しい(30%)、頭がワナワナする(30%)
⑦ 息苦しい(100%)、頭と体がグラグラする(80%)、手足と背中に汗をかく……パニック発作
⑪ すべての症状が(100%)

行動
⑤ 息を吸おうとする
⑩ 固まって座ったまま両手で椅子をつかむ。
⑭ 店の外に出てしまう。

サポート資源

夫	
両親	妊娠したいという希望
ネット情報（治ると書いてある）	チーコ（ネコ）
認知行動療法で治るかもという期待	

コーピング（対処）
・そのレストランには2度と行かない。レストランの近くも通らない（思い出すので）。
・外食そのものを減らす（というかさらに外食できなくなった）。
※今の対処……パニック障害についてネットでいろいろ調べる。認知行動療法を受けて、自力で治そうとしている。

図4・2　Eさんのパニック発作の典型例（ツール1）

また、これらのアセスメントシートを持ち帰り、本当にこの通りの循環が起きているか確認してくることをこの時期のホームワークとした。アセスメントに対するEさんの感想は、「まさにこの通りのことが何年も続いている。紙にこうやってまとめることで、もういい加減、この悪循環から脱け出したいと、さらに強く思うようになった」「夫や両親にもこのシートを見せたところ、『こうやって改めて見ると、あなたの病気が結構大変なんだとわかった』と言ってくれた。見せてよかった」「アセスメントの作業自体が面白い。今度実際に調子が悪いときに、自分でこのシートに書き込んでみたい」というものであった。Eさんの訴える症状のなかでは、"頭がワナワナする""頭と体がグラグラする"という表現が特徴的で、これらの身体感覚によって「まっすぐに立って（座って）いられない」「倒れるかもしれない」「倒れそうだ」という認知が生じ、椅子をぎゅっとつかんだり、その場を去ったりするといった安全行動に至ることが理解された。Eさんいわく、「息が苦しいのもつらいけど、でもどんなに苦しくても呼吸困難で死んだパニック障害の人はいないとネットで見たので、どこかで『息が苦しくても大丈夫』とまだ思える。だけど、ワナワナ、グラグラして倒れそうになると、今まで一度も本当に倒れたことはないんだけれども、やっぱり本当に倒れそうだし、実際に倒れたら危ないし、周りにも迷惑をかけたくないから、どうしても倒れるのを防ぐためにいろいろとやってしまう。倒れること

アセスメント・シート――自分の体験と状態を総合的に理解する

ストレス状況

ストレスを感じる出来事や変化
（自分，他者，状況）

① 駄目な場所にどうしても行かなくてはならないとき。

駄目な場所の例
・電車（特に快速や地下鉄）・バス
・小さな店・エレベーター・地下
・美容院のシャンプー台・歯医者
・飛行機・高速道路・行列
・一度発作を起こした場所はすべて

⑨ 外出を取りやめ，自宅に一人でいる。

認知：頭の中の考えやイメージ
② 「発作が出なければいいんだけど」
　「発作が出たら嫌だなあ」
④ 発作場面がイメージされる。
⑥ 「やっぱり駄目だ」「今日はやめておこう」
⑩ 「こんなんじゃ駄目だ」「こんな生活もう嫌だ」

気分・感情
③ 不安 20 → 40%
⑤ 不安 60%，恐怖 60%
⑦ 不安 5%，安堵 50%
⑪ 落ち込み 50%
　自己嫌悪 50%

身体的反応
③ 何となくドキドキし，息苦しい。
⑤ さらにドキドキし，息ができない感じがする。頭がワナワナする。
⑦ ⑤の症状がスーッと消える。

行　動
⑧ 外出仕度を止める，キャンセルの電話をする，など。
⑫ テレビやネットを見たり甘いものを食べたり，ネコと遊んだりして気を紛らわす。

サポート資源

夫	
両親	妊娠したいという希望
薬（認めたくないけど……）	チーコ（ネコ）
見捨てないで付き合ってくれる友達	認知行動療法で治るかもという期待

コーピング（対処）

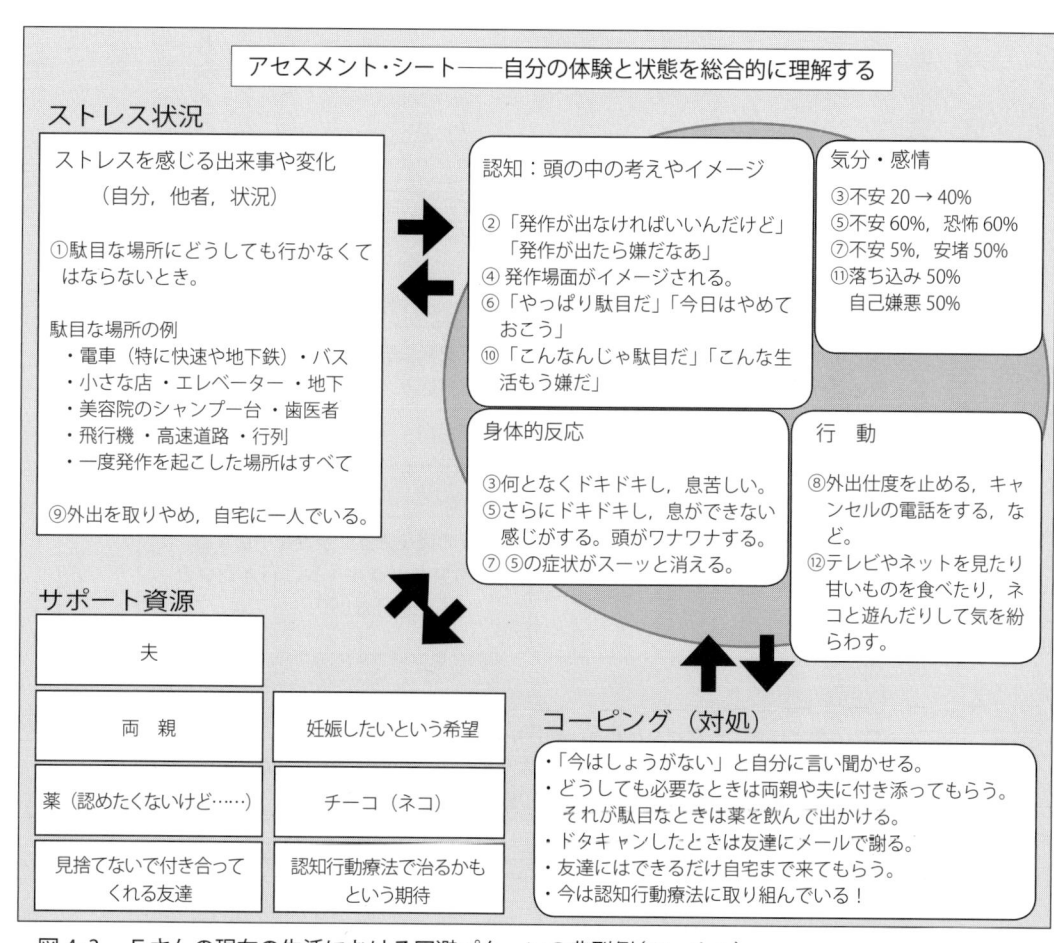

・「今はしょうがない」と自分に言い聞かせる。
・どうしても必要なときは両親や夫に付き添ってもらう。それが駄目なときは薬を飲んで出かける。
・ドタキャンしたときは友達にメールで謝る。
・友達にはできるだけ自宅まで来てもらう。
・今は認知行動療法に取り組んでいる！

図4・3　Eさんの現在の生活における回避パターンの典型例（ツール1）

が一番怖い。アセスメントをしてそのことがよくわかった」ということであった。

第三セッションではこれまでのアセスメントのまとめとして、一つ抽象度を上げたまとめ図をセラピストが主導しながら作成した。それが図4・4である。

図4・4のまとめ図に対して、Eさんの感想を問うと、「まさにこの通りです。こうやってまとめると実にシンプルですね。こんなシンプルなのに、もう何年も抜けられないのかと思うと、すごく情けなくなります。でも逆に、これだけシンプルなんだから、何とかなるのかな、とも思えてきました」と笑顔で話してくれた。

■ 4・3 パニック障害の心理教育および目標の設定と技法の選択

第三セッションでセラピストは図4・4をもとに、パニック障害について、この図（図4・4）を参照しつつ、もう一枚新たに図をEさんの目の前で図4・5のように作成しながらパニック障害について心理教育を行った。そのときのやりとりを以下に示す。

セラピスト　Eさんの症状とパニック障害について、この図（図4・4）を参照しつつ、もう一枚新たに図をEさんの目の前で描きながら説明していきたいのですが、よろしいでしょうか？

Eさん　ぜひ、お願いします。

セラピスト　まずここの状況のところです。Eさんは今、電車はバスや地下道やエレベーターなど、いろいろなところに行けなくなって

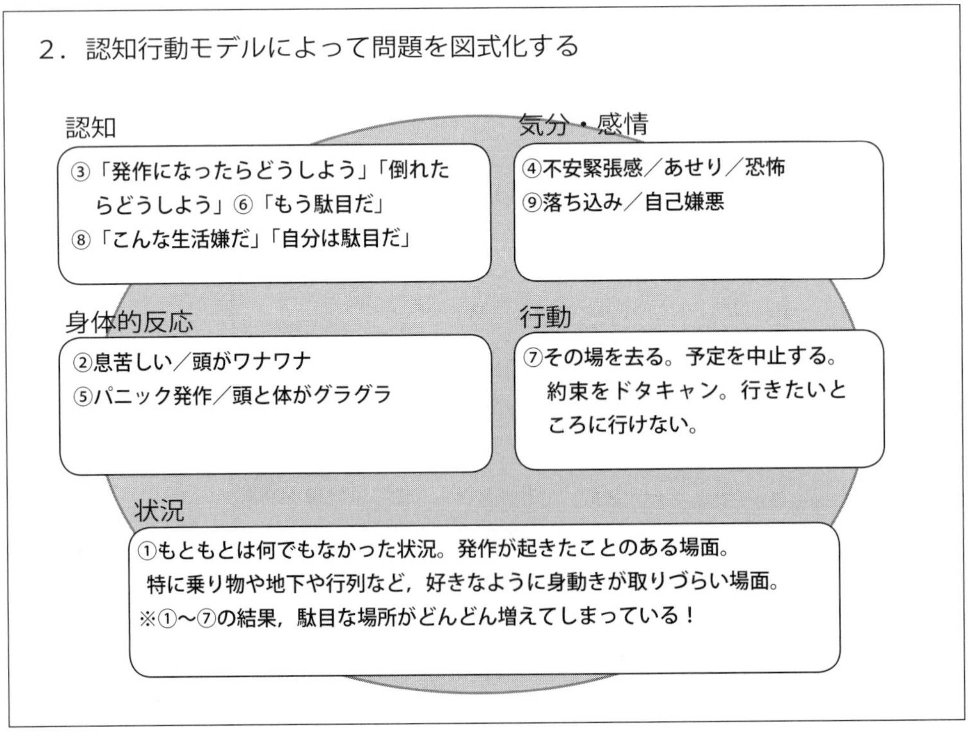

2．認知行動モデルによって問題を図式化する

認知
- ③「発作になったらどうしよう」「倒れたらどうしよう」⑥「もう駄目だ」
- ⑧「こんな生活嫌だ」「自分は駄目だ」

気分・感情
- ④不安緊張感／あせり／恐怖
- ⑨落ち込み／自己嫌悪

身体的反応
- ②息苦しい／頭がワナワナ
- ⑤パニック発作／頭と体がグラグラ

行動
- ⑦その場を去る。予定を中止する。約束をドタキャン。行きたいところに行けない。

状況
- ①もともとは何でもなかった状況。発作が起きたことのある場面。特に乗り物や地下や行列など、好きなように身動きが取りづらい場面。
- ※①〜⑦の結果、駄目な場所がどんどん増えてしまっている！

図4・4　パニック障害のまとめ図（ツール2の一部）

しまっていますが、もともとは大丈夫だったんですよね？　電車だってバスだって何も考えずに普通に乗れていたんですよね？

Eさん　ええ、もちろん。

セラピスト　ですから今のEさんにとって駄目な場所は、もともとは全然駄目じゃなかったわけです。ですからこの状況のところに、「①本来は何でもなかった場所や状況」と書きます。ここまでよろしいですか？

Eさん　ええ。

セラピスト　そして運が悪かったのか、ストレスが溜まっていたのか、他にも何か要因があったのかもしれませんが、二十五歳のときに電車のなかでたまたまパニック発作を起こしてしまったわけです。これはもう本当に「たまたま」としか言いようがないかと思います。でも最初は皆さん「パニック発作」なんて知らないので、とにかくびっくりしてしまうし、すごく恐ろしい体験なんですよね。

Eさん　ええ、もう本当にその通りです。自分の頭や体が壊れてしまうんじゃないかと思いました。

セラピスト　皆さんそうおっしゃいます。「死ぬかと思った」とか「発狂するかと思った」とか。

Eさん　（笑いながら）本当にそうなんです。「パニック障害」という病気があるなんて、知らなかったから。

セラピスト　それでEさんもそうでしたが、体の検査をあちこちで受けて、特に異常がなかったのだから本来一件落着となるはずです。そしてそういう人もいらっしゃいます。つまり発作が起きて、体の検査を受けて何でもなかったので安心して終わり、という人もいらっしゃいます。しかしEさんもそうですが、皆が皆、そううまく

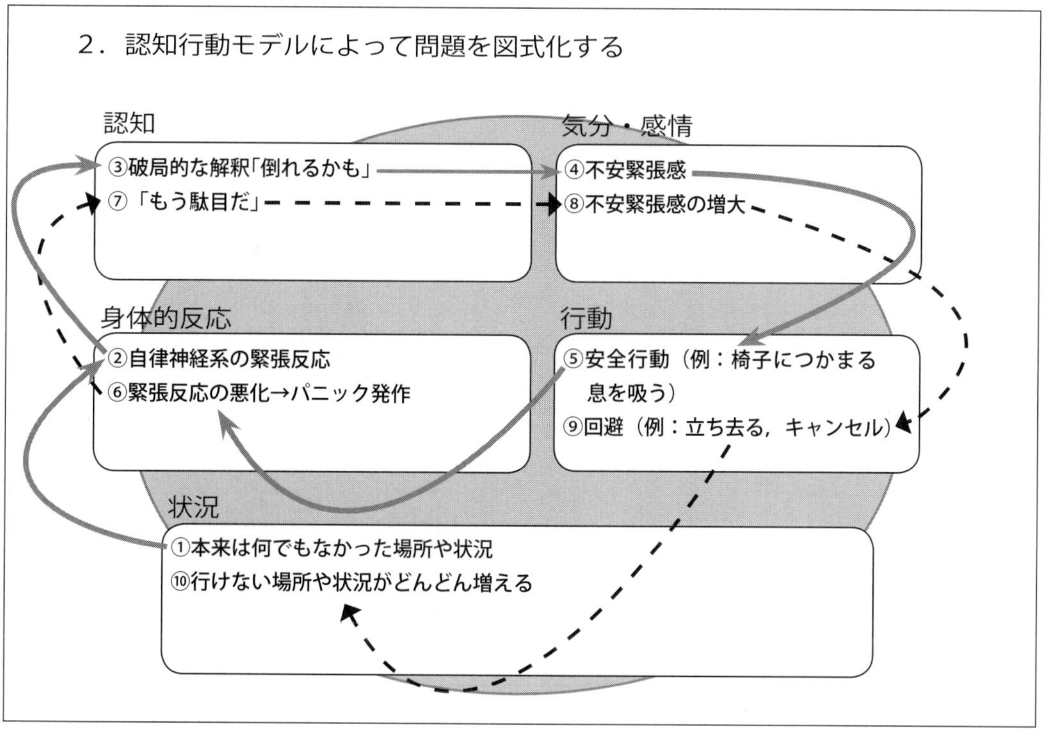
2．認知行動モデルによって問題を図式化する
認知
③破局的な解釈「倒れるかも」
⑦「もう駄目だ」
気分・感情
④不安緊張感
⑧不安緊張感の増大
身体的反応
②自律神経系の緊張反応
⑥緊張反応の悪化→パニック発作
行動
⑤安全行動（例：椅子につかまる
息を吸う）
⑨回避（例：立ち去る，キャンセル）
状況
①本来は何でもなかった場所や状況
⑩行けない場所や状況がどんどん増える

図 4･5　パニック障害の説明（ツール 2 の一部）

セラピスト　いろいろ検査した結果、「頭のワナワナ」について何とも言われなかったように？

Eさん　ああ。「少なくとも脳にも体にも問題ないから、気にしすぎないように」って。

セラピスト　そうでしたよね。「頭がワナワナ」するという感覚は、私にはわかるような、ちょっとわからないような感じなんですけど、少なくとも医学的な問題ではないということがわかっているわけです。自律神経系の緊張反応って、人によって出方がさまざまなんです。心臓がドキドキするという方もいれば、息苦しいという方もいますし、お腹が痛くなる方もいれば、逆にかく人もいます。手足がカーッと熱くなるという人もいれば、とにかく、手足がサーッと冷たくなるという人もいます。たぶん体質とかも関係するんじゃないかと思いますが。

Eさん　ああ、そうなんです。Eさんの場合はたまたま最初に出てくる緊張反応が、息苦しさだったり頭のワナワナだったりするわけです。

Eさん　なるほどね。その説明は納得できます。

セラピスト　では説明を続けますね。話を元に戻すと、自律神経系の緊張反応は誰にだって起きるもので、ちっとも問題ではないんです。でも一度でもパニック発作を起こしたことがある人はさっきも言ったとおり、その恐ろしさを脳や体がどこかで覚えているので、ちょっとした緊張反応が出てきたときに、「やばい！」「またあれが来た！」「まああなったらどうしよう！」「今度こそ死ぬかも！」「今度は倒れちゃうかも！」というふうに、体の緊張反応に対して自動的にいろいろなことが頭に浮かん

はいかないんですよね。というのも、発作の記憶が脳や体に残ってしまっていて、それが発作が起きた状況にその身を踏み入れたときに悪さをするからなんです。ですからたとえば電車で発作を起こした人はまた同じ電車に乗ったときに、特に意識しなくても脳や体が覚えていて、ちょっとした緊張状態になる場合があるんですよね。ただし脳や体が覚えていなくても、以前発作が起きたのと同じ状況で、たまたま緊張状態になる場合もありますが……。ここまではいかがですか？

Eさん　よくわかります。「脳や体が覚えている」というのは、私の場合その通りだと思います。

セラピスト　そのような緊張状態がまず体に現れます。「自律神経って聞いたことがあるかと思いますが、要するに脳や体の神経が緊張反応を起こすんですね。それがEさんの場合、「息苦しさ」、「頭がワナワナする感じ」、「ドキドキ」といった形で出てくるのでしょう。これらは自律神経系の、もうちょっと厳密に言うと、自律神経のなかでも交感神経というのがあるのですが、交感神経が興奮したときに起こる反応です。よろしいですか？

セラピスト　自律神経とか交感神経とかは、聞いたことがありますか？

Eさん　ではここに（図4・5）の「身体的反応」の欄）、「②自律神経系の緊張反応」と書きますね。……自律神経系の緊張反応というのは、不快かもしれませんが、それ自体さほど問題はないんです。神経が緊張したり緩んだりしながら、私たちは生きているのですから。

Eさん　頭がワナワナすることも、問題ないのですか？

4章 パニック障害

じゃうんですよね。しかもその内容が、とにかく破局的で悲惨なんです。悲惨なことを先に予想しちゃうんです。Eさんの場合は、特に「倒れる」ことに関して、いろいろな考えが出るみたいですね。「今度こそ倒れてしまいそうだ」とか「ここで倒れたらやばい！」とか。

Eさん まさにそうですね。毎回、これまでは何とか倒れずに済んでいたけど、今回ばかりは立っていられなくなってバタッと倒れてしまうんじゃないかと、そのときは100パーセント、そう思っちゃうんです。

セラピスト 皆さんそうおっしゃいます。ところでそういう考え、すなわち認知のことを、認知行動療法では「身体反応に対する破局的な解釈」と呼んでいますが、ピンときますか？

Eさん うーん、どうだろう。……でもそうですよね。「倒れる」のが私は絶対に嫌で、その絶対に嫌なことを恐れているのですから、確かに「破局的」と言えるかもしれません。

セラピスト では図4.4の「認知」欄に、「破局的な解釈」と書きますね（**図4.5**の「認知」欄に書きこむ）。で、Eさんの場合は、「倒れるかも」というのがその内容です。……それで、緊張反応があって、それを破局的に解釈すると、Eさんの場合どうなるんでしたっけ？

Eさん ここ（**図4.4**の「気分・感情」欄）に書いてあるとおりです。不安になって、あせってきて、恐怖に襲われます。

セラピスト ですね。ここではとりあえず「不安緊張感」というふうに書きこんでおきましょう（**図4.5**の「気分・感情」欄）。……まとめると、何らかの事情で身体的な緊張反応が生じて、自動的にそれを破局的に解釈してしまい、その結果、

不安な気分になってしまうということになります。ここまでよろしいですか？

Eさん 大丈夫です。

セラピスト 次にどうなるかというと、皆さん、その破局から自分の身を守ろうとします。「息ができなくなる」と解釈した人は、一生懸命深呼吸しようとしますし、「コントロールを失って大声をあげてしまう」と解釈した人は、一生懸命自分の口をふさいだりします。Eさんの場合は、「倒れてしまう」と解釈するので、倒れないように必死で椅子につかまったりしていますよね。

Eさん （笑いながら）そうです。もう必死ですよ、そのときは。あと、今気づいたんですけど、私は「息ができなくなる」とは思わないのですが、それでもそういうときって必死で息を吸おうとしているような気がします。

セラピスト そうですか。今お話したようなことはすべて危険を避けるための行動ですよね。これらは「安全行動」と呼ばれています。ですのでこの図の行動欄に「安全行動」という言葉はどうですか？ ピンときますか？

Eさん 「安全行動」って、面白い言葉ですね。安全行動の続きです。安全行動で本当に皆さんが「安全な」気持ちになるかというと、そうではなく、むしろ安全行動が身体反応を悪化させてしまうことが多くあります。Eさんの場合も、椅子をつかんだり、息を吸ったりすることで、「ああ、よかった。もうこれで私は安全だ」とふうにはなりま

Eさん　全然なりません。

セラピスト　皆さん、危険から身を守るために必死で安全行動をするからです。「必死」というのがポイントで、必死であればあるほど、むしろ心身の緊張反応を高めてしまうのです。「必死」というのは、そういうものですよね？

Eさん　ええ、もう本当に「必死」です。倒れちゃうのも息ができないのも困るから。

セラピスト　そういう必死な安全行動の結果、実は最初はすごく強いわけでもなかった身体の反応が、その「必死さ」のせいで、ますますひどくなってしまう場合が多いのです。ですからここで身体反応に対し、矢印が伸びます（図4・5、「行動」から「身体的反応」の欄に矢印をひく）。そして緊張反応が悪化するほどの状態に至ってしまうのです（図4・5の「身体的反応」欄に「緊張反応の悪化→パニック発作」と書き入れる）。……それはEさんがいやと言うほど経験なさっている通り、すさまじく不快な反応ですよね。ここまで来てしまうと認知的には「もう駄目だ」と結論を下し、不安緊張感も最大になり、その場にいられなくなってしまうのです。あるいはこれからどこかに行こう、何かをやろうという場合は、それを取り消してしまうのです（話しながら図4・5の⑨まで書いていく）。

Eさん　もう本当にその通りです。嫌になるぐらいそのとおりです。

セラピスト　こうやってその場から立ち去る、あるいはこれからやろうということをしない、行こうという場に行かないというのを、「回避」と呼んでいます。回避は安全行動の一種で、パニック障害

の方に一番多く見られるものです。今のEさんはもう「回避のかたまり」のようなものです。

Eさん　今の私はもうみたいですね。なので最後に状況欄に「行けない場所や状況がどんどん増える」ようにしますね。……以上がEさんの症状の説明でもあり、パニック障害の説明でもあります（図4・5の状況欄に書き足す）。この図を見てどう思いますか？

Eさん　（真剣な面持ちで、図4・5の説明図を眺める）……すごいですね、まさにこの通りです。このあいだ先生と一緒にアセスメントシートを作ったときは、自分のパニック障害ってなんて複雑なんだろうと思いましたが、こうやってまとめて詳しく説明していただくと、むしろとてもシンプルなように思えてきました。こんなシンプルなことで何年も苦しんできているんだ、って。

セラピスト　このような説明を受けて、Eさんの感想はいかがですか？

Eさん　これだけしっかりと説明していただいたのは初めてです。パニック障害についてはお医者さんからも何度も何度も説明していただきましたし、本やネットに書いてあることも何度も読んではいたのですが、こうやってすごくよくわかって、ちょっと安心しました。それに、自分のパニック障害が特別なものではなく、他の皆さんと同じものなんだということがすごくよくわかってホッとしました。皆さんと同じ病気だったら、普通の治療法で治していけるのかなって。

セラピスト　他にはいかがですか？

Eさん　あと、「破局的な解釈」とか「回避」とか、症状にいろい

な名前がついていることを知ったのが、ちょっと面白かったです。……私、取材が大好きだったんです。いろいろなところに行って、いろいろな人の話を聞いて、「へー、そういうこともあるんだ！」とか、いろいろと知ること自体が面白かったんです。こんなところで変なんですけど、久しぶりにそういう、いい意味での興奮を思い出しました。

セラピスト　Eさんは、好奇心旺盛なのですね？

Eさん　もともとはそうだと思います。だから病気のせいで身動きが取れなくなったのが、とにかくつらくて……。

セラピスト　そうでしょうね。でもこれからは、Eさんのパニック障害を対象にして、いろいろと実験していくんです。前にも申し上げましたけれども、「こう思ってみたらどうかな？」とか「こうしてみたら、どういう結果が出るんだろう？」とか……。Eさんの好奇心が大いに生かされることになると思いますよ。

Eさん　そうなるといいと思います。

第3セッションのホームワークは、同セッションで作成した二つの循環図（図4・4、図4・5）を見返してきて、自分のパニック障害が本当にこの循環に当てはまるかどうか、最終確認してきてもらうこととした。

次の第4セッションの冒頭で、第3セッションで作成した二つの循環図がまさにその通りであるとの最終確認がEさんから得られた。そこで第4セッションでは、これらの循環図をもとに問題リストと目標リストをセラピスト主導で作成し、それらに基づきセラピストが技法を提案し、計画を立てるところまで進めた。まず第4セッションの前半に作成

した問題リストと目標リストを、それぞれ図4・6、図4・7に示す。以下に、目標リストを作成した後の、セラピストとEさんのやりとりを示す。

セラピスト　ほとんど私が引っ張る形で、このように問題リストと目

1．問題リスト：現在，困っていることを具体的に書き出してみる

☐ ① さまざまな場所や状況において自律神経系の緊張反応が生じたとき，それに対して破局的な解釈を自動的にしてしまう。
例：「倒れるかも」

☐ ② ①のような破局的な解釈によって不安緊張感が生じたとき，さまざまな安全行動を必死になって行うが，それによってさらに心身の不安緊張が高まってしまう。

☐ ③ 心身の不安緊張感が高まると，さらにそれに対して破局的な解釈（認知）をし，結局は回避行動をしてしまう。

☐ ④ 回避行動によって，やりたいこと，やるべきことができず，行きたい場所にも行けず，会いたい人にも会えず，生活の幅がうんと狭くなっている。

☐ ⑤ 回避行動によって，やりたいこと，やるべきことができず，生活の幅がうんと狭くなってしまっている。そういう自分を責めて，ネガティブな気分に陥ることが多い。

☐ ⑥ ①〜⑤の結果，心身が常に緊張しており，リラックスできない。その結果，今まで何ともなかった場所や状況で新たなパニック発作が起きてしまうことになる。

図4・6　Eさんと作成した問題リスト（ツール2の一部）

標リストを作ってみましたが、いかがでしょうか？

Eさん　これでいいと思います。

セラピスト　もうお分かりかと思いますが、Eさんのようにさまざまな回避を伴うパニック障害の場合重要なのは、身体的反応を抑えることではなく、たとえ身体的反応が生じたとしても回避をしないで、行きたい場所に行く、やりたいことをやる、会いたい人に会うということなんです。それができれば目標リストの①から③までがクリアできるということになりますよね。

Eさん　そうですね。

セラピスト　今日は残りの時間で、そのための考え方と方法について

```
3．現実的な目標を設定する
□ ① たとえ身体的反応やそれに対する破局的解釈が生じても，安全行動を取らずにその場にとどまり，行きたい場所に行き，やりたいことをやり，会いたい人に会えるようになる
□ ② 身体反応に対する破局的な解釈が自動的に生じたその瞬間に，それを別の思考に置き換え，その結果その場にとどまったり，行きたい場所に行ったりできるようになる。
□ ③ すでにパターン化されている回避行動に少しずつチャレンジし，行きたい場所に行き，やりたいことをやり，会いたい人に会えるようになる。
□ ④ 慢性化した心身の緊張をある程度緩和できるようになる。
```

図4・7　Eさんと作成した目標リスト（ツール2の一部）

お伝えしたいと思うのですが、それでよろしいですか？

Eさん　ええ、お願いします。

セラピスト　（紙に大きく「曝露（エクスポージャー）」と書く）「曝露」って知っていますか？　英語のまま「エクスポージャー」と呼ぶときもあります。曝露はパニック障害の治療で一番重要な概念ですので、すでに本やネットでお読みになったことがあるかもしれません。

Eさん　聞いたことがあるような気はします。でも詳しいことは全然知りません。

セラピスト　曝露あるいはエクスポージャーというのは、「さらす」という意味なんです。そのひとつが、自分の苦手な状況や場面に自分の身をさらす、ということになります。Eさんの場合、どんな状況や場面に身をさらすことが「曝露」になりますか？

Eさん　地下鉄とかエレベーターとか、そういうことですか？

セラピスト　そういうことです。要は、今現在Eさんが回避をしている場面に対して回避をするのではなく、「曝露だ！」と思ってご自分の身をさらすこと、これが曝露です。今からこの曝露のメカニズムについて説明します。

セラピスト　（図4・8を書いて、提示しながら）これは「不安と回避の曲線」です。「発作になったらどうしよう」「倒れたら嫌だな」といった認知によって不安になることを「予期不安」と言いますが、この予期不安のせいで、Eさんは今、いろいろなことを回避したり、その場にいるときは安全行動を取ったりしてしまうんですよね？　回避したり安全行動を取ったりする

ことで、その場の不安はとりあえず治まります。そういう意味では回避は便利ですが、私たちですでに話し合ったように、回避することによってEさんの生活はどんどん不自由なものになってしまっているという大きな問題が生じています。（Eさんがうなずきながら真剣に聞いてくれていることを目で確かめて）もう一つ、回避の大きな問題は、この図（図4・8）を見ていただきたいのですが、回避をするととりあえず不安は治まる。でもまた次に同じ場面で同じように予期不安が出てきてしまい、また同じように回避をする。す

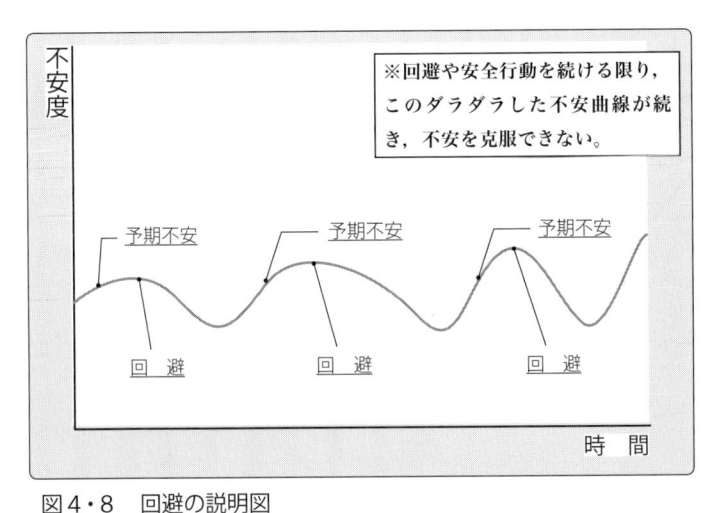

図4・8 回避の説明図

※回避や安全行動を続ける限り，このダラダラした不安曲線が続き，不安を克服できない。

ると、またまた不安はとりあえず治まる。（図4・8の曲線を指差しながら）結局、不安と回避がダラダラと繰り返されるこういう曲線が、延々と続いてしまうんです。……ここまでどうですか？

Eさん　まったくその通りだと思います。

セラピスト　生活の場で、不安と回避の対象がごくごく限られている場合はこれでもいいのかもしれませんが、パニック障害の方の場合、いろいろな場面でたまたま発作が出たり、発作までいかなくとも緊張反応が生じたりすることがあって、その度に回避の対象が新たに増えてしまうんです。それでどんどん身動きが取れなくなってしまう。また回避をし続けることで、回避以外の不安への対処法を身につけるチャンスも失ってしまう。回避の最大の問題はこれがずっと続いたままで、ここから脱け出せなくなってしまうということなんです。ここまでよろしいですか？

Eさん　ええ、よくわかります。嫌になるぐらいよくわかります（笑）。

セラピストは、図4・8の回避の説明図に曝露の曲線を書き加えて（図4・9）、説明を続けた。

セラピスト　では次に曝露の説明をしますね。（図4・9の曝露曲線を指差して）これは曝露と不安の関係を示す曲線です。ある場面に対して予期不安が高まるとします。ここで回避をしないで、そのような不安や場面に曝露する、すなわち不安や場面にご自分の心身を「さらす」とどうなると思いますか？

Eさん　もっと不安になります。

セラピスト　そうですよね。ですからこの図でも、回避しないで曝露すると不安がバーッと上がっていく様子が示されています。これは結構きついです。今まで回避していたような場面や不安に「さらす」わけですから辛抱が要りますし、しかも不安がますます上がっていくわけですから、かなり怖く感じてしまうかもしれません。でもEさんもご自分の体験からよくおわかりかと思いますけど、いくらどんどん不安が高まったとしても、かならずその不安には「ピーク」があって、ピークが来たら、それ以上高まることはなく、その

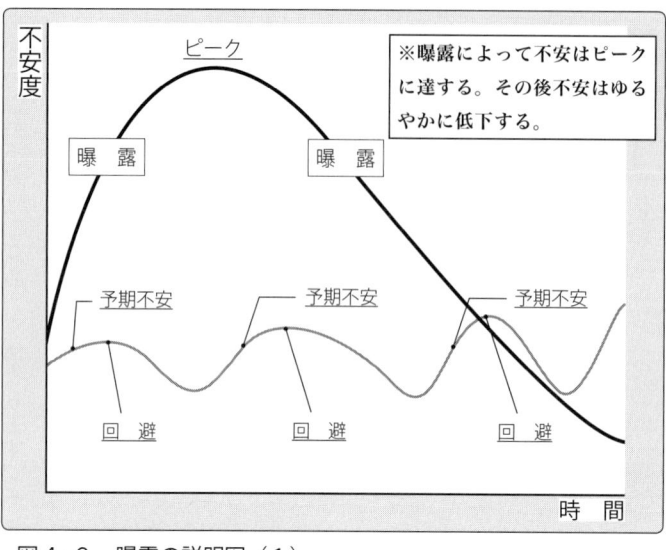

※曝露によって不安はピークに達する。その後不安はゆるやかに低下する。

図4・9　曝露の説明図（1）

後、その不安は徐々に鎮まっていきます。気分とはそういうものです。「不安」とか「緊張」とか「落ち込み」とか気分にはいろいろありますが、どんな気分でも放っておくとピークを迎えて、後は少しずつ治まっていく……そうではありませんか？　どう思います？

Eさん　うーん。（しばらく考える）……確かに……言われてみればそうかなあ、という感じですが。……不安のピークって具体的にはどういうことですか？

セラピスト　それは逆に私がお聞きしたいことです。Eさんが体験したなかで、これまで一番不安だったというのは、いつ、どんなときでしたか？

Eさん　そうだなあ。（しばらく考える）……いくつもありそうなだけど、たとえばもう何年も前に高速道路でパニック発作を起こしたときは、もう本当にきつかったです。電車と違って途中下車できないところでそのときの不安って結局どうなったんですか？

Eさん　必死で深呼吸して、夫にとにかく早く車から降りたいと訴えて、次の出口で高速から降りてもらいました。その次の出口までが遠くて遠くて。本当に死ぬかと思いました。

セラピスト　で、そのときの不安度は？

Eさん　もう100％です。200％と言ってもいいぐらい（笑）。

セラピスト　まあいつもの習慣で100％としておきましょう（笑）。ところでそのときの不安って結局どうなったんですか？

Eさん　必死で深呼吸して、夫にとにかく早く車から降りたいと訴えて、次の出口で高速から降りてもらいました。その次の出口までが遠くて遠くて。

セラピスト　で、不安はどうなったんですか？

Eさん　（思い出そうとする）……そのときどうだったんだろう？……あ、そうだった、出口の標示が出てきたら教えてくれって夫に頼んで、途中から助手席で目を閉じてじっと固まっていたんです。

4章　パニック障害

そうしたらそのうちなんだか眠りたくなってウトウトしてたら、夫が出口の標示があったよって言って、そこでハッと目が覚めたんです。それで次の出口で降りてもらったんです。確かそうでした。

Eさん　やっぱり100％。

セラピスト　目を閉じて固まっていたぐらいでした？

Eさん　半分寝ていたのでよくわからないけど、寝ていたぐらいだから100％ではないですね。

セラピスト　ウトウトしていたときの不安度は？

Eさん　50％ぐらいかしら。

セラピスト　いえ、ウトウト寝ていたんだから、もっと低いと思う。30％ぐらいかな。

セラピスト　ウトウトしたのは、100％不安になってから、何分後ぐらいでした？

Eさん　……うーん、たぶん十分とか十五分とか経っていたと思います。

セラピスト　ということは、一時は100％までいった不安、Eさんの感覚では200％の不安、「死ぬかもしれない」という不安、これが私がさっき言った「ピーク」ですが、少なくとも十五分後には30％まで落ちた、ということになりますね。不安がピークを迎えて、時間が経つうちに次第におさまっていったんです。このときの不安の流れって、この図（図4・9）の曲線のようになっていたんじゃないですか？

Eさん　確かにそうです。……今思い出してみて、確かにこの流れ（曝露曲線）の通りだったとわかりました。

セラピスト　曝露ってそういうことなんです。ですから繰り返しにな

りますが、回避をするとちょっと高まってきた不安を直ちに治めることができますが、それだといつも回避しなければならなくなってしまう。でも不安になりかけたとき、「えーい、曝露だ！」と思って、思いきってその不安が強まるのに任せると、つまり不安に曝露すると、あるところでピークに達して、その後ゆるやかに治まっていくんですね。不安にさらすと、そして不安がピークに達したときは、すごくきついかもしれませんが、峠を越すと、今度は不安が治まっていくのをしっかり体験できる。そして最終的には大丈夫な状態になる。こうやってこの曲線を体験として全うするわけです。この落差をしっかりと体験するのです。

Eさん　なるほど。曝露ということがよくわかってきました。

セラピスト　何かの気分が生じたときに、それがどんどん強まっていっても、一度ピークに達したら治まっていく、という説明について、今、どう思います？

Eさん　よくわかりました。確かにそうだと思います。

セラピスト　ちなみに気になるのは、不安とか怒りとかそういうネガティブなものだけでなく、ポジティブなものもありますよね。笑っちゃうぐらいおかしい気分とか、すごくウキウキした浮かれた気分とか。実はそういうポジティブな気分も、やっぱり同じような曲線になるんですよ。どんなに大笑いしていても、やっぱりどこかでスーッとそういうおかしい気分って収まっていきます？　本当はずっと笑い続けていたくても。

Eさん　確かにそうです。いい気分は長く続いてほしいですけど、やっぱりどこかで冷めてしまいますね。……なるほどね、ますます

セラピストは、**図4・9**の曝露の説明図（1）にさらに曝露の曲線を書き加えて（**図4・10**）、説明を続けた。

セラピスト だんだん図が汚らしくなってきましたが（笑）、曝露の何がいいかと言うと、曝露を繰り返し行うことで、不安のピークそのものが下がってくるんです。しかも不安が治まるまでの時間も徐々に短縮されてくる。これはもちろん慣れてくるからです。そうなると曝露にチャレンジすること自体が、だんだんしんどくなくなってきます。これについてはおわかりになりますか？

Eさん ええ、なんとなく。

セラピスト Eさんはジェットコースターに乗ったことがありますか？

Eさん こんなふうになる前には、遊園地に行ったこともあります。前は結構絶叫マシーンとか好きだったんですよ。今はもう駄目ですけど。

セラピスト 初めて乗るジェットコースターって、乗る前、すごく怖くないですか？

Eさん 怖いですよー。

セラピスト ですよね。それこそその怖さに曝露し、ジェットコースターに乗るわけです。この曝露曲線そのものがジェットコースターみたいですが（笑）。同じジェットコースターに二度目に乗るときはどうでしょう？

Eさん 怖さが少し薄まるかも。

セラピスト そうですよね。一回目よりは二回目のほうが、三回目のほうが、乗るときの怖さの程度が弱まりますよね。曝露もそれと同じです。回数を重ねるうちに、少しずつ怖さのピークが下がってくるんです。

Eさん 今の説明で、よーくわかりました。

以上のやりとりを通じて、Eさんは曝露のメカニズムを十分に理解した。次の第5セッションでは、曝露を含む諸技法についてさらにセラピ

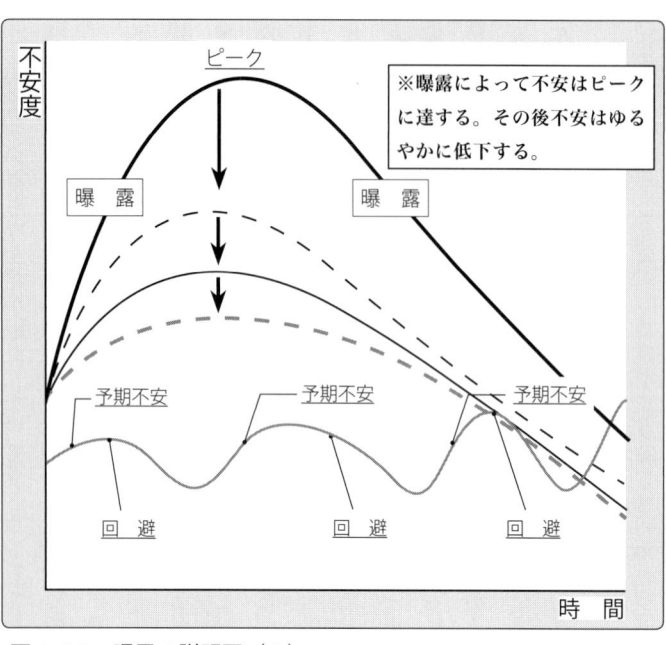

※曝露によって不安はピークに達する。その後不安はゆるやかに低下する。

図4・10 曝露の説明図（2）

目標	技法
1．安全行動を取らずにその場に留まり，行きたい場所に行き，会いたい人に会う。	①段階的曝露：不安階層表を作って，少しずつ曝露を行う。
2．身体症状に対する破局的自動思考を別の思考に置き換える。	②認知再構成法：身体症状発生時に曝露のことを意識して，その場に踏みとどまれるような思考に切り替える。
3．回避行動に少しずつチャレンジし，行きたい場所に行き，会いたい人に会う。	③リラクセーション法：姿勢と呼吸をコントロールすることで，日常生活における心身の緊張度の低下を狙う。
4．慢性化した心身の緊張をある程度緩和できるようになる。	

※技法の計画：①をメインの技法としてしっかりと取り組む。②，③は①の補助として必要な分，練習する。

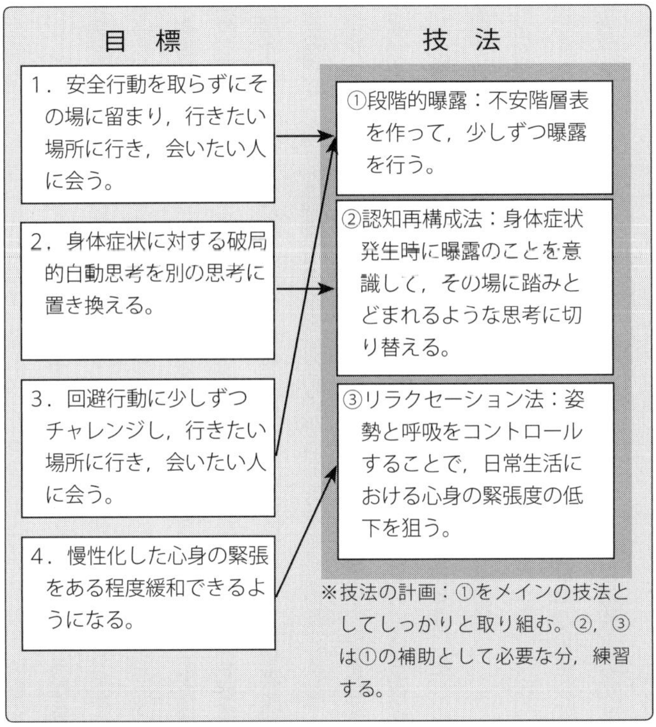

図4・11 目標と技法の関連図

ストから心理教育を交えながら説明し，以下のように技法の計画を立て（図4・11），実施していくことで合意された。

前述の通りセラピストは第4セッションで曝露について詳細な心理教育を実施したが，Eさんはそれをよく理解し，第5セッションでセラピストがEさん自身に曝露について要点を話すよう求めたところ，実に的確に説明することができた。また曝露を実施してみたいかとのセラピストの問いに対しては，「前回先生からいろいろ説明してみたったことを，家に帰ってよく考えてみたが，やはりこれ（曝露）をやらないと自分の望む方向での回復はありえないと思うので，怖いけどぜひチャレンジしてみたい」とのことであった（第4セッションのホームワークは，〈曝露についておさらいし，曝露をやりたいかどうかを含め，よく考えてくる〉というものであった）。またセラピストが曝露のやり方には複数あることを伝え，各やり方について説明したところ，Eさんは段階的曝露を希望した。話し合いの結果，段階的曝露をメインの技法として柱に据え，曝露を補助する形で必要に応じて認知再構成法とリラクセーション法を取り入れていくことで合意された（図4・11）。

4・4　各技法の実践

Eさんとセラピストは，第5セッションで立てた計画に沿って各技法を実践していった。ここでは各技法のポイントのみ提示するに留める。

● 段階的曝露

第5，6セッションでセラピストとEさんは，以下のような不安階層表を作成し（表4・1〈一二九ページ〉），この表に基づいて段階的曝露を実行することにした。

第6セッションで不安階層表が出来上がった時点で，段階的曝露の場合，通常50％ぐらいの不安度から曝露にチャレンジすることが多いことをセラピストが説明すると，Eさんもそれに同意した。そこで不安度50％の欄に記載されてある行動を次のセッションまでに実行し，不安な場面および不安な感覚に曝露してくることと，そしてそのときどきの不安度のメモを取ってくることがホームワークとなった。第6セッションの感想として，Eさんは，「とうとうこの日が来てしまった」という感じ。曝露

が必要だということは頭ではもう十分にわかったので、あとはもう実行するしかないんだなあ、と思います。こわいけど、反面楽しみな気もします」と話してくれた。

次の第7セッションで曝露の報告をしてもらった。Eさんによれば、はじめてチャレンジするときはかなり不安が高まったが、実際にやってみると図4・9に示された曝露曲線どおりに不安が推移することが実感でき、「なるほど、これが曝露なのか」と納得がいったそうである。そして第6セッションから第7セッションまでの二週間、毎日何らかの曝露課題にチャレンジしたそうで、不安階層表の50％の欄に記入されている行動はすべて回避せずに実行できるようになったこと、またそのときに生じる不安の度合いそのものが徐々に下がってきていることが共有された。

Eさんは順調に曝露を続け、第8セッションでは階層表の60％の欄、第9セッションでは階層表の70％の欄、第10セッションでは階層表の80％の欄に記載されたすべての行動にチャレンジし、曝露を体験することができた。「曝露することに慣れてきたら、パニック障害になる前の感覚が少し戻ってきた。昔は少々具合が悪くても、行きたいところに行っていた。それが普通なんだと思う」とEさんは話してくれた。セラピストとEさんとで話し合った結果、Eさんがパニック障害と曝露のメカニズムをしっかりと理解し、実生活で曝露を実践し続けられるだろうということが合意された。またこれまでのツール類を見直し、パニック障害の悪循環が今はほとんど起きていないこと、起きかけたとしても回避ではなく曝露で対処できていることも一緒に確認した。そこでCBTとしてはフォローアップに入ることにし、

三カ月後にフォローアップセッションを実施し、大丈夫そうであれば終結にするということで合意された。三カ月後、予定通りにフォローアップセッションを実施し、不安度80％までのすべての曝露が継続して実施されていること、Eさんがパニック障害と曝露のメカニズムをさらに実感を伴って理解していることが確認され、終結となった。

なお、階層表の90％および100％の欄に記載されている行動については（新幹線、飛行機）、わざわざ用もないのに曝露課題を設定するにはコストがかかりすぎるので、チャンスがあれば回避せずにチャレンジするということにした。三カ月後、フォローアップセッションを実施し、不安80％までのすべての曝露が継続して実施されていること、Eさんがパニック障害と曝露のメカニズムをさらに実感を伴って理解していることが確認され、終結となった。

● 認知再構成法

図4・11のとおり、Eさんの治療目標のなかで認知に焦点を当てているのは「身体症状に対する破局的自動思考を別の思考に置き換える」という目標2である。Eさんの場合、破局的な自動思考が生じるのはパニック障害の悪循環に絡む身体反応に対してだけであった。そしてパニック障害やそれに対する認知行動療法について心理教育を実施した結果、苦手な場所や状況で何となくドキドキしたり息苦しくなるなどの軽い身体症状が出た場合、それらの感覚に対して曝露することが必要で効果的であるとEさん自身が納得した。したがって、図4・11の目標2に対する技法として認知再構成法を適用することが合意されたが、1章のうつ病の事例のように、時間をかけてじっくりと認知再構成法に取り組むということはしなかった。実際には認知再構成法という技法の理論的根拠を心理教育したのち、図4・12のようなコーピングカードをセッションで一緒に作り、それをEさんに持ち歩いてもらい、身体症状に対する破局的な自動思考が生じたことに気づいたらすぐにカードを見て認

表4・1 Eさんの不安階層表

不安度	場　面
100%	・飛行機（国際線）に乗って移動する。
90%	・東海道新幹線に乗って名古屋より遠くに移動する。 ・飛行機（国内線）に乗って移動する。
80%	・東海道線に乗って東京-横浜間を移動する。 ・東海道新幹線に乗って東京-新横浜間を移動する。 ・地下鉄に乗って2駅分以上乗車する（2駅以上であれば何駅でも同じ）。 ・長距離バスに乗る。 ・初めて行く美容院でシャンプーしてもらう。 ・歯医者で治療してもらう。
70%	・朝や夕方のわりと混んでいる時間帯に，東横線（急行，特急）に乗って，自由が丘から渋谷まで，あるいは自由が丘から横浜まで乗車する。 ・30階より高い建物（マンション，ビル，ホテルなど）のエレベーターに乗って，30階より上に行ったり，あるいは戻ったりする。 ・JR線に30分以上乗車し続ける。 ・地下鉄に1駅分だけ乗車する。 ・○○駅の地下街を隅から隅まで歩く。 ・○○駅の地下街の喫茶店でお茶をする。 ・行きつけの美容院でシャンプーしてもらう。
60%	・昼間の空いている時間帯に，東横線（急行，特急）に乗って，自由が丘から渋谷まで，あるいは自由が丘から横浜まで乗車する。 ・20階より高い建物（マンション，ビル，ホテルなど）のエレベーターに乗って，20階より上に行ったり，あるいは戻ったりする。 ・夕方，最寄りの駅ビルの地下の食品売り場で買い物をする（かなり混んでいる）。 ・昼食時，最寄りの駅ビルの喫茶店でランチをする（店がとても狭いうえに，ランチタイムはとても混んでいる）。
50%	・朝や夕方のわりと混んでいる時間帯に，東横線（各駅停車）に乗って，2～3駅先まで出かける。 ・昼間の空いている時間帯に，東横線（各駅停車）に乗って，4駅以上先まで出かける。 ・バスに乗って終点の「○○植物園」まで出かける（所要時間40～60分）。 ・10階より高い建物（マンション，ビル，ホテルなど）のエレベーターに乗って，10階より上に行ったり，あるいは戻ったりする。 ・昼間，最寄りの駅ビルの地下の食品売り場で買い物をする。 ・最寄りの駅ビルの喫茶店でお茶をする（店がとても狭い）。
40%	・昼間の空いている時間帯に，東横線（各駅停車）に乗って，2～3駅先まで出かける。 ・近所の郵便局で振込みの用事を済ませる（いつも混んでいる）。 ・いつもの銀行のキャッシュディスペンサーの列に並ぶ（いつも10人ぐらいは並んでいる）。 ・夕方に近所のスーパーに行って，レジの行列に並ぶ（夕方はとても混んでいる）。 ・TSUTAYA（DVDとCDのレンタル店）で何か借りるときの列に並ぶ（いつもとても混んでいる）。 ・有隣堂書店（駅ビルにある大型書店）で本を買うときの列に並ぶ（いつも10人ぐらいは並んでいる）。
30%	・夫や両親が運転する車で移動する（一般道）。 ・近所のコンビニやスーパーでのレジ待ちの行列（5人以内）。 ・近所のスーパーの駐車場の出入り口で待っているとき（5台以内）。 ・美容院でカットしてもらう。
20%	・自宅や実家で一人でいるとき，入浴する。
10%	・自宅や実家で一人でいるとき，トイレに入る。
0%	・夫と一緒に自宅でくつろいでいる。実家で両親とくつろいでいる。

知を切り替える、という作業を曝露と同時に行った。

このような認知再構成法およびコーピングカードに対するEさんの感想は、「曝露が重要だということは頭ではよくわかっているけれども、実際の場面でドキドキしたりしてくると、やっぱり『倒れる』とか思って、回避したくなる。だから『倒れる』というのが破局的な自動思考で、それを曝露に向けて頭を切り替える必要があるというのはすごくよくわかる。こういうふうにカードにしてもらえると、持ち歩いていと思ったときにすぐに見て、切り替えようとすることができるので、とてもよいと思う」というものであった。

```
        ┌─────────────────┐
        │   身体反応       │
        │ 何となくドキドキ息苦しい │
        └─────────────────┘
         ✗ ↙         ↘ ○
┌──────────────┐   ┌──────────────┐
│  破滅的自動思考  │   │   適応的思考    │
│「倒れるかも」「どうしよう」│   │「こういうときこそ曝露だ」│
│「助けて」「もう駄目だ」 │   │「曝露をやってみたらどうなるかな」│
└──────────────┘   └──────────────┘
         ✗ ↓                 ↓ ○
    ┌──────────┐      ┌──────────┐
    │   結果    │      │   結果    │
    │回避もしくはパニック発作│  │ 曝露する   │
    │          │      │結果的に何とかなる│
    └──────────┘      └──────────┘
```

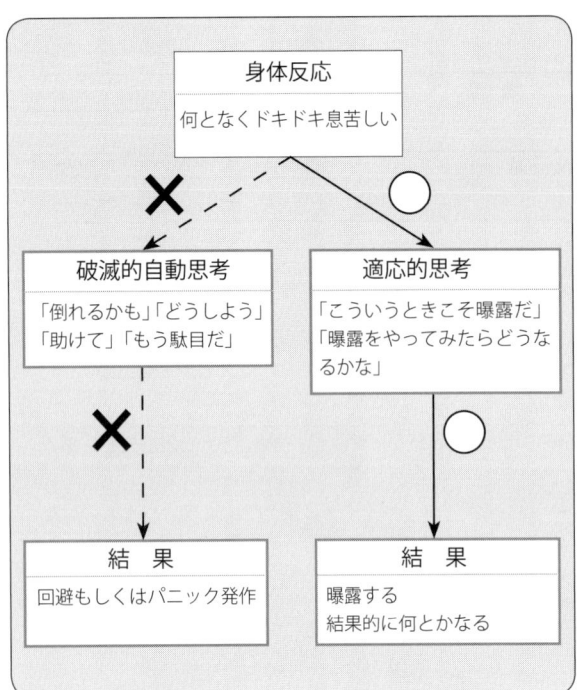

図4・12　破局的な自動思考を切り替えるためのコーピングカード

このように本事例では曝露の補助技法という位置づけで認知再構成法を活用したが、パニック障害や強迫性障害、社会不安障害など不安障害に対する認知行動療法では、このような活用の仕方（曝露が主、認知再構成法が補助、という使い方）をすることが少なくない。

●リラクセーション法

図4・11のとおり、慢性化した心身の緊張の緩和を目標としてリラクセーション法を導入することが合意されたが、これも上記の認知再構成法と同様に、曝露の補助と位置づけ、さほど本格的には実施していない。下半身に重心を置き、上半身を脱力した姿勢を保つ練習をしばらく続けてもらった後、鼻から少しだけ息を吸い、それを口から細く長く吐く、という腹式呼吸法を使った呼吸コントロールを身につけてもらい、日々の生活のなかでこまめに実施するよう依頼した。その際に強調したのは、リラクセーション法は不安緊張時ではない普通の状態のときに実施してほしい、ということである。すなわち苦手な場面や状況で心身が緊張してきたときに、その緊張をおさめるためにリラクセーション法を使うことは決してしないよう、Eさんに依頼した。なぜならEさんとセラピストが立てた目標を達成するために、緊張に曝露し、緊張を自覚したときに必要なのは緊張を解消することではなく、緊張を自覚したときにするべきことは第一に「曝露」だからである。つまり緊張に曝露し、緊張がピークに達し、その後ゆるやかにおさまるのを体験することである。したがって緊張を解消するためにリラクセーション法を用いることは曝露を阻害することになり、望ましくないということになる。このような説明をしたうえで、日常的な緊張レベルを下げるための手段としてEさんには姿勢と呼吸の練習を日常的にこまめに実践してもらった。

4章 パニック障害

練習開始直後はセラピストは「効果があるのかないのかよくわからない」とEさんは述べたが、とにかくこまめに続けて、今練習している姿勢のとり方や呼吸の仕方を"癖"のように身体にしみこませてください〉と言って、練習を続けてもらった。その後、リラクセーション法については毎回「日常的にこまめに実践する」というホームワークを出し、セッション開始時に必ず実施状況を確認した。その際もセラピストは〈とにかくこまめに続けてください〉という教示を繰り返した。すると第9セッションでEさんは、「先生にとにかく『こまめに続けて』と言われて、まあそんなものかなと思いつつ、とりあえず気がついたときに意識して教えていただいた姿勢や呼吸をするようにしていますが、何となくそれが癖というか、当たり前のものになってきた気がします」と発言した。〈それで十分ですか？〉とセラピストが問うと、「すごく落ち着くとかそういうことはありませんが、まあ、何となく落ち着くというか、普通な感じがします」とのことであった。〈それで十分だと思います。自律訓練法とかもっと専門的な方法を練習すれば、深いリラクセーション効果が得られますが、姿勢や呼吸を少しだけコントロールして、普通に落ち着く感じが得られるのであれば、まずはそれを続けていただくのが良いのではないかと思います。どうですか？〉とセラピストが言うと、Eさんも「そう思う」とのことで、日常的に姿勢と呼吸のコントロールを続けるということで合意された。第10セッションの三カ月後のフォローアップセッションの際、〈姿勢と呼吸を気をつけていますか？〉と質問したところ、Eさんは笑って、「絶対にそう訊かれると思っていました。気づいたときにちょこちょこやっています。ときどきやりながら先生の顔を思い出すんですよ」と答えてくれた。

● ストレスマネジメント教育と再発予防のための話し合い

第10セッション、およびフォローアップ的な目的で実施した最終の第11セッションでは、ストレスマネジメントについて心理教育を実施し、これまでのCBTを振り返りつつ、再発予防のための話し合いを行った。セラピストは心理学的ストレスモデルに基づき、ストレッサーや心身のストレス反応、およびコーピングなどについて全般的に説明し、ストレスが溜まっていることとパニック障害の発症が関連しているらしいということを伝えると、Eさんは「今思うと確かにあの頃はストレスが溜まっていたと思う。仕事をいくつも抱えていて、いつも時間に追われていた。ここで教わったリラクセーションと正反対の状態で毎日生きていたと思う」と感想を述べた。その話を踏まえて、再発予防のためには日々のストレスマネジメントをまず実践すること、その際、ここでの認知行動療法で身につけた曝露法や認知再構成法やリラクセーションを生かすこと、万が一パニック発作が起きてもそれをパニック障害に発展させないため、パニック障害のメカニズムを覚えておき、そういうときこそ回避ではなく曝露をすることが重要であると合意された。なお心理学的ストレスモデルについては小杉（二〇〇二）などを参照されたい。

最終回の第11セッションではさらに、目標リスト（図4・7）を確認し、現時点ですべての目標の達成度が80％であること、ここでの認知行動療法で身につけたことを終結後も続ければ達成度がもっと上がりそうであることを共有し、予定通りこの回で終結にすることにした。セラピストはEさんの"実験ぶり"をねぎらい、Eさんの感想を尋ねたところ、「認知行動療法に出会えて良かったです。曝露は大変だったけど、

やっぱりこれがないと治らないんだ、というのはよくわかりました。思い切ってチャレンジして良かった。ありがとうございました」と晴れやかな笑顔で語ってくれた。前述のとおり、終結後の数年間、Ｅさんは毎年セラピストに年賀状を送ってくれたが、Ｅさんが自分で認知行動療法を続けていること、パニック障害は再発していないことが書かれており、さらに終結後三回目に届いた年賀状には無事男児を出産したという嬉しいお知らせが書かれてあり、元気そうな赤ちゃんの写真がプリントされてあった。このように本事例は、実にすっきりと、嬉しい思いと共に振り返ることのできるケースである。

■ 4・5 事例Ｅのまとめ

以上、パニック障害に焦点を当てたオーソドックスな認知行動療法（ＣＢＴ）の事例を紹介した。ここでまず注意したいのは、クライアントの主訴が「パニック障害」だからといって即パニック障害に焦点を当てたＣＢＴを開始すればよいというわけではない、ということである。インテーク面接などでまず全般的に話を聞き、Ⅱ軸障害の心配がないこと、抑うつ状態が重度ではないこと、クライアント個人に焦点を当てる前に介入や調整の必要な環境要因がないことなどを判断する。つまり鑑別診断や併存症についての検討を十分に行って、パニック障害にまず焦点を当てても良さそうであるかどうか判断した後、パニック障害へのＣＢＴパッケージを適用するということである。本事例では、インテーク面接でうかがった話やインテーク面接時のＥさんの様子から、またＢＤＩ-Ⅱをはじめとした各種テスト結果から、パニック障害

だけに焦点を当ててＣＢＴを適用できるケースであると判断した。

本書では紹介しないが、**境界性パーソナリティ障害（ＢＰＤ）**の傾向を有する人がパニック障害を訴えて来談する事例が少なくない。その際ＢＰＤを視野に入れず、パニック障害だけに焦点を当ててＣＢＴをいきなり適用すると、後々何らかの問題が発生することがある。筆者がスーパービジョンなどを通じてときどき見聞きするのは、たいてい曝露を適用するあたりで、「なぜ私が嫌がっていることをセラピストは私にさせようとするのか」と怒りを示したり、内心は嫌なのにセラピストの指示だからということで無理に曝露にチャレンジした結果、曝露中にパニック発作を起こしてそのことでセラピストを恨むようになったり、というケースである。したがってＢＰＤ傾向を有するパニック障害のクライアントの場合、安易にパニック障害だけに焦点を当てることはせず、ＢＰＤ的な問題に先に取り組むのか、パニック障害そのものに最初にアプローチするのか、といったことをクライアントと十分に話し合って決める必要がある。

またパニック障害のクライアントが来談した場合、抑うつ状態についても必ずチェックする必要がある。そして抑うつ症状が重症の場合は、まずそちらに焦点を当てて、抑うつ症状がある程度軽くなってからパニック障害に取り組むのか、あるいはパニック障害そのものによって抑うつ症状がひどくなっているのであれば、やはりパニック障害に最初から焦点を当ててパニック障害の回復に伴って抑うつ症状も回復することを狙うのか、そのあたりについて十分にクライアントと話し合う必要が

ある。抑うつ状態にかかわるこのような判断は、セラピストが非医師である場合、セラピストとクライアントだけで下すことは危険である。必ず精神科医の指示や指導を受ける必要があるだろう。

以下に本事例についてのポイントをいくつかの項目に分けてまとめてみる。

● 「実験」というアナロジーの活用

CBTにおいて重要なのは、「セッションで何をやったか」ではなく、「セッションでやったことがクライアントの実生活でどのように生かされたか」「セッションでやったことを、クライアントの実生活にどのようにつなげていくか」ということである。だからこそホームワークが重視されるのであるが、特に回避をはじめとした安全行動によって生活が大幅に制限されているパニック障害の場合、実生活でクライアント自身がCBTで習得したことを実践してもらうことが不可欠である。その際、「実験」のアナロジーを使うと理解してもらうことがしやすいようである。またそのことを外在化して口頭で説明するだけでなく、図4・1（一〇三ページ）のように外在化して口頭で示すことが、実験というアナロジーの効果をさらに上げるようである。

このような説明は、曝露など具体的な介入が始まる前のできるだけ早い段階で、少なくとも一回はしっかりと行っておくのが良いように思われる。できるだけ早いうちにクライアント自身に「腹をくくって」もらうのである。そうすることでクライアントに心の準備ができ、後に介入の段階に入り、曝露について心理教育をしたときに、クライアントがさ

ほどあわてたり動揺したりせずに済む。逆にこのような説明がないままに、後日、いくらエビデンスがあるからといってもいきなり曝露について説明すると、「それができないから困っているんじゃないか！」とクライアントの反発を食らうおそれがある。要は曝露に向けて予め少しずつ種まきをしておくということである。

● 不安障害では心理教育が特に重要かつ効果的である

CBTではクライアントの抱える問題について、そしてCBTそのものについて心理教育を積極的に行うという特徴があるが、特にパニック障害、強迫性障害、社会不安障害、特定の恐怖症といった不安障害については、クライアントが典型的な不安障害を抱えていることが確認できた時点で、早めに心理教育をしっかりと実施することが非常に役に立つ。本事例では初回、第2セッションでクライアントのパニック障害の症状をアセスメントした結果、間違いなく「パニック障害」であることが確認できたので、第3セッションではかなりの時間を割いて心理教育を行った。心理教育は継続してこまめに実施する時間を割いてパニック障害について心理教育を行う必要があるが、それとは別にまとまった時間を割いて心理教育をしっかりと行うと、クライアントの症状に対する自己理解が非常に深まり、それと同時に安心感を持てるようである。

不安障害のクライアントは自らの症状を「わけのわからないもの」「手に負えない困ったもの」として認識していることが多いのだが、セラピストが専門家として落ち着いた態度で、専門的知見をわかりやすく示すと、「ああ、自分の抱える問題って、こういうことだったのか」と「腑に落ちる」そうなのである。心理教育によって症状そのものが変わ

るわけではないが、このように腑に落ちる体験をすることで、症状に対する認知が変わり、次に症状が活性化されたときも、そこから逃げるのではなくむしろそれを確認してみようとの態度で受け止めることができるようになる。つまり心理教育を通じて症状を対象化する視点が強化されるのだろう。

心理教育はもちろんすべてのCBTで不可欠であるが、特に不安障害はそれぞれの症状に対する認知行動モデルが明確で、実証的な裏づけがあるため、説明しやすいという利点がある。1章、2章、3章で示したとおり、うつ病などの気分障害はかなり個人差が大きく、「一般的にうつ病とは」というくくりで説明するのが難しい。逆に典型的な不安障害の場合は、「パニック障害とは」「強迫性障害とは」と疾病単位でひとくくりに説明できる点が多いので、時機を見計らって、しっかりと説明する時間を作ると良いだろう。

その際のコツであるが、①図や絵を描きながら説明する、②クライアントの体験を使いながら説明する、③他のクライアントの例を適宜組み込んで説明する（不安障害の場合、疾病単位で説明できるので、たとえば「他のパニック障害のケースではこうだった」「パニック障害の人は皆そういう体験をしている」といった説明がしやすい。筆者の経験では、不安障害の方々の多くが、他事例について聞くと、「ああ、やっぱり皆そうなんだ」「自分だけじゃないんだな」と思って安心するようである）、④個々の現象に名前をつける（例：「破局的解釈」「安全行動」「回避」など）、⑤クライアントの反応をこまめに確かめながら説明する、⑥堂々と説明する（「これはこういうものなんです」ぐらいの勢いできっぱりと説明する）

ただし不安障害といえども、個々のクライアント毎にその体験の有り様には個性があるので、それを無視した説明が望ましくないのは言うまでもない。疾病単位の説明とクライアント個人の有り様をうまく組み合わせて説明するのがベストであろう。

● 「曝露（エクスポージャー）」についても心理教育が要である

パニック障害をはじめとする不安障害では、介入の段階で多かれ少なかれ曝露（エクスポージャー）を取り入れることが不可欠である。曝露とはすなわち、クライアントがこれまで避けてきた「嫌なこと」にチャレンジしてもらうことである。単に「曝露が役に立つからやってみよう」という教示では、嫌なことにチャレンジしようという気は、そうそう起きないだろう。したがって曝露を導入する際は、心理教育をしっかり行って、クライアントに曝露のメカニズムをきちんと理解してもらうこと、そしてクライアント自身に「その気になってもらう」ことが重要である。

本事例で示した対話例が、筆者が通常実施している曝露の説明の仕方である。図を描き、クライアントの反応を確かめながら、比喩（例：ジェットコースター）を出来るかぎり用いて、とにかくクライアント自身が理解したとある程度確信が持てるまでは、時間をかけてでも説明を続ける。そしてできれば、「曝露をやりましょう！」「そういうことだったらやってみたい！」とこちらから積極的に引っ張るのではなく、クライアント自身が関心を示すのを待ちたいものである。

筆者の経験では、「ネガティブな気分はピークに至った後、ゆるやかに収束する」ということを説明するために、むしろポジティブな気分を例に用いて話をするとクライアントはよく理解するように思われる。またジェットコースターの比喩も比較的理解しやすいようである。いずれにせよ、曝露という「嫌なこと」を、「嫌でも効果があるのなら、挑戦してみたい」というふうにクライアント自身のモチベーションを高めることが、曝露の心理教育では何よりも重要だと考えている。そのためにも上に述べたように、介入の段階でいきなり曝露について説明するのではなく、初期段階でパニック障害のCBTでは「実験」が重要であることを予め伝えておき、その実験の一環として曝露が位置づけられるようもっていくとやりやすい。

なお「曝露」という用語であるが、クライアントによって「曝露」という語を好む人と、「エクスポージャー」という語を好む人がいるようである。筆者自身はセラピストとして、見ただけで聞いていただけで意味の取りやすい「曝露」という語を使うようにしているが、クライアントが「エクスポージャー」という語を使うのであれば、それに合わせている。クライアントの好みを知るためには、最初の心理教育の段階で、「曝露」「エクスポージャー」という二つの用語を並べて示すようにすると良いと思う。しばらく両方の語を提示しながら、クライアントがどちらの語に馴染んでいくのか、様子を見るのである。筆者の印象では、「エクスポージャー」という語より「曝露」という語にクライアントが馴染んでいくことが多いように思われる。理由は不明だが、「曝露」は「曝露する」という動詞形で使いやすい。それが「エクスポージャー」よりも「曝露」という語が好まれる一因かもしれないとも思っている。(なお本事例での対話例では、読みやすさを優先したため、「曝露」「エクスポージャー」を両方提示したのは心理教育の冒頭部分だけである)。

● 曝露と他の諸技法との整合性を保つ

曝露(エクスポージャー)をメインの技法としてCBTで実施する場合、他の諸技法との整合性に注意する必要がある。たとえばリラクセーション法として腹式呼吸法を取り入れるとき、呼吸法は曝露を助ける形で使われなくてはならない。パニック障害における曝露は、外的曝露(回避している状況、場所に曝露する)と内的曝露(不安緊張感および不快な身体感覚)の両方を指す。外的曝露と内的曝露を同時に実施するとしたら、心身が不安緊張状態にあるままで、これまで回避していた状況や場所に行き、その場に踏み止まり、不安緊張を下げるようなことは何もせず、不安緊張が自然と軽減されるのを待つ、ということになる。初めからこれができれば、実は呼吸法は不要であるどころか、むしろ曝露の妨害になる可能性もある。

たとえばクライアントが苦手とする場所に出向いてとにかくその場にとどまるという曝露にチャレンジする場合を考えてみよう。理想は、その場に行って、不安緊張を下げるようなことは何もせず、必要なことをしているうちにいつしか不安緊張が自然と解消されていた、つまりその場にクライアントが体験することである。つまりその場にきちんとクライアントが出向いて、ピークに達し、その後落ちるという"曝露曲線"をしっかり体験しきることが重要なのである。このときに呼吸法を実施して不安が上がりきらず、曝露曲線がどうなるだろうか? 呼吸法によって不安が上がりきらず、曝露曲線が

描けなくなるかもしれない。あるいは曝露のことがすっかり頭から抜けてしまい、「呼吸法やらなきゃ」「息吐かなきゃ」「鼻から吸わなきゃ」という具合に、呼吸法のことで頭がいっぱいになってしまう恐れもある。また、曝露場面に入る前から、怖さをまぎらせるため、必死で呼吸法を行うということもあり得る。この場合、必死で呼吸法を行うこと自体、リラクセーション法の使い方としては正しくないし、やはりこの場合の呼吸法は不安を下げるための安全行動となってしまっている。

では曝露の際の呼吸法がすべて駄目かといえば、そうではない。たとえばパニック発作への恐怖のあまり、ほとんど外出不能になっている重症のクライアントの場合、安全行動を使ってでも少しずつ広場恐怖の対象に慣れていくことが必要であろう。その場合、呼吸法で心身の緊張を予め十分に緩和してから、それまで回避していた場に踏み込み、呼吸法を続けながらその場にとどまり、「大丈夫だ」と思えるまで待つ、というやり方が効果的かもしれない。これはもちろん脱感作でもある。「苦手な場所に自分の身をさらす」という意味では外的曝露は起きているが、内的曝露はしていない。

ただし不安緊張は呼吸法で抑制しているので内的曝露はしていない。

このようなときに重要なのは、セラピストとクライアントが、"不安緊張感"という内的なものには曝露していない。本来、両方いっぺんに曝露するのがよいのだが、現状ではそれは難しい。したがって内的曝露は今後の課題に取っておき、曝露に反する形で呼吸法を実施しているが、今はこれで良しとする。まずは場に曝露すればOKということにしよう」といったことをきちんと認識し、共有しておくことである。

認知再構成法の場合も同様である。曝露を実施するときに再構成すべき認知は、「今自分は曝露をしている。だからどんどん不安になってもいいんだ」「あ、不安が高まってきたぞ。曝露としてはとても良いことだ。この不安はいつかピークに達して、その後ゆるやかに消えていくことはわかっている。今はこの不安にちゃんと曝露しよう」といったものだろう。つまり認知すべき思考内容が限られてくるのである。不安障害で曝露を用いる際には、曝露の手助けとなるような認知や、曝露を自分に自覚させるような認知を持てばいいのである。そこがたとえばうつ病の認知再構成法（1章）との相違点である。したがって、たとえば曝露をしようとするときに、「大丈夫、大丈夫」と自分に言い聞かせる認知や、「薬を飲んだから、そんなに不安はひどくならないはず」と不安を抑えることを目的とした認知は適切ではないということになる。しかしこのあたりもケースバイケースで、上の呼吸法と同様に、「大丈夫」と言い聞かせるという安全行動を取ってでも、まずはその場に行くこと（すなわち外的曝露）が重要であると共有されれば、それはそれで構わないということになる。

●できるだけ詳細な不安階層表を作成し、曝露のお膳立てをする

パニック障害に限らずさまざまな不安障害のCBTで不安階層表を作成することはよくあるが、その際、できる限り具体的で詳細な階層表を作るのがよい。たとえば電車に乗るにしても、どの電車か、どの路線か、いつの時間帯か、どの駅からどの駅までか、混み具合はどうか、各駅停車か快速か特急か、車両の一番前、連結部近く、車内中央、車内のどこに位置するか（窓際、つり革）、どういう体勢をとるか（立つ、つり

革につかまる、座る、手すりにつかまる、など）などの条件によって、クライアントの抱く不安の強度はかなり異なるだろう。細かな状況の違いによる不安の違いが反映されるようなきめ細かい不安階層表を作成できれば、そのぶん曝露などの計画もきめ細かく立てることができる。

また不安階層表を詳細に作ることで、個々の状況や場面をクライアントが生き生きとイメージしやすくなる。わざわざ「イメージ曝露」を導入しなくても、自然とイメージがわいてくるような具体的な場面が不安階層表に記載されていれば、曝露の計画を立てる段階でおのずと個々の場面をイメージすることになるので、イメージ曝露に近い効果が副産物としてもたらされる。

● リラクセーション法はこまめに実施し続けてもらうことが重要

呼吸法やストレッチなどのリラクセーション法は、一回実施したから何か大きな効果が得られるといった技法ではなく、日常的で気軽なコーピングとしてクライアントの生活習慣に組み込んでもらうことにその意義がある。したがって重要なのはセッションで練習した手順を日常生活でこまめに実施しているかどうかを確認しつづけることである。筆者は本事例に限らず、リラクセーション法を導入すると、しつこいぐらい毎回、「リラクセーション法はやっていますか？」「いつ、どこで、どんなふうに実施していますか？」「たとえば昨日のリラクセーション法はいかがでしたか？」「毎日やっていて、何か不具合はありませんか？」などと質問し続ける。これだけ毎回しつこく問われ続けると、ほとんどのクライアントがこまめに日常的にリラクセーション法を実施するようにな

る。万が一セラピストのしつこさにクライアントが辟易するような場合は（そんなことはめったにないと思うが）、リラクセーション法をクライアントの習慣として定着させることが非常に重要で、そのために何度も尋ねたり説明したりしているのだと心理教育的に説明すればよい。そしてあくまでもしつこく（そういうときは「しつこくてごめんなさいね」と笑顔で謝るとよい）リラクセーション法を日常的に実施しているかどうか尋ね続ける。

筆者はそのぐらいリラクセーション法を大事な技法であるとみなしている。というのも、これだけ安全で、幅広く、比較的簡単に実施してもらえる技法は他にないからである。特にCBTの実施者（セラピスト）が医師ではなく筆者のような心理士すなわち非医師には手段は非常に限られている。認知行動療法のなかでも特にまな技法があるとはいえ、それでも多様な薬剤を処方できる医師に比べると、技法の数はほんのわずかである。そのわずかな技法のなかでも特に安全で幅広く使えるリラクセーション法はとにかく貴重である。だからこそ大事に導入し、失敗のないようにしたい。そしてクライアント自身にもせっかくの貴重な技法であるからこそ、しっかりと身につけてもらい、一生役立ててもらいたいと思う。

5章 強迫性障害

本章では強迫性障害（OCD）の事例を二つ紹介する。ひとつめの事例は比較的シンプルな**洗浄強迫**および**確認強迫**の両方を有するクライアントに対して、曝露反応妨害法を中心としたOCDに対する認知行動療法を実施した事例である。いわば典型例といってよい。ふたつめは、目に見える形での行動的な強迫行為を伴わないOCDに対する認知行動療法の実践例である。強迫性障害に対する認知行動療法的アプローチのエビデンスはよく知られており、筆者の臨床経験からもOCDに対する行動療法の効果の大きさは実感している。ただしこれは他の障害に対する認知行動療法的アプローチをいかに目の前のクライアントに適用していくか、という視点を常に切れ味よく保ちながら、効果の高いアプローチからOCDに合わせてCBTを進めていく必要がある。曝露反応妨害法のような技法を使う場合は、特にそのことを忘れてはならないと自戒を込めて強調しておきたい。また4章でも述べた通り、「曝露」はかなりの苦痛を伴う技法である。したがって曝露によって苦痛を体験することがわかっていながら、なお曝露をやってみようとクライアントに思ってもらえるような心理教育が重要になってくる。その際、クライアントの苦痛に対する共感的理解を明確に示すことも重要である。一方、OCDに対する認知行動療法は、軌道に乗ってくるとセラピストにとってもクライアントにとっても楽しいものである。本章を通じてその楽しさをお伝えできれば幸いである。

なお強迫性障害やその治療（認知行動療法を含む）の詳細については、原田（二〇〇六）を参照されたい。また本章では登場しないが、当事者向けのワークブックを紹介することが非常に役に立つ場合もある。いくつか翻訳書もあるが、筆者としては飯倉（一九九九）をお勧めする。

5・1 事例Fの概要

❖ **クライアント**

Fさん——男性。二十四歳。大学院生（修士課程一年生）。

❖ **インテーク面接**

来談経路——CBTを希望したら主治医に紹介された。

医療情報——高卒後、浪人をしていたころより洗浄強迫や確認強迫が出始めたが、自分で何とかしのいでいた。X年四月、大学院修士課程に入り、研究室全体で取り組んでいる実験のスケジュールに自分の生活を合わせなくてはならなくなったことから、症状が悪化し、X年秋に精神科クリニックを受診したところ「強迫性障害」と診断され、薬物療法が開始される。クロミプラミンが投与されてからそ

5章　強迫性障害

なりに調子が良くなり、研究室に通うことは何とかできるようになった。しかしその後それ以上の回復がみられず、Fさん自身がインターネットや本などで認知行動療法がOCDに効果的であることを知り、主治医に相談したところ筆者が紹介された。

ろ調べてみたところ、強迫性障害にはCBTが有効であることを知った。CBTを受けたいと主治医に相談し、筆者が紹介された。

◆**主訴**——強迫性障害を治したい。具体的には①汚染恐怖とそれに伴う洗浄強迫、②加害恐怖とそれに伴う過剰な確認行為、の二つの症状をできる限り改善したい。

◆**症状評価**——Y-BOCS（エール・ブラウン強迫観念強迫行為尺度）39ポイント、BDI-II（ベックの抑うつ尺度改訂版）34ポイント（ともに重症レベルである）。

◆**Fさんの様子や印象**——「礼儀正しく、きちんとした青年」という印象である。

◆**インテーク面接で合意されたこと**——セラピストからは、認知行動療法は確かに強迫性障害に効果がある可能性が高いが、そのためにはアセスメントをしたうえで、さまざまな課題をFさん自身に頑張って実践してもらう必要があるということを伝えた。それに対しFさんは「認知行動療法についてはある程度調べたので、自分が頑張らなければいけないということはわかっているつもりです。このままだと自分の将来が立ち行かなくなるので、ここで何としてでも治したい」と"決意"を述べた。Fさんの強迫性障害と闘うために協同作業をしていきましょう、ということがインテーク面接で合意された。

◆**家族**——両親、五歳下の妹、母方祖母の五人暮らし。父親は会社員。母親は専業主婦。妹は大学生。

◆**生活歴**——母方の祖父母、両親、本人、妹の六人家族で育つ。家族関係は良好で、本人も小学校、中学校、高校と順調に進み、学校での適応も良好だったらしい。一年浪人して大学に進学したが、ちょうど浪人時に祖父が寝たきりとなり、母親が介護をしていた。今思えば、その頃より強迫的な症状が生じていたとのことである。大学（理学部）でも学業や友人づきあいは順調だったが、強迫症状が悪化し、症状と学生生活との両立に苦労した。それでも何とか四年間で卒業し、大学院に進み、所属する研究室のある大規模な実験プロジェクトのメンバーとなる。しかし修士課程一年の秋にはどうしても強迫症状のために、実験を中心とした研究室のスケジュールにどうしても合わせることができなくなり、精神科を受診し、治療が始められた。その後、病気のことを教授や研究室の人たちに打ち明け、負担を軽くしてもらいながら研究生活をなんとか続けている状況である。

◆**来談に至る経緯**——上記のとおり、通院や服薬により最悪の状態からは脱け出したが、それ以上の回復が見られず、Fさん自身でいろい

❖ CBTの経過の概要

X年十二月にインテーク面接を実施し、X+1年一月から二月にかけて集中的に五回のセッションを実施した。そこで一度終結としたが、その半年後（X+1年九月）「ぶりかえした」とのことで、一回だけ追加セッションを実施した。さらにその半年後（X+2年三月）にフォローアップセッションを実施した。インテーク面接を入れて計八回のセッションを実施したことになる。

5・2 強迫性障害のアセスメントと心理

初回セッションではCBTのモデルに沿ってFさんの症状をアセスメントすることにした。セラピスト主導で、洗浄強迫で一枚、確認強迫で一枚、ざっくりとしたアセスメントツールを作成した。それが図5・1と図5・2である。

以下にFさんの洗浄強迫、および確認強迫についてのアセスメント内容を簡単にまとめる。それぞれの図を参照しながらお読みいただきたい。

● Fさんの洗浄強迫について

Fさんは、大小便や唾液など自他の身体から出る排泄物や分泌物に接すると、「菌でまみれている」という思いが瞬時にわき、その次の瞬間には自分の全身が菌にまみれて汚（けが）れてしまっ

アセスメント・シート──自分の体験と状態を総合的に理解する

ストレス状況

ストレスを感じる出来事や変化
（自分，他者，状況）

・トイレで大便をする（自宅）
・大学のトイレで小便をする
・おならをする（自宅・研究室など）
・吐しゃ物や排泄物が道路などにぶちまかれているのを見てしまう
（他にもいろいろ）

認知：頭の中の考えやイメージ

① 「菌でまみれている」※全身が汚れているイメージ「菌をちゃんと洗い落とさなければ病気になる」
③ 「完全に洗い落とさなければならない」「1つでも菌を残したら駄目だ」

気分・感情

② 不安，恐怖
④ 不安や恐怖の増大

身体的反応

② 後頭部が緊張する（頭がしめつけられるような感じ）
④ さらに緊張する

行動

⑤ 何回もウォシュレットでお尻を洗う。
風呂場でシャワーを浴び続ける。
せっけんで手を洗い続ける。

③と④が何度も繰り返され，シャワーや手洗いをやめられなくなってしまう。1〜3時間ぐらい洗い続け，疲れ果ててやめるパターン。

サポート資源

ウォシュレット	
薬用石けん	ボディシャンプー
ボディシャンプー	医師と薬
母親	研究室の教授や先輩や仲間

コーピング（対処）

・大学では絶対に大便をしない（すぐに家に帰ってシャワーを浴びなければならなくなるから）。
・シャワーや手洗いに疲れ果てたとき，「大丈夫だ。菌はない」と心のなかで強く自分に言い聞かせ，シャワーや手洗いを何とか終わりにする。
・母親に「菌はないよね」と確認し，「ないから大丈夫」と言ってもらう。

図5・1　Fさんの洗浄強迫のアセスメント（ツール1）

5章　強迫性障害

たイメージ（視覚的、体感的）が強烈に生じる。そして「菌をちゃんと洗い落とさなければ病気になる」と考える（以上、図5・1の①）。その際、強烈な不安感や恐怖感が生じ（図5・1の「気分・感情」の②）、同時に、後頭部が緊張し、頭がしめつけられるような身体感覚が生じる（図5・1の「身体的反応」の②）。そこでFさんは「完全に洗い落とさなければならない」「一つでも菌を残したら駄目だ」と思い（図5・1の③）、心身の不安や緊張がさらに高まる（図5・1の④）。そこでFさんは、排便時にはウォシュレットで何度もお尻を洗い、シャワーが使えるときにはシャワーで全身を洗い、シャワーが使えないときは、石けんで手を洗い続ける（図5・1の⑤）。しかしどれだけ洗っても「完全に洗い落とさなければならない」と思っているFさんにとっては、どうしても「完全」なように思えないので、洗っても洗っても不安感がぬぐえない。そして「一つでも菌が残ることのないよう」必死でお尻や身体や手を洗い続ける。結局、短いときで一時間、長いときで三時間ほど洗い続け、くたくたに疲れ果ててようやく洗うのをやめる、というパターンである。

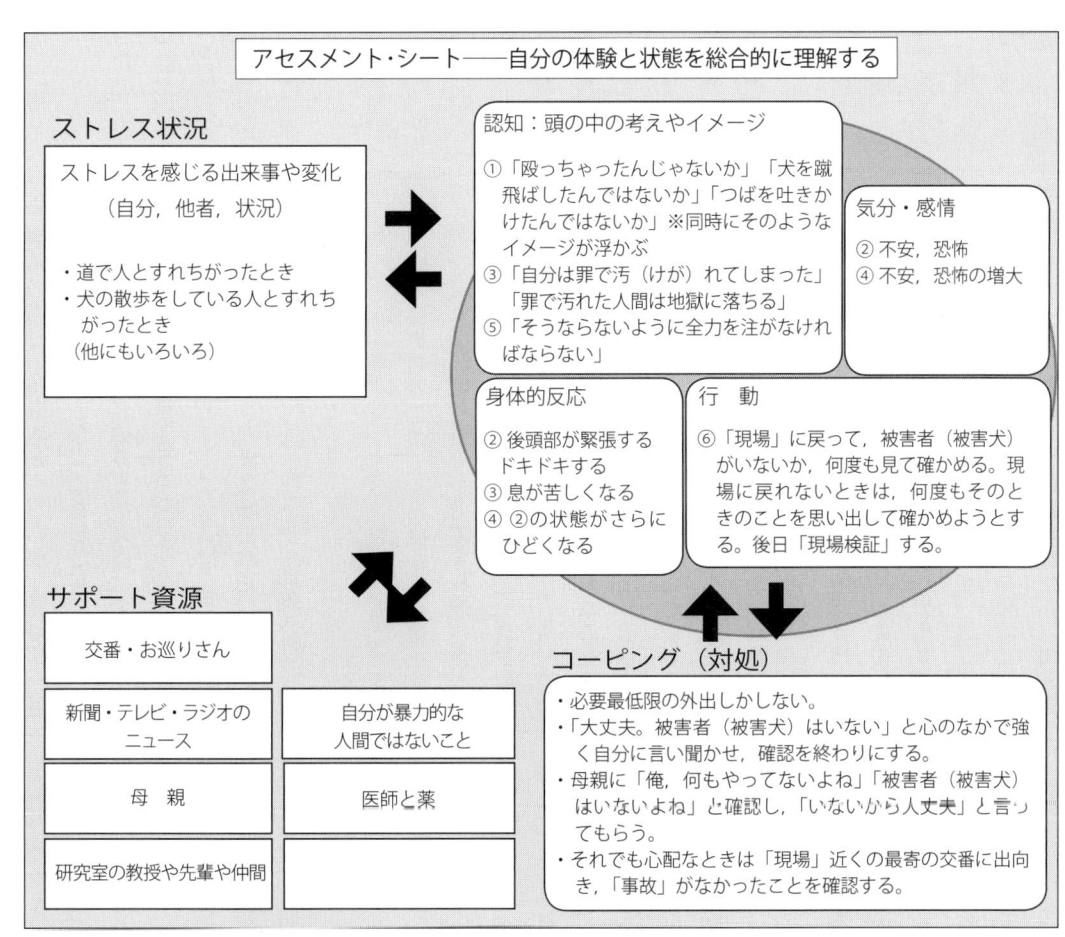

コーピングとしてFさんが挙げたのは、大学では絶対に大便をしないなどの回避、「大丈夫」と自分に言い聞かせること、母親に「菌はないから大丈夫」と言ってもらうこと、の三点である（後述するが、もちろんこれらは悪循環を維持する「中和行動」「安全行動」である）。サポート資源の過半数を占めたのも、「ウォシュレット」「薬用石けん」など、菌を殺すための

図5・2　Fさんの確認強迫のアセスメント（ツール1）

アセスメント・シート——自分の体験と状態を総合的に理解する

ストレス状況

ストレスを感じる出来事や変化
（自分，他者，状況）

・道で人とすれちがったとき
・犬の散歩をしている人とすれちがったとき
（他にもいろいろ）

認知：頭の中の考えやイメージ

①「殴っちゃったんじゃないか」「犬を蹴飛ばしたんではないか」「つばを吐きかけたんではないか」※同時にそのようなイメージが浮かぶ
③「自分は罪で汚（けが）れてしまった」「罪で汚れた人間は地獄に落ちる」
⑤「そうならないように全力を注がなければならない」

気分・感情

② 不安，恐怖
④ 不安，恐怖の増大

身体的反応

② 後頭部が緊張するドキドキする
③ 息が苦しくなる
④ ②の状態がさらにひどくなる

行　動

⑥「現場」に戻って，被害者（被害犬）がいないか，何度も見て確かめる。現場に戻れないときは，何度もそのときのことを思い出して確かめようとする。後日「現場検証」する。

サポート資源

交番・お巡りさん	
新聞・テレビ・ラジオのニュース	自分が暴力的な人間ではないこと
母親	医師と薬
研究室の教授や先輩や仲間	

コーピング（対処）

・必要最低限の外出しかしない。
・「大丈夫。被害者（被害犬）はいない」と心のなかで強く自分に言い聞かせ，確認を終わりにする。
・母親に「俺，何もやってないよね」「被害者（被害犬）はいないよね」と確認し，「いないから大丈夫」と言ってもらう。
・それでも心配なときは「現場」近くの最寄の交番に出向き，「事故」がなかったことを確認する。

グッズ類であった。

●Fさんの確認強迫について

上の洗浄強迫とは別に、Fさんには確認強迫の症状が出ていた。これは主に加害恐怖によるもので、Fさんの場合、特に道を歩いている最中に症状が出やすかった。Fさんは道を歩いていて誰かとすれ違ったとき、すれ違っている最中やすれ違った直後、またすれ違ってしばらくしたときに、「殴っちゃったんじゃないか」「つばを吐きかけたんじゃないか」といった思いが瞬時にわき、同時に自分が相手を殴ったり、つばを吐きかけたりしているイメージ（視覚的、体感的）が強烈に生じる（以上、図5・2の「認知」の①）。そして「自分は罪で汚れてしまった」「罪で汚れた人間は地獄に落ちる」と思考が展開し（図5・2の「認知」の②）、その結果、強烈な不安や恐怖が生じ（図5・2の「気分・感情」の②）、同時に動悸や息苦しさといった身体症状が生じる（図5・2の「身体的反応」の③）。そこでFさんは「そうならないように」（地獄に落ちないように）全力を注がなければならない（図5・2の「認知」の⑤）、「現場」に戻って「被害者」がいないか、何度も見て確かめる。「現場」の「被害者」の有無を一生懸命確認しようとして、頭の中で「事件」のことを思い出後日「現場」に戻って「検証」を試みる（図5・2の「行動」の⑥）。このようなパターンは道だけでなく、たとえば駅や大学などの敷地や建物の構内、トイレのなかなどでも顕著であるとのことである。道幅の広さや人通りによる違いはないが、人通りが多い道路のほうが、自分が加害者になったときに第三者が自分をつかまえてくれるだろうからまだ気が楽だ、ということであった。

Fさんの場合、特徴的だったのが、道ですれ違った人だけでなく、散歩中の犬にも同じような反応を起こしていたことである。犬を連れて散歩をしている人とすれ違うと、人だけでなく犬に対しても「蹴飛ばしたんじゃないか」「つばを吐きかけたんではないか」と思ってしまい、上記と同様の反応が生じるということであった。Fさんはこれまで犬を飼った経験はなく、また犬に噛まれたりひどく吠えられたりした経験もなく、「なぜ犬についてこんなふうに思ってしまうのか、自分でもわからない」と話していた。

加害恐怖をめぐるこのような循環については、Fさん自身、「後から落ち着いて考えれば、自分が道ですれ違った人を殴ったり、知らない犬を蹴飛ばしたりするはずはない。でも『殴ったのではないか』『蹴飛ばしたのではないか』という考えが浮かぶと、いてもたってもいられなくなり、自分がそんなことをしていないことを確かめようとしてしまう」とのことであった。そしてそのような考えが浮かんだ「現場」に戻って「検証」するのだが、どうしても確信が持てず、何度も「現場検証」を繰り返し、結局くたくたに疲れ果ててようやく帰宅する、というのは洗浄強迫のパターンと同様であった。

コーピングとしては、外出をできるだけ控えるという回避、「大丈夫」と自分に言い聞かせること、母親に「大丈夫」と言ってもらうことの三点は洗浄強迫と同じであるが、それに加えて、薬物療法が開始されるまでは「現場」近くの交番まで出かけていき、当日「事件」がなかったかどうかを警官に尋ねる、ということを頻繁に繰り返していたとのことで、確認強迫にかかわるサポート資源として挙げられた項目の大半も、確認強迫にかかわ

るものであった。

ちなみにこれらのアセスメントシートは、セラピストはかなり積極的かつ誘導的にFさんとやりとりをして作成したものである。それはたとえば、〈もしかしたら、そういうときって『一つでも菌を残したら駄目だ』って内心思っているのではないでしょうか？〉「あー、そうです、そうです。言われてみれば、いつもそう思っています」とか、〈『罪で汚れたら地獄に落ちる』と思った後、現場に戻るのはどうしてですか？〉「さあ、なぜなんでしょう。とにかくそうしないではいられないんです」〈もしかしたら地獄に落ちるのを防ぐために、Fさんはその後現場に戻るのではないですか？〉「そりゃそうですよ。地獄に落ちたくないから現場に戻って確かめるんです」といった具合である。

このように二枚のアセスメントシートをセラピスト主導で作成したところで初回面接は終了となった。「この二枚のシートを日常生活に持ち帰り、本当にその通りかどうかを確認してくる」ということをホームワークの課題とした。初回セッションの感想を尋ねると、Fさんは「こんなに徹底的に自分の症状を聞いてもらったのは初めてです。自分が無駄なことばかりしていると思っていて情けなくなりました」と答えた。

5・3 曝露反応妨害法の計画と実践

● 強迫性障害についての心理教育

第2セッションの冒頭でホームワーク（二枚のアセスメントシートが本当にその通りかどうか確認してくる）の結果を尋ねたところ、Fさんは待ってましたとばかりに「自分がいかに無駄なことをしているか、ということがほとほとよくわかりました。でも、自分の症状がほぼこの二つのパターンにおさまることがよくわかって、『なんだ、たった二つのパターンじゃないか』と拍子抜けするような感じがあります。変な感想かもしれませんが、『二つなら何とかなる』と思えてきたんです」と意気込むようにして語ってくれた。セラピストはその語り方が前回の印象とあまりにも違うのに驚き、〈前回と比べてFさんの様子が違うようだけど？〉と問うと、「自分の苦しみがたった二つのパターンで説明可能だと気づいたら、希望が見えてきた気がして、今ちょっとハイになっているかもしれない」とのことであった。

第2セッションのアジェンダは、①強迫性障害の症状モデルについての心理教育、②強迫性障害の認知行動療法についての心理教育、の二点とし、セラピスト主導で進めていくことで合意された。Fさんは"やる気まんまん"の様子で、「どんどん説明してください」と言っていた。

①の症状モデルの心理教育では、セラピストは図5・3をFさんの目の前で描きながら、【侵入体験*（思考やイメージ）→ 自動思考 → 不安緊張感の増大 → 強迫行為（洗浄、確認）】の流れがいかに症状を維持させ、Fさんを苦しめる方向に機能しているか、ということを説明した。

---

*注 通常「侵入思考」と呼ばれるが、クライアントは、思考だけでなく衝動や心像も併せて、それらすべてを「侵入的」なものとして経験している。このような理由から筆者はふだんの臨床現場では「侵入思考」ではなく「侵入体験」という言葉を用いることが多く、本書でも同じ理由から「侵入体験」という言葉を用いる。

図5・3について簡単に解説する。①の「きっかけ」とは、Fさんの場合、洗浄強迫を誘発するきっかけ(例：大便をする)と加害恐怖を誘発するきっかけ(例：道で人や犬とすれ違う)の二種類がある。どちらもささいな出来事である(トイレで排泄したり道を歩いて人とすれ違うというのは、「出来事」とすら呼べないほどのささいな日常的状況である)。そのようなきっかけがあると、Fさんの頭には、「(自分は)菌でまみれている」「(すれ違った人を)殴っちゃったんじゃないか」といった思考や、実際にそうなっているイメージ(例：菌にまみれている自分の姿、自分が見知らぬ通行人を殴っているイメージ)が唐突に浮かぶ。これが②の「侵入体験」である。このような侵入的な思考やイメージによって心身に不安緊張感が生じる。それが③である。②と③の後、Fさんには「完全に洗い落とさなければならない」「自分は罪で汚れてしまった。そのような人間は地獄に落ちる。(だから)そうならないように全力を注がなければならない」といった自動思考が浮かぶ。それが④である。④の結果、②の不安緊張感がさらに増大する。それが⑤である。そしてFさんはその②～⑤の認知や不安緊張感に突き動かされるようにして、強迫行為(例：シャワー、手洗い、「現場検証」)を行うが、強迫行為をいくら繰り返しても②～⑤の認知や不安緊張感は拭えない。そのうちFさんは強迫行為をすることでへとへとになっていもの強迫行為をやめて、これで一応一段落である。それが⑦である。このような①～⑦の流れは、次のきっかけによって容易に誘発され、①～⑦が次の①～⑦を呼び込むような悪循環が出来上がってしまっている。また、①～⑦がFさんにとってはあまりにも苦しいので、大学で大便をしない、極力道を歩かないなど、回避をするようにもなっている。それが⑧である。これがFさんの強迫性障害のメカニズムであり、Fさん

は多大な時間とエネルギーをこの悪循環に日々費やしているのである。

セラピストは図5・3を提示しながら、以上のような説明をFさんにしたところ、Fさんは「すごくよくわかりました。前回のアセスメントシートもすごいと思ったけど、自分の病気にこういうシンプルなメカニズムがあったとは驚きです。さっきよりもっとハイになりそうです」と語り、食い入るように図5・3を見つめていた。

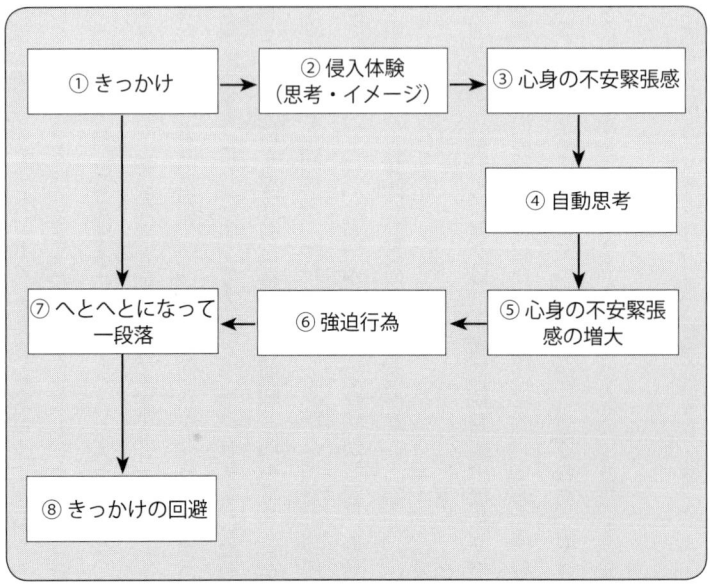

図5・3 Fさんの強迫性障害の症状モデル

5章　強迫性障害

セラピストはさらに、この**図5・3**はFさんだけでなく多くの強迫性障害にみられる一般的なパターンであること、ただしこれは症状の原因を示している図ではなく、症状が維持されているメカニズムを示している図にすぎないこと、強迫性障害を解消する方法の原因そのものは特定されていないこと、しかしこの**図5・3**の悪循環を解消する方法は認知行動療法においてほぼ確立されていることを説明した。さらに②の侵入体験は、強迫性障害に特有な異常体験ではなく、誰もが普通に体験しうるごくノーマルなものであることを、文献（原田〈二〇〇六〉）を見せながら説明した。さらにセラピスト自身も侵入体験が生じやすいタイプであり、Fさんほど頻繁ではないものの、侵入体験は内容が異なるものの、またFさんほど頻繁ではないものの、侵入体験をときどき経験していることを自己開示した。その後のFさんとセラピストのやりとりを紹介する。

Fさん　今日はもう目から鱗が何枚も落ちています（笑）。トイレに行って菌が気になるのはともかく、「通行人を殴っちゃうんじゃないか」なんて考えてしまうこと自体、自分は異常なんだとこれまで思い込んでいました。でもこういうのに「侵入体験」という名前がついていて、しかもそれが普通のことだなんて言われるとは思いもよりませんでした。こういう話をもっと早く聞いてみたかったです。もしもっと早く知っていたら、ここまでひどくならなかったかもしれません。いやあ、とにかく今日はびっくりする話ばかりです。

セラピスト　強迫性障害の方は、皆さん、Fさんと同じように驚かれるんですよ。ところで今日はもう少し時間がありますから、この悪循環をどのように解消すればよいかについて、さらに説明することができますが、どうしましょうか？　もうここまででかなりたくさんの説明をしているので、もしFさんが「もうお腹いっぱいだ」ということであれば、ここで止めておきますが……。

Fさん　いえ、まだまだ大丈夫です（笑）。ぜひ説明を続けてください。

セラピスト　わかりました。ただ一つだけお願いがあります。今日の残り時間を考えると、悪循環を解消するにはどうしたらよいか、一般的なお話をすることは可能ですが、Fさんが具体的にどうすればよいかという計画までは一緒に立てることができません。それは次回のアジェンダにしたいと思います。Fさんにお願いしたいのは、これから説明するやり方をまだ実行しないでほしい、ということです。次回ここできちんと計画を立ててから、それを実行していただきたいのです。そうやって計画的に進めていった方が、効果をきちんと検証できるからです。よろしいですか？

Fさん　（笑いながら）わかりました。誘惑に負けないよう頑張ります。

セラピストはその後、悪循環を止めるためには、**図5・3**における④の自動思考、および⑥の強迫行為を止めることが鍵となること、これまでの実証的効果研究により、まずは⑥の強迫行為にアプローチするのが第一選択になること、「曝露反応妨害法」という技法がまさにそれに当たることを説明した。そして「曝露反応妨害法」とは、「強迫行為」を「妨害」し、不安や恐怖という内的感覚を呼び起こす状況に「曝露」する技法であると説明し、さらに「曝露」とは「さらす」「そのままほうっておく」という意味であることを説明した。セラピストは最後にそれらの説明をさきほどの**図5・3**に描き込み、そ

は**図5・4**のようになった。そのうえで4章で紹介したような曝露の説明をし、曝露をすることではじめは不安緊張感が高まるが、それは必ず時間の経過とともにおさまっていくものであることを、図を描きながら説明した（4章の図4・8、4・9、4・10を参照。それらの図の「回避」を「強迫行為」に置き換えて説明）。

以上の説明の感想をFさんに問うと、「理屈としてはもう本当によくわかりました。試してみたい気もするし、でもこれまでやっていた強迫行為をやらないなんて、考えるだけで恐ろしい気もします。ただこれで多くの人が治っているのであれば、チャレンジしてみたいと思います」とのことであった。セラピストからは〈実際には今日説明した曝露反応妨害法を、さらに細かくして、計画をきちんと立ててやっていただくことになります。いきなり「反応妨害」などと言われると恐く感じるのも当然です。次回、「これならチャレンジできそうだ」とFさんが思えるような曝露反応妨害法の計画を一緒に立ててましょう〉と伝え、Fさんも了承した。この第2セッションのホームワークは、「セッション中に作成した二枚の図（**図5・3、図5・4**）のおさらいをする」というものであった。

● 曝露反応妨害法の計画

次の第3セッションで、曝露反応妨害法の計画を立てた。Fさんの症状は広範にわたっているが、それを一度に扱うのではなく、どれか一つに焦点を当てて徹底的に曝露反応妨害を行ったほうが効果的であることをセラピストはFさんに説明した。そのうえで二人で話し合って、まず自宅における排泄と洗浄にかかわる不安階層表を作成することにした。まず項目とその不安度を列挙していて階層表をつくり、次に、不安度順に各項目を並べ替えた（**表5・1**）。

この階層表も、セラピストがリードしながら作り上げていったが、Fさんははじめ、階層表の各項目があまりにも具体的なことに驚いていた。しかし作成しているうちに気持ちが乗ってきた様子で、「えー⁉ 石けん使わないなんてことあるんですか？」「ウォシュレットなしって、そんなあ」「大便して手を洗わないなんて、想像しただけで病気に

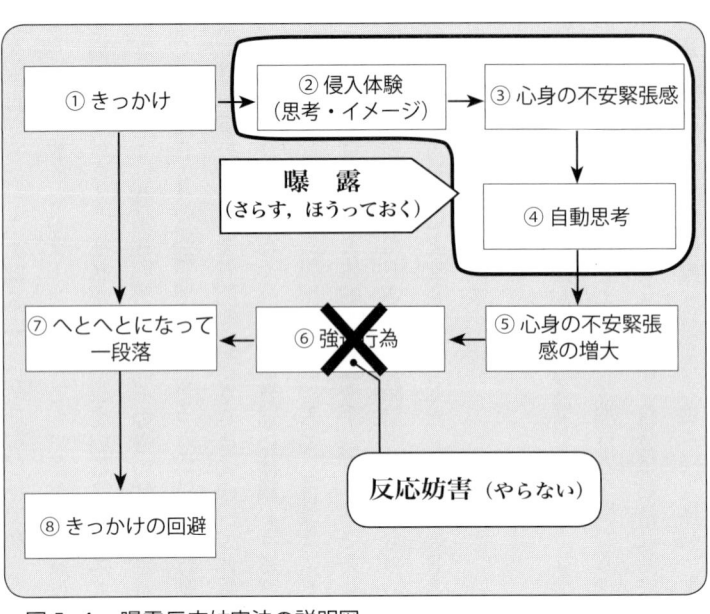

図5・4　曝露反応妨害法の説明図

表 5・1 排泄と洗浄に関わる不安階層表(自宅編):並び替える前

場　面	不安度(％)
自宅で大便をして,ウォシュレットを使わず,トイレットペーパーでお尻を拭き(1分以内),その後手を洗わない。	100
自宅で大便をして,ウォシュレットを30秒間して,その後シャワーをあびず,手も洗わない。	100
自宅で大便をして,ウォシュレットを使わず,トイレットペーパーでお尻を拭き(1分以内),その後3秒間,石けんを使わずに手を洗う。	98
自宅で大便をして,ウォシュレットを使わず,トイレットペーパーでお尻を拭き(1分以内),その後15秒間,石けんを使わずに手を洗う。	95
自宅で大便をして,ウォシュレットを30秒間して,その後シャワーをあびずに3秒間,石けんを使わずに手を洗う。	95
自宅で大便をして,ウォシュレットを使わず,トイレットペーパーでお尻を拭き(1分以内),その後1分間,石けんを使わずに手を洗う。	90
自宅で小便をして,その後3秒間,石けんを使わずに手を洗う。	90
自宅で大便をして,ウォシュレットを30秒間し,その後シャワーをあびずに15秒間,石けんを使わずに手を洗う。	90
自宅で大便をして,ウォシュレットを30秒間し,その後シャワーをあびずに1分間,石けんを使わずに手を洗う。	85
自宅で大便をして,ウォシュレットを使わず,トイレットペーパーでお尻を拭き(1分以内),その後1分間,石けんで手を洗う。	80
自宅でおならをして,その後,シャワーでお尻を洗わず着衣のままでいる。	80
自宅で大便をして,ウォシュレットを30秒間し,その後シャワーをあびずに1分間,石けんで手を洗う。	75
自宅で大便をして,ウォシュレットを1分間し,その後シャワーをあびずに1分間,石けんで手を洗う。	70
自宅で小便をして,その後15秒間,石けんを使わずに手を洗う。	70
自宅で小便をして,その後1分間,石けんを使わずに手を洗う。	60
自宅で大便をして,ウォシュレットを1分間し,風呂場で3分間シャワーをあびる。	50
自宅でおならをして,その後3分間はシャワーでお尻を洗わずに,着衣のままでいる。	50
自宅で大便をして,ウォシュレットを1分間し,風呂場で10分間シャワーをあびる。	30
自宅で小便をして,その後1分間,石けんで手を洗う。	30

なりそうです」など、セラピストの提案の一つ一つに身振り手振りを交えて生き生きと反応していた。〈ここではやりませんけど*,「コンタミネーション」と言って、自分の尿や便を自分の身体や身の周りの物につけていくやり方もあるんですよ〉とセラピストが説明すると、Fさんは心底驚いた様子で、「えー!?そんなことまでするんですか?」と大きな声を上げた。セラピストが「とても効果があるようです。ここではやりませんけど、Fさん自身がおやりになるのは自由です。私は止めません」と言うと、「先生はよくそんなことを淡々と僕に言えますね」と言ってFさんは笑っていたが、このような説明を通じて「曝露」に対するFさんの理解はさらに深まったようであった。

ホームワークとしては、不安度50％および60％の三項目「自宅でおならをして、その後二分間、お尻を洗わない」「自宅で大便をして、ウォシュレットを

*注　筆者は、民間機関のセラピストとして「安全にやり遂げられる」と思えない技法は、それがどんなに効果的であると言われていても実施しないことにしている。それはたとえばこのコンタミネーションであったり、パニック障害に対する過呼吸の実験であったり、PTSDに対する長時間曝露であったりする。

一分間し、風呂場で三分間シャワーをあびる」「自宅で小便をして、その後一分間、石けんを使わずに手を洗う」を実践し、そのときの不安の度を自己観察してくる、という課題が合意された。これらの三つは50～60％の不安を伴うが、その不安にこれ以上洗浄することを「反応妨害」するという「曝露反応妨害」課題である。〈曝露反応妨害〉は、一度チャレンジすると決めたら、「やるかやらないか」という選択肢はありません。どんなに不安でも「やる」と決めたら「やる」必要があります。ですから「できないかもしれない」と思うことを課題にするのは望ましくなく、「大変だけどやってみよう」と思えることだけを課題にする必要があります。Fさんはどうですか？ これら三つの課題はFさんにとってかなり大変なことだと思いますが、それでも曝露反応妨害法の課題として「やろう」「チャレンジしてみよう」と思えますか？〉とセラピストが改めて尋ねたところ、「正直言ってかなりきついけれども、ここで頑張らなければいつまでたっても強迫性障害は治らないと思うので、とにかくやります」との回答が返ってきた。

セラピストはさらに、次のような約束事項を守って欲しいことを告げ、Fさんの同意を得たので、それらを不安階層表の下に書き足した。

＊約束事項

・曝露反応妨害課題を終えた後、別の口実を設けて手やお尻を洗わない。すなわち後になって「さっきのぶんも」と考えて「まとめ洗い」をしない。

・「汚れていないから大丈夫」「菌はついていないから大丈夫」といった言い聞かせをしない。また母親などに確認して「大丈夫」と言っても

らおうとしない。

その際の対話を紹介する。

セラピスト　なんで私がこういう約束をお願いするのだと思いますか？

Fさん　「まとめ洗い」というのは、強迫行為を先送りすることだからです。

セラピスト　素晴らしい、その通りです。他には？

Fさん　うーん、わかるようなわかんないような。……だって「大丈夫」と思って安心できたほうが、洗わずに済むわけで……。

セラピスト　曝露って何でしたっけ？

Fさん　さらすこと、ほうっておくことです。

セラピスト　何にさらすんでしたっけ？（図5・4を示す）

Fさん　（図5・4を見て）……あ、そうか。不安にさらすんだった。安心したら曝露にならない。だから「大丈夫」と言い聞かせたり、母親に言ってもらおうとするのがいけないんですね。

セラピスト　そうです。おそらくこの課題をするときにFさんの頭には、「菌でまみれている」「菌を洗い落とさなければ病気になる」といった侵入思考や侵入的なイメージが生じるでしょう。そして気分的にも身体的にも緊張するし、さらに「完全に洗い落とさなければならない」と思って、ますます不安緊張感が高まるでしょう。曝露反応妨害法では、それらの思考やイメージや不安緊張感をすべてコントロールしようとせず、ほうっておく必要があります。だから頭の中で「大丈夫」と思おうとしたり、お母さんに「大丈夫」と言っても

らおうとしたりするのは、曝露と反対のことをすることになってしまいますよね。不安階層表の課題どおりに実行できても、「大丈夫」と思うことで、曝露じゃなくなってしまうのです。わかりますか？

Fさん　わかります。この話し合いがなければ「大丈夫」と言い聞かせていたと思います。あぶないところでした（笑）。

セラピスト　せっかくの曝露がもったいないですものね。それでも実際に曝露反応妨害法をするとなったら、やっぱりお母さんに「大丈夫だよね？」って訊きたくなりそうですか？

Fさん　うーん、（しばらく考える）訊いちゃうかもしれない。ほとんど癖みたいになっているので。

セラピスト　曝露反応妨害法を確実に実施するには、癖みたいにお母さんに「大丈夫だよね？」と訊いてしまったとき、お母さんにどういうふうに答えてもらえばいいでしょうか？

Fさん　うーん（しばらく考える）……「さあ」とかですかね（笑）。

セラピスト　じゃあ、これも宿題にしましょう。今日帰ったらお母さんに曝露反応妨害法のことを伝えて、「トイレの後とか、僕がいつものように『大丈夫だよね？』と訊いてしまったとき、お母さんはそれに『大丈夫』と答えずに、できるだけそっけない態度で『さあ』と言ってほしい」と頼んでください。よろしいでしょうか？

Fさん　（笑いながら）わかりました。

このやりとりの後、以下の課題が第3セッションのホームワークとして合意された（図5・5）。

第3セッションの感想をFさんに問うと、「いよいよ挑戦するんだなあって、自分のなかで気分が盛り上がってきた感じです。こわいけれど

ホームワーク

(1) 以下の課題を今日から毎日実施する（不安階層表の不安度 50 および 60％の項目）。

　①自宅で小便をしたとき、その後1分間、石けんを使わずに手を洗う。
　②自宅で大便をしたとき、ウォシュレットを1分間し、風呂場で3分間シャワーをあびる。
　③自宅でおならをしたとき、その後3分間、お尻を洗わない。3分たったら風呂場で3分間シャワーをあびる。
　※すべて時間はタイマーで計測する。タイマーが鳴ったらタイマーを止め、水やお湯を使っている場合はすぐに蛇口を閉め、手洗いやシャワーを終わりにして、洗面所もしくはバスルームから離れ、自分の部屋に行く。曝露反応妨害法の開始時より不安感や恐怖感の強さをこまめにモニターし、メモ書きする。気づいたことなどもメモする。次回、そのメモを持ってきて曝露反応妨害法の実施状況をセラピストに報告する。

(2) 今日家に帰ったら、母親に曝露反応妨害法のことを伝え、たとえ自分が「大丈夫？」と確認しても、「さあ」とそっけなく答えてくれるように頼む。

(3) 以下の約束事項を守る。

・曝露反応妨害課題を終えた後、別の口実を設けて手やお尻を洗わない。すなわち後になって「さっきのぶんも」と考えて「まとめ洗い」をしない。
・「汚れていないから大丈夫」「菌はついていないから大丈夫」といった言い聞かせをしない。また母親などに確認して「大丈夫」と言ってもらおうとしない。

図5・5　Fさんの第3セッションのホームワーク

も、ここで踏ん切りをつけてやるしかないと思うので、やってみたいと思います」「あと、曝露反応妨害法の計画とか約束事がすごく具体的で細かいのに驚きました。びっくりしたけど、このぐらい細かく決めることが必要なんだろうなあと思いました」とのことであった。

● 曝露反応妨害法の実践

第4セッションではまず、ホームワーク（図5・5）の結果について報告してもらった。Fさんはきちんと母親にホームワーク課題を伝え、理解してもらったうえで、三つの曝露反応妨害法課題を早速開始し、すべて計画通り毎日実行しているとのことであった。Fさんによると「もうやると決めていたので、課題をやること自体は大変だったけど、苦痛ではありませんでした。どちらかというと、約束事をうっかり忘れそうに気づいている自分に気づくことが何回かありました。つい まとめ洗いをしそうになったり、『大丈夫』と自分に言い聞かせそうになったりするのです。『自分は今、曝露反応妨害法をやっているのだ』という意識を強く持つことが大事だと思いました」ということであった。

ただし毎日大小便のたびにメモを取るのは大変なのと、メモを取ったのは最初の三日間のみということであった。セラピストはまず三日分のメモをFさんに見せてもらいながら、曝露反応妨害法の実施状況をFさんに報告してもらった。表5・2および表5・3はFさんのメモの一部である。

Fさんによると、不安階層表の作成時は、「自宅で大便をしたとき、ウォシュレットを一分間し、風呂場で三分間シャワーをあびる」という行為に対する不安度は他の項目と比べて「50％」ということであった

が、実際に課題を始めると、不安度が30％を超えることがなくなった。

表5・2 曝露反応妨害法の記録（曝露反応妨害法1日目）

○月○日（月曜）
課題：自宅で大便をしたとき，ウォシュレットを1分間し，風呂場で3分間シャワーをあびる

時間と行動	不安度（％）	気づいたことなど
AM 8：20，大便をもよおす	30	「とうとうこの日が来たか」と思ったら不安になった。
AM 8：25，トイレで大便をして1分間ウォシュレットをする	50	1分間にセットしたタイマーが時限爆弾のように感じられた。
AM 8：26，ウォシュレットを終わりにする	100	ウォシュレット1分で終わりにすること自体やったことがなく，すごく不安。つい「すぐにシャワー浴びるから大丈夫」と自分に言い聞かせてしまった。
AM 8：28，風呂場でシャワーを浴びはじめる	70	実際シャワーを使えるのでちょっと気が楽になった。
AM 8：31，タイマーが鳴ってシャワーを終わりにする	100	シャワーを3分で終わりにすること自体やったことがなく，とてつもなく不安になった。「曝露だ」と気合を入れる。
AM 8：35，身体を拭いて服を着る	90	まだまだ不安。
AM 8：40，リビングで朝食を食べる。母親と話す。	40	不安感がかなり弱まる。排便の後，こんなに早々とリビングで食事ができるなんてすごいことだと思った。
AM 9：00頃，朝食を食べ終える	10	ほとんどさっきのトイレのことを忘れている。
AM 9：35，大学に行く準備を始める	0	なんと不安度が0に下がった！
AM 10：20，研究室に到着する	0	ふだんならまだシャワーを浴びているかもしれない。

が、実際に挑戦してみると初日は「100％」まで跳ね上がり、かなりあせったそうである。しかし「やると決めたからやる」とすぐに思い直し、計画通りに課題をやりとおし、一時間後には不安度が0％にまで下がったことを実感したことで、曝露反応妨害法の「威力」を実感したということであった。そして四日目以降はすべての課題において不安度が30％を超えることがなくなり、二週間、何の苦もなくホームワーク（メモ書きを除く）をやり遂げることができたそうである。

セラピストは、不安度が100％にまで跳ね上がったにもかかわらず、Fさんが課題をやり遂げたことを賞賛した上で、改めて感想を尋ねたところ、「とにかく初日はきつかったけど、曝露反応妨害法がどういうものか、身体でわかった気がします。やってみてここまで細かく計画を立てる必要があるんだということがよくわかりました。やっぱりその場になると不安だから、これまでの強迫行為に逃げたくなってしまうんです。だけどここまで具体的に計画が立っていると、何とか自分に言い聞かせることができます。二週間続けてみて『自分が強迫性障害を乗り越えられそうな希望が少し見えてきました』と答えてくれた。

セラピストは、この二週間の実践でFさんが曝露反応妨害法のコツをきちんとつかんだことを、Fさんとのやりとりから確認したうえで、今後の進め方について話し合った。Fさんの希望は、できるだけ自分自身で曝露反応妨害法の計画を立て、実施できるようになりたい、とのことであった。そこで洗浄強迫に対する曝露反応妨害法は今後Fさんが一人で進めることにし、セッションではその結果を共有させてもらうという

表5・3　曝露反応妨害法の記録（曝露反応妨害法3日目）

○月○日（水曜）
課題：自宅で大便をしたとき，ウォシュレットを1分間し，風呂場で3分間シャワーをあびる。

時間と行動	不安度（％）	気づいたことなど
AM 7：43, 大便をもよおす	0	「曝露だな」と思った。
AM 7：44, トイレで大便をして1分間ウォシュレットをする	10	1分で十分な気がしてきた。
AM 7：45, ウォシュレットを終わりにする	10	まだどこかで「シャワーを浴びるから大丈夫」と思っている自分がいる。
AM 7：47, 風呂場でシャワーを浴びはじめる	20	「3分で終わりにしなくては」と思うと少し不安度が上がる。
AM 7：50, タイマーが鳴ってシャワーを終わりにする	50	やはり不安になるが50％なら我慢できる気がする。
AM 7：55, 身体を拭いて服を着る	45	まだ不安。やっぱり3分は短い。
AM 8：00, リビングで朝食を食べる。母親と話す	20	少し不安だが，もう大丈夫という感じ。母親が驚いているのがおかしい。
AM 8：15頃, 朝食を食べ終える	0	不安がないことに気づいた。
AM 9：00, 大学に行く準備を始める	0	すがすがしい。
AM 10：00, 研究室に到着する	0	3日連続で午前中から研究室に行けたことがうれしい。

ことで合意した。また主に道路での加害恐怖による確認強迫について も、Fさんは「この問題に対して曝露反応妨害法をやるということは、『殴っちゃったんじゃないか』とどんなに思っても『現場検証』しないで先に進む、ということですよね。原理はわかったので、不安階層表とか作らないで、すべての確認をもう止めにしたい」と言い出した。セラピストが「かなり大変だと思いますが、曝露反応妨害法の原理がわかると、『この際、すべての症状に対してやってみよう』と思い切ってチャレンジする人は少なくありません。Fさんもそうなのですね」と言うと、Fさんは笑顔でうなずいた。そこで第4セッションでは道路での確認強迫全般に対する曝露反応妨害法についてコーピングシートを使って計画を立てることにした。その結果作成されたのが図5・6である。なお、この図もセラピストがかなり主導的に作成した。

図5・6のポイントは、確認行為（頭の中の確認行為を含む）に焦点を絞って反応妨害し、侵入体験およびそれによる不安恐怖に曝露することが明確にされていることである。クライアントはともすれば侵入体験やそれによる不安恐怖そのものに対処しようとするが、実際に対処が必要なのはそれら（侵入体験・不安恐怖）に対するクライアントの反応（強迫行為）である。そのことをシートによって外在化し、明確にすると、多くのクライアントは曝露反応妨害法の意味をより正確に理解するようである。また図5・6のもうひとつのポイントは、認知的な確認行為への対処法が明確に示されていることである。確認強迫を持つクライアントは特に、反応妨害法によって行動的な確認行為が阻止されると、そのぶん頭の中で自らの行為やそのときの状況を何度も意図的に想起しては「大丈夫だっただろうか」と認知的に確認する傾向がある。それ

では反応妨害にならないことをセラピストがきちんと説明すると、「確かにそうだ」と深く納得するクライアントは多い。Fさんもそうであった。曝露反応妨害法を認知も含めて確実に行うためには、図5・6のように「大丈夫じゃないかもしれない。それが何だっていうんだ？」とい

コーピングシート：確認強迫に対する曝露反応妨害法

① 状況
・道で人とすれちがったときなどに、「殴っちゃったんじゃないか」などの侵入体験が生じ、不安恐怖が増大する。「自分は罪で汚れてしまった」「罪で汚れた人間は地獄に落ちる」と考えさらに不安恐怖が増す。

② 予測される反応
・①の結果「現場検証」したり、頭の中や母親や警官に「無実」を確認したりする。確認が止まらなくなってへとへとになる。その結果いつまでたっても強迫性障害が治らない。

③ 認知的コーピング
・「曝露反応妨害法にチャレンジするチャンスが来た！」
・「これはただの侵入体験だ。侵入体験とそれによる不安恐怖をしっかりと感じよう。それが曝露だ」
・「現場検証はしない。現場検証しないことによる不安恐怖にもしっかり曝露しよう」

④ 行動的コーピング
・振り返らず、前を向いたまま、歩きつづける。
・現場検証は一切しない。
・母親や警官にも確認しない。
・頭の中で確認しそうになったら、あえて「大丈夫じゃないかもしれない。それが何だっていうんだ？」とつぶやいてみる（できるだけ「本気」で）。

図5・6　コーピングシート：確認強迫に対する曝露反応妨害法

「開き直り」も一つの手だが、これでは間に合わない場合もあり、そのようなときはクライアントが恐れる場面を積極的にイメージするという「イメージ曝露」が役に立つ。Fさんの場合は、道で人とすれ違ったときに相手を殴り、その結果罪に汚（けが）れた人間となり、地獄に落ちていく場面を、ありありと想像するのである。セラピストがそのような提案をしたところ、Fさんは「そこまでやらなくてもいいと思います。この コーピングシートでいけそうな気がするので、まずこれでやってみたい。ダメならイメージ曝露ということでいいですか？」と言い、イメージ曝露はあえて行わないことにした（なお強迫性障害の認知的強迫行為に対するイメージ曝露を中心としたアプローチについては、次の事例Gを参照されたい）。

第4セッションのホームワークは、①Fさんなりに洗浄強迫に対する曝露反応妨害法を進め、その結果を報告する、②確認強迫のすべてに対してコーピングシートを使って曝露反応妨害法を実施し、その結果を報告する、の二点であった。第4セッションに対するFさんのコメントは、「一気に進んだ気がします。このまま頑張ってやり抜きたいと思います」というものであった。

その二週間後に第5セッションを実施し、洗浄強迫については表5・2の不安度80％までの課題はすべてクリアできているということであった。85％以上の「石けんを使わず」というのに抵抗があり、それ以上はまだ試せていない、という報告であった。また確認強迫については図5・5のコーピングシートを毎日実施しており、「殴っちゃったんじゃないか」といった考えが

んなに頭をよぎっても、戻って確認するということは一切していないのことであった。頭の中の確認も、ついしそうになるがそのような自分に気づいて、コーピングシートの通り「大丈夫じゃないかもしれない。それが何だっていうんだ？」と口に出して言ってみると、開き直ったような気持ちになり、確認せずに済んでいるということである。セラピストはFさんに実際のエピソードをいくつか具体的に話してもらったが、確かに計画通り問題なく曝露反応妨害法が実施できていることが確認された。〈ずいぶん頑張っていますね。普通カウンセラーは『あまり無理しないでくださいね』といったことをクライアントさんに言うことが多いのですが、曝露反応妨害法に限っては逆です。『無理しても全然構わないので、どう思いますか？　どんどん頑張ってね』と励ましたくなりましたが、どう思いますか？〉とセラピストが言うと、Fさんは笑って「勢いをつけて一気にチャレンジしたのがよかったんだと思います。こうなったらどんどん頑張ってみたいと思います」と言った。Fさんとしては、これまで症状に奪われていた時間を取り戻しつつあることが一番嬉しいということであった。

第5セッションの時点でY-BOCSは12ポイント、BDI-IIは13ポイントで、初回に比べるとかなり状態がよくなっていることが確認された。そこで今後について話し合ったところ、曝露反応妨害法の原理ややり方についてはFさん自身がすでによく理解し、実行できていること、使える時間が増えたぶんは大学院の研究に充てたいという希望をFさんが持っていること、などの理由から、この第5セッションをもってカウンセリングを終結することで合意された。洗浄強迫については表5・2の85％以上の項目にもチャレンジし、確認強迫については図

5・6のコーピングシートをそのまま実施すればよい、との話になった。そのときの対話の一部を紹介する。

セラピスト 今後、Fさんがお一人で曝露反応妨害法を続けていくにあたって、何か疑問に思うことや心配になることはありませんか？

Fさん これをやりさえすれば大丈夫と思えているので、心配になることはありません。ただ一つだけ前から疑問に思っていることがあって、それを言ってもいいですか？

セラピスト ええ、もちろん。Fさんの疑問を教えてください。

Fさん ウォシュレットって、今や多くの家庭で使われていますよね。それは他の皆にとっても、大便をしたときはウォシュレットをしたほうがいいからだと思うんです。実際衛生的だし。それに衛生面でいえば、大便をしたときは石けんで手を洗った方が絶対にいいと思うんですよ。(表5・1を指して) だとすると、たとえばこの「自宅で大便をして、ウォシュレットを使わず、トイレットペーパーでお尻を拭き、その後三秒間、石けんを使わずに手を洗う」というのは本当にチャレンジする必要があるんだろうか、と思ってしまうんです。特に一番上に書いてある「自宅で大便をして、ウォシュレットを使わず、トイレットペーパーでお尻を拭き、その後手を洗わない」というのは、どうなんでしょうか？正確に言うと500%以上不安な感じです。でもそれは僕が強迫性障害だからでなく、誰だって大便をした後に手を洗えなかったら嫌な気持ちになるんじゃありませんか？

セラピスト なるほど。おっしゃることはわかります。ではFさんにお尋ねしますが、朝起きて便意をもよおし、トイレで排便をしようとしたら故障していて使えません。さてウォシュレットをしようと思って洗面所に行きます。Fさんだったらどうしますか？

Fさん かなりうろたえますが、なんとかあきらめて「とにかく手を洗えばいいや」と思って洗面所に行きます。実際、「ウォシュレットを使わない」という課題にも一度チャレンジして、ちゃんとできましたし。

セラピスト では洗面所に行ったら、なんと断水していて蛇口から一滴も水が出ません。Fさんはどうしますか？

Fさん うわぁ……それはきついな。ちょっと考えたくありません。意地悪で悪いんだけど、想像してもらえますか？

Fさん うーん、今の僕ならパニックになりそうです。たぶん近所のコンビニに駆け込んで、洗面所を貸してもらってそこで手を洗うと思います。

セラピスト もし付近一帯が断水で、コンビニでも手を洗えなかったら？

Fさん (笑いながら) そんなきついこと想像させないでくださいよ。……うーん、どうするかな。コンビニのペットボトルの水を買い占めて、それで手を洗おうとするかも (笑)。

セラピスト 僕みたいにパニックにはならないと思いますよ？

Fさん Fさんのお母さんならどうするでしょう？

セラピスト たら「水が出ないんだからしょうがないでしょ」と言って、それで済ますかも (笑)。

セラピスト 強迫性障害じゃない人は、大体「しょうがない」で済ませられるんだと思いますよ。つまり強迫性障害じゃない人だって、洗うのは普通のことですからね。排便後に手を

普通は排便すれば手を洗います。でも普通の人は万が一手を洗えない事態に陥っても、「汚いけれどしょうがない」「気持ち悪いけどしょうがない」「水が出ないんだからしょうがない」とあきらめることができるんです。でも今想像していただいたように、Fさんにはそれができなさそうですね。だからこそ「排便の後に手を洗わない」といった極端な課題も練習しておく価値があるのです。

Fさん　なるほど。最初からあきらめの練習をしておくわけですね。納得しました。

セラピスト　一回チャレンジして、あきらめられるようになると、すごく自信がつくと思いますよ。

Fさん　そうでしょうね。考えるだけでこわいけど（笑）。

最後に初回セッションで作成した二枚のアセスメントシートを一緒に眺め、曝露反応妨害法によって悪循環が解消されつつあることを確認した。「菌でまみれている」「殴っちゃったんじゃないか」という侵入体験そのものは、今でもFさんに頻繁に生じているということであったが、それが強迫行為の悪循環に発展しなければよい、ということを最後に改めて確認して第5セッションを終えた。Fさんの最後の感想は、「曝露反応妨害法は大変だったし、今もまだ大変だけど、症状で大変なのよりずっとマシです。あとカウンセリングに対するイメージが変わりました。カウンセリングってもっと静かで穏やかな感じかと思っていたら、そうじゃなくてトレーニングみたいでした。先生も厳しいし（笑）。おかげで鍛えられました。ありがとうございました」ということであった。

● 半年後の「ぶりかえし」に対するセッション

第5セッションの半年後、Fさんから「ちょっとぶりかえしたようなので、面接を受けたい」と予約が入り、一回だけセッションを行った。聞いてみると、研究室からの帰りに「実験器具を壊しちゃったんではないか」という考えが生じ、ときどき研究室に戻って「現場検証」をせず、頭の中でも「大丈夫だ」といった言い聞かせをせず、あえて「大丈夫じゃないかもしれない」と考えることはよく理解しており、曝露反応妨害法をするのであれば「現場検証」に不可欠な物なので、実験器具を実際に高価で研究に不可欠な物なので、実験器具を実際に高価で研究に不可欠な物なので、実験器具を実際に高価で研究に不可欠な物なので、実験器具を実際に高価で研究に不可欠な物なので、実験器具を実際に高価で研究に不可欠な物なので、実験器具を実際に高価で研究に不可欠な物なので、実験器具を実際に高価で研究必要があることも理解していた。しかし、実験器具は実際に高価で研究に不可欠な物なので、曝露反応妨害法をきちんと実施できており、最近は侵入体験があまり生じないということである。洗浄強迫への対応もきちんとできており、まったく問題なかった。以下が、新たに生じた「実験器具問題」をめぐるセラピストとFさんとの対話である。

セラピスト　（図5・4の「曝露反応妨害法の説明図」を取り出して）この図、覚えていますか？

Fさん　そういえばこんな図がありましたね。（しげしげと図5・4を見つめる）

セラピスト　Fさんは曝露反応妨害法のことはよく理解し、洗浄強迫や道路の確認強迫には上手に対応できていることがさっきの話から

もわかりました。ということは、実験器具の問題に対しても、やっぱり曝露反応妨害法を使うのが良いのではないかと思いますが、どうですか？

Fさん　僕もそう思います。

セラピスト　ではこの図を見ながら、実験器具問題に対して曝露反応妨害法をするのであれば具体的にどうすればよいか、Fさん自身に語ってもらいましょう。まず曝露反応妨害法の「反応妨害」って何でしたっけ？この場合、何が「反応妨害」になりますか？

Fさん　研究室に「現場検証」しに戻らない、ということです。

セラピスト　あとは？

Fさん　頭の中で「大丈夫だったよな」と確認しようとしない、ということです。

セラピスト　そうでしたね。では「曝露」って何でしたっけ？

Fさん　曝露は「さらす」「ほうっておく」だから、えーと、この場合、「壊しちゃったんじゃないか」という侵入体験が生じても、それによってすごく不安になっても、それをそのままにしておく、ほうっておく、ということです。

セラピスト　（図5・4を示して）この図を見てください、侵入体験だけでなく、その後の自動思考に対しても曝露する必要がありますが、実験器具の場合、Fさんにはどういう自動思考が生じているのでしょう？

Fさん　うーん……「自分は皆の研究を台無しにしてしまった」「そんな自分は地獄に落ちるにちがいない」……（笑い出す）これ、道路の確認強迫と地獄に落ちるのと同じですね。たぶん「皆の研究を台無しにしてしまった」というのが僕にとってきついんだと思います。台無しに

してしまったら本当にやばいですから。だから「曝露反応妨害法をしなきゃ」とわかっているのに、「でもやっぱり本当に台無しにしちゃったらやばい。念のため確認しなきゃ」という思いに負けて、戻っちゃうんですね。今話していて、それがよくわかりました。

セラピスト　で、Fさんは皆の研究を台無しにしたことが、これまであるのですか？

Fさん　いや、もちろんそんなことはありません。だけどそのときはどうしてもそう思っちゃって、いてもたってもいられなくなって研究室に戻っちゃうんだなあ。

セラピスト　「自分は皆の研究を台無しにしてしまった」「そんな自分は地獄に落ちるにちがいない」という自動思考に曝露するとしたら？

Fさん　ただひたすらそう思い続けるということですかね。

セラピスト　それにプラスして反応妨害するとしたら？

Fさん　ただひたすらそう思い続けながら研究室から遠ざかる、ということですね。

セラピスト　これまでのFさんの経験によれば、曝露反応妨害法をしっかりと行うと、その90％以上の不安はどうなると思いますか？

Fさん　90％以上です。

セラピスト　そのときの不安度はどれぐらいでしょうか？

Fさん　（しばらく想像する）どう考えても一時間もすればかなり弱まるはずです。

セラピスト　「大丈夫じゃないかもしれない。それが何だっていうんだ？」と開き直れればなおさらいいのかもしれませんが、Fさんがおっしゃる通り、大事な器具だからどうしてもそこまでは思い切

ことができない、というのもわかります。だとしたらひたすら侵入体験や不安緊張や自動思考にひたり続けるのです。ひたりないながら、研究室に背を向けて、遠ざかっていくのです。

Fさん　それしかなさそうですね。というか、そうしなきゃまずいですよね。またあんな状態にはなりたくないので。

セラピスト　できそうですか？　というか、やります。自動思考のことをすっかり忘れていたのに気づきました。とにかく自動思考も含めてすべてに「曝露」ですね。

Fさん　できそうです。

図5・4の説明図を見ながら改めて曝露反応妨害法について整理をしたところで、Fさんは新たな症状に対してどう向き合うべきか、すっきりと理解できたようであった。テストを実施したところ、Y-BOCSは10ポイント、BDI-Ⅱは7ポイントであり、数値上は半年前よりさらに回復していることが確認された。Fさんは「ぶりかえしたと思ったけど、全体的には良くはなっているんですね。ちょっとホッとしました」と話した。セラピストとFさんは、ときどきこのように新たな状況で強迫症状が「ぶりかえす」ことはありうるが、落ち着いて曝露反応妨害法を実施すればよいということで合意した。今回の「実験器具問題」もあとは一人で対応できるということだったので、この件について特に追加のセッションは設けなかった。ただし念のため、半年後にフォローアップのセッションを1度設けることを約束し、この第6セッションを終了した。

半年後、約束通りフォローアップセッションを実施した。半年前の「実験器具問題」はFさんが腹をくくって曝露反応妨害法を実施したところ、その後数日間で大丈夫になったそうである。他の洗浄強迫や確認強迫に対してもきちんと対応できており、侵入体験の頻度が下がってきていることが共有された。Y-BOCSは7ポイント、BDI-Ⅱも7ポイントで、何の問題もなかった。Fさんからは、大学でも排便できるようになったことが嬉しそうに報告された。「二十五歳にもなる男が、女性の先生に対して、『学校でウンチができた！』なんて嬉しそうに報告するというのは、よく考えたらおかしいんですけど」と笑っていたが、そういう「よく考えたらおかしいこと」に巻き込まれて、身動きが取れなくなってしまうのが強迫性障害のおそろしいところであるとセラピストがコメントすると、Fさんは深くうなずいていた。その一年後、文書にてフォローアップを実施したところ、強迫性障害についてはぶりかえしもなく元気に研究を続けておられるということであった。また薬物治療もすでに終了しているということであった。

■ 5・4　事例Fのまとめ

かなり典型的な強迫性障害に対する認知行動療法の事例を紹介した。強迫性障害については、それなりの重症事例でも、またかなり慢性的で長期化している事例でも、Fさんのような「わかりやすい」症状の場合（この場合の「わかりやすい」というのは、認知行動療法のモデルで整理しやすい、という意味である）、5〜10セッション程度で終結までもっていくことが可能である場合が多い。以下、典型的な強迫性障害に対するアセスメントや介入のポイントを紹介する。

● アセスメントはセラピスト主導で実施し、心理教育につなげる

洗浄強迫や確認強迫といった典型的な症状をクライアントがある程度聞いた時点で、「侵入思考」→「不安」→「強迫行為・中和化」という循環があることが明らかな場合、アセスメントの段階で、この循環を念頭に置いてシートを作っていくと後で何かと役に立つ。

4章でも述べたとおり、典型的な不安障害は疾病単位でモデル化されており、各疾病に対するCBTのパッケージがかなり確実な効果を挙げられることは確かめられている。強迫性障害も同様である。そこでセラピストは初回セッションでかなり主導的にアセスメントを行い、図5-1、図5-2のように外在化した自動思考」→「不安」→「強迫行為・中和化」という症状モデルに沿って作成されており、Fさんがこの二枚のアセスメントシートを「まさに自分の症状はその通りである」と認めたことで、セラピストはその後速やかに症状モデルの心理教育を行うことができた。このようにセラピストが症状モデルを念頭に置き、それに沿うようにアセスメントシートが作成されるよう、クライアントとの対話をリードしていくのだが、その際、「対話を強引に引っ張られた」「セラピストの見解を押し付けられた」という印象をクライアントに与えないよう十分に注意する必要がある。症状モデルにクライアントの話を当てはめる、というのではなく、クライアントの語る内容とセラピストの念頭にある症状モデルをすり合わせる、といったスタンスで話を聞いていくと良いのではないかと思う。

また症状モデルを念頭に置いてアセスメントを行うと、ある程度"まとまりのよい"シートが出来上がることが多い。自分の症状が"まとまりよく"外在化されることで、それまで訳の分からなかったごちゃごちゃした症状を、"まとまりよく"認識し、体験できるようになるクライアントは少なくない。Fさんがまさにそうであった。筆者の経験では、強迫性障害の方は特に"まとまりよく"アセスメントシートが出来上がることによってひとまず落ち着く人が多いようである。強迫性障害のクライアントのほとんどは、自らの侵入思考（強迫観念）に圧倒されており、それこそ自身が内側から"まとまっていない"ことに多大な恐怖や不安を感じているように思われる。だからこそアセスメントシートにそのような自分の体験が"まとまりよく"外在化されることで、内的な負担そのものが外在化される感じになるのではないだろうか。第2セッションの冒頭でのFさんの発言が、それをよく物語っているように思われる（第2セッションの冒頭の発言：「自分がいかに無駄なことばかりをしているか、ということがほとんどよくわかりました。でも、自分の症状がほぼこの二つのパターンにおさまることがよくわかって、『なんだ、たった二つのパターンじゃないか』と拍子抜けするような感じがありました。変な感想かもしれませんが、『二つなら何とかなる』と思えてきたんです」）。その意味でも、比較的典型的な強迫性障害のケースではなるべく早い時期に、セラピストがリードする形で、アセスメントを行い、ツールに外在化することが有効なのではないかと思われる。

● 侵入体験をノーマライズする

強迫性障害のクライアントは、自らの侵入体験（思考やイメージ）そ

のものを「異常なことである」と信じていることが多いので、侵入体験自体はごくノーマルな現象であることをセラピストが伝えると、皆、Fさんのように非常に驚く。その際、それが実証研究によって確かめられていることを伝え、さらにデータを示すと説得力が増す。たとえば筆者は原田（二〇〇六）の四四ページに記載されている表をそのままクライアントに示すことがある。表にはたとえば「暖房、ストーブ、電気を消し忘れて火事になるのではないかと心配する」健常者が女性79％、男性62％、「運転中に、自動車を道路の外に飛び出させようとする衝動をおぼえる」健常者が女性64％、男性53％、「悪い感情を抱いていない友人に向って、下品で無礼なことを口走りそうになる」女性59％、男性55％、「誰かと話しているときに、相手の裸の姿をつい想像してしまう」女性44％、男性63％、といったことが示されている（なおこれらのデータはクラーク〈二〇〇四〉によるものである）。当然のことながらFさんは、「トイレの便座や水洗のレバーに触れて、伝染病に感染するのではないかと心配する」女性60％、男性40％、「運転中に、歩行者や動物をひいてしまったのではないかと心配する」女性46％、男性51％、の二つに強い関心を示し、「自分だけじゃないんですね」と何度も繰り返していた。

またセラピストが自分自身の侵入体験を自覚している場合は、それを自己開示することが心理教育的効果をもたらす。筆者自身、いくつかの侵入体験を継続的に経験しており、強迫性障害のクライアントには、機を見計らってそれを伝えるようにしている。そのようなセラピストの自己開示に対してもほとんどのクライアントが「えー!？ 専門家でもそんなふうになるんですか？」と驚きを示す。

クライアントは侵入体験があまりにも自我違和的で苦痛なため、それ自体を異常視し、侵入体験自体がなくなることを望んでいるが、認知行動療法では侵入体験そのものをターゲットにすることはない。したがってそのことを心理教育としてクライアントに伝え、侵入体験をノーマライズする必要があるが、その際、上に述べたとおり、実証研究に基づくデータを示したり、セラピスト自身の体験を示すことが大いに役に立つ。多くの健常者やセラピストが、侵入体験を持ちながらも強迫性障害に至らずに暮らしている、ということが、クライアントにとっては驚きであると共に、「自分も侵入体験に対してこれまでとは違うつきあい方ができるかもしれない」という希望を抱かせるようである。

● 強迫性障害の心理教育と技法の導入について

強迫性障害の認知行動療法は、パニック障害など他の不安障害と同様、心理教育が要である（4章参照）。特に典型的な強迫性障害の場合は、本事例のように一回のセッションだけで症状モデルや曝露反応妨害法についてかなりの量の情報を伝えることもできる。ただしすべてのクライアントがFさんのように大量の情報を一度に処理できるわけではない。あくまでもクライアントの反応を見ながら、一気に説明するか、数回に分けて説明するか、かなりの回数を使って少しずつ繰り返し説明するか、といったことを決めていく必要がある。

また強迫性障害は他の障害との併存が多い障害でもある。さらに他の障害（例：発達障害、統合失調症など）の一環として強迫症状が表れる場合もあり、鑑別が必要である。これらの場合、強迫性障害や強迫症状だけを取り上げて曝露反応妨害法を実施するのがむしろ有害になる可能

性がある。また強迫性障害のなかでも**強迫性緩慢**や**強迫観念中心**のケースなどは曝露反応妨害法の効果が期待できにくいと言われている（以上については原田〈二〇〇六〉を参照）。したがって本事例で紹介したような心理教育のやり方は、鑑別診断や併存症についてある程度見通しが立ち、強迫性障害に焦点を当ててアプローチすることが合意されてから行うべきである。クライアントが強迫的な症状を訴えているからといって、曝露反応妨害法を安易に導入するのは望ましくない。

●曝露反応妨害法はセッションでしっかりと計画を立ててから実施してもらう

曝露反応妨害法は一見非常にシンプルな技法であるが、それをホームワークとしてクライアントに実施してもらう場合、かなりきめ細かく計画を立てる必要がある。「大体こんな感じ」というレベルで大雑把に説明し、「とりあえずやってみてください」という課題の出し方ではほとんど意味がないと筆者は考えている。クライアントが「現場」で、「今、自分は何をどうすればいいのか」ということが明確にわかる形で課題を設定し、それを着実にやってきてもらう、ということが重要である。別の言い方をすれば、そのようなきめ細かい計画を立てるまでは、曝露反応妨害法を実施してもらわない、ということになる。

曝露反応妨害法に限らず認知行動療法の諸技法を適用する際のコツは、「小出しにする」「もったいぶる」ということだと筆者は考えている。認知行動療法のさまざまな技法はその効果が認められているからこそ、「技法」として通用している。ということはせっかく技法を適用するのであれば、その技法の効果を最大限に引き出したい。少なくとも「せっかく技法をやってみたけれど、ちっとも効果がなかった」とクライアントを失望させることだけは避けたい。となると、「とりあえず」という感じで大雑把に技法を実践してもらうということなどは、もったいなくてとてもできない。曝露反応妨害法のようなわかりやすいシンプルな技法こそ、こういったことを念頭において導入する必要があると思う。

セラピストが技法を「小出しにする」「もったいぶる」というのは、セラピーを長引かせるためでもなくクライアントに意地悪をするためでもなく、その技法を大切に扱う姿勢を示すことで（実際、クライアントを救う可能性を秘めているという意味で、技法はすべて「宝」である）、クライアント自身も技法を「自分にとって大切なもの」として大事もずっとクライアントによって大事に扱われ、簡単に手放されることもないだろう。

●言い聞かせ（認知的安全行動）について約束事を決める

曝露反応妨害法を実施する際、クライアントが「菌は落ちたから大丈夫」「せっけんで洗ったのだから病気にならない」といった言い聞かせ（すなわち認知的安全行動）を行って、不安緊張感に対処しようとすることはよくある。そのような認知的な確認が絶対に悪いわけではないが（手を一時間洗い続けるよりは、「大丈夫」と言い聞かせて五分で済ますほうがマシであろう）、Fさんとのやりとりでもあったとおり、曝露とは「さらす」「ほうっておく」ということである。ということは、余計な言い聞かせなどせずに、不安は不安なままほうっておけばよい、とい

5章　強迫性障害

うことになる。そのことを、曝露反応妨害法を実施してもらう前に、クライアントにきちんと説明し、理解してもらう必要がある。

● 周囲の人にそっけない返答を依頼する

強迫性障害のクライアントには、家族や友人に代理確認を求めて自分を安心させようとする人が少なくない。Fさんもそうであった。そのような人の存在が、曝露反応妨害法の妨げになることがある。というのも、曝露反応妨害法が始まっても、クライアントがそれまでの癖でついつい家族や友人に「大丈夫?」「大丈夫だよね」と確認を求めてしまうことがあるからである。あるいは、曝露反応妨害法によって高まった不安を何とかするために、それまでよりも頻繁に他者に確認を求めようとするクライアントもいるかもしれない。しかし代理確認も当然、曝露反応妨害法の大きな妨げとなる。

したがって他者に代理確認を求めるクライアントの場合、「代理確認を求めない」という約束事をするだけでなく、対象者(家族、友人)に曝露反応妨害法のことを伝え、たとえクライアントが確認を求めてもそっけない態度を取るよう依頼しておくと、計画がより万全になる。場合によっては家族に来室してもらい、セラピストから心理教育をした上で、このようなことを依頼することもある。

● 一つの課題をがっちりやればやるほど、
　その後の展開がスムーズになる

曝露反応妨害法を実施する場合、最初に取り組む課題だけは、できる限り細かく具体的に計画を立て、それをすべて紙に書きだして外在化

し、「よし、これならできそうだ」「よし、この課題を実際にやってみよう」とクライアントが思えた時点で、実行に移すのがよいと筆者は考える。準備に時間をかけてしっかりとやってもらえばもらうほど、クライアントがその課題を着実に通せる確率が高くなるからである。逆に見切り発車で最初の課題をやってもらおうとすると、うまくいかなかったときの修復に時間やエネルギーがかかってしまう。モチベーションの高いクライアントほど、曝露反応妨害法を早くやりたがるが、セラピストがそれに引きずられずに、最初の課題の計画をしっかりと作り上げる姿勢を示すことが重要である。本事例でも初回セッションでアセスメントが終わり、第2セッションで曝露反応妨害法の心理教育をしたところ、Fさんは非常によく理解し、やる気を示した。セラピストとしてはこの時点で〈では早速試してください〉と言いたいところであるが、ここでぐっとこらえて〈試してきてくださいも我慢していただき、次回ここで一緒に計画を立てましょう〉と伝え、次のセッションで事細かな計画を立てるほうが、より安全かつ効果的に曝露反応妨害法が実施されるようである。

また、とにかく一度、がっちりと細かな計画を立てるという作業を一緒にやると、その過程を通じてクライアントは曝露反応妨害法のコツをつかむことができるようである。最初の計画に時間をかけると、そのぶん後が楽になる。その意味でもやはり最初に挑戦する曝露反応妨害法の計画は、時間をかけてでもしっかりと事細かなものを立てるほうが良いと言える。

●「ぶりかえし」への対応

筆者の経験では、カウンセリングが終結してしばらく経った後に「ぶりかえした」と再度予約を入れるのは、強迫性障害のクライアントが多いように思われる。これは単に筆者の介入が甘いからなのかもしれないが、そのようなクライアントに対しては、たいてい本事例のように一～二回の追加セッションを行って、強迫性障害の症状モデルや曝露反応妨害法について一緒におさらいするだけで、大丈夫になる場合が多い。そのようなことを防ぐため、あらかじめ半年ないし一年といったフォローアップ期間を設け、フォローアップセッションを予定しておくのも一つの手かもしれない。ただし本当に調子が良くなってしまうと、半年後や一年後の予約などクライアントは忘れてしまうものである。したがって今のところ筆者は、強迫性障害の事例を終結するにあたっては、個別にクライアントと話し合ってフォローアップセッションを実施するかどうかを決めている。

●発症の「原因」の扱いについて

本事例でセラピストとFさんは、強迫性障害の発症の「原因」について一切話し合っていない。それはFさんがそのように希望したためでもあり、セラピストも特にそれが必要であるとは考えなかったためでもある。インテーク時に「今思えばその頃より症状が出ていたかもしれない」とFさんの言った浪人時代は、まさに「浪人生活」というストレッサーがあり、しかも母親が在宅で祖父の介護をしていた頃で、家族全体のストレス度が高まっていた時期であるという。ストレスが高まると強迫性障害が発症しやすいという知見はあるが、それは他の精神疾患も同

様であろう。そしてそのように生きている限り、ストレスがないということはありえない。そのような話し合いをしたうえで、原因を検討するより、症状に焦点を当てて生活を改善することをFさんとセラピストは優先することにした（このようなスタンスは、浪人生活や祖父の介護といった出来事と強迫性障害の発症に何らかの心理学的な関連性があるかもしれないという可能性を否定するものではない。そのような心理学的な検討より、症状の改善を優先したということに過ぎない）。強迫性障害の方は、Fさんのように、原因追求ではなく症状改善を明確に求める方が特に多いように思われる。

□ 5・5 事例Gの概要

❖クライアント
Gさん——女性。四十三歳。小学校教員。

❖インテーク面接
来談経路——自主来談
家族——夫（小学校教員）と子ども二人（小五男子、小二男子）の四人暮らし。家族関係は良好である。
生活歴——両親（ともに教員）、兄、Gさん、弟の五人家族に育つ。家族歴、生活歴に特記すべき事項はない。大学を卒業し、教員となり、職場で知り合った夫と結婚し、三十代で二人の男児を出産した。双方の両親の手を借りながら、仕事と家庭生活を何とか維持してい

るということである。

主訴——不吉な映像と言葉が自分の意志とは関係なくパッと浮かんできて、それにとらわれてしまう。なぜそのような映像が浮かぶのか自分でもわからない。自分は頭がおかしくなったのではないか。

◆

来談に至る経緯——二十年ほど前から、パッと不吉な映像に浮かぶ、という現象が時おり生じ、その都度気にはなったがやり過ごすことができていた。三年前、あるホラー映画を観たのが引き金になって、特定の不吉な映像（男児が川から流れ落ちる）と共に不吉な言葉（「落とした」「死ぬ」）がパッと浮かぶようになった（ただし映画でそのような映像を観たかどうかは記憶が定かではない）。それがあまりにも不吉で怖いので、自分でそれを打ち消そうと必死になるも、打ち消そうとすればするほどそのような映像や言葉が浮かぶようになり、このことが周囲に知られたらまずいと思って必死に自分を「普通の状態を装う」ことでヘトヘトになってしまった。そのような自分を「頭がおかしくなったんではないか」「自分は、自分の子どもや学校の子どもたちがそうなることを願っているのではないか」と思うようになった。この時点で一人で苦しむのに耐えられなくなり、思い切って夫に打ち明け、夫と相談の結果、カウンセリングを受けるようになった。

*注 不吉な映像と言葉……川の急流を、黄色い帽子をかぶった小学生らしき男の子が流れ落ちていく映像がパッと浮かび、それとほぼ同時に「落とした」「死ぬ」といった言葉が頭をよぎる。

ことにしたが、最初のカウンセラーに主訴を伝えたとたん「えー、そんな映像が浮かぶんですか？」と驚かれたため、「やっぱり自分は頭がおかしくなったんだ」と大きなショックを受けた。しばらくカウンセリングを続けたが、幼少期の話を聞かれるばかりで主訴そのものの話を取り上げてもらえないのが不満で行くのをやめた。その後二人のカウンセラーにかかった。二人のカウンセラーからは共に、「どうしてそのような映像や言葉が浮かぶのか、分析する必要がある」と言われ、自分もそう思ったが結局分析の途中で両方ともやめてしまった。やめたのは、このまま通い続けても良くなるとは思えなかったからである。ただ主訴のことは夫以外、誰にも言えないので、それを話せる場があるのは助かっていた。症状は良くなったり悪くなったりで一向に良くならず、新たなカウンセラーを探していたところ、たまたま知人のつてで筆者が紹介された。認知行動療法については何も知らない。良くなるのであれば何でもよい。藁にもすがる思いである。《なぜ精神科を受診しなかったのか？》というセラピストの問いに対して》精神科を受診して「自分が本当に狂っている」ということに直面したくなかったから、怖くて受診できなかった。精神科医に「あなたは狂っていますから、本当に狂ってしまいそうで怖いので、どうしても受診する気になれなかった。

◆

症状評価——Y-BOCS（エール・ブラウン強迫観念強迫行為尺度）32ポイント、BDI-II（ベックの抑うつ尺度改訂版）16ポイント、GHQ28（精神健康調査）22ポイント。
Y-BOCSを実施することで、外に現れる行動としての強迫行

為はないが、頭の中での中和行為に時間とエネルギーを取られているのが明らかになった。BDI-IIはそうでもないが、GHQ28のポイントが高いのが特徴的である。強迫性障害によって心身ともに疲れ果てていることが推察された。

◆

Gさんの様子や印象——的確に主訴や経過を伝えてくれる。本来、明るくきびきびした人であることがうかがわれるが、主訴のせいで疲れ切ってしまっているように見えた。「藁にもすがる思い」というGさんの言葉が、「まさにそうなのだろう」とリアルに感じられた。

◆

インテーク面接で合意されたこと——筆者は臨床心理士であって医師ではないので、医学的な診断をすることができない。Gさんには強迫性障害が限りなく疑われるが、今後安全かつ効果的にカウンセリングを続けていくためにも、専門の医師にまず診断を確定してもらい、薬物療法なども検討した上で、医師の許可があればカウンセリングを引き受けることができるということをGさんに伝え、合意された（筆者としては、「狂った」のではなく強迫性障害という病気であることを、専門医に告げてもらうことが有用であると考えた）。またもし筆者がGさんのカウンセリングを担当するのであれば、おそらく主訴を「分析」するのではなく、主訴への対処法を探っていくような手法を用いるであろうということを伝え、認知行動療法について簡単に説明した。

インテーク面接の後、Gさんに精神科医を紹介し、紹介状をお渡しして受診してもらった。一カ月後にGさんから連絡があり、カウンセリング開始となった。医師からは「強迫性障害である」と言われ、ごく普通の病気であると説明された。病名がつき、しかも「普通」と言われて安心したとのことである。また医師と相談した結果、薬物療法は開始せず、筆者との認知行動療法を継続して様子を見る方針で良い、という結論にひとまず至ったということであった。

❖CBTの経過の概要

X年六月にインテーク面接を実施。X年八月からX＋1年二月にかけて七回のセッションを実施し、終結とした。その約一年後に、文書にてフォローアップを行った。

5・6 診断の確定と心理教育

初回セッションでは、専門医からの診療情報提供書や心理テストの結果を共有して、今後のおおまかな方針を立てた。おおまかな方針というのは、【Gさん自身が身につける】というものである。すでに専門医よりらのセラピストの説明を、落ち着いて聞いてくれた。Gさんが「（強迫性障害とは）潔癖な人が手ばっかり洗う病気だと思っていたので、自分がそれと同じというのは不思議な気もする」と述べたので、〈手ばかり洗う人は目に見える「行動」という形で症状が出ていますが、Gさんの場合は、頭の中で一生懸命映像や言葉を打ち消すということですから、目に見えない「認知」という形で症状が出ているんですね。だからちょっとわかりづらいかもしれませんが、メカニズムは同じです。また

次回もっと詳しく説明します」とセラピストが伝えたところ、一応納得したようであった。また強迫性障害については最近特に研究が進んでおり、認知行動療法の効果が実証されていることを伝えると、非常にホッとした様子で、「これまではわけがわからずひたすら混乱していたのが、ここに来てやっと強迫性障害という病名がつき、認知行動療法というやり方があるということを知ることができ、まだどうなるかわからないけれど、やっと少し光が差してきた感じです」と語った。

5・7 アセスメントと心理教育

第2、第3セッションでは、Gさんの症状をCBTのモデルを使ってアセスメントし、強迫性障害の症状モデルに沿って整理した（図5・7、図5・8を参照）。またそれらを通じてさらに具体的な心理教育を行った。

図5・7のアセスメントシートのポイントは、侵入体験を認知欄ではなく状況欄にあえて書き入れたことである。事例Fの場合、クライアントの侵入体験はきっかけがあって生じていたが、Gさんの場合、何のきっかけもなく不意に侵入体験が浮かび、それに巻き込まれてしまうというパターンなので（だからこそまさに「侵入」体験なのであるが）侵入体験を状況欄に書き入れることにしたのである。このように侵入体験を状況欄に位置づけると、侵入体験とはきっかけによって作り出されたもの」ではなく、あたかも「外から降りかかってきた事故のようなもの」であるという見せ方ができ、有用である。Gさんも図5・7のアセスメントシートを作成したことによって、侵入体験そ

アセスメント・シート――自分の体験と状態を総合的に理解する

ストレス状況

ストレスを感じる出来事や変化
（自分，他者，状況）

①ふとしたときにある映像が浮かび，同時にある言葉が頭をよぎる。
●映像⇒川の急流を黄色い帽子をかぶった小学3年生ぐらいの男の子が流されていく。
●言葉⇒「落とした」「死ぬ」

認知：頭の中の考えやイメージ

②「やめて！」「怖い！」「助けて」「何で？」「もう嫌だ！」
⑤「私は頭がおかしくなっているに違いない」「このまま狂ったらどうしよう」

気分・感情

③恐怖
⑥不安，恐怖

身体的反応

③血の気がひく
全身が固まる

行動

④必死に次の(1)(2)を行う。
(1) 映像を巻き戻そうとする
(2) 「落としてない」「死なない」という否定語を，「落とした」「死ぬ」にぶつけて言葉の意味を変えようとする
タイミングがぴたっと合うまで(1)(2)を続ける
（数10回から数100回）

サポート資源

「強迫性障害」と診断されたこと	
夫	子どもたち（自分の子ども，学校の子ども）
認知行動療法	専門家（医師，伊藤先生）
睡眠（寝ているときは大丈夫だから）	

コーピング（対処）

・川を見ないようにする（本物の川には近づかない，テレビなどで川が映ったら目をそむける）
・こういうことが起きていることを他の人に悟られないように，必死で普通にふるまう
・「またあれが来た」と夫に訴える
・医者に行って診断を受けた。認知行動療法に取り組む。

図5・7　Gさんの強迫性障害のアセスメント（ツール1）

のものが問題なのではなく、侵入体験に対する自分の反応が問題であることを実感したようであった。

このアセスメントシートのもう一つのポイントは、「映像を巻き戻す」『落としてない』『死なない』といった言葉をぶつける」といった認知的操作をあえて行動欄に書き入れたことである。Gさんは潔癖症の過剰な手洗いと自分の症状が同じ「強迫性障害」という病気であることに疑

```
①侵入体験      →  ②「怖い！」  →  ③頭の中の強迫行為
 (映像・言葉)       恐怖          (打ち消し・中和)
                                        ↑
                                        │
                   ④タイミングがぴたっと合って
                   ②がなくなるまで，③を繰り返す
                   (数10回〜数100回)。

                   ①〜④の結果……毎日疲れ果てる。
                   川を避ける。発狂恐怖
```

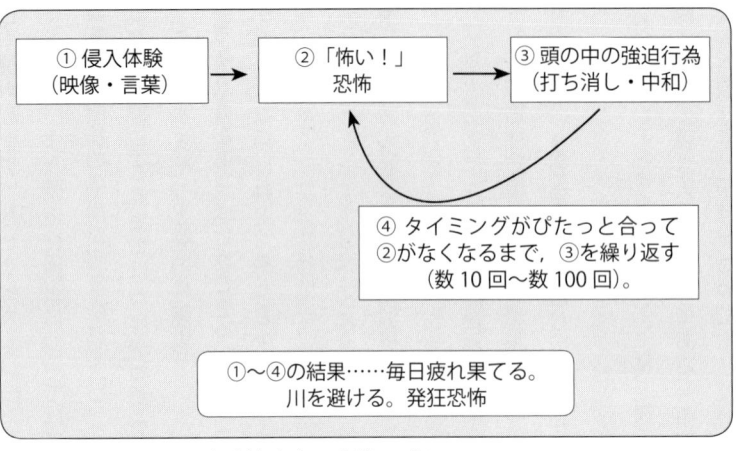

図5・8　Gさんの強迫性障害の症状モデル

問を抱いていた（初回セッション）。そこでセラピストは潔癖症の人が「手が汚い！」「手にばい菌が残っている」と思って感じる不安や恐怖を何とかするために手を洗うのと、Gさんが頭の中に浮かぶ映像や言葉を「やめて」「怖い！」と思って、感じる不安や恐怖を何とかするために頭の中で打ち消す操作をするのは構造的に同じであると再度第2セッション、第3セッションで説明した。Gさんは腑に落ちたようで、「なるほど。潔癖症の人は自分の手が問題だと思うから手を洗うし、私は頭の中のことが問題だと思うから頭の中で問題を処理しようとしているわけですね」「要するに私は頭の中のことについて潔癖症みたいになっているのですね」と述べた。

なお図5・7の⑤⑥は二次的ないわゆる「発狂恐怖」である。Gさんのような頭の中に耐え難い映像や言葉が浮かぶ症状を持つ強迫性障害の人は、自分にそのような映像や言葉が浮かぶこと自体がセラピストに恥をしのんで症状（映像や言葉）を打ち明けたところ、残念なことにそのカウンセラーに驚かれてしまったという体験が、さらにGさんの「発狂恐怖」に拍車をかけてしまった。このような「発狂恐怖」はクライアントにとっては非常に苦痛な体験だが、事例Fでも述べたとおり、侵入体験について心理教育を行ってノーマライズできると、速やかに解消されることが多い。Gさんもインテークの段階ではこの「発狂恐怖」にさいなまれていたが、強迫性障害という診断がつき、医師やセラピストの説明を受け、さらにアセスメントシートに外在化されることに

よって、この時点ではほとんど気にならなくなったとのことである。

図5・8は図5・7のようにまとめられたアセスメントシートを強迫性障害の症状モデルに沿ってさらに整理したものである。Gさんは図5・8を見て、「まさにこれが私の症状です。こんなにシンプルに自分の問題がまとめられるなんて驚きました」と感想を述べた。セラピストは図5・8を使って曝露反応妨害法について説明し、説明したものを書き足して図5・9を作成した。

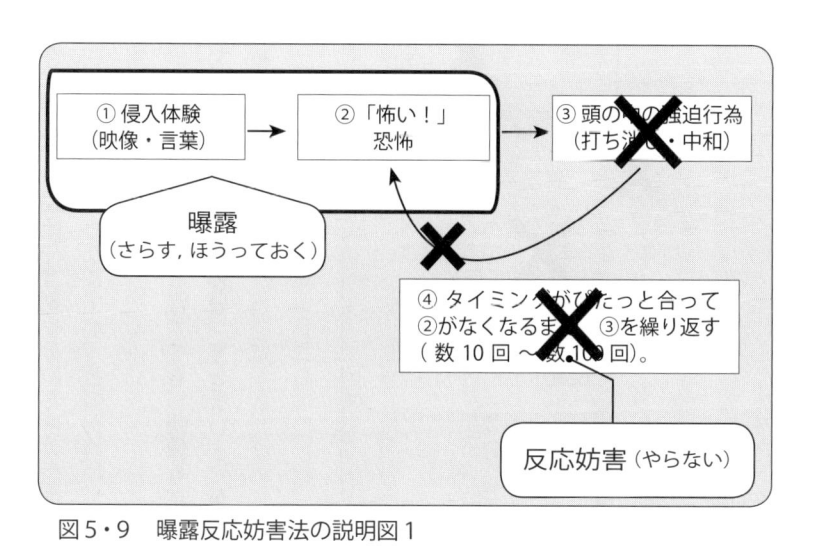

図5・9 曝露反応妨害法の説明図1

① 侵入体験（映像・言葉）→ ②「怖い！」恐怖 → ③ 頭の中の強迫行為（打ち消し・中和）

曝露（さらす，ほうっておく）

④ タイミングがぴたっと合って②がなくなるまで③を繰り返す（数10回～数100回）。

反応妨害（やらない）

5・8 認知に焦点を当てた曝露反応妨害法

この段階までくると、洗浄強迫の人の手洗いと自分の頭の中の打ち消し行為が同じ機能を持つ強迫行為であることをGさんはしっかり理解していたので、曝露反応妨害法については事例Fと同様の説明をするだけで、Gさんはよく理解してくれた。ただし頭の中の強迫行為を反応妨害するというのは、動作や行動を反応妨害するのに比べて単純ではない。あることについて「考えるな」と言われると、人はかえってそのことについて考えようとする傾向がある。また頭の中の打ち消し行為を「反応妨害」するとしたら、そのぶんどのような思考で頭の中を満たすのが良いか、予め決めておいたほうがよい。そこでセラピストはGさんと次のようなやりとりを行い、さらに図5・10に追加して図5・10を作成した。

セラピスト Gさんの場合、頭の中の打ち消し行為をやらないことが「反応妨害」ということになりますが、では川を流れ落ちる男の子の映像や「落とした」「死ぬ」といった言葉が突然浮かんでしまったとき、これまでの打ち消し行為の代わりに、いったい頭の中で何を考えればいいのでしょう？

Gさん うーん……いったい何を考えればいいんでしょうね。……ちょっと思いつきません。

セラピスト さらに「曝露」ということで言えば、川を流れ落ちる男の子の映像や「落とした」「死ぬ」といった言葉が突然浮かんでし

```
┌─────────────────────────────────────────────────┐
│  ┌──────────────┐    ┌──────────┐   ┌──────────────┐ │
│  │① 侵入体験    │───▶│②「怖い！」│──▶│③ 頭の中の強迫行為│ │
│  │  (映像・言葉) │    │   恐怖   │   │ (打ち消し・中和)  ✕│
│  └──────────────┘    └──────────┘   └──────────────┘ │
│         │                   ▲                       │
│         ▼                   │         ✕             │
│      ┌──────────┐       ┌─────────────────────┐     │
│      │  曝露     │       │④ タイミングがぴたっと合って│    │
│      │(さらす,   │       │ ②がなくなるまで③を繰り✕ │    │
│      │ ほうっておく)│     │ 返す(数10回〜数100回)。 │    │
│      └──────────┘       └─────────────────────┘     │
│         ┃                         │                 │
│         ┃                   ┌──────────┐            │
│         ┃                   │反応妨害(やらない)│       │
│         ┃                   └──────────┘            │
│         ┃                         ┃                 │
│         ▼                         ┃                 │
│  ┌──────────────────────────────┐ ┃                 │
│  │曝露反応妨害法を確実に実施す ◀━┛                 │
│  │るために……不幸のシナリオを作 │                   │
│  │り，頭の中を不幸のシナリオで満│                   │
│  │たしつづける。                │                   │
│  └──────────────────────────────┘                   │
└─────────────────────────────────────────────────┘
```

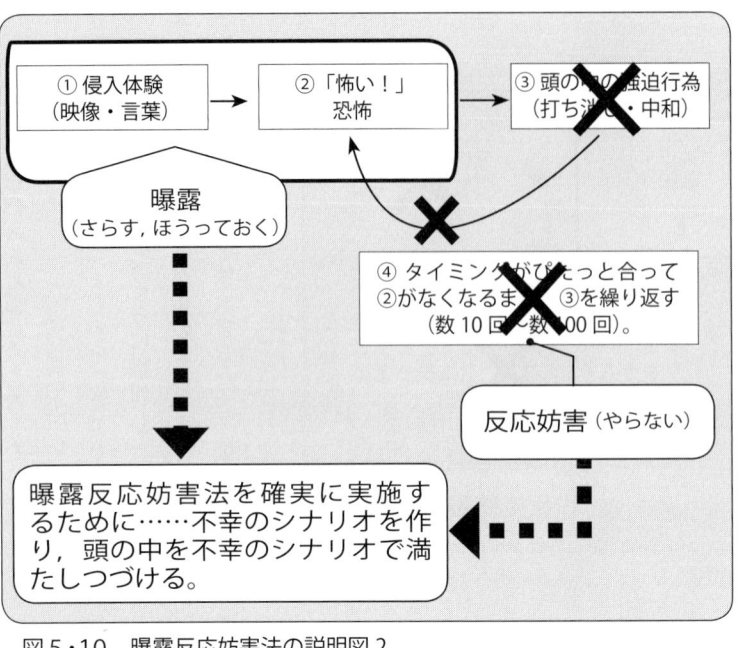

図5・10　曝露反応妨害法の説明図2

セラピスト　潔癖症で過剰に手を洗う人の場合の「曝露反応妨害法」はどうやるのだと思いますか？

Gさん　うーん……「さらす」必要がありますが、そのためにはどうすればいいと思いますか？自分を「さらす」と言っても、映像も言葉も私の意志にかかわらず突然浮かんで流れていってしまいますから、どうしたらよいのかわかりません。

セラピスト　まったくとき、それらの映像や言葉やそのときの恐怖をできるだけご自分を「さらす」必要がありますが、そのためにはどうすればいいと思いますか？

Gさん　「曝露」は手を洗うのを妨害する、ということですか？

セラピスト　「曝露」は手を洗うことを一切やめてもらうのが「反応妨害」です。では「曝露」は？

Gさん　手を洗わないとすごく不安になるでしょうから、その不安に「さらす」ということでしょうか。

セラピスト　そうですね。手を洗わない不安をほうっておく、そのままにしておく、というのが「曝露」ということになりますね。ところで手を洗ってしまう人に対して、もっと積極的に曝露反応妨害法を行うことがあります。そちらのほうが効果が高いからです。そのやり方とは、たとえば地面が汚いと思って地面に置いたり落ちたりした物をさわった後、ずっと手を洗っていないと思ってしまうような人の場合は、あえて素手で地面に触れてもらうとか、トイレに行った後、ずっと手を洗ってしまうような人の場合は、あえて自分の尿や便をティッシュにつけてそのティッシュを身体につけてみるとか、そういうことです。

Gさん　うわー、そんなティッシュ、私だってつけるの嫌ですよ。

セラピスト　誰だってそんな嫌ですよね。重要なのは、潔癖症で過剰に手を洗う人にとっては、それが「曝露」として非常に効果的だということです。トイレの後、普通の人と同じようにしか手を洗わずにその不安に曝露するというのも一つのやり方ですし、トイレの後、あえて手を洗わずにその不安に曝露するというのも一つのやり方ですが、さらに自分の尿や便に触れてその不安に曝露するというやり方もあるのです。この場合、最後のやり方が一番不安や恐怖が大きいですよね。不安や恐怖が大きければ大きいほど、むしろ曝露と

5章　強迫性障害

しては効果が高くなるのです（以降、4章の事例Eと同様の曝露の説明をした。図4・9、4・10を参照）。

Gさん　なるほど、だんだんわかってきました。曝露にもいろんなやり方があるということですね。

セラピスト　そうです。ではGさんの場合、どういう曝露のやり方がありうるでしょうか。「頭の中の打ち消し行為をしない」という取り決めをして、すでに浮かんでしまったこわい気持ちをほうっておく、というマイルドな曝露のやり方もありますが、尿や便を身体につけるように、もっと積極的に曝露をするとしたら、具体的に何をすることになると思いますか？

Gさん　えーと、私にとっての尿や便は、映像や言葉ということになると思います。映像や言葉を積極的に思い浮かべるということですか？

セラピスト　そう、その通りです！　Gさんに苦痛をもたらす映像や言葉、すなわち川を流れ落ちる小学生の男の子の映像や、「落とした」「死ぬ」という言葉を、あえて積極的に思い浮かべて、それらに曝露する。そのときの恐怖心にもあえて積極的に曝露する。どういう曝露のやり方を選ぶかはGさん次第です。どうしても積極的な曝露のやり方を選んでいきたくないのであれば、マイルドなやり方で徐々に進めていくこともできますし、はじめから思い切って積極的な曝露を選ぶこともできます。

Gさん　（しばらく考える）うーん……悩む（笑）。積極的なやり方のほうが効果があるということは理屈では理解できますが、あんな恐ろしい映像や言葉を自ら思い浮かべるなんて、考えただけで恐ろしいです（笑）。他の人は皆さん、どうするのでしょう？

セラピスト　Gさんのような頭の中だけで強迫性障害が起きている

ような人の場合、積極的なやり方を選ぶ人が多いです。私はそれを「不幸のストーリー作り」とか「不幸のシナリオ作り」と呼んでいます。その人が恐れている最悪の不幸をあえて想像して、うんと不安になって、それらの想像や不安に曝露するのです。最初はすごく勇気が要りますが、それだけの効果はあります。ただやはりすごく勇気が要りますから、クライアントさんご自身に中途半端に腹をくくれないのに中途半端に腹をくくってもらう必要があります。腹をくくれないのに中途半端に「不幸のシナリオ作り」をすると、かえって逆効果になる恐れもありますから、私のほうから積極的にお勧めすることはいたしません。……今日はもう時間がありませんから、マイルドな曝露にするか、「不幸のシナリオ作り」にチャレンジするか、ホームワークで考えてきていただくというのはいかがですか？

Gさん　わかりました。いずれにせよ今決められそうにありませんので、次回までに考えてきます。

ここまでが第3セッションである。Gさんは次の第4セッションの冒頭で、「一週間考えてきましたが、"不幸のシナリオ"というのを作ってみたいと思います。せっかくここまで来ているのだから、やはり思い切ってやってみたいと思うようになりました」と話した。そこで第4セッションでは、次ページのような"不幸のシナリオ"をセラピストとGさんとで一緒に作成した。

"不幸のシナリオ"作成中、Gさんは「うわー、怖い」「なんて残酷なんだろう」「耐えられないかもしれない」など口々に言いながら、ずっと笑顔で、どことなく楽しげでもあった。できあがったシナリオを手に

不幸のシナリオ

・小学校3年生ぐらいの黄色い帽子をかぶった男の子が，激しい流れの川に転落し，流されていく（スローモーションでイメージ）。水しぶきがあがる。男の子は「ギャー！」「助けて！」と悲鳴を上げる。男の子は岩にぶつかりながら流されていく。そのはずみで黄色い帽子が飛んで，宙に舞う。川の流れは速く，すごい勢いである。男の子が両手を突き上げているのが見える。男の子の身体が岩にぶつかってバウンドするのが見える。男の子はそのまま流されていき，次第にその姿が見えなくなる。

・「落とした」という言葉が浮かんだら，即座に「落とした」「落とした」「落とした」と三回復唱する。「死んだ」という言葉が浮かんだら，即座に「死んだ」「死んだ」「死んだ」と三回復唱する（可能であれば声に出してつぶやく。難しければ頭の中ではっきりと復唱する）。

図5・11 Gさんの「不幸のシナリオ」

とってもらい、感想を尋ねると、Gさんは「何か、すごいものを作ってしまった、という感じです。こんな恐ろしいもの、一人では絶対に作れません（笑）。ただ、確かにこれ（シナリオが書かれた用紙）にはすごく恐ろしいことが書いてあるのだけど、こうやって見てみると、これは現実ではなく単に私の頭の中のことなんだ、ということが前よりはっきりしてきたような気もします」と述べた。

上のシナリオを、侵入体験が起きたときには必ず実施し、さらに一日二回自室で五分間（タイマーをかける）目を閉じてシナリオを想像することをホームワークとした。またシナリオ想像中および想像後の恐怖の強度を0～100％の数値で評価し、報告することも併せてホームワークの課題とした。セラピストからは、〈腹をくくってやることにしたのですから、とにかくできるだけリアルにイメージしてください〉と念を押した。

その二週間後が次の第5セッションだったが、Gさんは次のように"不幸のシナリオ"の実施状況について話してくれた。「最初の三日間はとにかくつらかったです。先生の指示通り、リアルにイメージしようと頑張るのですが、それがとても怖くて怖くて……。先生を恨みました（笑）。でも五日目ぐらいから、『あれ？』という感じで、あんまり恐怖が強くならないのです。イメージしてもせいぜい50％ぐらい。おかしいなと思って、自分でもっと怖くなるように男の子の頭から血が流れるとかいろいろやってみたのですが、とにかく『怖い！』という感じにはならない。それからはとにかくホームワークなので"日課"としてとりあえず毎日やってはいますが、最近は『しょうがないから日課をやるか』

という感じで、全然曝露にもなっていません」。それでも引き続き"不幸のシナリオ"は続けるということで合意された。次の第6セッションでは「"不幸のシナリオ"は続けている。侵入体験の頻度が少し減っている気がする。自分はもう大丈夫かもしれない」との報告があった。その二カ月後に第7セッションを実施し、さらに侵入体験の頻度が減っていることが確認され、"不幸のシナリオ"は洗顔や歯磨きと同じような日課となっていることが確認され、Gさんと話し合った結果、終結することで合意された。終結時の心理テストは、Y-BOCSが7ポイント、BDI-IIが5ポイント、GHQ28が9ポイントであった。

約一年後に文書でフォローアップを実施したところ、侵入体験そのものの頻度が減っていること、侵入体験があっても「また出たな」と思う程度で恐怖を感じなくなったということ、必要性を感じないので"不幸のシナリオ"は実施していないが決して忘れてはいないことが書かれてあった。

終結時（第7セッション）にカウンセリング全体の感想を尋ねたところ、Gさんは「自分が小学生の母親であり、しかも小学校の教員であるにもかかわらず、ああいう映像（小学生の男児が川から流れ落ちる映像）を見てしまうことが自分でもすごく怖かったし、罪悪感があったのですが、先生が映像の話をしても特に驚いた様子もなく、普通に聞いてくれたのがすごく有難かったです。先生が普通に聞いてくれたことで、『変な映像は見るけど私だって普通なんだ』『私は異常じゃないんだ』と思えるようになりました。それが一番大きかったです」と答えてくれた。

5・9 事例Gのまとめ

●病名をめぐるしかけ作り

精神科の診断がつくことで、それまで何だかわけのわからなかった自分の体験に名前がつき、深く安堵するクライアントは少なくない。特にGさんのように、不吉だったり不道徳的だったりする侵入体験を持つ人は、侵入体験によって苦しむだけでなく、そのような侵入体験を経験する自分はおかしいのではないかという不安感や恐怖心を抱いている場合が多い。そのようなクライアントは、強迫性障害のような「普通の」病名がつくことで、自分が「特別に」おかしいのではないと知って安堵するのだろう。

ただし前述したとおり、筆者のような臨床心理士は診断をする立場にない。したがって誰にどのように診断してもらうのか、というしかけを作る必要がある。そのためには信頼してクライアントを紹介できる精神科医との関係が不可欠である。

以前、医療機関のなかで仕事をしているときには同じ機関内に医師がいるのであまり深く感じることはなかったが、企業の相談室や学生相談で仕事をして、そしてカウンセリング機関を運営してみて、精神科医との連携の重要性を改めて実感している。医師から紹介されてCBTを受けに来る場合は良いのだが、本事例のGさんのように医療機関に先談したクライアントで、精神科の診断がつかずに、先にカウンセリング機関に来談したクライアントの場合、カウンセリングを始める前に専門の精神科医を受診し診断が確定したところで、「医師の

許可」のもとでカウンセリングを開始する、というお膳立てをするのが最も安全であるように思われる。

●アセスメントシートは便利に使う

認知行動療法のアセスメントの目的は、クライアントが抱えている問題を循環的・相互作用的に理解し、さらにそれを紙上に外在化して、距離を置いてそれを眺められるようにすることである。そのためのツールは何でもよいといえば何でもよく、「個々のクライアントの悪循環にカスタマイズする」ためには、むしろ白紙にそのクライアントの悪循環のパターンを「お絵描き」していくほうが望ましいとも言える。しかし筆者は残念ながら「お絵描き」の能力に乏しく、何らかの構造がある用紙に書き入れるほうがやりやすいため、本書で紹介しているようなアセスメントシートを使っている。このシートを使うことで、認知行動療法のモデルやストレスモデルを自然な形でクライアントに教育することができるというメリットもある。ただし重要なのは、あくまでも「個々のクライアントにカスタマイズする」ようにこのシートを使うことなので、たとえば本事例の場合、侵入体験も強迫行為も強迫行為（頭の中の打ち消し・中和行為）も正確に言えば認知的な現象であるのだが、侵入体験は「状況」欄に、強迫行為は「行動」欄に分類した。このような見せ方をすることで、侵入体験をなくそうとするのではなく、頭の中の打ち消しや中和行為が介入の対象であることを、Gさんは明確に理解できたようである。このようにクライアントやクライアントの抱える問題に合わせて、アセスメントシートは便利に使うと良いのではないかと思う（すなわちアセスメントシートに合わせて問題を整理するのではなく、問題に合わせてアセスメントシートを活用する）。

●認知的強迫行為の説明には洗浄強迫のアナロジーを用いる

認知的強迫行為が主たる症状である強迫性障害の場合、症状（侵入体験、自動思考、強迫行為）がすべてクライアントの頭の中で起きているため、説明が複雑になったりわかりづらくなったりすることが少なくない。そこで筆者は本事例でも示したとおり、洗浄強迫の例を示し、それをもとに類推してもらうようにしている。強迫性障害のなかでも洗浄強迫は最もポピュラーで、誰にでもわかりやすい症状である。クライアントは洗浄強迫に沿って自分の症状を考えることで、より整理して理解できるようになるようである。「要するに私は頭の中のことについて潔癖症みたいになっているのですね」というGさんの言葉がそれを物語っていると思われる。

●認知に焦点を当てた曝露反応妨害法のポイント

本事例のような認知に焦点を当てて曝露反応妨害法を計画し、実施する際のポイントであるが、一つは**心理教育をしっかり行う**ということである。ここでも洗浄強迫のアナロジーが役に立つ。ポイントの二つめは、何にどう曝露するのか、できるだけ**具体的に計画を立てる**ということである。目に見える行動ではなく目に見えない頭の中の認知に焦点を当てておく場合、特に具体的に計画を立て、それを外在化しておくことが不可欠である。ポイントの三つめは、できるだけリアルなイメージを用いるということである。「不幸のストーリー」「不幸のシナリオ」がどういうものであれ、それを読んだときにありありとイメージできるようなものである必要がある。つまり、認知に焦点を当てた曝露反応妨害法は多分にイメージ曝露の要素を有する、認知に焦点を当てにということに

なる。四つめのポイントは、シナリオを作る作業そのものが曝露のリハーサルになるよう、臨場感たっぷりのやりとりになるよう**セラピストが演出する**ということである。本事例を見てもわかるとおり、「不幸のストーリー」「不幸のシナリオ」がうまくいくときは、クライアント自身が非常に乗り気で、「怖いけれどなんだか楽しい」といった様子を見せることが多い。それはお化け屋敷で悲鳴を上げている人の様子に近いかもしれない。お化け屋敷で悲鳴を上げている人は、心の底から恐怖で凍り付いているのではなく、「ここはお化け屋敷だ」「自分はここに遊びに来ているのだ」とわかりつつ、悲鳴を上げてもいる。お化け屋敷を出た瞬間、「ああ怖かった」と嬉しそうに言ったりもする。つまりお化け屋敷を心から堪能している。それと同じような堪能の仕方ができると、セッションでのシナリオ作りの場そのものがすでに曝露の場として効果を発揮するのではないかと思われる。

6章 社会不安障害・対人恐怖

本章では社会不安障害（対人恐怖を含む）の事例を二つ紹介する。ひとつめの事例はDSM-IVの社会不安障害の診断基準にぴったりと当てはまる典型例である。ある程度症状の重い社会不安障害の人は、社会生活を思うように送ることができず（多くは苦手な社会的場面を回避しつづけている）、それを「性格だから」とあきらめてしまっている場合が多い。したがって社会的機能レベル（DSMでいうところの機能の全体的評定〈GAF〉）がかなり低く、人によっては長期にわたって引きこもりに近い生活を送っている人もいる。そのような人が認知行動療法を通じて症状だけでなくそれまでの生き方をも変えていくことが少なくなく、そのようなとき筆者は認知行動療法の「ツール」としての威力を実感する。認知行動療法はそれ自体がすごいのではなく、クライアントが自身の本来の力や願いを実現させるための「ツール」として「使い出がある」のである。そのことをひとつめの事例でお伝えしたい。ふたつめの事例は、「社会不安障害」というより従来の「対人恐怖」というくくりで捉えたほうがよいと思われる自己臭恐怖の事例である。最初の事例が「CBTをがっちりとフルに施行した事例」とすると、二番目の事例は「使えるところにCBTのエッセンスやスキルを使って何とか落

としどころを見つけた事例」と言える。筆者の経験では、自己臭恐怖や自己視線恐怖などの対人恐怖の事例では、がっちりとしたCBTを実施するのが困難であり（クライアントが「その気」にならないことが多い）、クライアントと相談しながら、ややゆるやかな構造でCBTを進めていくのが良いように思われる。そのようなCBTの「ゆるい適用の仕方」を二番目の事例を通じてお伝えしたいと思う。

なお本章の事例では登場しないが、社会不安障害のクライアントの読書療法としては、アンドリュースら（二〇〇二）の翻訳書（古川壽亮監訳〈二〇〇三〉『不安障害の認知行動療法（二）社会恐怖──不安障害から回復するための治療者向けガイドと患者さん向けマニュアル』、星和書店）をお薦めする。（なぜか社会不安障害のクライアントは、患者さん向けマニュアルだけではなく、治療者向けガイドも一緒に読むのを希望する方が多い）。また社会不安障害と対人恐怖症という診断カテゴリについての議論は、樽見（二〇〇四）や鍋田（二〇〇七）の論文を参照されたい（大変興味深いテーマではあるが本書の主旨から外れるのでここでは踏み込まないことにする）。

6・1 事例Hの概要

❖ クライアント

Hさん──男性。四十二歳。アルバイト（配達）。

◆

❖ インテーク面接

来談経路──母親に勧められて

6章 社会不安障害・対人恐怖

医療情報——高校生頃より「対人恐怖」がひどくなり、具合が悪くなるとメンタルクリニックを受診して抗不安薬を服用し、状態が少し良くなると中断する、ということを断続的に繰り返していた。二十代前半には、自分が「対人恐怖症」であるとはっきりと自覚し、神経症の本を書いている医師を受診したり、「話し方教室」に通ったりするなど、治るための努力をしたが良くならなかった。二十代後半に森田療法を知り、「これしかない」と決意し入院するも、期待していた成果が得られず、「これが駄目なら死ぬまでだ」と悟った。その後はアルバイトと自宅での引きこもりを繰り返す生活を送っているが、引きこもり期間には近くの内科医に抗不安薬を処方してもらって頓服し、きこもり期間は特に通院も服薬もしていないとのことである。

◆

家族——母親と二人暮らし。父親は五年前に病気で他界。六歳下の弟がいるが、すでに独立して、他県で妻子と共に暮らしている。弟とは年に二回（夏休みや正月）に会うだけである。

◆

生活歴——幼少期より内弁慶で、学校ではずっとおとなしい存在だった。Hさんの苗字が非常に珍しく、そのせいで小学校中学年頃より皆にからかわれるようになった。他に小学校でも中学校でもいじめられた経験がある。高校生時、電車通学中に他校の生徒に「因縁」をつけられ、それ以来怖くて電車に乗れなくなった（今は乗れるそうである）。もともと「対人恐怖」気味だったのが、このエピソードで決定的になり、次第に人と接するのが怖くて外出できな

くなり、高校を中退する。大検を経て通信制の大学に受かり、気を取り直して勉強を始めるも、スクーリングに耐えきれず一年目で中退する。二十代はほとんどひきこもっていたが、いろいろな本を読むうちに自分が「対人恐怖症」であると確信し、治すための努力をしていた。両親がさほどうるさく口出ししなかったのは、Hさんが努力をしていたからであろうと思われる。上記のとおり「これが駄目なら死ぬまでだ」と決意し入院、森田療法を受けるも改善せず、かといって「死ぬわけにもいかず」、その後は治療をあきらめ、【二、三カ月アルバイトをする→半年間ほどひきこもる】という生活を十五年近く続けている。

◆

来談に至る経緯——上記のとおり本人は治療をあきらめてしまっていたが、母親は自ら引きこもりや対人恐怖症に関する本を読んだりセミナーで認知行動療法のことを知り、「これなら息子にも効果があるかもしれない」と思い、必死でHさんを説得し、インテーク面接の予約にこぎつけた。ちなみにカウンセリングの料金は、母親が自分の貯金から出すということである。

◆

主訴——主訴について尋ねたところ、Hさんは「自分の対人恐怖症はもう治らないと思うので、主訴は特にありません」「でも母親がうるさいので、あと何回かは通うつもりです」と答えた。セラピスト（筆者）からは、〈たとえ数回であれ、そしてたとえお母さんがうるさいからという理由であれ、せっかくHさんが何度かここに来てくださるのであれば、Hさんと私とでここで

何に一緒に取り組むのか、テーマを明確にしませんか？　そうでないとせっかくのお金と時間がもったいないと思うのですが？〉と伝え、次のような**図6・1**を描いて説明した。

〈今、Hさんがおっしゃった「治る」「治らない」というのは、一足飛びでここまで行こうという話のように私には思えます（最上段に「治る」と書き入れる）。確かにそれを最初から目指すのは、無

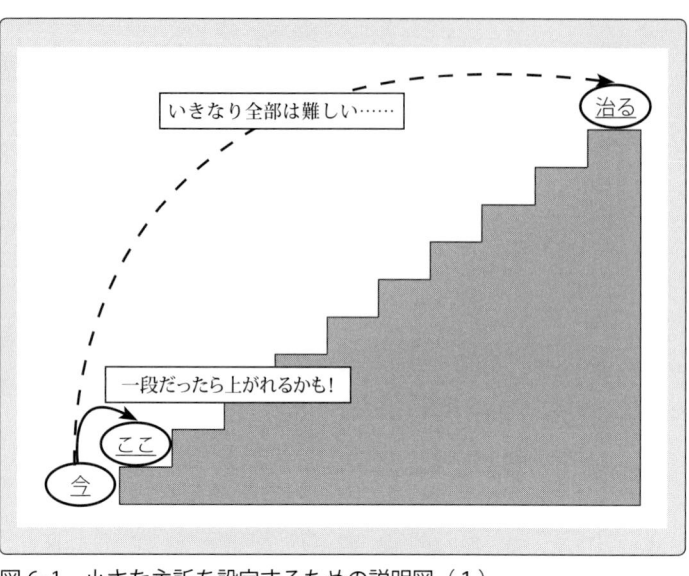

図6・1　小さな主訴を設定するための説明図（1）

理がありますよね。一足飛びでここまで行けるのであれば、もうとっくに行っているはずですよね。ところでここでやっている認知行動療法は、そういう野望を持ちません。まず今より一段、階段を上がることだけに集中します。つまり、ここです（階段の一段目に「ここ」と書き入れる）。まず一段だけ「よっこらしょ」と上がるのです。それだってかなり大変です。ですから、とにかく一段だけ頑張って「よっこらしょ」と一段上がる努力をします。次のことは一段上がった後に改めて考えればいいのです。よろしいでしょうか。……では、Hさんにとって階段を一段上るということは、何を意味しますか？　何ができるようになると一段上ることができたと言えるでしょうか？〉

このようにセラピストが図を見せながら説明し、尋ねたところ、Hさんはしばらく考え込んだ後、「バイト先で人に話しかける」「外食できる」「床屋に行ける」の三点を挙げてくれた。そこでセラピストはHさんの回答を次のように図に書き入れ、〈ではこれを私たちの"主訴"として、ここで一緒に取り組んでいくというのは、いかがですか？〉と尋ねた（**図6・2**）。

Hさんはしばらく図6・2を眺めた後、「もしここでカウンセリングを受けても、階段を一段上がることができなかったら、どうするんですか？　誰が責任を取ってくれるんですか？」「ここで認知行動療法を受ければ、必ず階段を一段上がれると、保証してくれますか？」と詰め寄るようにセラピストに言った。セラピストはそれに対し、〈セラピストである私が階段の上にいて、Hさんを引っ張り

上げるのではありません。私もHさんと同じ位置にいるのです。階段を一段上がるのはHさん自身です。Hさんが自力で一段上がるのを手助けするのがここでのカウンセリングです。私も頑張りますが、主役であるHさんと私の共同責任です。私が一方的に「これをやれば必ず一段上に行けますよ」と保証できるようなことではありません〉ときっぱりと答えた。そして〈今のお話についてどう思いますか？〉

と問うと、Hさんは「わかりました」とあっさりと理解を示し、認知行動療法を開始することが合意された。

◆ **Hさんの様子や印象**——スキンヘッドで大柄なので、一見こわい印象である（床屋に行けないので、やむなく毎朝自分で頭を剃っているとのことである）。しかしよく見ると、上半身（特に肩まわり、首筋）の筋肉がギュッと硬くなっていたり、汗をかいていたりして、Hさんがひどく緊張していることがわかる。またセラピストと視線を合わさないようにしており、対人緊張の強さがうかがわれた。"対人恐怖症"については「あきらめている」と言っているが、一方で「何とかなるのであれば、何とかしたい」といった切実な思いがあることもセラピストには感じられた。また上記の「もしここでカウンセリングを受けても、階段を一段上がることができなかったら、どうするんですか？ 誰が責任を取ることになる？」「ここで認知行動療法を受ければ、必ず階段を一段上がってくれますか？」といった発言から、「これ（認知行動療法）で駄目なら、本当に駄目だということを示すが、こちらが落ち着いてきちんと説明すれば伝わる人であるとの印象を受けた。

◆

❖ **CBTの経過の概要**

X年四月にインテーク面接実施。X年四月からX+1年六月まで、一〜二週間に一度のペースで全三十一回のセッションを実施した。その後、三カ月に一度のペースでフォローアップセッションを約二年間にわ

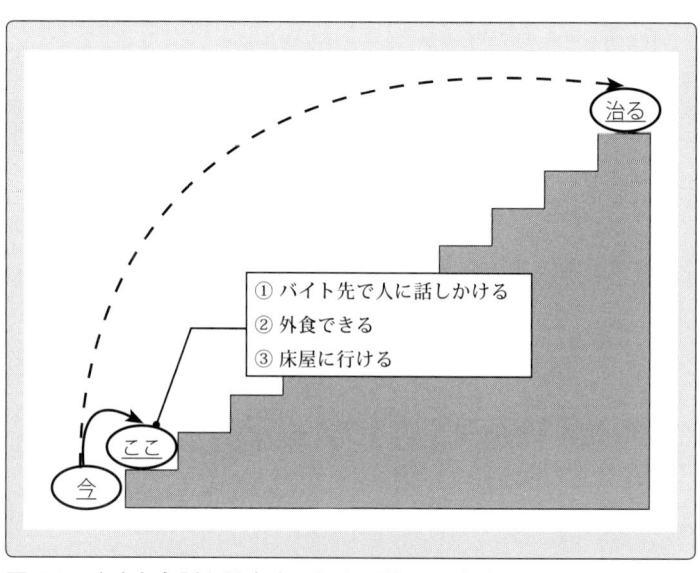

図6・2 小さな主訴を設定するための説明図（2）

（図中：治る／①バイト先で人に話しかける／②外食できる／③床屋に行ける／ここ／今）

たって行い、X+3年八月の第40回セッションをもって終結とした。

◆ 心理テスト――BDI-Ⅱ（ベックの抑うつ尺度改訂版）32ポイント（やや重症）、LSAS-J（Liebowitz social anxiety scale 日本語版）71ポイント（やや重症）

6・2 アセスメントと心理教育

セラピストは、CBTのモデルを使ったアセスメントに入る前、約三回のセッションを使って、これまでの経緯をHさんからヒアリングした。これは初回セッションでHさんと話し合って決めたことである。Hさんは特に「小学校から高校生にかけての経験が自分にとって特に大きいと思っている。ぜひそれを先生に知っておいてもらいたいし、自分でも整理したい」との要望を述べ、セラピストも納得したため、小学校から高校生にかけての話を中心に一通り話してもらい、共有した。

また初回セッションで心理テストの結果を説明し、社会不安障害の可能性があることを示して専門医への受診を薦めたところ、Hさん自身が納得し、セラピストの紹介により精神科専門医を受診した。専門医より"社会不安障害"と正式に診断をつけられ、フルボキサミン（SSRI）の投与が開始された。その一カ月後ぐらいから、薬物の効果をHさんが実感するようになり、「本当に治るかもしれない」との希望を抱きはじめた。ちょうどアセス

エピソード① 朝のあいさつ（○月○日）

ストレス状況

ストレスを感じる出来事や変化
（自分，他者，状況）

① 朝，バイト先の事務室に入ろうとするとき。事務室のドアを開ける直前
⑥ 事務室に社長とTさんがいた！
⑪ 社長とTさんに「おはよう」と言われてしまった。

認知：頭の中の考えやイメージ

② 「誰もいないといいな」「Tさんがいたらどうしよう」
⑦ 「どうしよう。逃げられない」
⑫ 「しまった，また自分からあいさつできなかった」「どう思われているんだろう」「はずかしい」
⑯ 「また声がふるえてしまった」「どう思われたかな」「はずかしい」

気分・感情

③ 不安緊張 30%
⑧ 不安緊張 90%
⑬ 不安緊張 あせり ショック，はずかしい 100%
⑰ 落ち込み，はずかしい 90%

身体的反応

④ 手に汗をかく
⑨ 息苦しい 動悸
⑭ のどがつまった感じ
⑯ 声がふるえる

行動

⑤ そっとドアを開ける
⑩ 一瞬，立ち尽くす
⑮ 二人の目を見ないようにして，小さな声で「おはようございます」と言って，タイムカードに直行し，タイムカードを押したら無言でそそくさと事務室から出た。

サポート資源

| 貯金 |
| 家の資産 | 酒，マンガ，ゲーム |
| 自分にプライドがないこと |

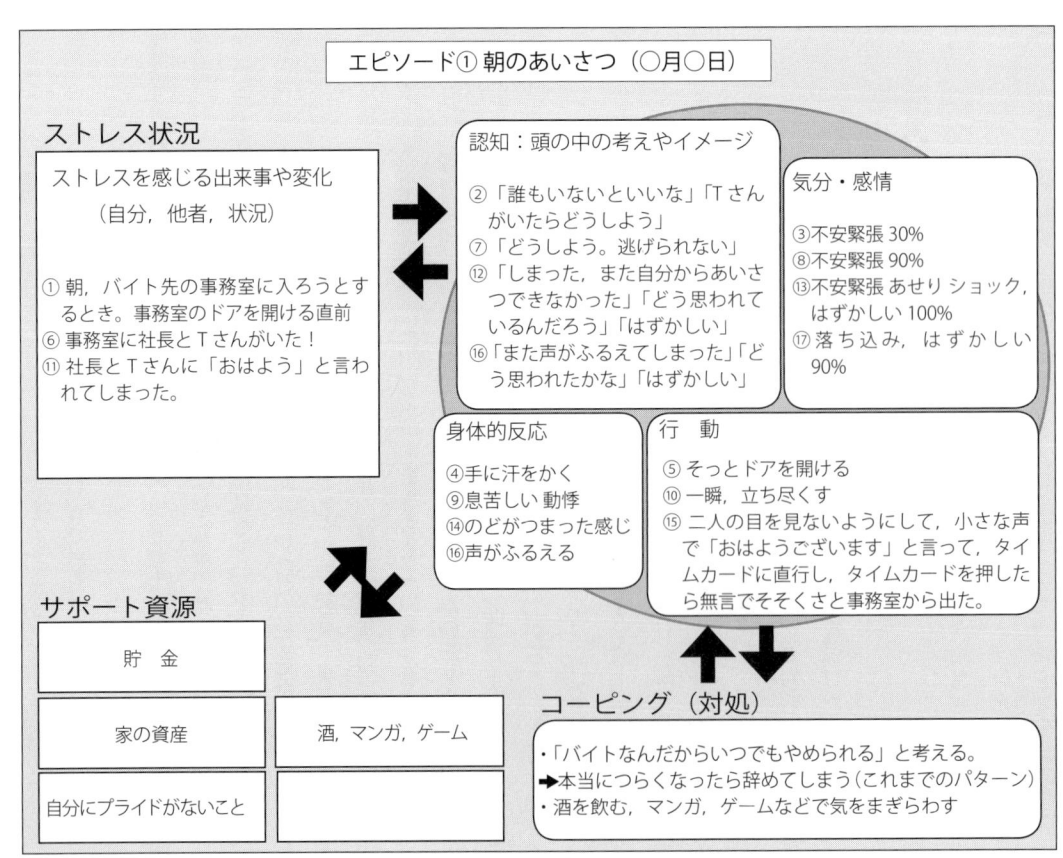

コーピング（対処）

・「バイトなんだからいつでもやめられる」と考える。
➡ 本当につらくなったら辞めてしまう（これまでのパターン）
・酒を飲む，マンガ，ゲームなどで気をまぎらわす

図6・3　Hさんのエピソードを用いたアセスメント（その1）（ツール1）

メントが始まる第4セッションでは、「性格の問題だとあきらめていたけれど、ちょっと薬を飲むだけでこんなに楽になるのであれば、今までと違う自分になれるのかもしれない、と希望が持てるような気もします。ただあまり期待しすぎて駄目だとひどくがっかりしてしまうので、あまり期待しすぎないようにしたい」"社会不安障害"という病名を初めて知った。先生（医師）は対人恐怖症と似たようなものがあり、そのための薬があるということを知って、そういう正式な病名があって病気なんだと思えるようになってきました。病気だと思えたほうがうんと気が楽になります」と語っていた。

第4セッションから、現在のエピソードを材料（ネタ）にしてツールを使ったアセスメントが開始された。その一部を紹介する（図6・3、図6・4）。ちなみにアセスメントシートに登場する「Tさん」とは、Hさんのアルバイト先の男性社員で、Hさんがひどく苦手にしている人物である。

図6・3、図6・4は共に、ある日のエピソードをまとめたものだが、このようなことが週に三〜四日のアルバイトで始終起きているということである。朝、社長や社員、他のアルバイトの人と挨拶するのが嫌で、そのためタイムカードを打つために事務室に入るのがひどく苦痛なのだという。なかでもTさんはHさんから見ると「声が大きい」「言動が乱暴である」ことから、Hさんは Tさんをひどく苦手に感じており、アルバイト先に行く前から「Tさんがいたらどうしよう」「Tさんに会ったらどうしよう」と考え、心身ともに不安緊張感が高まってしまう

エピソード② Tさんをみかけたとき（○月○日）

ストレス状況

ストレスを感じる出来事や変化
（自分，他者，状況）

① 11時頃，新しい荷物を積みに，倉庫に行ったら，人影が見えた。どうやらTさんのよう。
⑥ やっぱりTさんだった。Tさんは自分に気づいていない様子。

認知：頭の中の考えやイメージ

② 「やばい」「あいさつできなかったらどうしよう」「何か話しかけられたらどうしよう」
⑦ 「助かった，気づかれていない」「時間をずらそう」
⑩ 「自分は情けないなあ」

気分・感情

③ 不安緊張 60%
⑧ 少しホッとする
⑪ 落ち込み 80%

身体的反応

④ 手に汗をかく，息苦しい，動悸

行動

⑤ 一瞬，立ち尽くす。Tさんかどうか，そっと確かめる
⑨ 裏庭で時間をつぶす。Tさんがいなくなったのを確かめて倉庫に入る。

サポート資源

貯金	
家の資産	酒，マンガ，ゲーム
自分にプライドがないこと	

コーピング（対処）

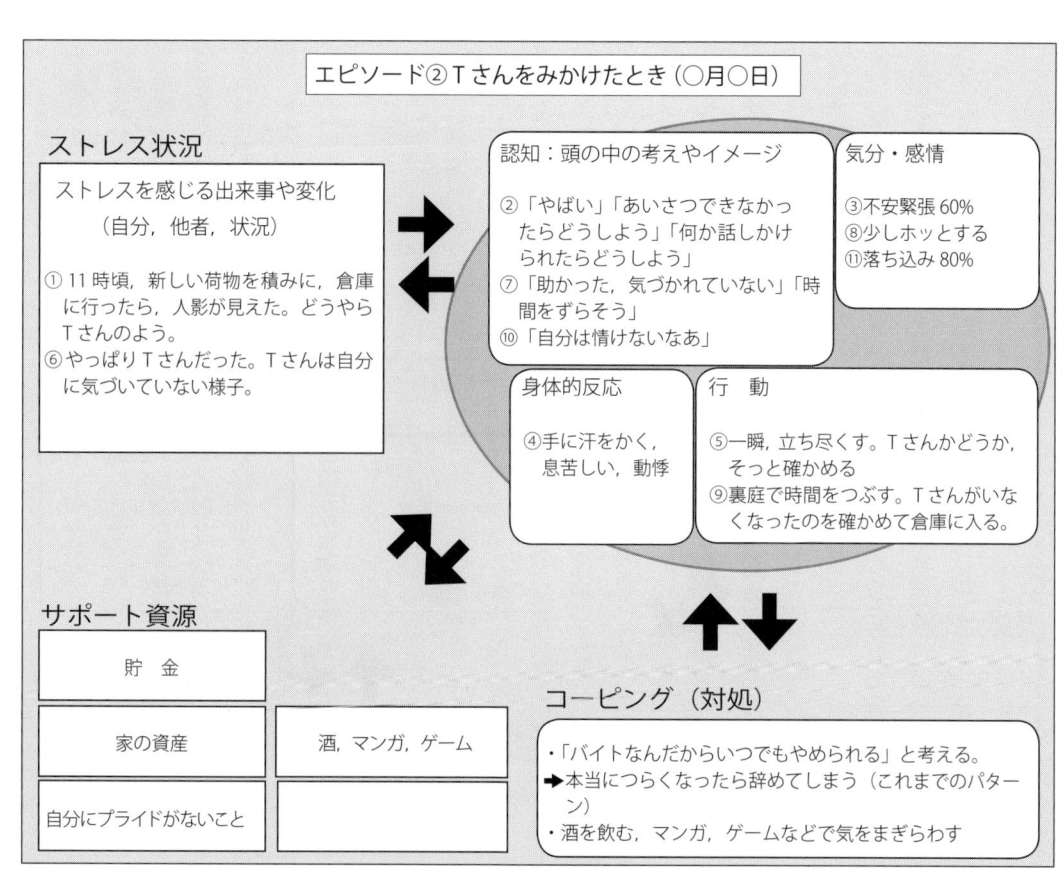

・「バイトなんだからいつでもやめられる」と考える。
➡本当につらくなったら辞めてしまう（これまでのパターン）
・酒を飲む，マンガ，ゲームなどで気をまぎらわす

図6・4　Hさんのエピソードを用いたアセスメント（その2）（ツール1）

ということであった。そして図6・4のとおり、Tさんと鉢合わせしそうな状況をことごとく避けていた。なおサポート資源にある「自分にプライドがないこと」というのは、Hさんによれば「四十歳を過ぎた男がこんな状況で自殺もせずにのうのうと生きていられるのは、プライドを捨てたからなんです。プライドがあったら、こんな自分に耐えられず、生きていられないと思う。プライドがないから自分は何とかやっていられるんです」とのことだった。

このようにエピソードを用いたアセスメントの作業を二回実施したところで、Hさんがそれに慣れてきて、CBTのモデルに沿って自己観察し、報告できるようになっていった。次に示す三つ目のエピソードは、Hさんが「こういうことがありました」と自発的に自己観察し、報告してくれたことをアセスメントシートにまとめたものである（図6・5）。

図6・5のアセスメントシートもその前の二つのシートと同様、Hさんが口頭で報告してくれたことをセラピストがまとめたのだが、Hさんは「少しコツがわかってきた」「自分の体験をこうやって書き出して整理するということを初めてやった。何か新鮮な感じがする」と感想を話した。ただ一方で「自分がいかに情けないか、ということに直面させられるので、ちょっとつらくもある」とも話していた。

結局、第4セッションから第9セッションにかけて、合計で十個のエピソードをアセスメントシートにまとめる作業を行った。六番

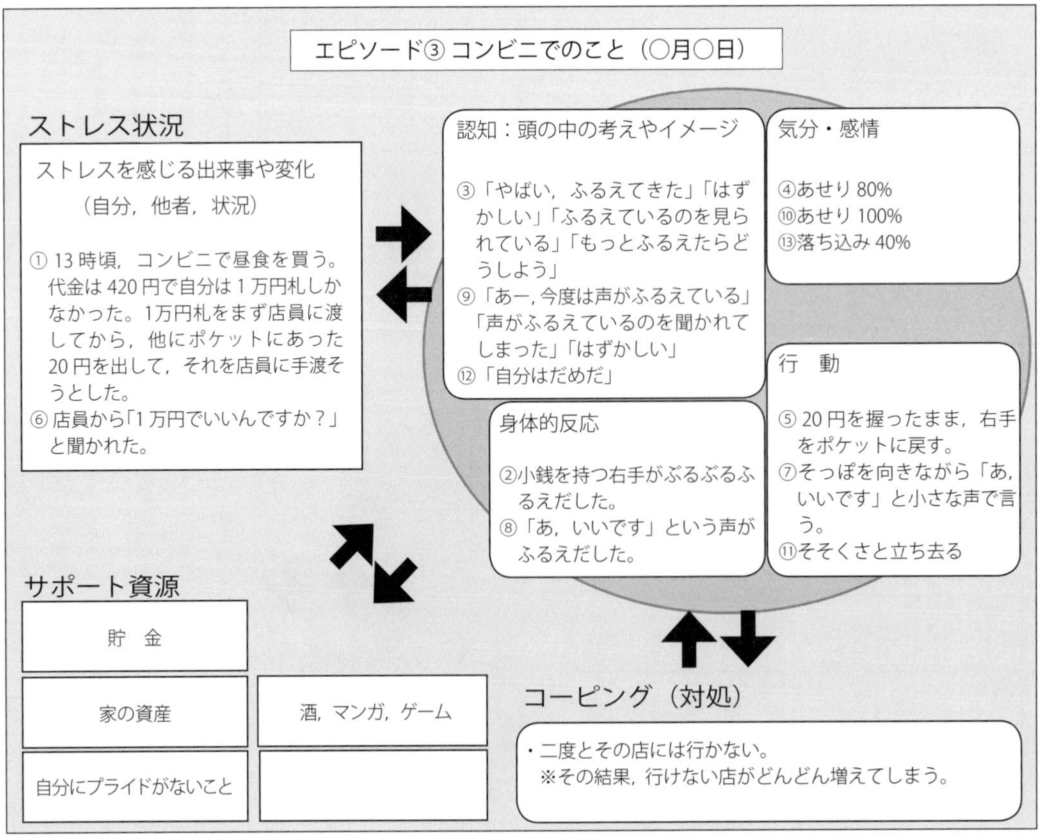

エピソード③ コンビニでのこと（○月○日）

ストレス状況

ストレスを感じる出来事や変化
（自分，他者，状況）

① 13時頃，コンビニで昼食を買う。代金は420円で自分は1万円札しかなかった。1万円札をまず店員に渡してから，他にポケットにあった20円を出して，それを店員に手渡そうとした。
⑥ 店員から「1万円でいいんですか？」と聞かれた。

認知：頭の中の考えやイメージ

③「やばい，ふるえてきた」「はずかしい」「ふるえているのを見られている」「もっとふるえたらどうしよう」
⑨「あー，今度は声がふるえている」「声がふるえているのを聞かれてしまった」「はずかしい」
⑫「自分はだめだ」

気分・感情

④ あせり80％
⑩ あせり100％
⑬ 落ち込み40％

身体的反応

② 小銭を持つ右手がぶるぶるふるえだした。
⑧「あ，いいです」という声がふるえだした。

行動

⑤ 20円を握ったまま，右手をポケットに戻す。
⑦ そっぽを向きながら「あ，いいです」と小さな声で言う。
⑪ そそくさと立ち去る

サポート資源

貯金
家の資産
自分にプライドがないこと
酒，マンガ，ゲーム

コーピング（対処）

・二度とその店には行かない。
※その結果，行けない店がどんどん増えてしまう。

図6・5　Hさんのエピソードを用いたアセスメント（その3）（ツール1）

6章　社会不安障害・対人恐怖

目のエピソードからはHさん自身がシートに書き込むことにし、Hさんはその後さらにモデルを使った自己観察やシートへの外在化が上手にできるようになった。ちなみに十個のエピソードのうち、七つがアルバイト中のエピソードであった。セラピストとHさんは、アルバイトは"アセスメントのためのネタの宝庫"であると認識するようになっていた。そのことについてHさんは、「今ちょうどバイトを始めて三カ月過ぎたところです。これまでだともうそろそろ辞めるころだと思います。実際、今でもしょっちゅうバイトを辞めたくなるんだけど、バイトを辞めちゃうと治療のためのネタがなくなっちゃうので、それで意地になってバイトを続けている面があります」と語った。十個のエピソードをモデルに沿って整理した時点で、「出尽くした感」があるということだったので、第8、第9セッションでは、これまでアセスメントしたものをまとめてみることにした。それが図6・6である。

図6・6のまとめ図はセラピストがかなり誘導しながら作成した。セラピストは、それまでエピソードレベルでまとめられたHさんの体験を二つの循環に分けて示した。最初の循環が社会不安障害による二次的な抑うつ症状を示している。その循環が社会不安障害による二次的な抑うつ症状を示している。その循環場面における「ネガティブな予測」「自己注目」「安全行動」「回避」といった概念を心理教育的に提示し、それらが社会不安障害を構成する重要な要素であることを強調した。Hさんは大いに納得したようで、「先生（主治医）に"社会不安障害"と言われて納得していましたが、ここで今日こういうふうに詳しく説明してもらって、さらによくわかりました。確かに自分は"社会不安障害"なんだろうと思います。"ネガティブな予測"も"自己注目"も"安全行動"も"回避"もすべて、確かに

2．認知行動モデルによって問題を図式化する

認知
① ネガティブな予測
　自己注目
② 自分を責める

気分・感情
① 不安緊張
② 落ち込む

身体的反応
① 緊張反応（汗，息苦しさ，動悸，声や手のふるえ）
② 全身が重たい

行動
① 安全行動，回避
② 何もしない ひきこもる

状況
① 対人場面（職場，店など）
　※例外……母親，主治医，カウンセラー
② ①の循環の後

①の循環：社会不安障害　　②の循環：社会不安障害によるによる二次的な仰うつ症状

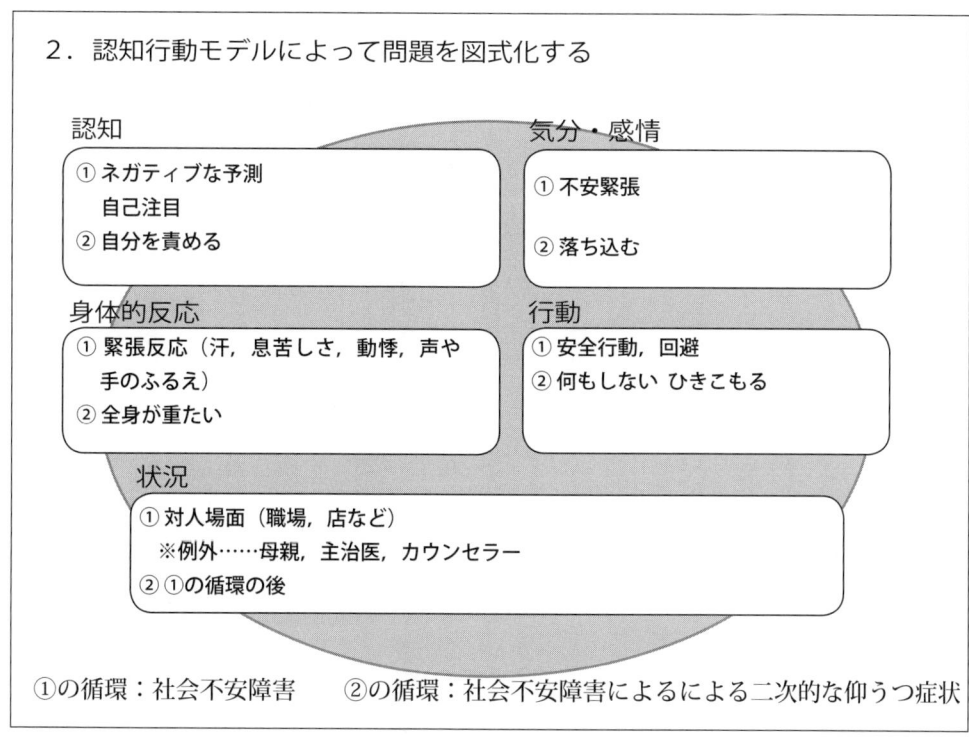

図6・6　抽象度を上げたアセスメント図（ツール2の一部）

自分の特徴だと思います」「自分は対人恐怖症でそれは性格の問題だから治らないんだと、これまでずっとそう思ってきましたが、"社会不安障害"などという現代的な名前の病気があって、こういうメカニズムで解明されているということを知ったこと自体が、今日の大きな収穫です」「"回避"という言葉があるのを初めて知りました。これまでここでアセスメントをやってきて、『結局自分はいつも逃げているんだな』とつくづく感じていましたが、すべて"回避"だったんですね。たぶんこの"回避"を続けている限り、自分は変われないんだろうなあと思います」と語ってくれた。

セラピストとHさんは、図6・6のような悪循環のパターンがどうして形成されてしまったのか、ということについて第9セッションで話し合った。セラピストが、ヒアリングで聴取した話や、アセスメントで扱ったエピソードなどから立てた仮説を、〈もしかしたらHさんには、『人は突然自分に対して因縁をつけたり、自分をからかってきたりする存在である』という思いがあるのではないかと推測しているのですが、どうでしょう？〉というふうに伝えてみたところ、Hさんは「たぶんそうだと思います。小学校でいろんな人から自分の苗字をからかわれたことと、高校生のときにいきなり電車で因縁をつけられたのが、自分にとってはやっぱり大きかったんだと思います。それで人に対してはいつもビクビクしているんです。Tさんが苦手なのも、『いつTさんが自分に因縁つけるかわからない』と怖がっているからなんだと思います」と答えた。そこでセラピストはスキーマについて心理教育し、「人は突然自分に対して因縁をつけたり、自分をからかってきたりする存在である」というのが、Tさんの中核的なスキーマであり、そのせいで対人場面において過度にネガティブな予測をしたり、自己注目してしまったりする、という仮説を提示した。この説明はHさんにヒットしたようで、「まさに自分にはそういうスキーマがあると思う」とのことであった。Hさんはスキーマという概念がしっくりきたようで、この第9セッションの最後にも「今日はいろいろと収穫がありました。自分が"スキーマ"という考え方を教えてもらったのがとても良かった。自分がこれまで何に苦しんできたか、その正体がわかったような気がします」との感想を述べた。

6・3 問題の同定・目標の設定と技法のプランニング

次の第10セッションから第11セッションにかけて、これまでアセスメントされたことを基に、問題リストと目標リストを作成した。問題リストを図6・7に、目標リストを図6・8に示す。

問題リストも目標リストも、その前のセッションで合意されたスキーマおよび悪循環の図（図6・6）に基づいて、「それのどこが問題で、それをどう変化させられるといいか」という視点から、セラピストとHさんがああだこうだと話し合いながら作成した。Hさんはとても真剣にこれらのリスト作りに取り組んだ。セラピストが留意したのは、不安や緊張や「手のふるえ」ではなく、あくまで「ネガティブな予測」「自己注目」「安全行動」「回避」という行動に焦点を当て続けた、ということである。

またこのころからセッションの料金をHさん自身が支払うようになったことを、Hさんが報告してくれた。「いつまでも回避しているわけにはいかないと思ったんです。自分が対人関係を回避せずに社会生活を送れるようになるためには、自分が頑張ってカウンセリングに取り組まなければいけない。だったらそのお金も自分で払うべきだって、そう思ったので、そうすることにしました」とのことであった。

```
┌─────────────────────────────────────────────┐
│ 1．問題リスト：現在，困っていることを         │
│　　具体的に書き出してみる                     │
│ □① 小学校〜高校の体験のせいで、「人は突然自分に因縁を │
│    つけたり自分をからかってきたりする」スキーマが形成 │
│    され、そのスキーマに基づいて他人のことをとらえてしまう。│
│ □② 多くの対人場面で反射的にネガティブな予測をしてしま │
│    い、心身が過度に緊張する。                 │
│ □③ 多くの対人場面で注意のベクトルがすべて自分に向って │
│    しまう、すなわち自己注目ばかりしてしまう（自分の反応 │
│    に注目する。相手が自分をどう見るかという視点から注目 │
│    する）。                                    │
│ □④ 上の②，③の結果、安全行動をとって人とのかかわりを │
│    回避してしまう。                           │
│ □⑤ 安全行動や回避の結果、いつまでたっても対人場面に慣 │
│    れることができない。人になじめず、孤独なままである。│
│ □⑥ しょっちゅう緊張しているので、心身がいつも疲れている。│
└─────────────────────────────────────────────┘
```

図 6・7　Hさんと作成した問題リスト（ツール2の一部）

問題リストに対するHさんの感想は、「これまで性格の問題だと思っていたものが、こういうふうに具体的なリストになったこと自体に驚いています。性格なら『生まれつきだから治らない』と思うしかないけれども、こういう問題であれば『何とかなるかも』という気持ちになってきます」という非常にポジティブなものであった。一方、目標リストに対するHさんの感想は、「これらの目標が本当に達成されれば、自分はすごく変われる気がします。ただ本当に自分がこういうふうになれるのか、ちょっとイメージできない。何だか不安になってきました」というややネガティブなものであった。そこでセラピストからは、〈すぐに

```
┌─────────────────────────────────────────────┐
│ 3．現実的な目標を設定する                     │
│ □① 対人場面で不安緊張感が生じても安全行動や回 │
│    避をせずに、その場にふみとどまり、相手とかか │
│    われるようになる。                         │
│ □② 安全行動・回避以外の行動のレパートリーを広 │
│    げる（特に対人関係において）。             │
│ □③ これまで避けてきたさまざまな活動にチャレン │
│    ジする（例：外食，床屋，職場の飲み会）。   │
│ □④ 対人関係に対するスキーマや自責的認知を修正 │
│    する。対人関係に対する新たな考え方やスキーマ │
│    を手に入れる。                             │
│ □⑤ リラックスする時間を作り、緊張や不安をため │
│    ないようにする。                           │
│ □⑥ 過度の自己注目を緩和できるようになる。     │
│    ＝注意を適切に分散させられるようになる。   │
└─────────────────────────────────────────────┘
```

図 6・8　Hさんと作成した目標リスト（ツール2の一部）

メージできる程度の目標であれば、何もわざわざここで取り組まなくてもHさんご自身で達成できるはずですよね。ちょっと頑張って取り組む必要のある目標だからこそ、私とHさんとで共有して、これから一緒に練習していくのです。ところで前にも少しお話しましたが、社会不安障害に対する認知行動療法の効果はかなり実証されていて、どの目標にはどの技法を使うと効果的である、ということが詳しくわかってきています。そこで次回、ここに書いてあるそれぞれの目標に対してどのような効果的な技法があるか、まず私に説明させてください。目標だけでなく技法について具体的に知ることができれば、Hさんももう少し具体的にイメージできるようになると思います。いかがでしょうか？〉と話したところ、「ぜひそうしてください」とのことであった。

次の第12セッションでは、約束通り、セラピストからまず社会不安障害に対する認知行動療法のさまざまな技法について、文献を提示しながら説明し、その後技法についてのプランニングを行った。提示した文献は二つ、アンドリュースら（二〇〇四）とネズら（二〇〇四）である。それらの文献を見せながら、目標リストにおけるそれぞれの目標に対応する技法について一つ一つ説明していった。その説明をまとめたものが、図6・9である。

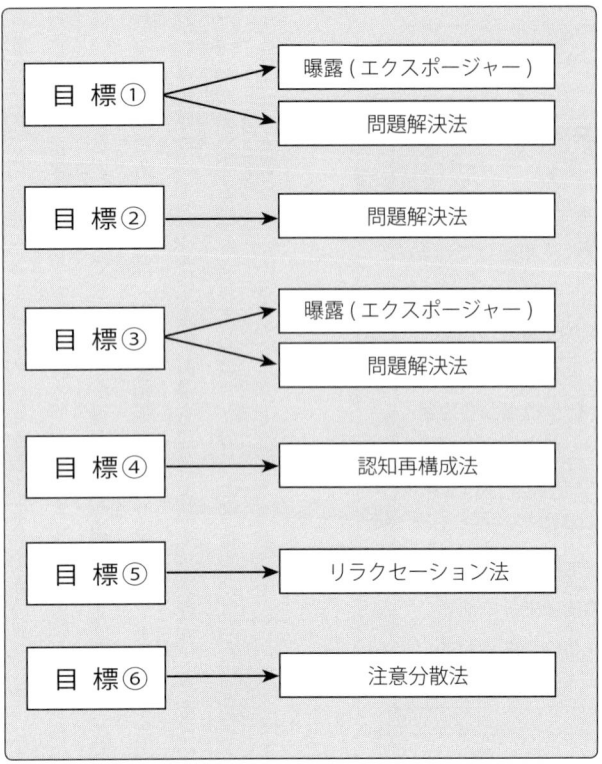

図6・9 目標と技法の対応図

目標①→曝露（エクスポージャー）／問題解決法
目標②→問題解決法
目標③→曝露（エクスポージャー）／問題解決法
目標④→認知再構成法
目標⑤→リラクセーション法
目標⑥→注意分散法

セラピストの説明の要旨は以下の通りである。

・苦手な人や場面、不快な不安緊張反応に対して安全行動を取らず、回避もせずに、状況や反応をそのままにしておくことを「曝露（エクスポージャー）」と呼ぶ。これが社会不安障害の認知行動療法の要である。ただしHさんはすべてを回避しまくっているわけではなく、つらいながらも仕事に行き、買い物をし、社会生活を営んでいるので、部分的にはすでに曝露を実施しているとも言える。
・曝露のやり方は二つある。一つは、セッションでみっちりと計画を立て、やさしい課題から難しい課題に少しずつ難易度を上げて取り組んでいくやり方である。これを「段階的曝露」という。もう一つは、クライアントが曝露の考え方を十分に理解した上で、これまで回避していた日常生活におけるさまざまな課題に一気に曝露するというやり方である。「曝露の精神」で日々を生きることにしてしま

うのである。これを「フラッディング」という。Hさんのようにすでに部分的に曝露できているような人であれば、後者にチャレンジすることも十分に可能であると思われる。

・ただし苦手な人や場面に対して自分がどう振舞ったらいいか、回避をしないでチャレンジする際、実際に自分がどう動けばいいか、それらをなかなかイメージできない場合がある。その場合は「問題解決法」という技法を使って、自分がどう振舞ったり、他人とどう関わったりするとよいか、そのための計画を立て、それを実行できるようになるための練習をすることができる。端的に言えば「問題解決法」は回避以外の行動のレパートリーを広げるために幅広く使える技法である。

・曝露や問題解決法といったどちらかというと行動的なアプローチによる効果が出てくると、おのずと非機能的な認知（ネガティブな予測、自己注目、スキーマ）が変化してくる可能性がある。そのような変化を待ってもよいが、認知に対するアプローチも実践したい、身につけたい、ということであれば「認知再構成法」という技法が第一選択である。特にスキーマにアプローチするのであれば、それなりにじっくりと取り組む必要があるかもしれない。

・緊張緩和の一つの手法としてリラクセーション法があるが、もしリラクセーション法を導入するとしたら、その場の不安緊張を下げるためではなく、慢性的な不安緊張を緩和するためであると考えていただきたい。というのも、もしその場の不安緊張を下げるためにリラクセーション法を使ってしまうと、「その場の不安緊張をそのまま体験する」という曝露のあり方と矛盾してしまう。現時点で、社会不安障害の認知行動療法で最もエビデンスの高い技法

は曝露である。ということは曝露を優先させ、リラクセーション法は二次的な技法として使うのが理にかなっている。ただし不安緊張が持続することによる疲労を解消したり、慢性的な不安緊張を自ら緩和したりする手段（すなわちリラクセーション法）を身につけることも大変意味のあることなので、やるならやるでしっかりと練習してもらいたい。

・注意分散法とは、対人場面における過剰な自己注目的認知（自分の反応への注目、他者からどう見られているかということへの注目）を適度に分散させるための技法である。これもリラクセーション法と同様、曝露と矛盾しない形で実施する必要がある。つまり自己注目をしないのではなく、自己注目もしつつ、それだけで注意容量をいっぱいにせずに他の事象にも注意を向ける、という練習をするのが注意分散法である。

Hさんはときおり質問をしながらセラピストの説明を少しずつ着実に理解していった。ひととおり説明が終わったところでHさんの感想や意向を訊ねたところ、「回避には曝露、というのはよくわかりました。どうせいつか曝露しなければならないのではないうと思うからです。あと、この前明らかになった自分のスキーマもちゃんと修正したいですし、せっかくここに来ているのなら、行動だけでなく認知に対する技法も練習してみたいです。『せっかくここに来ているなら』という意味では、どうせなら

リラクセーションも注意分散法も全部教えてもらいたいと思います。なんかすごくやる気まんまんな感じですけど（笑）」とのことであった。Hさんの意向を受けて、ここで挙がったすべての技法を導入することで合意されたが、すべての技法を同時に開始することは不可能である。そこで第12セッションの残りの時間を使って、これらの技法をそれぞれいつどのように導入するかについての計画を立て、図にまとめてみた（図6・10）。

図6・10を作成・共有しながら、セラピストとHさんは以下について合意した。

・曝露についてはセッションで特に計画を立てることはせず、Hさんが「曝露の精神」で日々過ごす。曝露のチャンスがあればいつでも「曝露」を実践し、それを次のセッションで報告する。セッションでは「曝露の報告」というアジェンダを毎回設ける。
・メインの技法としてまず問題解決法を導入する。セッションおよびホームワークで十分に時間をかけて練習し、身につける。セッションおよびホームワークで十分に時間をかけて練習し、身につける。ある程度習得できた後は、日常生活で継続する。
・問題解決法が習得できた時点で、第二のメインの技法として認知再構成法を導入する。問題解決法と同様、セッションおよびホームワークで十分に時間をかけて練習し、身につける。ある程度習得できた後は、日常生活で継続する。
・リラクセーション法と注意分散法は、セッションで少し説明したり練習したりし、ホームワークでそのおさらいをしながら小刻みに繰り返して習得していく。（Hさんの希望により）まずリラクセー

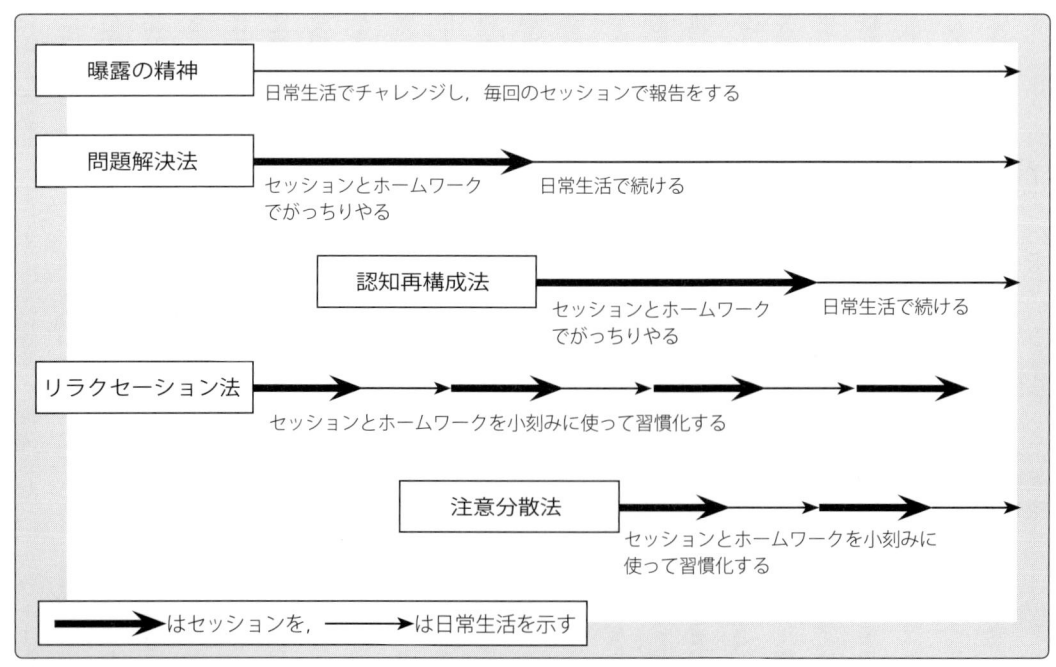

図6・10　技法のプラン

ション法から開始し、リラクセーション法がある程度習得できたら、注意分散法にとりかかる。

・すべての技法は「曝露の精神」と整合性を保つように実施する必要がある。すなわち、認知再構成法は曝露を促進するような方向で認知を整えるようにするべきである（逆に言うと、回避につながるような問題解決や認知再構成は行わない）。リラクセーション法も曝露分散法も曝露と矛盾せず、曝露の精神を活かすように実施する必要がある（たとえば、不安緊張反応を抑えこむためにリラクセーション法を実施するのは、「曝露の精神」に反するのでよろしくない。不安緊張反応が出ていないときにリラクセーション法を実施するのであれば「曝露の精神」とは矛盾しない。また、不安緊張反応から注意を逸らすために注意分散法を実施することもよろしくない。不安緊張反応にも注意を向け、不安緊張反応にも曝露しつつ、他の事象にも注意を向けるのであれば曝露と矛盾しない）。

前回セッションで作成された目標リスト（図6・8）に対するHさんの感想は、「これらの目標が本当に達成されれば、自分はすごく変われる気がします。ただ本当に自分がこういうふうになれるのか、ちょっとイメージできない。何だか不安になってきました」というややネガティブなものであった。このように技法を選択し、技法を実践するプランまで立ててみてあらためてどう思うか尋ねたところ、Hさんは苦笑しながら「何かやる前に不安になるという自分の癖がここでも出てしまいました。（図6・6の「認知」の①を指差して）まさにこの『ネガティブな予測』ってやつですね。でも今日、技法について詳しく説明を受け

た」（図6・10）こんなふうに具体的な計画まで立てることができて、『何とかやれそうだ』という気持ちに変わってきました。なので今はそれほど不安ではないです」と話した。

6・4 個々の技法の実践

前述のとおり第12セッションで技法について計画を立てた後は、ほぼその計画に沿って進めることができた。具体的には次のとおりである。

● 曝 露

第13セッションで曝露の考え方ややり方について改めて心理教育を行い、それらをひっくるめて「曝露の精神」と呼び、すべて「曝露の精神」に沿って生活することで合意された。第14セッションの冒頭に「曝露の報告」というアジェンダを設け、Hさんがどこでどう曝露したのか、毎回必ず具体的に報告してもらうようにした。以下がその報告の例である。

◆報告の例（1）

「この間のコンビニのことがあってから（図6・5）、コンビニで買い物をすること自体を避けていて、昼ごはんを抜くなどしていました。しかし、『曝露の精神』で生活することになったので、この前、例のコンビニに行って買い物をしました。お金を出すとき『また手がふるえるんじゃないか』と不安になりましたが、『曝露なんだから』と自分に言い聞かせてお金を払いました。ちょっとふるえた気がしたけれど、とにかくコンビニで買い物ができたので良かったと思うことにしました」

（第14セッション）

◆報告の例（2）

「この間、例のコンビニでお昼を買ったら代金が五百十五円で、ちょうど千円札の他に細かい十五円分の小銭がありました。それを一緒に出したかったけど、これまでずっと千円札と十円玉と五円玉を出してみたところ、何となく手がふるえた気がしましたが、無事支払いができました。本当にふるえたのかどうかはわかりません。今までだとふるえた気がしたところで、手をひっこめていたと思います。でもふるえた感じがしながらも、その手を思い切って前に出してしまえば何とかなるもんだと思いました」（第15セッション）

◆報告の例（3）

「マクドナルドに行ってきました！注文するとき声がふるえるのが嫌で、これまでずっと外食を避けていたのですが、本当はずっとマクドナルドに行きたかったんです。でも一昨日とうとう行ってみました。実際は注文するとき、店員さんの顔を見ないで、メニューを指差して、『これとこれください』と言うのが精一杯でしたが、それでも何とか注文できました。声もちょっとふるえた気がしましたが、ちゃんと注文できたので良かったです」（第17セッション）

◆報告の例（4）

「今度はマクドナルドに行って、メニューを指差すのではなく、何とか店員さんの目を見ながら、ちゃんと口で言うようにしようと思って、

そういう曝露をしてみました。これはかなり不安になりましたが、ちゃんと言えたし、お金も払えたし、いい曝露ができたと思います」（第18セッション）

◆報告の例（5）

「床屋に行きました。たぶん十年ぶり以上。床屋に行っていろいろ話しかけられるのが嫌で、今までスキンヘッドにしていたのですが、本当は髪の毛を伸ばしたかったんです。これは今までの曝露に比べるともの すごく勇気がいりました。床屋にいる間、ずっと曝露することになるので、これまでのコンビニやマクドナルドとは訳が違いますから……。もう前の晩は興奮してなかなか寝付けなかったぐらいです。朝になって『やっぱり行くの辞めようかな』と弱気になりましたが、『でも曝露の精神だ』と自分を叱咤激励して、前から『行くならここだ』と決めていた床屋に行ってみました。店に一歩入るまでがすごく不安で、足がガクガク震えてきて、引き返したくなりましたが、ぐっとこらえて、店に入りました。入ってしまったらもう逃げ出すわけにもいかないし、何となく腹をくくった感じになって、思っていたよりスーッと気持ちが落ち着きました。予想通りお店の人にいろいろと質問されましたが、聞かれたことに正直に答えただけなので、別に大丈夫でした。とにかくこの曝露はすごく自信になりました。スキンヘッドともおさらばできると思うとすごく嬉しいです」（第19セッション）

●問題解決法

第14セッションから第19セッションにかけて、集中的に問題解決法をホームワークではセッションで立てた実験計画を実際に実行

6章 社会不安障害・対人恐怖

してきてもらい、次のセッションでその結果を報告してもらった。第19セッションまでの間に、全部で五回の問題解決法を行った。以下にその一部を紹介する。

◆問題解決法 第1クール（第15セッションで計画作成）

問題 倉庫にTさんがいるとこわくて倉庫に入れなくなってしまう。自分からTさんにあいさつできないし、話しかけられてもまともに答えられない。Tさんの目を見ることもできない。積荷を運ぶ手が震えてしまいそう。だからTさんが倉庫を出るまで裏庭で時間をつぶしている。そういう自分が情けない。

目標 倉庫にTさんがいるときにこわくて回避したくなっても、曝露する。すなわち自分も普通に倉庫に入り、「お疲れ様です」とTさんに挨拶し、自分の積荷を普通に取ってきて車に積む。Tさんに何か話しかけられたら、Tさんのほうを見て、普通に答える。

実験計画 ①倉庫にTさんがいるのに気づいたら、「曝露の精神だ」と小さな声でつぶやき、自分に気合を入れる。②足が震えても、そのまま倉庫に歩いて入っていく。③三メートルぐらいのところまで近づき、少し大きめの声で「お疲れ様です」と声をかける。④Tさんがあいさつを返すだけなら、そのまま自分の担当エリアに行って積荷を運ぶ。⑤Tさんに何か話しかけられたら、Tさんに返事をする。声が震えても聞かれたことにちゃんと答える。

結果（第16セッションで報告）「○月○日に実行しました。これもすごく勇気が要りました。自分からTさんにあいさつすることはこれまでほとんどなかったので、自分から『お疲れ様です』と声をかけたとき、Tさんはちょっと驚いたみたいでしたが、すぐに『お疲れ様』と普通に返してくれました。この日はそれ以上話しかけられないんじゃないかと思うほど、足はガクガク、心臓がバクバクしました。でも少しですぐにでもこのことを先生に報告したいと思いました。Tさんに声をかけたことが自分ですごく嬉しく感じ、すぐにでもこのことを先生に報告したいと思いました。実は昨日も倉庫にTさんが一人でいて、自分が入っていったんですけど、○日と同じようにあいさつすることができましたた。Tさんも普通に『お疲れさま』と言ってくれたし、○日ほどは緊張することもありませんでした」

◆問題解決法 第4クール（第17セッションで計画作成）

問題 実は前から興味のある洋服の店がある。その店に行って洋服を自由に見たり試着したりしてみたい。「いいな」と思った服を試着した後で、「やっぱりいらない」「今回は買わない」と思っても、それを店員さんに伝えられずもじもじしているうちに、店員に勧められて買ってしまいそう。もしくは無言で服を返してその店を立ち去るかもしれない。そのどちらであっても自己嫌悪におちいるし、もう二度とその店に行けなくなってしまう。試着して「いらない」と思ってもそれを店員さんに言えないのは、店員さんに「なんだこいつ」「だったら着るなよ」と思われるのがこわいから。

目標 その店に行って服を試着して「やっぱりいらない」と思われるとき、試着室から出た後、店員さんに「せっかく試着させてもらったんだけど、今回は買わないことにします」と、店員さんの目を見

実験計画 ①○月○日、午後六時にその店に行く。②「これは曝露だ。問題解決法だ」と心のなかで自分を励ます。③もともと買う気のないジャケットを選ぶ。④店員さんに「試着していいですか」と言って、試着する。⑤試着中、あれこれ話しかけられた場合、「へえ」とか「そうなんですか」とか「そうですね」と相づちを打つ。⑥ジャケットを脱ぐ。⑦再度「これは曝露だ。問題解決法だ」と心のなかで自分を励ます。⑧「せっかく試着させてもらったんだけど、今回は買わないことにします」と、店員さんの目を見てはっきりと話し、服を店員さんに返す。⑨何事もなかったかのように、その店でジャケット以外のものを物色する。店員さんに話しかけられたら適当に相づちを打つ。⑩三分ほど物色したら、ゆっくりと落ち着いた態度で店を出る。⑪店を出たあとで何かいろいろ考えてしまっても「これは曝露だ、問題解決法だ」と自分に言い聞かせる。⑫一週間後の○月○日、午後六時にそのお店に行く。「行きたくない」と思ったら、「これは曝露だ、問題解決法だ」と心のなかで自分を励ましてお店に入る。⑬お店に入ったら、普通に服を物色する。欲しいものがあれば買うし、なければ買わない。

結果 (第19セッションで報告)「予定通り実行できました。そもそもその店に行ったのがすごく久しぶりで緊張しました。もともと買う気のない服を試着するのはちょっと久しぶりにちろめたかったけれど、ここまで細かく計画を立てたので、とりあえず計画通りやってみようと思ってやりました。『買わないことにします』と言うところが一番緊張しましたが、店員さんは『そうですか』と言うだけで、それ以上どうのこうのということはありませんでした。まあ考えてみたら当たり前ですよね。試着した人が皆、試着した服を買うはずはないので、店員さんにしてみればどうってことないんなんですよね、今回実際にやってみて、『ああ、やっぱりどうってことないんだなあ』ということが実感としてわかりました」

問題解決法の練習と実践を通じてHさんは「曝露の精神」を持ちながら、「曝露の精神」を実現させるために自分がどう動き、どう振舞えばよいか、ということをHさん自身で計画し、実践できるようになっていった。そのことを第19セッションで共有し、それ以降は「必要に応じて問題解決法を続ける」という課題をホームワークとして毎回設定して、「今回はどのような状況に対してどのように問題解決法を行ったか」ということを毎回報告してもらうようにした。第19セッションで問題解決法についての感想を尋ねたところ、「前は『何かあったら、それに対処できない』と思い込んでいて、いろいろな物事を避けていました。でも問題解決法を身につけたことで、『何かあっても、落ち着いてその都度対処すれば大丈夫』と思えるようになりました。自分にはこの問題解決法というのがずっと足らなかったんだと思います」との回答が返ってきた。

●**認知再構成法**

問題解決法が一段落した次のセッション(第20セッション)から第27

6章　社会不安障害・対人恐怖

セッションにかけて、集中的に認知再構成法を実施した。はじめは状況特異的な自動思考に焦点を当てて認知再構成法の考え方とやり方を身につけていった。次に「人は突然自分に対して因縁をつけてきたりする存在である」というHさんのスキーマに焦点を当て、認知再構成法を行うことにした。セラピストとHさんはまず、自動思考を検討するための質問をそのままスキーマに適用してブレインストーミングを行った。次にブレインストーミングによって出されたさまざまな考えのなかから「これは」というものを複数選び、それらを組み合わせて新たなスキーマを作成した。セラピストはそれをカードに書き記してもらい（コーピングカード）、Hさんには当面それを持ち歩き、ことある毎にそのカードを見てもらった（図6・11）。

新たなスキーマをコーピングカードに書き写し、しばらく持ち歩いてもらった後のHさんのコメントは、「最初は少し無理があるかなと思いましたが、このカードを持ち歩いて何度も見るうちに、少しずつ新しい考え方が馴染んできた気がします。また実際に曝露や問題解決法をやって物事に対処できているので、『そうそうひどいことは起こらない』ということを、前よりも信じられるようになったというのが大きいと思います」というものであった。

●リラクセーション法
第12セッションで計画したとおり、セッションとホームワークを小刻みに使って、下半身に重心を置き、上半身の力を抜き、腹式呼吸法を行ってリラックスするやり方を少しずつ身につけてもらった。セラピス

トが何度も強調したのは、曝露の場面でリラックスしようとしないこと（「曝露の精神」に反するので）、日常の何でもない場面で比較的落ち着いている状態のときに実施し、そのときの感じを受身的に感じることを繰り返してもらいたい、ということである。《「リラックスしよう」という色気を持つと、かえって緊張したり嫌な感じがしてきたりして、リラックスした状態から遠ざかってしまいます。まずは型通りに繰り返し練習をしていただき、「今、どんな感じがするかな」と自分に訊いてみて、その感じを味わうということを続けてみてください。そのような構

世の中にはいろいろな人がいるが、自分がふつうに自分らしくふるまっていれば、そうそうひどいことは起こらない。多くの大人は突然誰かに因縁をつけたり、他人をからかったりするようなことはしない。仮に万が一そういう人がいて、自分がその人に因縁をつけられたりからかわれたりしたとしても、それはその人がそういう人だということであって、自分の問題ではない。

図6・11　新たなスキーマを記したコーピングカード

えが普通に取れるようになると、結果的にリラックスした感じが持てるようになります。それまで根気強く練習を続けてみましょう〉といった教示をセラピストは繰り返した。

セッションでは毎回五〜十分程度、リラクセーション法に時間を割き、少しずつ練習を進めていった。第20回セッションで、Hさんがやり方をしっかりと身につけ、日常生活における隙間の時間や入浴中、そして寝る前などにリラクセーション法を実施し、結果としてそれなりのリラックス感を得られていることが確認されたため、その後は毎回のホームワークに「リラクセーション法を引き続き実施する」という課題を設定し、Hさんがリラクセーション法を日常生活で続けていることを確認するに留めた。

はじめHさんは肩の緊張が強く、なかなか上半身を脱力することができなかったようで、セッションでの練習とホームワークでのおさらいを繰り返すうちに、次第に下半身を安定させ上半身の力を抜くという姿勢がセラピストは〈はじめは違和感があっても「型」としてわりきって練習を続けてください。続けているうちにいつかこれまでとは違う「リラックス感」が結果的に得られるようになるので、それまでひたすら「型」を意識して練習を続けましょう〉と励まし続けた。上記のとおりHさんは第20回セッションの頃になってようやくリラクセーション法を自然に実施し、そこそこのリラックス感が得られるようになった。「最初はなんだかよくわからなかったけれど、『型だと思え』と先生に言われ続けたので、そういうものかと思って練習だけは続けました。今、教えてもらった姿勢や呼吸が普通にできるようになって、これまで自分がいかに余計に緊張していたか、ということが初めてわかってきた気がします」というのがHさんのコメントである。

● 注意分散法

注意分散法とは、ただ一つの対象に注意が集中しすぎることが要因で、何らかの問題が生じている場合、注意を複数の対象に分散させることによって問題の解消を図ろうとする技法である。Hさんの場合は「自己注目」という形で、注意のベクトルがすべて自分自身に向いていることが問題であると合意されたので、自己注目に気づいたらそれ以外の対象に意図的に注意を分散させる、という練習を開始した（リラクセーション法が一段落した後の第22セッションから本技法を行うことになった）。セッションでは本技法について心理教育を行った後、注意を分散させる対象について話し合い、ツールに外在化していった。それが図6・12である。

Hさんの自己注目のあり方の特徴は、①心身の不安緊張反応（発汗、手や声のふるえを含む）への注目、②「自分が相手にどう見られているか」といった【相手➡自分】というベクトルでの注目、の二点である。それをまずツールに書き込んで共有した上で、それらの自己注目が過剰になってしまった場合、どこに注意を散らせばよいか、セラピストが心理教育的にアイディアを示しつつ、一緒にブレインストーミングを行い、ツールに書き込んだ。ポイントは次の通りである。①自分ではなく他者に注意を向けること。その際、「他者がどう思っているか」という他者

の内面ではなく、むしろ髪の毛や顔のほくろや身につけている物（例：時計）など外面的な事象にあえて意識を向ける。②空、天井、壁、時計、床など周りの環境に目を向けること。③視覚だけでなく、「空調の音」「相手の声の調子」といった聴覚的なことにも注意を向けること、④課題（「赤い物」「丸い物」「数字の"3"」）を決めてそれを探すといったゲーム的な要素を入れておくこと。⑤自らの足の裏に注意を向けるなど、それまでとは異なる自己注目の仕方も試してみること。

リラクセーション法と同様、注意分散法を導入する際には、曝露と矛盾しないように注意する必要がある。不安緊張反応に対する自己注目や「他者にどう見られているか」といった自己注目をゼロにして、すべての注意を自分以外に向ける、というやり方は明らかに曝露と矛盾する。自己注目もしながら、それ以外にも注意を向けるというやり方であれば曝露と矛盾しない。そのことをきちんとクライアントに説明して、曝露と矛盾しない形で実践してもらう必要がある。Hさんは、セッションで説明を受けたり計画を立てたり、ホームワークで実践するという形で、この注意分散法の練習を進めた。何回か調整を続けるなかで、次第に本技法のコツを体験的につかめてきたようで、第25セッションでは「ようやく『こうやればいいんだ』というのがわかってきました。無理に何かに注意を集中させるのではなく、自分自身の緊張感も感じつつ、いろいろな物事に意識をただよわせればいいのですね」と話していた。

●Hさんの変化とその後のケースの流れ
Hさんは、以上のようにさまざまな技法を実践していくなかで、大きく変化していった。特に「曝露の精神」を持ちながら、問題解決法を通

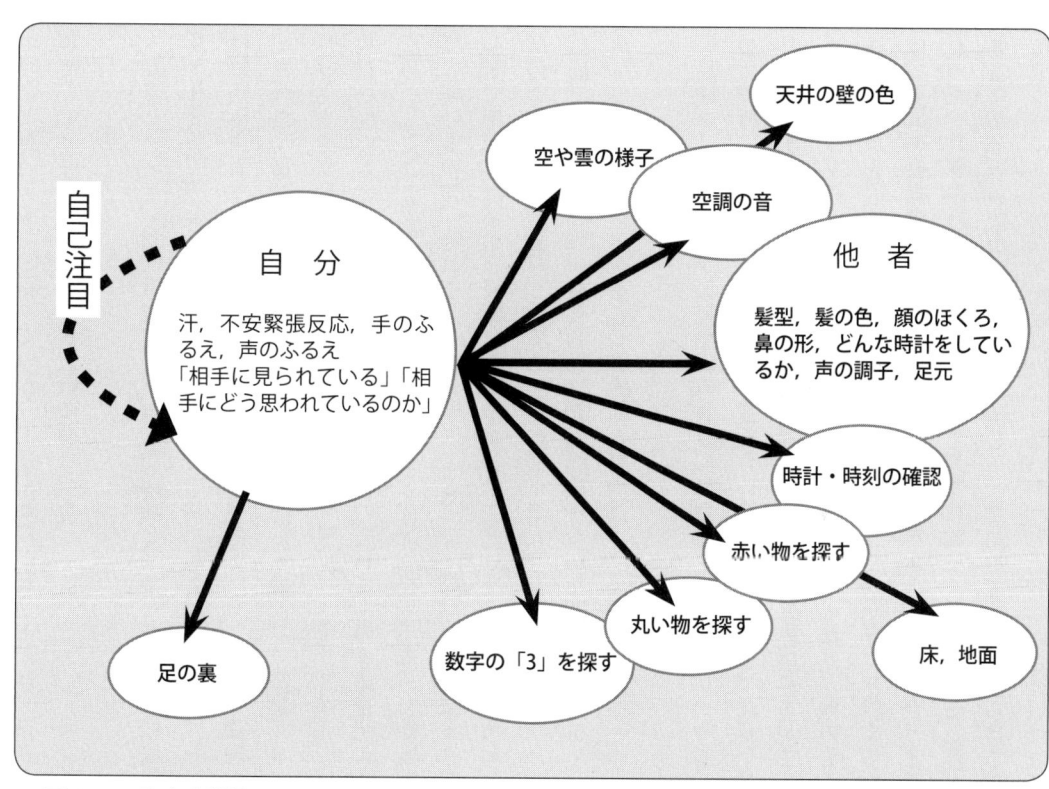

図6・12 注意分散法

じてこれまで苦手だったこと、回避していたことにつぎつぎとチャレンジするようになってから生活の幅が広がり、非常に活動的になった。床屋に通ったり、店で洋服を買えるようになったことで、外見も大幅に変わり（スキンヘッドで怖そうな印象が、"おしゃれな青年"という印象に変化）、セラピストも母親も職場の人たちも皆、驚いていた。またこれも問題解決法を通じて、職場の人に自分から挨拶したり職場の飲み会に参加したりできるようになり、職場の居心地が大幅に改善された。その結果、これまでのアルバイトは長くて三カ月しかもたなかったのだが、今回のアルバイトは長期に続けることができた。

Hさんが最も驚いたのが、アセスメントにも登場した、Hさんが苦手にしていたTさんが「実はとてもいい人」ということがわかったことである。これはHさんが「曝露の精神」や問題解決法を通じてTさんを避けることをやめ、少しずつコミュニケーションを取るようにした結果、わかったことである。

Hさんは「今まで自分は勝手にTさんを怖がり、避けまくっていました。『こういう人が因縁をつけてくるに違いない』と思い込んでいたんです。それが普通に話してみると、見た感じとは全然違って、とにかく親切だし、いろいろなことをよく考えてくれているし、むしろ『自分もTさんのような人になりたい』と思うような人物だったんです。きっとこれまでもそういういい人が自分の近くにいたんだと思います。それを自分の勝手な思い込みで、そういう人と接することを避けてきてしまったんだととても残念です。でもとにかく、Tさんのおかげで自分のスキーマが間違っているということがよくわかりました。なんでこの歳になるまでわからなかったんだろうとも思いますが、それでも気づけてよかったと思います」と語っていた。Tさんとのエピソードは、Hさんのスキーマを再構成する上でも大いに役立った。

第27セッションで、第12セッションで計画を立てたすべての技法（図6・9を参照）をHさんがある程度習得できたことが共有され、その後は毎回ホームワークとして、"すべての技法を続ける"という課題が設定された。第32セッションで面接目標の達成度を評価しすべての目標の達成度が80パーセントであることが共有された。そこでセラピストが終結についてHさんの希望を訊ねたところ、「ここでやめるのは不安だし、せっかくいろいろと自分が変わってきているので、それを話したい」とのことで、結局セラピストとHさんとで相談した結果 "長期フォローアップ" ということで、三カ月に一度のセッションを続けていくことが合意された。長期フォローアップは結局、二年間行われ、最終的には初回面接から三年四カ月後のX＋3年八月の第40セッションをもって終結となった。

長期フォローアップの最中にもHさんの生活を大きく変えたのはスポーツクラブに通い始めたことであった。特にHさんの生活を大きく変えたのはスポーツクラブに通い始めたことであった。Hさんは「曝露の精神」と問題解決法によって、スポーツクラブのインストラクターにアドバイスを求めたり、他の会員に声をかけて親しく話すようになった。クラブに入った一年後ぐらいには、二人の会員とかなり親しくなり、プライベートでも付き合うようになった。Hさんは「この歳になってこんなに親しく付き合える友達ができるなんて思わなかった。本当に嬉しい」と語っていた。さらにこの間にアルバイト先から「正社員にならないか」と誘われ、正社員になるこ

とができた。これについてもHさんは「自分が正社員になれるなんて思ってもみなかった。母親にも泣いて喜ばれた。自分も素直に喜びたい気持ちです」と語っていた。

最終セッションの心理テストの結果は、LSAS-J（Liebowitz social anxiety scale 日本語版）が29ポイント、BDI-II（ベックの抑うつ尺度改訂版）が3ポイントであった。抑うつの問題はまったくないが、社会不安障害の傾向はある程度は残ってしまっているという結果である。セラピストとHさんはこの結果を共有し、【油断すると前の状態に戻ってしまう恐れがあるので、とにかくここでのCBTで身につけた「曝露の精神」、問題解決法、認知再構成法、リラクセーション法、注意分散法のすべてを一生続ける】ということを最後のホームワークとすることにした。

終結時のHさんのコメントは、「社会不安障害のせいで残念な方向に人生が変わってしまいましたが、認知行動療法でもう一回、ポジティブな方向に自分の人生を変えることができたと思っています。もっと早く（認知行動療法を）受けたかったと思いますが、それを言っても始まらないので、これでよしとしようと思います。ただ、これまでの自分の苦しみが無駄だったとは思っていないし、できれば何かに役立てたい。いま話題になっている引きこもりやニートの問題にも社会不安障害がからんでいると聞いたことがあります。将来的にはそういう人たちのためにボランティア活動か何かをしてみたいと思っています」というものであった。

6・5 事例Hのまとめ

●主訴を作る

クライアントの主訴が大きすぎたり漠然としていたりする場合、もしくはクライアントが主訴を思いつかない場合、「一体何をターゲットにしてここでの面接を進めていくのか」ということを改めて話し合い、セラピストとクライアントで共有する主訴を「作る」必要がある。その際、図6・1、図6・2で示したような階段図を描き、視覚的にイメージしてもらうと効果的なようである。

●社会不安障害のクライアントのセラピストに対する態度の特徴

「他人とうまく話せない」「他人に自己主張できない」と訴えて来談する社会不安障害のクライアントが、セラピストに対しては思いのほかきっぱりと自己主張することを筆者はしばしば経験している。そのようなクライアントは、（よくない表現かもしれないが）「図々しい」ともこちらが感じるような言動を示すこともしばしばであり、むしろセラピストのほうが面食らってしまうときもある。その理由として筆者は次の二点を考えている。一つは、カウンセリングでは"セラピスト・クライアント"という役割関係がはっきりしており、そのような明確な関係性においてであればクライアントはのびのびと自己主張できる、というものである。もう一つは、対人コミュニケーションが苦手でずっと回避し続けてきたため、"ほどよい自己主張"のスキルが身についていない、というものである。

いずれにせよ、そのようなクライアントの態度にセラピスト側がひるまず普通に対応すれば（例：理論的根拠を説明する、おだやかながらもきっぱりとした態度を示す）、それで特に問題は起きないように思われる（かなり激しい自己主張がなされても、セラピストがきちんと説明することで、「あ、そうですか」とあっさり引き下がる場合がほとんどである）。またそのようなやりとりを通じて、良好なセラピスト-クライアント関係が次第に形成され、それがCBTに望ましい影響を及ぼすことも少なくない。さらに、後に認知再構成法や問題解決法、コミュニケーションスキル訓練などの技法を練習する際、「セラピストに対してはきっぱりと自己主張できている」という事実をさまざまな形で活用することができるだろう。

● 「社会不安障害」と診断がつくことについて

自分の困り事に精神科の疾患名がつくことのメリットとデメリットはいろいろとあると思われるが、社会不安障害を抱えるクライアントの場合、概して「社会不安障害」という「病名」がつくことに対してポジティブな反応を示すことが多いようである。おそらく本事例のHさんのように、「性格だから」とあきらめていたことが「病気」としてラベルづけされることにより、「治療によって治りうるもの」としてリフレームされるからであろう。またこれは筆者の推測であるが、「社会不安障害」という日本語のもつニュアンスが柔らかく、受け入れやすいものであることにも関連しているように思われる。少なくとも「対人恐怖症」に比べると「社会不安障害」という言葉がかなりソフトな感じがするのは確かであろう。

● 社会不安障害に対するCBTにおける「仕事」の位置づけ

一つの仕事をずっと続けながらCBTを受ける社会不安障害のクライアントもいるが、本事例のHさんのように、社会不安障害のために仕事を転々としつづけているクライアントも少なくない。このような人は、仕事に就いてしばらく経つと社会不安障害による苦痛が増し、それを回避するために仕事を辞めて引きこもりに近い生活を送っている間は、比較的精神的に安定している。そして仕事を辞めて引きこもりに近い生活を送っている間は、比較的精神的に安定している。そして仕事となるエピソードが生じにくく、CBT的にはアセスメントの対象としていられる。しかしそのような引きこもり生活はアセスメントの対象となるエピソードが生じにくく、CBT的にはアセスメントの対象としていられない。もちろん仕事に就いたり仕事を辞めたりするのはクライアント自身が判断することであるが、「仕事に行くと、アセスメントのための材料（ネタ）が手に入るので、CBT的には望ましいことである」という合意を、できるだけ早い段階で形成しておくと良いのではないかと筆者は考えている。

本事例においてHさんと筆者は割合早い段階で、Hさんにとっては苦痛の源泉であるアルバイトが「ネタの宝庫」であると合意できていたので、Hさんはそのことを糧にアルバイトを続けることができたが、なかにはCBTの初期段階で「もうそろそろ仕事を辞めたくなってきた。どうすればよいか」と相談してくるクライアントもいる。筆者はその場合、〈仕事を辞めるかどうかはあなた自身が決めることなので、私からはいいとも悪いとも言いません。ただし、家にいるよりは仕事に行っていてくれたほうが、認知行動療法で取り組む問題や目標を明確にすることができるので、そっちのほうが助かるなあ、というのがセラピスト

6章 社会不安障害・対人恐怖

しての私の本音です。でも認知行動療法のために仕事をするわけではないのだから、今の私の話も参考にして、あとはご自分で決めてください〉と答えるようにしている。このような話をした後で、クライアントがどれだけの影響力を持つかは不明だが、このような話も参考にして、あとはご自分で決めてください〉と答えるようにしている。このような話をした後で、クライアントがどれだけの影響力を持つかは不明だが、このような話も参考にして、ただしクライアントが仕事を辞めたとしても、セラピストがそれに対してことさらがっかりする必要もないだろう。がっかりするのではなく、〈ではアセスメントのネタをどこから見つけましょうか？〉という問いを発するほうがよほど生産的だと思われる。

● 多種多様な技法を適用する際の注意点
＝ＣＢＴのフルパッケージ

本事例では曝露、問題解決法、認知再構成法、リラクセーション法、注意分散法という五つの技法を本格的に適用した。「ＣＢＴのフルパッケージ」とでも呼べそうな事例である。このように多種多様な技法を適用する際は、とにかくそれらの技法間の整合性を図り、矛盾が起きないよう注意する必要がある。特に曝露をメインの技法として導入する場合、他の技法が曝露と矛盾しないよう常に気を配る必要がある。そのことを技法導入の際、セラピストはクライアントにきっちりと説明し、クライアントが理解できたことを確認してから、次に進むべきであろう。

また複数の技法を適用する際は、その順番や組合せなども予め計画を立てておく必要がある。いつ、どの技法を、どれぐらいの時間をかけて、どのように実施するのかといった全体の見通しを持っていると、落ち着いて個々の技法を導入することができる。また計画は図６・10のように紙に書き出して外在化しておくとわかりやすいし、いつでも参照できるので便利である。

● 「曝露の精神」だけで展開する社会不安障害のケースは少なくない

曝露は社会不安障害によく用いられる技法であり、テキストなどを見ると「段階的曝露」が推奨されていたりするが、本事例のＨさんのようにある程度社会生活が保たれているクライアントの場合、曝露の考え方や方法を十分に心理教育した上で、あとは特にセッションでみっちりと計画を立てなくても、「曝露を念頭において日々生活し、チャンスがあれば何でも曝露する」という方針を共有し、毎回のセッションで実践状況を報告してもらうだけで展開していくことが少なくない。筆者はそれを「曝露の精神」と呼び、クライアントと共有するようにしている。その場合、毎回ホームワークを決める際、〈では今週も『曝露の精神』で何事にもチャレンジしてください〉と提示したり、ホームワークの実施状況を確認する際、〈今週はいつ、どこで、どのように『曝露の精神』を発揮しましたか？　具体的に教えてください〉と依頼したりする。そういうやりとりを続けていくうちに、「曝露の精神」という呼び名と共に曝露的な構えがクライアントに内在化され、それまでの回避的構えが解消されていくことが多い。

本事例でも紹介したように、クライアントに「曝露の精神」が根付くと、クライアントは毎回さまざまな曝露のエピソードを報告してくれるようになる。セラピストはその一つ一つをクライアントと共に喜び、クライアントがどんどん調子に乗ってさまざまな事象に曝露するよう大いに励ますと良いだろう。

6・6 事例Ⅰの概要

❖ **クライアント**
Ｉ君――男性。十七歳。高校二年生。

❖ **インテーク面接**（Ｉ君同意の上、母親が同席した）

来談経緯――主治医の勧めによる。

医療情報および来談の経緯――高校二年生の一学期の終わりごろより不登校となる。両親が理由を問い詰めたところ、「肛門から始終ガスが漏れ出て、皆に迷惑をかけてしまう。だから学校に行けない」と答えたため、始めは内科や消化器科などを受診させ、いろいろと検査などもするが「異常なし」との診断が続いたため、精神科クリニックを受診させた。医師に「対人恐怖症」と診断され、軽い抗不安薬を処方されるも本人の訴えは変わらず、主治医の勧めにより筆者が紹介された。

家族――両親と三人暮らし。Ｉ君は一人っ子。両親は共に専門職。

生活歴――生まれたときから両親とＩ君との三人暮らし。Ｉ君は幼少期から内気な性格ではあったが、近所の子どもたちとよく遊び、幼稚園、小学校、中学校での適応も良好だった。高校に入学後、対人緊張を自覚するようになり、上記のとおり二年生になって不登校となった。

主訴――お腹が張ってガスがたまり、そのガスが漏れ出て悪臭を放ち、周囲に迷惑がかかるので、高校に行けない。

Ｉ君の様子や印象――母親に「連れて来られた」という感じで、半ばふてくされたような表情を見せていたが、セラピストの質問にはぶっきらぼうながらも一つ一つ答えてくれる。ずっとうつむいており、質問に答えるときだけ、ちらりとセラピストに視線を向ける。ガスや臭いの話になると、突然饒舌になる。ガスや臭いの話を「気のせい」として片付けられることに非常に敏感になっているように思われた。〈将来何になりたいか？〉というセラピストの問いに、即座に「獣医になります」と答えたのが印象的だった（「獣医になりたい」ではなく、「獣医になります」というきっぱりとした回答であった）。なおセラピストはドアを閉めたカウンセリング室でＩ君と向かって座っていたが、特に悪臭を感じることはなかった。

インテーク面接で合意されたこと――ここでのカウンセリングは"認知行動療法"という手法に基づくものであること、認知行動療法は"問題解決型"のカウンセリングであり、Ｉ君が抱えている問題のなかで、カウンセリングを通じて解決できそうなものだけに焦点を絞って進めていくものであることを説明したところ、Ｉ君は「ここで解決できそうなものって何ですか？」と意気込むようにして質問してきた。セラピストは次のように答えた。〈さきほど教えていただいた"主訴"を整理すると、Ｉ君が困っているのは、ガスや悪臭のせいで周囲に迷惑をかけていることと、そのせいで高校に行けな

6章　社会不安障害・対人恐怖

くなってしまっていることの二点だということになりますね。ガスや悪臭は身体の塊かということになりますね。ガスや悪臭は身体のか、もちろんそれは調べてみないとわかりませんが、調べてみて、何らかの解決策を見つけていそうだということであれば、ガスや悪臭と心理的なものが関係しているかもしれません。もう一つ〝高校に行けない〟というのは明らかに行動的な問題ですから、認知行動療法の守備範囲です。ガスや悪臭があってもなくても、〝どうすれば高校に行けるか〟という行動的なことについて話し合うことができるからです。今の話についてI君はどう思いますか？〉。I君の回答の要点は以下の通りである。

・自分の症状（ガス、悪臭）は心理的なものではなく、実際に身体に出ている現象である。
・いろいろな病院で「異常なし」と言われたが、検査をした医者や現代の医学は万全ではない。ガスが漏れ、自分が臭いことは自分が一番よく知っている。
・主治医に「対人恐怖症」と言われていることについては、納得していない。なぜならガスや悪臭のせいで、実際に自分は対人恐怖症になっているから。
・セラピストが医師ではなく心理学の専門家だというのであれば、カウンセリングを通じてガスや悪臭の問題が解決されるとは思えないので、全く期待していない。
・一方、高校に行けない、というのはセラピストの言うとおり「行動」の問題である。
・自分は獣医になるので大学に行く必要がある。そのためには今の高校にちゃんと通って卒業したい。そのための手助けになるのであれば、カウンセリングに通ってみてもよい。

セラピストはI君の話を受けて、ガスや悪臭をどうこうしようとするのではなく、【ガスや悪臭のせいで対人恐怖症になり、その結果高校に行けなくなってしまっている】という問題に焦点を当ててカウンセリングを開始するのはどうか、と提案したところ、合意された。その際〈回復や再登校のためには、ただ話をするだけでなく、I君がどうしてこのようなことになっちゃったのか一緒に調べて、次に、問題を解決するためのいろいろな対処法をI君自身に習得していただく必要があります。I君の場合それらの対処法を、はじめはつらいかもしれませんが、人とのかかわりのなかで実践していただくことになるでしょう。そのようなやり方でよろしいですか？〉と尋ねると、I君は小さくうなずき、「まあ、しょうがないですね」と答えた。同席した母親に意見や感想を求めると、「Iがカウンセリングを始める気になってくれてよかったです。家でこの話になると、特に主人なんかはIが学校に行かない口実にガスや臭いの話をしていると思っているので、まともに話し合いができなくなっているんです。このままだとまずいとI自身が思ってくれれば、私も知っていないのカウンセリングで何かが変わってくれれば、と思っています」とのことであった。母親がこのように話している間、I君は黙ってうつむいていた。なおI君と母親と相談した結果、今後のセッションにはI君が一人で来談することで合意された。

❖ CBTの経過の概要*

X年八月にインテーク面接、同年九月から翌年一月にかけて十回のセッションを実施（X年十一月頃より登校再開）。その後半年間にかけて三回のフォローアップセッションを行った。さらにその後手紙でやりとりし、経過を共有し、再発予防対策を行った。I君が無事高校を卒業し、当初の希望通り、ある大学の獣医学部に入学して元気に学生生活を送っていることが確認されている。

■ 6・7 アセスメントおよび技法の選択と実践

●主訴の経緯のヒアリング

初回セッションでは主訴の経緯を時系列に沿ってヒアリングした。

I君が進学した私立高校（男子校）は自由闊達な校風で、明るく活発な生徒が多く、もともと内気なI君は、入学した直後から「皆、すごい人ばかりだ」「それに比べて自分はダメだ」「皆についていけない」「入る高校を間違えてしまった」といった思いにとらわれるようになり、学校に行くだけで緊張するようになってしまった。I君によれば、そのような緊張や苦痛のせいでお腹にガスがたまるようになり、それが肛門や口や毛穴から漏れ出て悪臭を放つようになってしまった。自分の悪臭によって周りが不快に感じているのは皆の仕草を見ればあ

---

*注　本事例では特に心理テストは実施していない。本事例はかなり前に実施した事例をもとにしており、その当時、筆者はさほど質問紙を用いていなかったのがその理由である。

明らかであり、そのことを思うと緊張感がさらに増し、とうとう学校に行けなくなってしまった、ということである。セラピストはヒアリングされたことを図6・13のように紙の上にまとめてみた。

I君は大変興味深そうにセラピストが作成する図を見つめていた。図の感想を問うと、「まさにこの通りです。これを見ると、そもそも今の高校を選んだことが間違いだったのがわかります。だからと言って時間は元に戻せない。戻せればガスの出ない身体を取り戻すことができますが、もうそれは無理なんです」との返答が帰ってきた。この返答についていくつか質問をしてみた結果、I君が次のように考えていることが明らかになった。

・今の高校に入ってあまりにも緊張感の高い生活を送った結果、体質が変わり、始終ガスや悪臭を放つようになってしまった。
・体質が変わってしまったので、高校を変えようが、緊張感を和らげようが、もうガスや悪臭を放たない身体に戻るのは無理である。自分はこの身体で生きていくしかない。

I君の話を受けて、セラピストは次のように尋ねた。〈なるほど。体質が変わってしまったのですね。ということは、この図の①から④までは、I君にとってもうどうにもならない、ということなんですね。ガスや悪臭を放つ体質になってしまったのだから、周囲に迷惑をかけるのも避けられない……そういうことでしょうか？　だとするとここでのカウンセリングで焦点を当てるのは図の①から④ではなく、後半の④から⑥ということになるでしょうか。つまり体質が変わってし

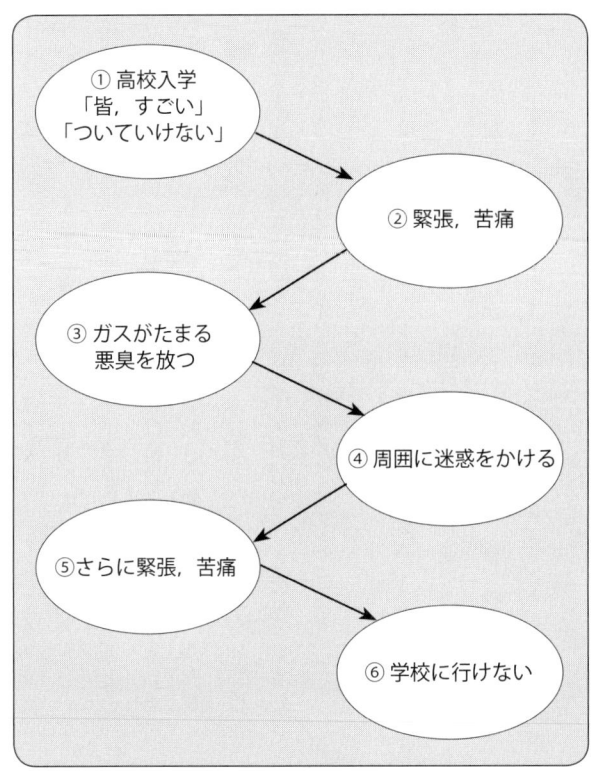

図6・13 ヒアリングのまとめ図

① 高校入学
「皆，すごい」
「ついていけない」
↓
② 緊張，苦痛
↓
③ ガスがたまる 悪臭を放つ
↓
④ 周囲に迷惑をかける
↓
⑤ さらに緊張，苦痛
↓
⑥ 学校に行けない

まったことは仕方がないとして、そのことによってさらに緊張感や苦痛が増して学校に行けなくなってしまっている。インテーク面接でも話し合ったとおり、やはり学校に行けないという問題に焦点を当ててカウンセリングを進めていくのが良さそうに思えますが、I 君はどう思いますか？〉。I 君の回答は「もうそれしかないと思います。この図を見てはっきりそう思いました」というものであった。そこで次の第2セッションでは図6・13の④、⑤、⑥に焦点を当て、それらをCBTのモデルを用いてアセスメントをすることで合意された。

●基本モデルを用いたアセスメント

第2セッションから第4セッションにかけて三つのエピソードをアセスメントし、ツールに外在化した。次ページの図6・14にその一枚を示す。

このようにアセスメントを行った結果、①対人場面 ➡ ②身体的緊張の増大 ➡ ③ガスと悪臭 ➡ ④身体感覚や臭いへの自己注目 ➡ ⑤心身のさらなる緊張感注目 ➡ ⑥さらなるガスと悪臭 ➡ ⑦身体感覚や臭いへの自己注目 ➡ ⑧心身の緊張感のさらなる増大 ➡ ……という悪循環がパターン化されており、その結果、対人場面を回避して学校に行けなくなってしまっているという現状が共有された。セラピストからは、この悪循環のなかでも、自己注目と心身の緊張については対処法があり、練習が可能であることを伝えると、I 君は「ぜひやってみたい」ということなので、自己注目には注意分散法、心身の緊張にはリラクセーション法を対処法として練習することが合意された。

●注意分散法とリラクセーション法の練習

第4から第7セッションにかけて、集中的に注意分散法とリラクセーション法を実施した。I 君にとっての注意分散法は、ガスや悪臭への自己注目および【他者➡自己】ベクトルの自己注目への対処法である。I 君はセラピストと相談の結果、自己注目に気づいたら、①足の裏全体で床や地面を感じる、②丸い形をしたものを探す、③相手の耳の形に注目する、④相手がどういう靴をはいているか、その素材や色や形に注目する、⑤頭の中で

しりとりをする、の五つ（一つでも複数でも）に注意を向けるという方針でいくことにした。セッション中にセラピストと一緒に練習し、日常生活ではホームワークとして実践する、ということを繰り返してもらった。I君は特に①と④が気に入ったと話していた。①については「意識を足の裏に置くと、鼻や頭で感じている臭いが遠くなるような気がする」、④については「意識を相手の足元に置くと、相手が自分を臭く感じているだろうというのが遠くなるような気がする」とのことであった。

リラクセーション法は、①下半身に重心を置く、②上半身を脱力する、③ゆっくりとした腹式呼吸、の三課題をセッションで一緒に練習し、さらにホームワークとして毎日練習してもらった。I君はリラクセーション法の練習を通じて、「今まで自分がいかに緊張していたか、よくわかりました」と話した。アセスメントを行った際にも心身の緊張はI君に自覚されていたが、リラックスして自分を緩める練習をすることにより、これまでの過剰な緊張の有り様が実感されたようである。I君はリラクセーション法をいたく気に入り、「他にも方法があるなら知りたい」とのことだったので、筋弛緩法、自律訓練法、ストレッチング、アロマセラピーなどを紹介したところ、そのすべてを試し、特に自律訓練法とストレッチングを日常生活に取り入れるようになった。

第7セッションで、I君が注意分散法とリラクセーション法の基本をほぼ習得したことが確認された。つまりI君は①対

アセスメント・シート——自分の体験と状態を総合的に理解する

ストレス状況

ストレスを感じる出来事や変化（自分，他者，状況）
① ○○駅から学校に向かって歩いている。校舎が見えてくる。
⑥ 下駄箱のところで同じクラスのA君に会う。あいさつする。そのときA君が鼻をすする。

※①〜⑬のようなことが何度も続いた結果，学校に行けなくなってしまった。

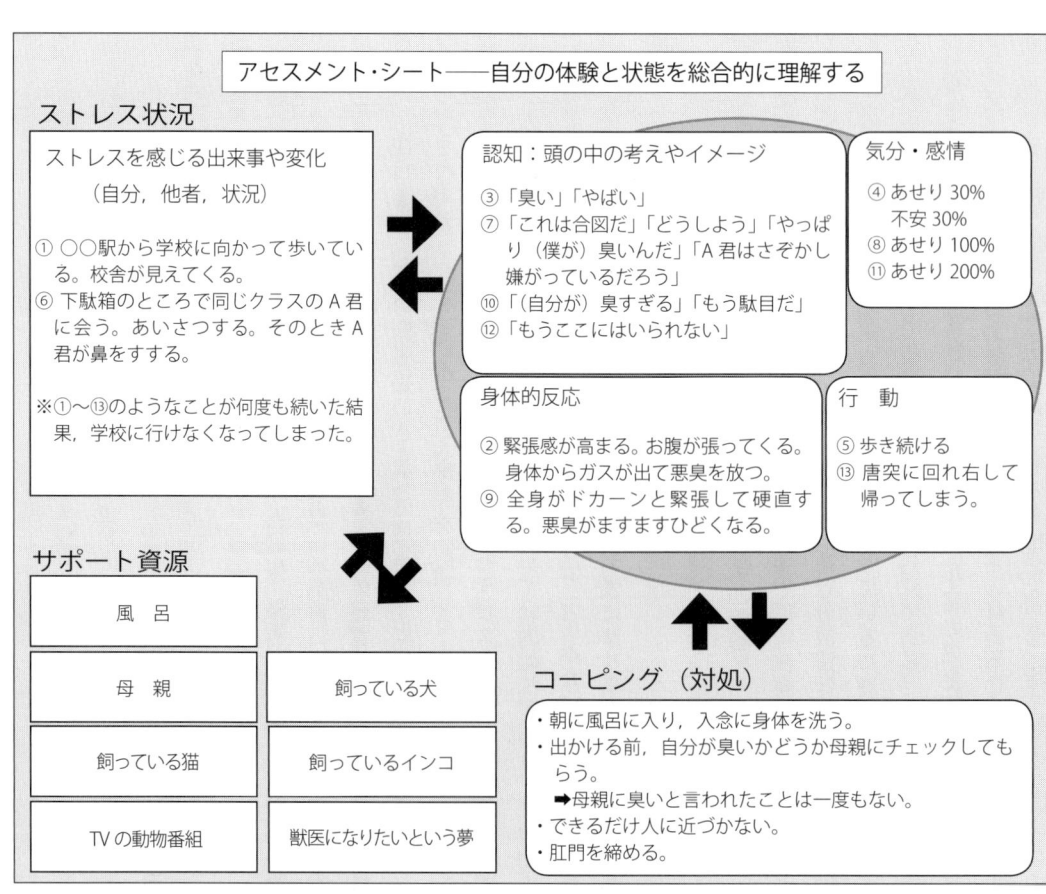

認知：頭の中の考えやイメージ
③「臭い」「やばい」
⑦「これは合図だ」「どうしよう」「やっぱり（僕が）臭いんだ」「A君はさぞかし嫌がっているだろう」
⑩「（自分が）臭すぎる」「もう駄目だ」
⑫「もうここにはいられない」

気分・感情
④ あせり 30%
　 不安 30%
⑧ あせり 100%
⑪ あせり 200%

身体的反応
② 緊張感が高まる。お腹が張ってくる。身体からガスが出て悪臭を放つ。
⑨ 全身がドカーンと緊張して硬直する。悪臭がますますひどくなる。

行　動
⑤ 歩き続ける
⑬ 唐突に回れ右して帰ってしまう。

サポート資源
- 風呂
- 母親
- 飼っている犬
- 飼っている猫
- 飼っているインコ
- TVの動物番組
- 獣医になりたいという夢

コーピング（対処）
・朝に風呂に入り，入念に身体を洗う。
・出かける前，自分が臭いかどうか母親にチェックしてもらう。
　➡母親に臭いと言われたことは一度もない。
・できるだけ人に近づかない。
・肛門を締める。

図6・14　I君と作成したアセスメントシート（ツール1）

表6・1 I君との段階的曝露で用いたヒエラルキー

不安度（％）	具体的内容
100	休み時間にクラスメートと話をする。
90	教室の自分の席に座っている。
80	教室に入る。
70	下駄箱から自分の教室まで歩く。
60	校門から校内に入り，下駄箱まで歩く。
50	学校の最寄り駅から歩いて学校まで行く。
40	電車に乗って学校の最寄り駅まで行く。
30	自宅で父親と1対1で話をする。
20	カウンセリングルームでセラピストと1対1で話をする。
10	自宅で母親と1対1で話をする。
0	自室で一人で過ごす。

入場面 ➡ ②身体的緊張 ➡ ③ガスと悪臭 ➡ ④身体感覚や臭いへの自己注目 ➡ ⑤心身の緊張感の増大 ➡ ⑥さらなるガスと悪臭 ➡ ⑦身体感覚や臭いへのさらなる自己注目 ➡ ⑧心身の緊張感のさらなる増大」という悪循環パターンの②、④、⑤、⑦、⑧への対処法を手に入れたことになる。I君は両技法の効果を少しずつ実感しているようで、「自己注目と緊張に対する対処法については、練習してみて効果があることがよくわかりました。だから、もうそろそろ学校に行くしかないと思う。そのための"対処法"って何かあるんですか？」とセラピストに訊いてきた。そこでセラピストが対人関係に対しては段階的曝露という技法が適用できることを伝え、段階的曝露という考え方を初めて知りました。僕は獣医になりたい。そのためには大学に行きたい。そのためには今の高校に行けるようになりたい。そのためには段階的に学校に慣れていき、普通に学校に通えるようになりたい。だから少々しんどくても、対人関係に段階的に慣れていく、というのが一番の近道だと思うのです。だったら少々しんどくても、対人関係に段階的曝露というのをやってみたい」と答えた。

●対人関係への段階的曝露

第7セッションから第10セッションにかけて、対人関係に対する段階的曝露について説明をしたり、計画を立てたり、立てた計画を実行してきてもらったりした。その結果I君は第8セッションの後から登校を再開し、通学途上や学校でつらくなって逃げたくなったときには、注意分散法やリラクセーション法を援用し、回避せずに何とか乗り切ることができた。段階的曝露の際に作成したヒエラルキーを表6・1に示す。

●その後の経過

登校再開の後はこれまでの「二週間に一度」から「一カ月に一度」に面接のペースを落とし、経過を見たが、I君は順調に登校を続け、第10セッション（登校再開三カ月目）の後は、フォローアップのために二カ月に一度、計三回のセッションを実施した。登校再開後、I君は一日も休まず登校を続け、何とか単位も取って三年生に進級できた。「学校に行くことは楽しいことではないけれど、注意分散法とリラクセーション

法と曝露があれば、何とかやっていけると思えるので大丈夫」とのことで、終結とした。終結時に認知行動療法を実施しての感想を問うと、「自分がいかに緊張していたか、ということを知ってびっくりした。そのための対処法を教えてもらったのが良かったです。あと"曝露"という考え方を知り、つらくてもその場にいることが必要だということを教えてもらったことが大きかったです。なにしろそれまではつらかったら逃げるしかないと思い込んでいたからです。ガスや臭いについては、"曝露"は一生忘れないように乗ってきた頃からI君自身があまり語らないようになっていたが、終結時に〈そういえば、ガスや臭いは今現在、どうなっているんですか?〉と尋ねたところ、「そう言われれば、そういうことがあったな、という感じです。今はなぜか気にならない」とのそっけない回答が返ってきた。

□ 6・8 事例Iのまとめ

● 自己臭恐怖や自己視線恐怖の扱いについて

本事例のI君のように、自己臭恐怖や自己視線恐怖を訴えるクライアントは、「自分の身体から嫌な臭いが出て、周囲の人に迷惑をかけている」「自分の視線のせいで相手に不快感を与えてしまっている」との「考え」を、ほとんど確信に近い形で信じていることが多い(クライアントにとってそれは「考え」ではなく「事実」である)。そのようなクライアントのほとんどが、カウンセリングを受けに来る前に、家族など周囲の人に自分の困り事(自己臭、自己視線)をさんざん訴えても、「そんな問題はない」「思い込みだ」「気のせいだ」などと否定され続け

ている。そこでセラピストまでもがクライアントの訴えを「考え」として処理しようとすることは得策ではない。しかしセラピストとしてはクライアントの自己臭や自己視線の問題を「事実」として認めるわけにもいかない。となると、I君の場合のように自己臭や自己視線の問題は、セラピストの専門外としてとりあえず括弧に入れて保留にしておくのが得策のように思われる。

いずれにせよ自己臭や自己視線の問題によって、クライアントにはさらなる困り事(二次的な問題)が生じている(I君の場合は、学校に行けないこと)。セラピストとクライアントはその困り事に焦点を当てて、CBTを進めていく。それならクライアントも「抵抗」せず、協力してセラピーを進めていくことができる。実際に、二次的な問題(自己臭や自己視線の問題)も気づいたら解消されていた、というケースが多いように思う。セラピストとしては、その一次的な問題が何だったのか、それが解消されたメカニズムは何か、といったことについてクライアントに駆られるが、多くのクライアントにとって一次的な問題への関心を失ってしまうようである。それでセラピストとしてはいつもちょっと残念な思いを抱くのであるが、このような現象そのものも自己臭恐怖や自己視線恐怖といった症状の特徴であるのかもしれない。

● 対処法を提示することの意味

不安障害については、エビデンスという点からは曝露(エクスポージャー)が最も有望な技法であることは間違いないが、それがなかな

かスムースに導入できない事例があるのも事実である。曝露によってやり方で個々のケースに合わせてCBTをカスタマイズするという通常の「さらす」「そのままでいる」とか、マインドフルネス的な構えを作って合、自己臭恐怖や自己視線恐怖などを訴える方が非常に多く、それらの「そのままでいる自分を観察する」という方向に持っていくことの難しクライアントに対しては「がっちりとした（提案しても拒絶される）CBい事例の場合、セラピストがさまざまな対処法を提案できるということT」を実施することがほとんどできなかった（高度に構造化された）CBが重要である。だからといってCBTが適用できないというわけではなく、クライアン

「いろいろな対処法があるので試してみましょう」というセラピストトの要望を最大限に活かしながら、そのクライアントに合った構造をの言葉だけで、「何か方法がある」「まだ打つ手がある」「これが駄目で作っていけば、何とか着地点が見つかる（ケースマネジメントを何とかも他がある」というようにクライアントは希望を持つことができる。そ続けているうちに主訴が解消され、それなりに満足して終結する）といの際、できるだけ多種多様なリラクセーション法やイメージ技法をセラうことが次第にわかってきた。もちろんクライアントの要望を活かしたピストから提案できるとよい。それだけでもかなり対応の幅が広がるよ構造を作るというのは十代後半の男性クライアントに限らず、すべてのうに筆者は感じている。また本事例とは直接関係しないが、エビデンスケースにおいて必要なことであるが、特に彼らと一緒にCBTを行うという点からは、たとえば"思考中断法"といった古典的な技法は用いと、このこと（柔軟な構造化）の重要性と難しさが筆者に実感されるこられることが少なくなってきているが（筆者も滅多に使わない）、それとが多いので、あえてこのように書いてみた次第である。でもなお一つの対処法として提示できるようセラピスト側は準備しておくとよいと思う。どの技法（対処法）が目の前のクライアントに役立つかは、結局導入してみないとわからないからである。

●十代後半の男性クライアントとのCBTについて

筆者は以前、受験情報誌（大学受験生向け）に心理学エッセイの連載をしていた関係で、ある時期、十代後半のクライアントの心理療法を担当することが多くあった。十代後半の女性クライアントの場合、主訴は抑うつ、摂食障害、パニック障害、強迫性障害、自傷など多岐に渡って

＊注 物事に距離をおきつつ、それらを受容する姿勢のこと。

7章 摂食障害

本章では摂食障害の事例を二つ紹介する。一つは拒食症（神経性無食欲症　制限型）、もう一つは過食嘔吐（神経性大食症　排出型）の事例である。

摂食障害の場合、その病名からして症状は「摂食」にかかわるものであるが、「摂食」にかかわる認知や行動だけに焦点をあててもクライアントが回復しないことはよく知られている。したがって症状に焦点を当てるアプローチを取ることの多い認知行動療法でも、摂食障害の場合は、症状に関連するクライアントの問題（例：自己評価、対人関係など）まで焦点を広げる必要のある事例がほとんどである。ただし拒食症の場合、クライアントが治療やカウンセリングに拒否的な反応を示すことが多い。また過食症の場合、「過食嘔吐をやめる」ことだけにこだわり、過食嘔吐の背景にある「より根源的な問題」に焦点を当てることを回避しようとする事例が少なくない。つまり認知行動療法の「持っていきかた」が一筋縄にはいかない事例が多いのである。本章の二つの事例を通じて、そのあたりの難しさと、認知行動療法の枠組みのなかでそのような困難をどのように乗り越えることができるか、ということについて示したい。なお本章では神経性無食欲症を「拒食症」、神経性大食症を「過食症」もしくは「過食嘔吐」と記載する。

7・1 事例Jの概要

❖ **クライアント**
Jさん──女性。二十五歳。会社員。

❖ **インテーク面接**

来談経路──主治医の指示（「勧め」ではなく「指示」である）

医療情報と来談に至る経緯──二十二歳時に新卒で就職するために上京し、就職直後からダイエットを始めた。二十四歳時、ダイエットがエスカレート（例：極端なカロリー制限、過激なエクササイズ）し、短期間で急激に体重が減り（身長162センチで新卒時56 kg、二十四歳時に52 kg、ダイエットがエスカレートした半年間で52 kgが38 kgまで落ちる。その後も減少傾向が続き、インテーク面接時には36 kg）、月経も停止している。見た目も急激に痩せたため、上司が心配し、本人に医療機関の受診を勧めた。しかしJさんが一向に受診せず、ますます痩せてきたため、上司が実家の両親に連絡し、両親が上京して様子を見に来たところ、本人の変わり果てた姿に驚愕し、近くの精神科クリニックに引きずるようにして連れていった（両親は本人の話を聞き、Jさんは身体的疾患ではなく「拒食症」であると判断したとのこと）。医師の診察により「拒食症」と診断され、治療の必要性が説明されるも、Jさんは「私は拒食症ではない」と言い張り、かろうじて「抑うつ状態の治療」に合意し、抗うつ剤を用いた薬物療法が開始された。しかし一向に効

果が見られず、さらに体重が減っていくので（後でわかったことだが、「太るから」という理由でJさんは抗うつ剤をいっさい服用せず、すべて捨てていた）、初診の二カ月後にカウンセリングを開始するためのインテーク面接が設定された。Jさん本人は「カウンセリングなんか必要ない」と主張したが、毎週末に本人の様子を見るために上京してくる両親の勧めと、主治医の「これ以上悪化すると通院ではなく入院が必要になる。もし入院が嫌で、薬物療法に効果がないのであれば、カウンセリングを受ける必要がある」という指示に根負けする形で、しぶしぶながらインテーク面接の予約を取ったとのことである。

◆

家族——某地方都市にて両親と兄の四人家族で育つ。兄は結婚し、別の某地方都市に妻子と共に暮らしている。Jさは大学卒業までは実家におり、就職と同時に上京し、その後はずっと一人暮らしをしている。

◆

生活歴——幼少期よりいわゆる「いい子」で、手がかからなかったらしい。小学校、中学校、高校を通じて優等生で、成績は良好だった。小・中・高を通じて表面的な適応は良好だったが、本人の実感としては「淡々と通っていたので、楽しいも楽しくないもなかった。地味な存在だった」とのことである。大学に入ってから「いろいろな友人ができて、楽しかった」（インテーク面接時にはこのように語っていた）。大学卒業後、東京に本社のある某企業（メーカー）に一般職として入社し、入社時から現在に至るまで本社の法務部で事務の仕事をしている。「仕事はばっちりこなしているので、何の問題もないはず」とのこと。

主訴（インテーク面接時）——「特にない」「自分は病気ではない」

◆

心理テスト——BDI-II（ベックの抑うつ尺度改訂版）50ポイント（かなり重症の結果だと思う）。特に「自分は人間として完全に落伍者だと思う」「自分自身が嫌でたまらない」「あらゆる自分の欠点が気になり自分を責めている」「自分はまったく価値がないと思う」という項目がポイントされていた。なおBDI-IIの結果から重度の抑うつ状態がうかがわれることをJさんに伝えたところ、「カウンセリングにもクリニックにも通いたくないのだから、もっと控えめに答えればいいのでしょうけど、嘘をつくのが嫌なので、正直につけました。自分が抑うつ状態であることは認めます。ただ、だからといって治療が必要とは思っていません。私のことは放っておいて欲しいんです」とのことであった。

◆

Jさんの様子や印象——上記のBDI-IIに対するコメントからも、律儀で生真面目なパーソナリティがうかがわれる。（実際にそのように言われたわけではないが）「絶対に心を開かないぞ」という強い決意が感じられる。セラピストの質問には「はい」「いいえ」「わからない」、もしくはごく端的な回答を返すだけである。口調はきっぱりしている。ときどき視線を合わせるが目つきも非常に鋭い。セラピストはJさんに威圧されるような感覚をしばしば抱いた。当然のことながら、身体も顔もひどくやせ細っている（専門家

であれば一目で摂食障害とわかるやせ方である）。

●

主治医の見解――クリニックで週に一度診察を受け、処方された薬をきちんと服用し、さらに少なくとも二週に一回、カウンセリングを受ける必要がある。それが守れないようであればさらに悪化するはず。その場合、紹介状を出すので、入院施設のある大きな病院を受診すること。いずれにせよ体重が35kgを下回るようであれば、外来で診るのは望ましくないので、入院施設のある医療機関に行っていただくことになる。

●

インテーク面接で合意されたこと――セラピストは、Jさんがカウンセリングに乗り気でないのを承知していると前置きした上で、〈それでもBDI-Ⅱの点数とかJさんの様子、そして先生（主治医）の話などから総合すると、どういうやり方をすればカウンセリングがJさんの役に立つのか、検討したほうがいいと思う。今日「カウンセリングを始める」とはっきり決めなくても、あと何回かお目にかかって「カウンセリングを始めるかどうか」について話し合う、というのはいかがでしょうか〉と伝えた。Jさんはしばらく無言で考え込んだ末、「とりあえずそうしてください。自分でもどうしたらいいかわかりません。でも入院させられるのは絶対に嫌。仕事を休むのも嫌。だとしたらとりあえずカウンセリングに来るしかないので」と自分に言い聞かせるようにして答えた。結局【カウンセリングを始めるか否かの話し合いを、お互いが納得いくまで続ける】ということが合意された。なおこの時点で認知行動療法については特にJさんに伝えていない。

●

インテーク面接に対するJさんのコメント――「『拒食症だからカウンセリングが必要です』みたいな、そういう最低のことは言われなかったので、良かったと思います。気が進まないのは確かだけれど、約束したので来週の予約にはきちんと来ます」

❖ CBTの経過の概要

X年六月にインテーク面接を実施し、同年六月から七月にかけて三回のセッションを実施し、アセスメントおよび認知再構成法を行った（第4から第20セッション）。その後、月に一度のフォローアップセッションに入り、X＋1年7月に終結となった（第25セッション）。終結の三年後まで文書を通じてフォローアップを行っているが、特に問題は再燃していない。

■ 7．2　動機づけのための話し合い

インテーク面接で合意されたとおり、初回セッションのアジェンダは「カウンセリングを始めるかどうか」というものであった。ちなみにアジェンダ設定をしたりまとめの時間を設けたりするなど、セッションを構造化することについて、Jさんは「ダラダラと無駄に話すよりよほどいいと思う」とのことで非常に協力的だった。初回セッションで結論は出ず、セラピストとJさんは第3セッションまで話し合いを続けた。

7章　摂食障害

初回セッションから第3セッションにかけてJさんが語ったことを以下に示す。

- 自分の状態は、世間では「拒食症」という病気だということになるかもしれないが、自分では病気だと思っていない。なぜなら現在の体重（36kg）や体型を自分で「いい」と思っているからである。両親は自分がやせ細って死んでしまうのではないかと騒いでいるが、自分だって馬鹿じゃない。やせ細って死ぬつもりはない。
- ただし、体重や体型、そして食事の摂り方に対して、自分にいろいろなこだわりがあって、そのこだわりに苦痛を感じていることは確かである。またBDI-IIの結果にも出たように自分自身への評価が極端に低く、それが苦痛であるのも確かである。そもそも自分は「自分が大嫌い」なのである。
- しかしそんなこと（体重などへのこだわりによる苦痛、自己評価の低さによる苦痛）は、自力で乗り越えるべきである。誰かに助けてもらうべきことではない。そもそも自分という人間には、誰かに助けてもらうほどの価値がない。だから放っておいてほしい。
- 特に食べることや体重について、誰かから指摘されたり指示されたりするのがすごく嫌。それがカウンセリングを受けたくない最大の理由である。カウンセラーに指図されたくない。
- ただし医者が患者の体重や生理（月経）のことについてあれこれ訊いてきたり指示したりするのは、医者という職業上、仕方のないことだと思う。今回は短期間で急激にやせすぎてしまったのが敗因。急に見た目が変わったので上司に不審がられ、親に告げ口され、クリニックを受診する羽目になった。怪しまれないよう、もっとゆっ

くり少しずつ、体重を落とすべきだった。

以上のJさんに発言に対するセラピストの発言は以下の通りである。

- Jさんのおっしゃること（「自力で乗り越えるべきである」）はもっともだと思う。誰かに助けてもらうのだろうがカウンセリングだろうが、誰かがJさんの代わりとなってJさんを助けてあげることなどできない。Jさん自身が「自分を上手に助ける」しかないのだと思う。そして今、Jさんが自分を上手に助けられているとは思えない。だからJさんに必要なのは、Jさん自身が自分を上手に助けられるようになるための手助けだと思われる。
- 認知行動療法というアプローチがある。認知行動療法はまさに「自助の援助」のための心理療法である。主役はあくまでJさん自身。Jさんの自助を、Jさんが必要とする範囲で手助けするのが認知行動療法である（ここでCBTのモデルや進め方について心理教育を行った）。
- たとえJさんが拒否しようが、医学的には「拒食症」ということになり、主治医が言っているとおり、体重をこれ以上減らさない、摂取カロリーを増やし体重を回復する、といったことが必要になるのだろう。しかしそういったこと（摂取カロリーや体重の増加）を目標にカウンセリングをするのをJさんが望まないのなら、セラピストが無理強いすることは決してしない。したがってもしJさんと一緒に認知行動療法を開始するのであれば、Jさんが苦痛に感じている①体重などへのこだわり、②自己評価の低さ、の二点に焦

点を当てることになるだろう（このような方針で認知行動療法を実施することについてはすでに主治医より許可を得ていた）。

このようにお互いの考えを伝え合った上で、この第3セッションでようやく認知行動療法に基づくカウンセリングを正式に始めることが合意された。Jさんの感想は、「ここでカウンセリングを続けないとどうせ入院させられる羽目になるので、受けるということは前から決めてはいました。でもそういう気持ちで受けるのは正しくないというか、自分にとってプラスにならないとも思っていたんです。だから今日、認知行動療法の説明を聞いて納得できて、『自分のためにやってみようかな』と思えたのが良かったです。先生のおっしゃった『自助の援助』という考え方はとてもいいと思う。自分を何とかできるのは、結局自分しかいないと思うから。あと正直言って、食事の量や体重を増やすことに直接焦点を当てないという方針にはホッとしました。やっぱり私はそれがすごく怖いんです。自分が食事の量や体重を増やすことをとても怖がっているということに、今日話していて、改めて気づきました」というものであった。

7・3　「体重や食事へのこだわり」に焦点を当てたアセスメントと認知再構成法

①体重や食事へのこだわり、②自己評価の低さ、の二点のうち、どちらを先に扱いたいかJさんに尋ねたところ、①との回答だったので、第4セッションから①に焦点を絞った話し合いを始めた。まず第4セッションと第5セッションにかけて、Jさんのこだわりにはどのようなものがあるか、思いつくままに言ってもらい、それらを紙に書き出してリストを作成した。それを抜粋したものが表7・1である（実際にはこの三倍以上の長さのリストが出来上がった）。

第5セッションの終わりに、このような「こだわりリスト」を作成してみての感想をJさんに問うと、「なんか我ながら『すごいな』と思った」というコメントが返ってきた。第5セッションではリストを持ち帰り、じっくりと見直しをする」というホームワークの課題を依頼し、「見直しをしてみてどうだったか」ということについて第6セッションの冒頭で話してもらったところ、Jさんは、「馬鹿馬鹿しいと思いました。……何度見ても、いや見れば見るほど馬鹿馬鹿しいと思うんだけど、どうしてもこういうこだわりから自分が離れられない。それどころか、こうやってこだわることが生きがいになってしまっている。嫌なんだけど、趣味みたいになっちゃっている。……でも、もうこんなことやめたい。……こんなことのために生きているのではないと思う。……本当は助けてほしいんです」と語り、語っているうちに涙を流し始めた。またこのときJさんは、主治医から処方されている抗うつ剤と誘眠剤をまったく服用せずに捨てていることをセラピストに告白した。「太るのが怖い」というのがその理由だという。セラピストからは、そのように告白してくれたことに感謝を示し、そのうえで、服薬状況について率直に主治医に伝えてほしいこと、セラピストからも主治医に伝えておくということを話し、了承を得た（Jさんと主治医との話し合いの結果、抗うつ剤は中止し、誘眠剤はきちんと毎晩服用することになった）。

第5セッションでは、「そもそもなぜJさんは、これほどまでに体重

表 7·1　体重や食事へのこだわりリスト（抜粋）

・ごはんは 1 日 120g までしか食べてはならない	・パンは絶対に食べてはならない（太るから）
・カロリーのわからない食べ物は絶対に食べてはならない	・1 日の総摂取カロリーは 900 キロカロリーまで。でもできるだけ 700 キロカロリー以内に抑えたい。
・何かを食べるときは，1 口につき最低 50 回は咀嚼しなければならない	・食べたものはすべて記録しなければならない（※ J さんは毎日詳細な食事日記をつけていた）
・1 日につき最低 20,000 歩は歩かなければならない（※ J さんは起きている間はずっと万歩計をつけており，夜帰宅したときに 20,000 歩に達していないと，それを達成するまで自宅で足踏みをしていた）	・1 日 5 時間以上寝てはならない（寝ると太るから）
・両足の太ももの間にすき間がないといけない	・鏡を見たときに，顔の頬がそげていなければならない
・鏡に裸を映したとき，肋骨が左右 5 本ずつくっきりと浮き上がっていなければならない	・手首と足首は，骨と筋だけで構成されていなければならない。少しでも肉がついていてはいけない
・手首の内側の静脈が浮き上がっていなければいけない	・ブティックや靴屋の店員さんから，「痩せてますね」と感嘆されなければならない
・前日より 0.2 kg 以上増えていたら許せない	
・45 kg なら 50 パーセントぐらい自分を許せる。逆に言えばもし自分が 45 kg であれば半分は許せない。	・50 kg を超えたらこの世に生きていてはならない（※ただし自分自身のことに限る。他人は 50 kg 超えていても，その人が「いい」と思っていたら別にいい）
・たとえ 42 kg から 45 kg までの間であったとしても気を抜いてはいけない。ちょっとでも油断するとあっという間に 46 kg を超え，たちまち 50 kg に達してしまう。	・46 kg を超えたら，それは自分にとって 50 kg であるのと同じだ。非常に危険な体重である。
・35 kg を切れば，少しだけ安心してもよい（※ただし主治医に禁じられているので 35 kg を切るわけにはいかない）	・40 kg を切れば，ひとまず安全だ。ただしそれに安心しきってはいけない

や体型にこだわるようになってしまったのか」ということについても話し合われた。セラピストからのソクラテス式質問に対して J さんが語ったことをまとめると以下のとおりになる。

・もともと私は自分に自信がなかった。
・二十二歳のときに就職のために上京したところ，会社の同期や先輩の女性たちが，皆あまりにもやせていて，きれいだったので，そういう人たちと自分を比較してさらに自信を失った。
・しかも自分は総合職ではなく一般職だったため，能力の点でもまるで自信が持てなかった（最初から一般職志望でも話は別だが，自分は総合職志望で就職活動をしており，それがことごとく駄目だったので，やはり自信を失っていた）。
・一般職はいくら仕事で頑張っても，ある一定以上の評価を受けることはない。そのことが入社してすぐに実感され，「だったら痩せて，見た目をきれいにしよう」と思い定め，ダイエットを始めた。
・始めてみるとダイエットにははまってしまった。エクセルで自分なりのフォームを作ってカロリー計算をしたり体重の推移をグラフ化することが，次第に楽しくなってきた。それでも当初は「密かな楽しみ」という感じで，少しずつ体重が減ってくるのに自己満足する程度であった。
・入社三年目に，自分の所属する部署に新人（S ちゃん）が配属された（それまで J さん自身がずっと「新人」扱い

だった）。Sちゃんは頭がよく、顔がきれいで、しかもスタイル抜群の女の子である。Jさんはそういうsちゃんに圧倒されながらも、先輩としてSちゃんに接し、親切に仕事を教え、一緒に業務をこなしていた。関係は悪くなかったと思う。

・Jさんのダイエットが加速したのは、Sちゃんの歓迎会の飲み会の翌日からである。きっかけは飲み会の席で一緒だった当時の上司（男性）が、別の席にいたSちゃんを指差し、「ああいう子って最高だよね。仕事はできるし、美人だし、しかもスタイルがいいし」とJさんに何気なく話したことだった。上司のその発言を聞いた瞬間、Jさんのなかには「私だって頑張って仕事している。でもそれだけじゃ足りないのか。だったら私だって今日からダイエットしてスタイルよくなってやる！」という思いがふつふつとわきあがり、本格的にダイエットを始めた。

・始めてみるとダイエットは「プロジェクト」みたいで面白かった。職場のプロジェクトには、自分はアシスタント的な立場でしかかかわれないけれど、ダイエットというプロジェクトについては自分が主役であり、自分で全部決めることができる。それがひどく魅力的だった。今でもそういう魅力を感じるから、ダイエットから離れられないのかもしれない。

第6セッションでは、体重や食事へのこだわりをアセスメントシートにまとめてみた。それが図7・1である。

Jさんは、体重や食事などへのこだわりが生活の中心になってしまっていることが、このアセスメントシートの作成を通じて実感したようである。「こんな生活を何年も続けてきたのか、と思うと情けなくなる」と感想を述べていた。しかし一方、サポート資源への「こだわり」「体重が30キロ台であること」という項目が挙げられた。「こだわり中心の生活はつらいし、やめたいのですが、一方で、やっぱり今の私にとって体重や食事にこだわることって大事なことのような気がしてしまうんです。どうしてもこだわりから離れられない自分がいるんです」とJさんは話した。またサポート資源に記入された「両親」という項目が括弧つきになっているのは、「親はもちろんサポート資源だと思うけれど、どこかでそれを認めたくない自分がいる」ためである。

第7セッションでセラピストとJさんは、図7・1のアセスメントを一緒に眺めながら話し合いを進め、体重や食事へのこだわりを「なくす」のではなく「緩和する」ことを目標としてCBTを進めていくこと、そのような目標を達成するための技法として認知再構成法を導入することが合意された。合意はされたもののJさんは「もし今のこだわりが緩和されて、その結果、急激に太ってしまったらどうしよう」という不安を訴えた。そこで毎回のセッションの冒頭で体重測定をすることにして（すでに診察時には毎回体重測定をしていた）、40kgを超えたら、直ちに目標や技法の見直しをすることにした。

第8セッションから第12セッションにかけて、体重、体型、食べ物などに関する非機能的な認知に対する認知再構成法を実施した（認知再構成法については序章、1章、および参考文献を参照）。いざ始めてみるとJさんは認知再構成法が面白くなってきたとのことで、表7・1のこだわりを一つひとつ採り上げて、ホームワークを使ってこだわりとは異

202

なる代替思考を自分で作っていった。二つ例を挙げる。

【例1】
こだわり　「パンは絶対に食べてはならない（太るから）」
新たな思考　「何でも食べ過ぎれば太るし、ほどよく食べれば太らない。パンを食べると太るなら、世の中、太った人だらけのはず」「私は本当はパンが好き。好きなものを『食べてはならない』と自分に禁止するのはおかしい」

【例2】
こだわり　「食べたものはすべて記録しなければならない」
新たな思考　「私はただのOLだ。ボクサーでもファッションモデルでもない。また糖尿病患者でもない。ただのOLが自分の食べたものをすべて記録しなければならないなんて、まったく根拠がない」「食事日記をつけることに毎日ものすごい時間を使っている。日記をつけるのが楽しいわけでもない。何かの役に立っているわけでもない。だったら何か別のこと、何か楽しめることや自分の役に立つことをしてみよう」

Jさん自身が納得できる新たな思考を作り出した後は、その思考に沿って行動してみるよう（行動実験）、セラピストはJさんを励ましました。右の【例1】であればパンを食べてみること、【例2】であれば食事日記をいい加減につけてみること、もしくは日記をつけるのをやめることが行動実験の課題となる。Jさんは最初はこわごわ行動実験を開始したが、それによってさほど急激に体重が増える

アセスメント・シート──自分の体験と状態を総合的に理解する

ストレス状況

ストレスを感じる出来事や変化
（自分，他者，状況）

いつでもどこでも

※特に体重，食事，体型にちょっとでもかかわる刺激があると……
※3年ぐらい前から特に……

認知：頭の中の考えやイメージ

非機能的なこだわり
（表7・1を参照）

※こだわりにがんじがらめになっている

気分・感情

こだわりに沿う → うれしい，スッキリ

こだわりに沿わない → 落胆，絶望，追い詰められた感じ

身体的反応

体重減少
（56kg → 36 kg）
生理が止まってしまった

行動

こだわり中心の生活を送る
その結果……
人と会わない。外食しない。歩いてばかりいる。食事ノートをつける。身体を頻繁にチェックする。

サポート資源

体重と体型へのこだわり	
体重が30キロ台であること	仕　事
一人暮らしの部屋	（両　親）

コーピング（対処）

これまで：特になし。というより，上の循環を必死で維持しようとしていた。

今：半信半疑ながら，治療とカウンセリングを受けている。

図7・1　Jさんの体重や食事へのこだわり（ツール1）

ことがなかったこともあり、【①認知再構成法➡②行動実験】のプロセスを次第に楽しんでできるようになっていった。

Jさんの「拒食症」が発覚して以来、Jさんの両親はかならず毎週末に上京し、Jさんの受診に付き添ったり一緒に過ごしたりしていたが（Jさんは最初ひどく嫌がっていたが、拒否はしなかった）、ちょうどその頃、母親が都合で上京できず父親だけがJさんと週末を共にするということが何度かあった。父親と二人で居酒屋に行ったり、競馬場に行ったりするのがJさんにとっては非常に楽しい経験だったようで、セッションでもそれらの報告を楽しそうにしてくれた。「父と二人だけで話したり、何かをしたりということが、これまで全然なかった。父が結構面白い人だということがわかって、何か新鮮です」と語っていた。

ただしちょうどこの頃、初診時には36kgだった体重が39kgを超え、一時的にJさんが揺れ動いた。セッションでも「このままどんどん太りそうで怖い」「40kgを超えても大丈夫ですよね」などとしきりにセラピストに訴えるようになった。この揺れ動きに対し、セラピストは特に介入せず、〈そういう考えに対しても、ご自分で認知再構成法をやってみてはいかがですか〉と提案するに留めた。すでに何度も行動実験を行い、「こだわりを手放しても急激に体重が増えることはない」ということがJさんに実感されていたこともあり、しばらくするとこの揺れ動きも収まった。実際に揺れ動きの数週間後に体重は40kgを超えてみるとJさん自身、「別にどうってことない気がします」と落ち着いていた。その数週間後には、「40kgにこだわって大騒ぎしていたけど、あれは何だったんだろう、と今になってみると不思議な気がします」と、さらに落ち着いた様子で話していた。

ただしJさんはすべてのこだわりを捨てたわけではなく、特に「45kgを超えたら危険だ」というこだわりは根強く、「40kgから44.9kgまでなら自分をダイエットを許せると思う」と語っていた。45kgになっちゃったら、やっぱり食事日記つけてダイエットすると思う」と語っていた。「やっぱり『自分はやせていなければならない』と思っている自分がいる。こだわりが減ってきて楽になってきましたが、やっぱりやせていたい。45kg以上になりたくない」とも語っていた。セラピストはそのようなJさんの思いを聞いたうえで、〈別に私たちはJさんの体重を45kg以上にするために認知行動療法をやっているわけではない。そもそも私たちの目標は「こだわりを緩和する」ことでしたよね。だからJさんにとってどうしても譲れないこだわりは、大事に持っておいてもいいのではないですか〉とコメントするに留めた。

7・4 「自己評価の低さ」に焦点を当てたアセスメントと認知再構成法

第13セッションからは、Jさんの「自己評価の低さ」に焦点を当てることにした。アセスメントに先駆けて、自己評価にまつわる過去の経緯をまずヒアリングさせてもらい、以下の話を共有した。

・小さい頃からひたすら「いい子」にしていた。いい子を親や先生からほめられるので嫌ではないが、そういう自分をあまり好きじゃなかった。自分がいい子になりたいからいい子にするのな

7章　摂食障害

ら良いが、自分は周囲からの要請に応えていい子にしていた感じ。だから何となく「自分がない」ような気がしていた。小学校から高校までそんな感じだった。「こんなものかなぁ」と思っていた。

・大学に入り、今まで出会ったことのないような個性的な人がたくさんいて、びっくりした。皆、個性的で「自分がある」。そういう人たちと自分を比べ、「私は何のとりえもないつまらない人間だ」と悩むようになった。表面的にはそういう個性的な人と一緒にいて、自分もその一員であるかのように振舞っていたが、内心は劣等感や自己否定感でいっぱいだった。今から思うと、その頃からうつっぽかったのではないか。

・大学を卒業し、東京に出てきて就職したら、ますます周りの人たちと自分を比べて悩むようになった。きれいな人と比べて「私はブスだ」と落ち込み、総合職の仕事ができる人と比べて「私なんかただの一般職だ」と落ち込み、対人関係が得意な人と比べて「私は人づきあいが苦手だ」と落ち込み、スタイルがいい人と比べて「私は太っている」と落ち込んだ。それでますます「私は何のとりえもないつまらない人間だ」と強く思うようになった。ダイエットしてやせた自分にしがみついたのだと思う。ダイエットのことを考えていれば「私は何のとりえもないつまらない人間だ」と落ち込む暇がなくなるから。でも結局今の私は小さい頃と同じで、「自分がない」ままなんだと思う。

以上の話を書き出して共有した上で、〈こういうふうに振り返ってみて、どう思いますか？〉と尋ねたところ、「大学生の頃を思い出すのが結構きつかった。大学生の自分と社会人になってダイエットを始めた自分は別のものだと思っていたけれど、結局つながっているんだなぁ、と思いました。そもそも小さい頃からただ真面目でいい子にしていて、私って結局それだけの人間だったんだなぁ、と改めて思います。このコメントからも「私は何のとりえもないつまらない人間だ」というJさんの認知が、相当根深いものであることがうかがわれる。「私は何のとりえもないつまらない人間だ」はJさんのスキーマである。セラピストはスキーマについてJさんに心理教育を行い、スキーマに焦点を当てて認知再構成法を実施することを提案したところ、了承された。

そこで、主に自動思考に焦点を当てるために用いているシート（ツール4、序章参照）を「私は何のとりえもないつまらない人間だ」というスキーマに活用することにし、第15から第18セッションにかけて、ツール4の質問を用いたブレインストーミングを行い、「私は何のとりえもないつまらない人間だ」というスキーマに対抗できるような新たな「スキーマ候補」を作り上げていった。セラピストとJさんはさまざまなアイディアを検討したが、最終的にはJさんは次の二つの文言を「新たなスキーマ」として採用することにした。

【新たなスキーマ1】
「私は両親に大事に育てられ、大人になった今でも、こんなに大事にしてもらっている。それだけでも私という人間には価値があると言えるのではないか」

【新たなスキーマ2】

「今回、ここまで徹底的にダイエットしたという"実績"から、私には、何かに徹底的にこだわったり徹底的に取り組んだりする能力があると言える。多くの人は私ほど徹底してダイエットすることはできないはずだ。今後は、自分の健康を損なったり自分が苦しくなったりしない分野でこの能力を発揮したいものだ。どういう分野で発揮したらいいか、これからゆっくり考えていこう」

【新たなスキーマ1】は、摂食障害になってからの両親のサポートが「身に沁みている」とのことで、そのあたりを根拠として作り上げたスキーマである。Jさんにとって特に大きかったのは、会社員の父親が毎週末の休日をすべてJさんのために使ってくれたことだそうである。

【新たなスキーマ2】は、セラピストがかなり手助けしながら作り上げたスキーマである。はじめJさんは「屁理屈みたい」と笑っていたが、〈ダイエット情報がちまたに溢れているのはなぜ?〉というセラピストの問いについて考えるうちに、「確かにそうかもしれない。良し悪しは別にして、私の"徹底ぶり"はすごかった」と思うようになり、Jさん自身の言葉を使って【新たなスキーマ2】としてまとめた。

この二つのスキーマはカードに書き出し、Jさんに常に持ち歩いてもらった。そして「私は何のとりえもないつまらない人間だ」というスキーマやそれに伴う自動思考や気分が生じたら、すぐにカードを取り出して見ることを繰り返してもらった。また朝昼晩、一日三回は必ずカードを見てもらうことも課題とした。このような「スキーマをなじませ

るための作業」をたっぷり四週間続けてもらったところ、Jさんは「何となく前と違ってきている気がします。『自分に価値がない』とか『自分はつまらない人間だ』とかそういう感覚が薄れているように思います。だからといって自分をすごくいいふうに思うわけではないのですが……。うまく言えないけど、『いい』『悪い』とかそういうことではないんだなあ、ということがわかってきたと言うか。『私はこの私で生きていくしかないんだ』という感想でしょうか」と感想を語ってくれた。〈それはすばらしい感想ですね。今おっしゃったことも「新たなスキーマ3」としてまとめることができるのではないでしょうか〉とセラピストは促し、【新たなスキーマ3】としてカードに書き足してもらった。

【新たなスキーマ3】

「人は『いい』『悪い』とかそういうことではないんだ。人は人。私は私。私はこの私で生きていくしかないんだ。それでいい」

ちょうどこの頃、体重が43kgを超え、月経が回復した。「体重や食事へのこだわり」による苦痛はほとんど解消し、自己評価についても上の三つのスキーマで「何とかやっていけそうだ」ということが合意されたので、セッションのペースを二週間に一度から一カ月に一度に落とし、フォローアップとして様子を見ることにした。フォローアップ期間中も特に問題となるようなことはなく、X+1年七月の第25セッションをもって、フォローアップに入った五カ月後、自己評価にかかわる項目の回答も特に問題なかった。終結時のBDI-IIは4ポイントで、自己評価にかかわる項目の回答も特に問題なかった。終結時の体重は44kgで、これは「45kg以上にはなりたくない」とい

うこだわりが効いているためであるが、主治医もJさん自身もJさんの両親も「これぐらいならいいだろう」との見解で一致していた。

インテーク面接でカウンセリングを開始することにあれほど抵抗を示していたJさんも、初回セッションで「セッションの構造化」について心理教育したところ、意外に興味を示し、乗ってくれた。（Jさんはそうではなかったが）他ですでにCBT以外のアプローチの心理療法やカウンセリングを受けたことのあるクライアントは、特にCBTの構造化を新鮮に感じるようである。また、さまざまなツールを使ってセッション中のコミュニケーションやクライアントの体験を外在化することに興味を示す拒食症のクライアントも多い。

これは案外重要なことだと筆者は考える。本事例もそうだが、ほとんどの拒食症のクライアントは自発的に心理療法を受けようとはしない。たいていは家族か医師の指示で「やむなく」「渋々」「ふてくされて」セッションの場に姿を現す。しかしそのときのセッションのあり方（CBTの場合は「構造化されている」というあり方）に「おっ!?」「へぇ!」と思ってもらえれば、そのぶん良好なコミュニケーションが生まれやすくなる。良好なコミュニケーションが積み重なるうちに、当初の拒否感が薄らぎ、モチベーションが上がっていけば、それだけCBTがクライアントに役立つ可能性が高まるからである。

● 拒食症クライアントのCBTに対するモチベーションをどう高めるか

拒食症のクライアントは、症状が自我親和的であるため、治療意欲が著しく低いことはよく知られていることである（例：クラーク／フェアバーン〈一九九七〉）。一方、拒食症は放っておくと生命維持が危うくなる病気であり、重症のクライアントが一度医療につながったら、その

終結時にこれまでのカウンセリングについて感想を求めると、「最初はここに連れてきた両親を恨みましたが、結果的には良かったと思います。特にスキーマということを教えてもらえたのが良かったです。どうして自分が拒食症になったのかも理解できたし、自分を否定しない考え方を自分で作り出す方法を教えていただけたからです。最初の頃、先生が『自助の援助』とおっしゃっていましたが、こういうことだったんだなぁって、やってみてよくわかりました。あのときカウンセリングを拒否して入院させられなくて本当に良かったです」と笑顔で答えてくれた。

7・5 事例Jのまとめ

● セッションの構造化

筆者の乏しい経験でしかないのだが（拒食症のケースをさほど多く担当したことがない）、拒食症のクライアントはCBTの「構造化」に対しては非常に協力的である。クライアントは強迫的なほどに生真面目で勤勉な場合が多く、そのような人にとって、セッションの時間を予め細かく区切ってアジェンダを設定したり、ホームワークの課題を出したり、最後にフィードバックの時間を取ってセッションを振り返ったりする「構造」が、心地よいのだろうと思われる。

後クライアントが「治療を受けたくない」と訴えても、それをそのまま受け入れて「治療をしない」という選択をすることができない。このような場合、「何を対象とし、どのようなやり方をすることができれば、とりあえず治療や面接に来てもいいと思えるのか」という問いを立て、それについて治療者とクライアントの双方が納得いくまで話し合うしかないだろう。少なくとも筆者はそうやってしのいできている。

このときに大いに役立つのが、主治医の「指示」である。セラピスト自身が心理療法をクライアントに指示したり積極的に勧めたりすることは、クライアントの反発を買い、モチベーションを低下させることにかつながらない。しかし主治医の医療上の「指示」に、「心理療法（カウンセリング）を受けること」という項目が含まれていれば、「セラピストとクライアントの意思はどうであれ、そういう『指示』が出ているのであれば、しょうがないよね」というスタンスで話し合い、妥協点を探ることができる。クライアントも「セラピスト（カウンセラー）から指図されたくないが、医師の指示なら受け入れざるをえない」と考えることが多いので、「医師の指示だから」という理由であれば、とりあえず納得してくれるようである。

● こだわりを外在化することによって自我違和的なものとする

Jさんのようないわゆる拒食症のクライアントは、食事、体型、体重などについて実にさまざまなこだわりや決まりごとを有している。そしてそれらによって実にがんじがらめになっている。それらのこだわりや決まりごとを表7・1のようなリストを作って外在化すると、それまで自我親和的なあり方のすさまじさにクライアント自身が唖然とする。

的だったこだわりが（Jさんのように）「こだわりが苦痛だ」と感じていたとしても、外在化によって、こだわりの内容そのものには自我親和的であることが多い）、外在化によって一気に自我違和化するのである。周囲（セラピストを含む）が「あなたのこだわり方は過剰だ」と説得するより、クライアント自身が作成したリストのほうが、よほど説得力があるということだろう。

● 体重が回復する際の揺れ動き

摂食障害、特に拒食症の治療や心理療法が奏効すると、当然、極端に低下していたクライアントの体重は回復しはじめる。クライアントは、頭では「これは回復なんだ」「体重が増えるほうが望ましいんだ」とわかっているが、一方で体重の増加を恐れる気持ちも根強く残っており、Jさんのような揺れ動きにセラピストがいちいち付き合うのではなく、むしろクライアントの訴えを淡々と受け止め、クライアント自身が自らの揺れ動きにどう対処するか、それを手助けするほうが良いように思われる。特にこの時点でクライアントが認知再構成法を習得済みであれば、その揺れ動きを材料（ネタ）として認知再構成法を実施するよう、クライアントを励ますことができる。一度、揺れ動きにクライアント自身が対処できるようになれば、その後、さらに体重が回復した後に似たような揺れ動きがあったとしても、クライアントは落ち着いて自らそれに対処できるようになる。

● 「摂食障害」を自己評価の低さへの介入に用いる

摂食障害、なかでも拒食症のクライアントには「自己評価が極端に低

い」という問題を抱えている人が多いことが知られている(例：クラーク／フェアバーン〈一九九七〉)。筆者がこれまで出会った拒食症のクライアントで、自己評価が低くなかった人は一人もいなかった。そして自己評価の低さが摂食障害の主要因であることも非常に多い。その場合、治療や心理療法において、クライアントの自己評価に対して何らかの介入をすることが不可欠となる。それはすなわちスキーマへの介入をクライアントによってクライアントの自己評価が過度に低められているというのが認知行動療法の発想である)。

とはいえ、長年維持されてきた「自己評価の過剰な低さ」に関連するスキーマを別のスキーマに置き換えていくのは、簡単なことではない。その際、本事例でも紹介したとおり、「クライアントが摂食障害になったという事実」そのものを活用できると良いと思う。事実、拒食症にせよ過食嘔吐にせよ、筆者は摂食障害のクライアントと話していると、「私には到底こんなことは続けられない」と感心させられてしまうことが多々ある。それはある種の能力であることは間違いない。普通の人は摯にクライアントに話し、それを新たなスキーマを作る際の「とっかかり」として活用してもらうのである。

7・6 事例Kの概要

❖ **クライアント**——Kさん——女性。四十一歳。インストラクター(エアロビクス)。

❖ **インテーク面接**

来談経路——自主来談(夫に認知行動療法を勧められた)

医療情報——精神科、心療内科などの通院歴はまったくなし。

家族——夫(会社員)、息子二人(高校生、中学生)の四人暮らし。

生活歴——母方の祖父、両親、弟の五人家族に育つ。Kさんいわく「ずっと普通の子だった」。高卒後、ビジネス系の専門学校に進み、コンピュータ関係の企業に就職するも、社内恋愛で今の夫と付き合い、二十三歳時に妊娠したため、結婚退職し、出産した。二十七歳時に第二子を出産。三十代に入って趣味のために始めたエアロビクスダンスにはまり、養成講座に通い、三十歳代後半からフリーのインストラクターとして複数のスポーツクラブと契約してレッスンを受け持っている。Kさんの仕事が軌道に乗ってからは、日によって仕事をする時間帯がまちまちであり(昼間のレッスンもあれば夜間のレッスンもある)、家族でまとまって過ごすことがなくなってしまった。ただし家族関係は「表面的には平和」とのこと。

主訴──食べ吐き（過食嘔吐）がやめられない。

来談までの経緯──一年前、夫に恋人がいることが発覚し、すったもんだの末、夫がその女性と別れ結婚生活を続けることになったが、その「すったもんだ」の最中に過食嘔吐が始まった。ある飲み会で飲みすぎて吐いてしまったことがきっかけで、「思い切り食べて吐くとスッキリする」ということを学習し、その後意図的に食べ吐きするようになった。仕事上太るのはまずいので、「吐いていればいいや」と軽い気持ちで過食嘔吐を続けていたが、一日二〜三回の過食嘔吐が半年以上続き、身体がしんどくなってきたのと、食べ物にかかるお金がもったいなくなってきたのと、意志の力で食べ吐きしないよう何度も挑戦したが、どうしてもやめられず途方に暮れていたところ、夫がいろいろと調べて認知行動療法を見つけてくれた。過食嘔吐については夫にだけ話している。夫に見せつけたいという気持ちがあるからとのことである。

Kさんの様子や印象──「若々しくて、なんて綺麗な人なんだろう」というのが率直な筆者の印象である。とても感じがよく、コミュニケーションも取りやすい。その感じのよさもごく自然な感じであり、無理している様子などは見受けられない。

心理テスト──抑うつや不安、その他特に問題のある所見はなし。

インテーク面接で合意されたこと──セラピストは認知行動療法について説明し、認知行動療法は「問題解決型」のアプローチであり、したがって焦点を当てるべき問題を同定しなければならないということを伝えた（もちろんインテーク時に同定しなければならないというわけではない）。そのうえでどのような問題に焦点を当てたいか、Kさんの意向を問うと、今抱えている問題は①夫婦関係、②過食嘔吐の二つであるが、焦点を当てたいのは②の過食嘔吐であるとの回答が返ってきたので、焦点化して認知行動療法を開始することが合意された。

❖ **CBTの経過の概要**

X年十一月にインテーク面接を実施し、同月からX＋1年二月まで、ほぼ二週間に一度のセッションを継続した（初回〜第7セッション）。第7セッションにて主訴が解消されつつあることが共有され、その三カ月後、X＋1年五月にフォローアップセッション（第8セッション）を行い、終結とした。終結の一年後に文書にて経過を確認したが、その間過食嘔吐は再発していない。

■ **7・7 モニタリングとアセスメント**

初回から第5セッションにかけて主に行ったのは、モニタリングとアセスメントである。セラピストは食行動についてセルフモニタリングする必要性についてKさんに説明し、そのうえで最初は【日付・過食嘔吐を行ったおおよその時間と場所・食べた物とその量・どこで吐いたか】ということについて記録をつけてきてもらった。Kさんは過食嘔吐のたびにきち

210

んと記録をつけ（Kさんは記録を「食べ吐き日記」と呼んでいた），毎回のセッションに持ってきてくれた。その一部を抜粋したものが表7・2である。

「食べ吐き日記」を見てどう思うか尋ねたところ，「改めてこうやって見てみると，すさまじい量の食べ物を毎日食べているんだなあと思ってぎょっとします」「あと不思議なんですけど，午前中とか昼間の過食はごはんとかおかずとか"食事系"が多く，午後や深夜の過食はパンとかケーキとかプリンとか"洋風の食べ物"とか"甘い食べ物"が多いんです。前からそういう傾向には気づいていましたが，これもこうやって改めて記録してみてやっぱりそういう傾向がはっきりあるんだということに気づきました。何でなんだろう」といったコメントが返ってきた。「食べ吐き日記」にKさん自身が興味津々という様子であった。

何回か表7・2のフォームで記録を取ってもらった後，今度は表7・3のようなフォーム，すなわち表7・2の項目の他に，過食嘔吐をする前と後の認知や気分などを記載するコラムを加えたフォームに記録してもらうことにした。自動思考や気分について心理教育し，特に過食嘔吐前後の自動思考をモニターするよう依頼した。Kさんは自動思考や気分の同定が難しいと言っていたが，すぐに慣れ，表7・3のようなきめ細かな記録をつけられるようになった。

Kさんは表7・3のようなきめ細かな記録をつけてみて大変驚いたのだと言う。〈どんなことに驚いたのですか？〉とセラピストが尋ねると，次のように答えた。「これまで私は自分が衝動的に食べ吐きしているのだ

表7・2 食べ吐き日記の抜粋（その1）

日 付	時間・場所	食べた物（どこで吐いたか）
11/11	AM11:00　自宅	豚汁（昨日の残り）。おにぎり3個。せんべい12枚。煮豆一皿。うどん4玉（自宅トイレ）
	PM7:00　A公園	パン5個，バウムクーヘン3個，クッキー1箱，プリン7個，水（公園トイレ）
	AM1:00　自宅	シュークリーム8個，クッキー1箱，大きいババロア1個，牛乳（自宅トイレ）
11/12	PM2:00　職場の控え室	おにぎり5個，いなり寿司3個，太巻き1本，焼きうどん1人前，カップラーメン1つ，お茶（Bスポーツクラブのトイレ）
	PM10:00　A公園／A公園から自宅までの帰り道	フライドポテト3人前，大福6個，みたらし団子3本，ゼリー2個，プリン3個，お茶（A公園のトイレが使えなかったため，急いで自宅に戻って吐いた）
11/13	AM6:00　自宅	ごはん3合，味噌汁2杯，漬物など少々（自宅）※息子たちのためのごはんを全部食べてしまった！
	PM6:00　職場の控え室	パン11個，ショートケーキ6個，クッキー3枚，スポーツドリンク（Cスポーツクラブのトイレ）
	AM0:00頃　自宅	大きいババロア3個，ロールケーキ2本，スナック菓子2袋，牛乳（自宅）

だと思っていました。でも自動思考とか気分を細かくモニタリングするようになって、食べ吐きする前に、自分のなかにいろんな考えや気分が浮かんでいることに気づきました。これには驚きました。特に過食する前に、『むなしい』とか『スッキリしたい』とか『落ち着かない』とかそういう考えや気分があったとは、これまで全然気づいていませんでした。それで、食べ吐きは自分の意志とはまったく関係ない"発作"のようなものだとこれまで思っていたのに、もしかしたら違うかもしれないと思い始めたんです」。

Kさんは他にも「これ（表7･3）を見ると、とにかく私、吐いてスッキリしたいみたいですね。食べるほうがメインだと思っていましたが、もしかしたら吐くために食べているのかもしれないという気がしてきました」「でも吐いてスッキリするのは、ほんの一瞬。結局その後、毎回ぐったりしている。記録をつければつけるほど、食べ吐きに意味がないのがわかってきた」「ただそのときはどうしても『食べなきゃ』『吐かなきゃ』と思ってしまう。すべて終わって記録をつけてみると『こんなことして馬鹿馬鹿しい』と思ってしまう。食べ吐きしないではいられないような気持ちになってしまうんです」と話していた。

セラピストとKさんは記録を眺めながら「Kさんの過食嘔吐は突発的に起こるのではなく、何らかの流れがある」ことに合意し、一月四日の午後のエピソードを使って、過食嘔吐の流れを詳細に追ってみることにした。セラピストは一月四日の午後六時（過食嘔吐した時刻）からさかのぼってその日のKさんの行動や気分や自動思考を教えてもらった。そして午後五時頃、職場のインストラクター控え室で同僚の女性とおしゃべりしたときからKさんの気分が落ち着かなくなり、そのときにはすでにA公園で過食嘔吐するつもりになっていたことが明らかになった。そこで午後五時頃からの流れをアセスメントシートにまとめてみることにした。それが図7･2である。

セラピストとKさんは、いくつかのエピソードを使って図7･2のようなアセスメントシートをいくつか作ってみたところ、Kさんの過食嘔吐には次のようなパターンがあることが見出された。

・何かのきっかけでネガティブな自動思考や気分が生じると（特に「むなしい」に関するネガティブな自動思考や気分）、反射的に「もう食べ吐きするしかない」という自動思考が発生し、その瞬間から過食嘔吐に向けての行動が開始され、完遂する。つまり過食嘔吐はKさんにとって「自動化されたコーピング」である。

・しかし過食嘔吐というコーピングは一瞬だけKさんをすっきりさせてくれるが（過食嘔吐をすると決心した瞬間から嘔吐が終わるまでは、そのことに夢中になっていられる。しかも嘔吐がうまくいくと心身がすっきりする）、その後すぐにネガティブな心身の反応が生じる（「いつまでこんなこと続けるんだろう」といった認知、自己嫌悪という感情、身体的なぐったり感、ソファで横になるという行動）。……つまり大きな流れで見ると、過食嘔吐というコーピングはコーピングとして機能しておらず、むしろさらなるストレッサーとなってしまっている。

以上をふまえて、セラピストとKさんはあれこれと話し合い、以下の

表7・3 食べ吐き日記の抜粋(その2)

日付	時間 (場所や状況)	食べ吐き前の気分・考え	食べた物 (吐いた場所)	食べ吐き後の気分・考え・体調・行動
11/11	AM11:00 (自宅)	なんかむなしい	・おにぎり4個 ・残っていたクリームシチュー全部 ・冷凍ピラフ1袋 ・お茶 (自宅)	・もっとむなしい。「いつまでこんなこと続けるんだろう」 ・全身ぐったり。ソファで横になる。
	PM7:00 (A公園)	なんか落ち着かない そわそわする 「すっきりしたい」	・あんまん4個 ・シュークリーム6個 ・エクレア2個 ・杏仁豆腐2個 ・ウーロン茶 (A公園のトイレ)	・一瞬すっきりするが,すぐに落ち込む。「もっとすっきりしたい」「吐き方が足りなかった」 ・別のコンビニに寄って甘いものを大量に買う。
	AM1:00 (自宅)	「もう買っちゃったんだから」 「早くすっきりしたい」 「今度は完璧に吐こう」あせる感じ	・メロンパン5個 ・シュークリーム5個 ・スナック菓子2袋 ・大量の水 (B公園のトイレ)	・納得はした。でも連続で食べ吐きしたので疲れ果てる。自己嫌悪。「いつまでこんなこと続けるんだろう」「もう疲れた」 ・家に帰ってソファで横になる。
11/12	PM2:00 (職場の控え室)	「洗濯しなくちゃ。掃除もしなくちゃ。洗い物もしなくちゃ。でもやりたくない」 むなしい,イライラする	・かけうどん5玉分 ・冷凍チャーハン2袋 ・お茶 (自宅のトイレ)	・一瞬スッキリ。でも「またやってしまった」「いつまでもこんなこと続けていられない」と思って落ち込む。 ・ぐったり疲れてソファで横になる。結局洗濯も掃除も洗い物もしなかった。
	PM10:00 (A公園・A公園から自宅までの帰り道)	「なんかむなしい」	・パン6個 ・水 (C駅のトイレ)	・「パン8個じゃうまく吐けない」「やり直さなくちゃ」あせる。 ・次のD駅で降りて,駅の近くのコンビニで食べ物を買い込む。
	AM6:00 (自宅)	「ちゃんと吐かなきゃ終わりにできない」 「すっきりしたい」 あせり,不安	・パン5個 ・プリン4個 ・大福3個 ・みたらし団子6本 ・水 (自宅のトイレ)	・すっきりしたけど自己嫌悪がひどい。「なんでこんなことまでして食べ吐きしなきゃいけないんだろう」落ち込む。 ・タクシーで帰ってそのまま寝てしまった。

目標が設定された。

・食べることをコーピングにすること自体は問題ではない。しかし食べること（および吐くこと）がストレッサーになってしまうのは問題である。そこで、食べることがコーピングとして機能するよう、「どのような食べ方であればよいか」という問いを立てて、セラピストとKさんとで一緒に検討する。

・食べること以外のストレスコーピングをたくさん用意しておき、ネガティブな自動思考や感情が生じたとき、さまざまなコーピングを使えるようにしておく。コーピングのレパートリーを広げておく。

その際、セラピストは「マインドフルネス」や「コーピングレパートリー」という考え方について心理教育を行った。マインドフルネスについては自助本（アルバース〈二〇〇三〉『食も心もマインドフルに』）を紹介したところ、「ぜひ読んでみたい」とのことだったので、本を購入し次のセッションに持参することをホームワークとした。この第5セッションに対するKさんの感想は、「過食をやめるとかそういうことではなく、食べ方を工夫するとか、それ以外のコーピングを見つけるとか、そういう目標ができてうれしい。なんか前向きな感じがする」というものであった。

アセスメント・シート──自分の体験と状態を総合的に理解する

ストレス状況

ストレスを感じる出来事や変化
（自分，他者，状況）

① 1月4日 仕事始め。5時頃，控え室でJ子ちゃんと一緒になる。年末年始に彼氏と海外に行った話を聞く。
⑧ J子ちゃんと別れて電車に乗りA駅で降りる。
★結局A公園，B公園にて連続で食べ吐き。その後……

認知：頭の中の考えやイメージ

② 「いいなあ」「私には縁のない話題だ」「むなしい」「このまま終わりたくない」
⑤ ⑨「もう食べ吐きするしかない」
⑪ 食べ吐きのことだけを考える
★「いつまでこんなこと続けるんだろう」「もう疲れた」

気分・感情

③ むなしい
⑥ 落ち着く
⑫ 夢中
★ 自己嫌悪

行動

④ 表面的にはお姉さんのようにJ子ちゃんの話を聞いてあげている。
⑩ コンビニで大量に甘い物を買い込む。→A公園で食べまくる
★家に帰って寝てしまった

身体的反応

③ 胸のあたりがザワザワする感じ
⑦ 少し落ち着く
⑫ 興奮する感じ
★ ぐったり

サポート資源

食べ吐き	
コンビニ	公園
息子たち	仕事

コーピング（対処）

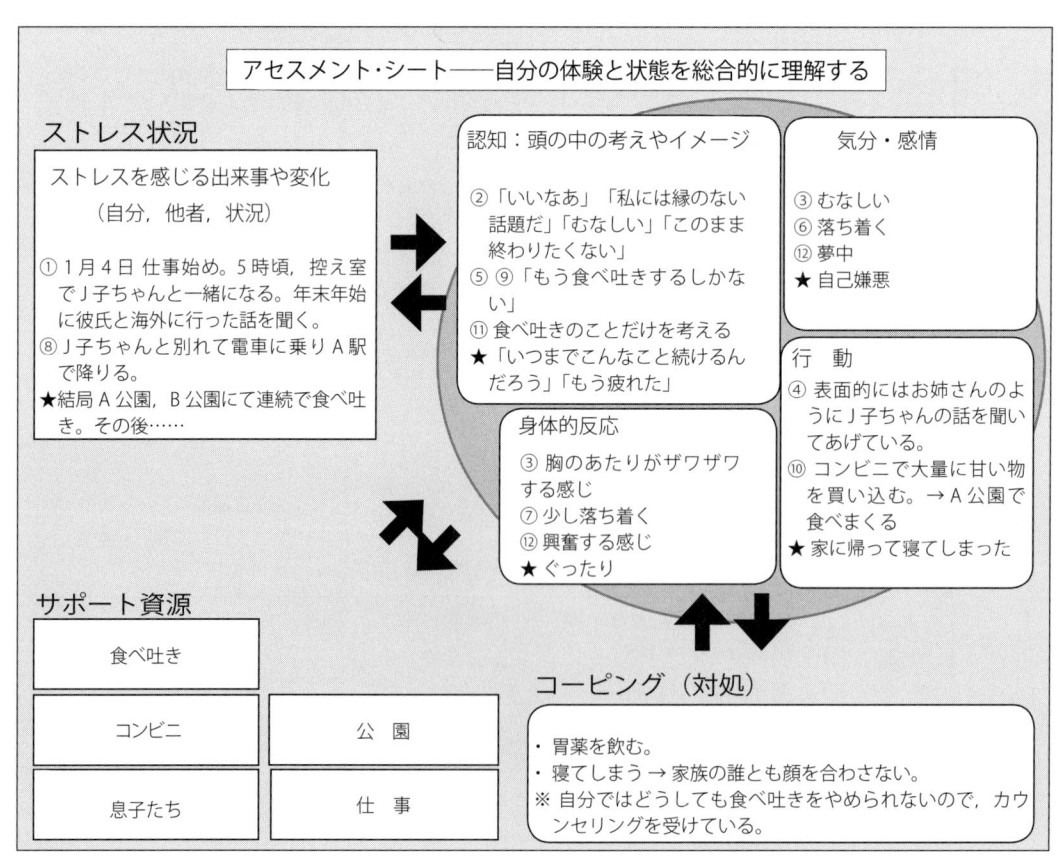

・胃薬を飲む。
・寝てしまう → 家族の誰とも顔を合わさない。
※ 自分ではどうしても食べ吐きをやめられないので，カウンセリングを受けている。

図7・2　Kさんの過食嘔吐のエピソード（ツール1）

7・8 マインドフルな食べ方の探求

次の第6セッションでは、Kさんが持参した『食も心もマインドフルに』を参照しながら、マインドフルネスという概念やマインドフルな食べ方について心理教育し、具体的な計画を立てた。Kさんは興味津々の様子で、「吐くために食べるのではなく、ちゃんと味わうために食べるのですね」と実に的確なコメントをしてくれた。セラピストはその際、食べ物だけでなく、たとえばネガティブな思考や気分であっても、自分のなかから生じた大切な反応として大事に感じ、味わうことが必要であり、そのような態度そのものがマインドフルネスであると説明したが、Kさんはその説明もよく理解していた。セラピストとKさんで一緒に立てた「マインドフルな食べ方」の計画は以下の通りである。

- （食べ方ではないが）ネガティブな自動思考や気分が生じたとき、それから逃れようとするのではなく、しっかりとモニタリングし、味わい尽くす。
- そのうえでそれらのネガティブな自動思考や気分に対し、食べることでコーピングするのであれば、どこで、何を、どれぐらい、どうやって食べるのか、ゆっくりとイメージする。
- コーピングのための食べ物を買うときは、商品を手にとって、それがどんなにおいで、口に入れるとどんな食感で、噛むとどんな味がして、飲み込むときにはどんな感じがするか、ありありとイメージしてから、それを購入するかどうかを決める。
- いざコーピングのために食べるときは、特に「ひとくち目」を大事にする。その食べ物のにおい、形、色、重さを手で持ってみたり、よく観察してみたりしながらしっかりと感じ、そのうえでゆっくりとひとくち目を口に入れる。口に入れた瞬間のにおい、舌触り、歯ごたえ、それを十分に感じる。次にそれをゆっくりと何回も咀嚼し、味や歯ごたえをしっかりと感じ、味わい尽くす。最後に飲み込むときも、食べ物が喉を通る感覚を、十分に感じる。
- ふたくち目以降は、「マインドフル」ということを意識し、あとは自分のペースでできるだけゆっくりと食べる。

以上の「マインドフルな食べ方」を実行することが、第6セッションのホームワークとなった。また自助本については、Kさんのペースで読み、疑問があれば質問をしてもらうということが合意された。第6セッションに対するKさんの感想は、「私、もともと食べるのが好きだったんです。だからたぶん食べ吐きに走ったんだと思います。でも食べ吐きを続けているうちに、食べるより吐くことのほうが優先されてしまって、普通に楽しく食べることを忘れちゃっていたんだなあっていうことがわかりました。マインドフルな食べ方をしてみたいと思います」、「ただ『ネガティブな自動思考や気分をモニタリングし、味わい尽くす』という課題は、理屈では理解しましたが、実感としては正直言ってまだよくわからない。そんなことやったら余計食べ吐きしたくなっちゃうんじゃないかと、ちょっと不安です」というものであった。

セラピストは後者の感想を受けて、〈いいですね。『そんなことやったら余計食べ吐きしたくなっちゃうんじゃないか』という自動思考や、それに伴う不安がちゃんとモニタリングできているから、こういう感想が

出るのですね。マインドフルネスでは、こういう自動思考や気分をそのまま感じてみるのです。せっかくだから今やっているアセスメントのとき今おっしゃった自動思考や気分を消そうとせずに、出しっぱなしにして、そのまま感じようとしてみます。……どうですか？……食べ吐きしたくなりましたか？」といった働きかけをしてみた。するとKさんは「いえ、別に食べ吐きしたくなりませんでした」と言い、さらにしばらく考え込んだ後、「嫌な考えや気分が出てきたのを放っておいても、別に大丈夫なんですね。私、今まで違うふうに考えていたかもしれません」と言い残して帰っていった。

次の第7セッションではまず、二週間の間で過食嘔吐が二度しかなかったことが報告された。「嫌な考えや気分は放っておけばよい、別にわざわざ食べ吐きでコーピングしなくてもよい、ということがわかったら、食べ吐きも必要なくなってしまった感じ。二回の食べ吐きも惰性でやってしまった気がします。やらないでやらないで別によかったように思います」とのことであった。次に第6セッションのホームワークであった「マインドフルな食べ方」について報告を受けた。そのときのやりとりを以下に提示する。

セラピスト　「マインドフルな食べ方」、やってみてどうでしたか？

Kさん　やってみたのですが、これで合っているかどうか、自信がありません。

セラピスト　どんなふうにやってみたのか、具体的に教えてください。

Kさん　先週の木曜日、また職場でJ子ちゃんに会って、彼氏の話を聞かされたんです。そうしたらやっぱりこの間のアセスメントのときと同じで、「いいなあ」とか「むなしい」とかいろいろ思っちゃって、しかも「もう食べ吐きするしかない」という考えもその後すぐに自動的に出てきたんです。……面白いですよね。本当にその後も「食べ吐きしなきゃ」って思っちゃうんです。……しなくたっていいのに。

セラピスト　すごいじゃないですか。ちゃんとモニタリングできていますよね。

Kさん　ここで、今までだったら、即食べ吐きに走っていたのですが、このときはむなしい思いをそのまま感じようとしました。

セラピスト　それでどうなりました？

Kさん　そうしたら、なぜかあまりむなしくなくなっちゃったんです。「十歳以上も年下のJ子ちゃんの話を聞いて、なんで私がむなしくなる必要があるんだろう」と思って、そうしたら、むなしく思うこと自体が馬鹿馬鹿しいような気がして……何となくどうでもよくなっちゃいました。

セラピスト　ではそのときは食べ吐きしなかったんですか？

Kさん　ええ、そのときは。……なのでそのとき結局食べていないんです。だからそのとき「マインドフルな食べ方」を実行できませんでした。

セラピスト　なるほど。……つまりKさんは、そのときに生じた自動思考や気分に対してちゃんとマインドフルでいられたのですね。その結果、食べたいという気持ちすら生じなかった。

Kさん　そういうことになります。……マインドフルな食べ方を試し

たかったのに（笑）。

セラピスト 残念でしたね（笑）。でもKさんの態度は十分にマインドフルだと思いますよ。それでいいと思います。

Kさん そう言っていただくと、そうなのかなあ、という気もします。

セラピスト 他はどうでしたか？ マインドフルな食べ方について、どんなことを試したり、どんなことに気づいたりしましたか？

Kさん 食べ吐きではないんですけど、普通の食事のときに、「あ、そうだ」と思って、ひとくち目をマインドフルにすることにトライしました。

セラピスト たとえば？

Kさん 昨日だったら、朝ごはんのとき。

セラピスト 何を食べようとしていたのですか？

Kさん 味噌汁。

セラピスト 何の味噌汁？

Kさん わかめと豆腐とネギ。……最初、こういうふうにお椀を持って（ジェスチャーで示す）、そのとき「あ、そうだ、マインドフルだ」と思って、味噌汁が入ったお椀の重みを左手で感じ、お椀を持ち上げて味噌汁のにおいをかぎました。それから箸で豆腐をかぎました、ちょっとだけ崩れた小さな豆腐を見て、においをかぎました。それからその豆腐を口に入れて、しばらく舌の上で豆腐の熱さや舌触りを感じていました。豆腐なので少し噛んだら細かくなっちゃいましたが、そのやわらかい感じの豆腐が自分の喉を通り過ぎていくのもちゃんと感じました。

セラピスト すごいじゃないですか！ 素晴らしくマインドフルだと思います。

Kさん なんか、大したことない感じで……こんなんでいいのでしょうか？

セラピスト マインドフルって大したことではないのですよ。むしろ大したことのないありきたりのことをごく普通に受け止める感じがマインドフルなのです。説明が難しいのですが。

Kさん （微笑みながら）なんか面白いですよね。こんなふうに味噌汁の豆腐を食べることがマインドフルだなんて……。でもこんなふうに一つ一つの食べ物をきちんと食べるなんてことは、ずっとなかったかもしれません。

セラピスト どうですか？ マインドフルに食べるというのはKさんにとって？

Kさん なんか不思議なような、新鮮なような気がします。

セラピスト マインドフルな食べ方は、今後も続けてみたいですか？

Kさん もちろん続けてみたいです。

7・9 コーピングレパートリーを広げる

第7セッションの残りの時間を使って、もう一つの面接目標である「食べること以外のストレスコーピングをたくさん用意し、コーピングのレパートリーを広げる」について話し合った。セラピストとKさんはブレインストーミングをし、「ちょっとしたコーピング」のアイディアを出し合い、それを白紙に書き込んでいった。それが**図7・3**である。

Kさんはコーピングをブレインストーミングする作業自体が気に入っ

たらしく、とても楽しそうであった。「まだまだ思いつくことができそう」ということだったので、ホームワークで追加してもらうことにした。

第7セッションの最後のほうで、Kさんから「私、もう大丈夫そうな気がします。特にマインドフルに食べるというのと、今日作ったコーピングレパートリーのシートを活用すれば、食べ吐きせずにすみそうです」との話があり、セラピストもそれに同意できたので、次のセッションを三カ月後に実施することにして、三カ月間、Kさんに【マインドフルな食べ方を実施する】【「食べる」以外のさまざまなコーピングを実施する】という二つの課題を続けてもらい、様子を見ることにした。そしてもし大丈夫そうであれば終結にするということが合意された。

その三カ月後、第8セッションを実施した。Kさんは【マインドフルな食べ方を実施する】【「食べる」以外のさまざまなコーピングを実施する】という課題を継続的に実行しており、過食嘔吐はまったくしていないとのことであった。Kさんは「身体がずいぶん楽になりました。食べ吐きがいかに自分の身体を痛めつけていたか、というのがわかりました。もう食べ吐きしないでも大丈夫、と思えます」と話してくれた。また第8セッションではKさんから「夫とのことについて話したい」というアジェンダが提案され、そのための時間を設けたところ、以下のようなことが語られた。

・自分は夫の浮気によってひどく傷ついていたのだと思う。でも当時はそのことを認めたくなかったので、傷ついた気持ちを自分自身で

- □ アロマオイル（ラベンダー，ローズウッド）の香りを味わう
- □ 新聞や広告をビリビリに引き裂く
- □ 靴磨きをする
- □ 旅行の写真を見る
- □ モモちゃん（昔買っていた猫）の写真を見る
- □ 色鉛筆でイラストを描く
- □ ストレッチやヨガをする
- □ 入浴剤を入れてゆっくりとお風呂に入る
- □ 野菜を刻む
- □ 高校時代の友達にメールを送る
- □ 足の指をマッサージする
- □ あやとりをする
- □ 折り紙でいろいろと作品をつくる
- □ ビーズ細工を作る
- □ 自分のハンカチだけビシッとアイロンをかける
- □ メレンゲをつくる
- □ お風呂で本を読む
- □ お風呂でビールを飲む
- □ 手のつぼを押す
- □ そのときどきの自分の状態をセルフモニタリングする
- □ 目をつむり，過去の楽しかった思い出をありありと思い出す

図7･3　コーピングレパートリー

も感じないようにしていた。でも「まったく感じない」というのはどだい無理な話で、その当時、私はすごくうつうつとしていたのだと思う。浮気の件は夫とまともに話そうとせず、夫婦ともに表面的には「何事もなかった」かのように振舞っていたが、今思えばそれはとても不自然な関係だったと思う。

・ちょうどその頃、ある飲み会で吐いてしまったときに気持ちも身体もスッキリしたという体験があり、「吐くとこんなにスッキリするんだ」ということを学習してしまった。それに食べ吐きについて考えたり、実際に食べ吐きしている間は、嫌なことを忘れられるので、次第に食べ吐きにはまっていってしまった。実際、食べ吐きがひどかった期間は、表面的には、夫のことをほとんど考えずにいられた。

・私は自分の傷ついた気持ちを夫に察してもらいたかったのだと思う。そして心から謝ってもらいたかった。でも私だけでなく夫も浮気について話し合うのを避けようとしていた。私はそういう夫に対して怒りを感じていたのだと思う。夫にだけは食べ吐きのことを隠そうとしなかったのは、そういう気持ちを察してもらいたかったからだと思う。今思うと、夫は私を理解しようとするどころか、私のエネルギーが夫ではなく食べ吐きに向かっているのを見て、ホッとしていたのではないかと思う。そして私がさらに食べ吐きのことを訴えたら、認知行動療法を見つけてきた。夫は認知行動療法に私を押し付けようとしたのだと思う。そのことにも私は怒っていたのだと思う。

ネスを実践するなかで、上のようなことがKさんのなかで明確になったのだという。「私は、傷ついた気持ちを見つめると、ますます傷つくんじゃないかと思い込んでいたのだと思います。だから必死で食べ吐きして、自分を守っていた。でもたとえネガティブな自動思考や気分であっても、それをありのままモニタリングしたり、抑え込まずにおいて、別にそれで大丈夫ってわかったので、この三カ月、だったら夫のこともちゃんと考えてやれと思って考えたことが、さきほどお話した内容です。そして今でも私は夫のことで傷つき、怒っているんです」とのことだった。Kさんが一通り話し終えたところで、〈お話はしっかりとお聞きし、私なりに理解しました。ところでこの件をここでのカウンセリングで扱う必要がありますか？それとも今の話をきちんと私が受け止めたということで、それ以上ここで話し合わなくてもいいと思いますか？〉とセラピストが訊ねたところ、「これ以上話し合わなくていいです。ただ聞いてもらいたかっただけです」とのことであった。

結局、予定通りこの第8セッションで終結とすることになった。全体を通じての感想を最後に問うと、「いろいろと気づいたことがあったけれど、やはり一番良かったのは食べ吐きをやめられたことです。夫婦のことは自分で何とかするしかないと思っていたので、先生にあまりこまごまと踏みこまれなくて何とかなってホッとしました。セルフモニタリングとかマインドフルという考え方はずっと大事にしたいと思います」と話してくれた。

一年後、文書にて経過を確認したところ、セラピスト個人宛に手紙をくれた。そこには夫と離婚したこと、新たに恋人ができて幸せであることが書かれてあった。過食嘔吐は一度もしていないとのことであった。

この三カ月間、食べ吐きをせずにセルフモニタリングやマインドフル

7・10 事例Kのまとめ

● 過食嘔吐に焦点を当てるか、過食嘔吐の要因となっている問題に焦点を当てるか

 何の要因もなく過食嘔吐という現象が単体で突然発生するような事態はまず考えられない。したがって過食嘔吐を主訴とした事例の場合、過食症の主要因（と思われること）をクライアントに訊き、主要因に焦点を当てるか、過食嘔吐そのものに焦点を当てるか、あるいはその両方に焦点を当てるかを（両方の場合はその順番も）相談して決める必要がある。その場合、基本的にはクライアントの要望に沿う形で進めていってよいと筆者は考えている。というのも、どちらから入っても結局は両方を含む話し合いがどこかで行われることになるからである。

 本事例の場合はKさんの希望により過食嘔吐に焦点化し、その主要因である（と思われる）夫婦関係についての話し合いのときに時間を取って話し合うこととはなかったが、それでも終結時の話し合いのときに、Kさんは見事に過食嘔吐と夫婦関係を関連づけて洞察している。また終結後の手紙でも夫婦関係についてそれにまつわるアイデンティティ（おそらく性的なアイデンティティ）の問題との関連性について最初から気づいていたし、面接が進むにつれてさまざまな洞察が生じていたと思われるが、あえてセラピストにそれを語る必要を感じておらず、また語りたくなかったのだと思う。

 過食嘔吐を主訴として来談するクライアントの多くが、何らかの形で性の問題を抱えているように思われる。性の問題は特に他人に語りたくない話題であろう。「語りたくないことは語らなくてよい」というのは心理療法の鉄則であると筆者は考える。セラピストは、クライアントが差し出してくれる話題を入り口にして、出来るかぎりのことをすればよいのだと思う。

 そう多くはないが、主要因にまったく心当たりがないという過食症のクライアントもいる。その場合は過食や嘔吐に徹底的に焦点を当てる、すなわち症状をモニタリングしたりアセスメントしたりする、という認知行動療法の王道とでもいうべきやり方を丁寧に進めていく。上記の繰り返しになるがそのプロセスのなかのどこかでクライアントの気づきや洞察が生じる瞬間がある。セラピストが心がけるべきはその瞬間を見逃さないことである（かなり断定的に書いているが、もちろんこれは筆者の限られた経験から導き出された暫定的な結論である）。

● 過食嘔吐の事例はセルフモニタリングが命

 過食嘔吐に焦点を当てる場合、クライアントの日常生活における過食嘔吐の有り様をアセスメントする必要があるが、そのためにはクライアントにセルフモニタリングとその記録を依頼することが不可欠である。その際ははじめから過食嘔吐とそれに絡む感情や認知を記録してもらってもよいが、筆者の印象だと、最初から過食嘔吐のクライアントは非常に少ない。ネガティブな的に同定できる過食嘔吐に伴う認知や気分を具体認知や気分を自分に感じさせないために（すなわち認知や気分の回避を目的として）過食嘔吐しているクライアントは特にそうである。したがって記録を導入する際は、まず日付や時間や場所、そして過食した食べ物、その量、嘔吐の有無などの記録から始めるのがよい。クライアントが過食嘔吐を

7章　摂食障害

べ物とその数量といった「事実（客観的情報）」だけをまず書いてきてもらい、それに慣れてから認知や気分のモニタリングと記録を追加するといったやり方を取ることが多い。このようなやり方を通じて、最初は大雑把なセルフモニタリングが次第にきめ細かくなってくる。きめ細かくセルフモニタリングできれば、モニタリングの報告をデータとして、しっかりとしたアセスメントシートを作成することができる。

● 「どうすれば "食" を普通のコーピングとして活用できるか」という問いを立てる

食べたり飲んだりすることでストレスコーピングしている人は非常に多いだろう（筆者も日常的なコーピングとして飲食を使っている）。それは何の問題もない健康的なコーピングであると言える。一方、たいていの場合、過食嘔吐にもコーピング的な側面が多分にあることが、アセスメントを通じて明確になってくる。したがってその際問いは、「どうすれば過食嘔吐をやめられるか」ではなく「どうすれば食べることを普通のコーピングとして活用できるか」というものであろう。

過食嘔吐を訴えるクライアントの多くが、食べ吐きをしている自分を恥じ、責めている。そして「過食嘔吐をやめたい」と訴えるが、それをそのまま真に受けてしまうと、それがとても窮屈な目標になってしまう。それよりは「どのような食べ方をすればクライアントにとってコーピングになるのか」という問いを立て、クライアントにとって真に心地よい食べ方を一緒に探求するほうがセッションも楽しくなる。その際マインドフルネスについて同時に心理教育するとクライアントはよく理解してくれるようである。

筆者の印象だと、過食嘔吐をするクライアントの大半が、Kさんのように「もともと食べるのが好きだった」という人である。だとしたらなおさら「過食嘔吐をやめる」といった目標ではなく、「どのように食べれば楽しめるのか」といったポジティブな問いを立てるのが良いのではないかと思う。

8章 境界性パーソナリティ障害

最終章の本章では境界性パーソナリティ障害（以下BPDと表記）の事例を紹介する。ここでは読者の方々の参考のために、面接構造そのものが安定するまでにかなり時間がかかった事例（いわゆる"困難事例"）をあえて紹介する。ただしBPDの事例がすべて、本事例のように多大な苦労を伴ったり長期化したりするわけではないことを予めここで強調しておきたい。BPDといってもその重症度は事例によってさまざまであり、BPDと診断されたクライアントでも、いやBPDと診断されたクライアントこそ、特殊な技法を使わずとも、構造化された認知行動療法を着実に進めていくことが非常に奏効するように筆者は感じている。つまり「各種の技法より、"構造化"というCBTのあり方そのものがBPDにとっては助けになる」ということである。（リネハンの弁証法的行動療法（DBT）（たとえば、リネハン〈一九九三〉）のBPDに対する効果は、まさにDBTのもつ"ガチガチの構造"によるところが大きいのではないかと筆者は勝手に推測している）。

したがって、BPDだからといって何か特別なアプローチや心構えが必要であると筆者は考えていない。他の事例と同様、「今、自分たちはCBTの全体の流れのどこにいるか」を念頭に置きつつ、構造化されたセッションを毎回きっちりと実施し、クライアントの反応をよく確かめながらそのときどきに必要な対応を丁寧にしていけばよいのだと思う。ただしその「クライアントの反応」がBPDの場合、（セラピストから見ると）あまりにも激烈だったり唐突だったりすることが少なくない。またBPDのクライアントの言語的反応と非言語的反応が解離している場合が往々にしてあるので、クライアントが話したことをそのまま鵜呑みにせず、「その話の背景にはどういう思いがあるのだろうか」という問いをセラピスト側は常に持ち続ける必要がある。そういう意味では、BPDのケースの場合、セラピストはアンテナをたくさん張って、クライアントの反応をきめ細かくキャッチする必要があるだろう。しかし「アンテナをたくさん張って、クライアントの反応をきめ細かくキャッチする必要がある」のは、BPDのケースに限らず、すべてのクライアントに対しても同様のはずである。話が堂々巡りのようになってしまって恐縮だが、やはりBPDだからといって特別ではないのである。いずれにせよ認知行動療法でBPDをもつクライアントとの事例は、不謹慎な表現かもしれないがセラピストとして大変鍛えていただいたと実感するものもそのような事例の一つである。本事例が臨床現場で苦労されている臨床家の方々に少しでもヒントになれば幸いである。

なお本事例はかなり前に終結した事例であるが、最近、筆者はヤングら（二〇〇三）のスキーマ療法に関する書籍を翻訳した縁で、スキーマ療法について学ぶ機会を得て、大変に驚いた。筆者がこれまで苦労してBPDに認知行動療法を適用してきたそのプロセスが、スキーマ療法

の概念や用語でほとんど説明がついてしまうからである。僭越な表現をすれば、スキーマ療法とは自覚せずにスキーマ療法をやっていたとも言えるが、自覚してスキーマ療法をするのと自覚しないでするのとでは大違いである（そもそも自覚していないのだから、正確には「スキーマ療法」をやったとは言えないだろう）。

これは私見だが、BPDのクライアントに対して、弁証法的行動療法のような高度にパッケージ化されたCBTを適用するのではなく、目の前のクライアントに合わせてCBTを丁寧にカスタマイズしようとしたら、それは自ずとスキーマ療法の様相を帯びるのだと思う。本章を執筆しながら、「もしこの当時、ヤングのスキーマ療法をきちんと学んでいたら、もう少し効率よく、クライアントにこれほどの負担をかけずに、効果的にCBTを進めることができただろうに」という自動思考が何回も生じた。BPDに対する認知行動療法に興味のある臨床家の方々には、スキーマ療法の文献をぜひご一読されたい。なおBPDに対するスキーマ療法のエビデンスについては、ギーセン＝ブルーら（二〇〇六）によるオランダの研究を参照されたい（大変希望の持てる結果が報告されている）。

8・1 事例Lの概要

❖ **クライアント**
Lさん——女性。二十九歳。無職。

❖ **インテーク面接**

来談経路——他機関の臨床心理士の勧め

医療情報／来談までの経緯——二十歳頃より複数の精神科病院、精神科クリニックを断続的に受診、通院している。同様にさまざまな機関で心理療法やカウンセリングを受けたことがあるとのことである。このインテーク面接の二ヵ月前まではYメンタルクリニックに三ヵ月ほど通院し、同時にカウンセリングも受けていたが、やはり「先生とカウンセラーがこわくなって行けなくなってしまった」そうである。LさんはYクリニックのカウンセラーに電話をかけ「こわいのでもうYクリニックには行けない」と訴えたところ、（当時）筆者の勤務する精神科クリニックの名前を挙げ、勧められたのだと言う。したがってYクリニックからの紹介状は持参していない。

家族——近県に実家があり、両親と兄が住んでいる。Lさんは二十歳頃に実家を出て、ひとり暮らしをしているが、現在は恋人がおり、半同棲状態である。家賃や生活費は恋人が出してくれているが、両親はそのことを知らず、Lさんが自活していると思っている。そもそもLさんは両親も兄も「大嫌い」で、この二年ほど会っておらず、半年に一度ほど、母親と電話で話す程度だそうである。

生活歴——話がまとまらず、また細かい話をさらに詳細化しようとするLさんの話し方の特徴により、インテーク面接の規定の時間内で生活歴を十分に聴取することができなかった。しかし断片的な情報だけでも、Lさんのこれまでの生活歴における適応は良好とは思わ

れず（例：小学生時にいじめられた。最初に入った高校を退学し別の単位制の高校に再入学している。仕事が続かず職場を転々としている）、認知行動療法を開始することになったら、生活歴をある程度しっかりとヒアリングする必要があると思われた。Lさんにもその旨を伝え、了承を得た。

◆

主訴——〈ここで私と一緒に解決していきたい問題のことを"主訴"と言います。Lさんの主訴を一言で言い表すとどうなりますか？一つでも複数でも構いません〉とセラピストが質問したところ、『『一言で言い表せ』だなんて、先生は私を馬鹿にしているんですか！そんなの一言で言い表せるわけないじゃないですか！」と激昂されてしまった。それを受けて〈一言では言い表せないぐらい、Lさんがいろいろなことに困っていらっしゃるということでしょうか？〉と言うと、「『困ってる』なんて、そんな生やさしいことではありません！」とさらに激昂されてしまった。セラピストは困惑して、〈ごめんなさい、私の聞き方が悪いのだと思うのですが、インテーク面接ではまず主訴を大雑把におうかがいし、それをここに書き留めることになっていて（フォームを見せる）、面接を継続することになったら、改めてもっと詳しくおうかがいすることになっているんです。それがインテーク面接の決め事なんです。それを私が最初に言わなかったのがいけませんでした。申し訳ありません。……主訴は後で追加していただいても変更していただいても構いません。今の時点でLさんがカウンセリングで扱いたいと思う問題を書いておく必要があるのです。……どのように書いておくといいでしょうか？〉と尋ねると、Lさんはやや落ち着きを取り戻し、「すみません、今みたいにすごく気持ちが変わってしまって。……不安定になってしまって。……主訴ですね。……私、今みたいにすごく気持ちが変わりやすいんです。それをとりあえず主訴としてもいいですか？」と、今度はおびえたようにセラピストを上目遣いで見つめてくる。セラピストが〈わかりました。では今日の時点の主訴として、「気持ちが変わりやすい」ということをここに書いておきましょう。さっきのお話ですとはとても言い表せないようないろいろな問題をLさんが抱えていらっしゃるようなので。それについてはカウンセリングが始まってから、おいおい聞かせていただくことになるでしょう。それでよろしいですか？」と言うと、「それでお願いします」と小さな声の返事が戻ってきた。

◆

心理テスト——BDI-Ⅱ（ベックの抑うつ尺度改訂版）は48ポイントだった。かなり重症の抑うつ状態である。特に自殺念慮については「3」（機会があれば自殺するだろう）にポイントされていた（BDI-Ⅱは毎回のセッションの冒頭で実施することになった）。

◆

主治医の見解とセラピストへの指示——DSM-Ⅳに基づく診断は「Ⅰ軸：大うつ病性障害、Ⅱ軸：BPD」である。うつ状態がひどいので、まずは薬物療法でその改善を図りたい。カウンセリングでは安定した関係をまず築いてもらいたい。自殺念慮や自殺企図、およびその他の行動化については医師とセラピストで情報を共有したい。

◆

Lさんの様子や印象——色が白く（単に「色白の人」というより、色

8章　境界性パーソナリティ障害

そのものが抜け落ちてしまっているような印象）、目が虚ろで、精気が感じられない。ひどく痩せているが、拒食症の人のような「勢い」が感じられず、「生命力の低下」のようなものが感じられた。また前述のようにLさんが激昂したときの様子からは、それが「不快だ」とか「こわい」とかいうよりは、ひたすら「痛々しい」という印象を受けた。自分を守るために必死になっているという感じである。

何の話をしていてもまとまらず、別の話に流れていってしまったり、むやみに話が詳細化されてしまったりする。表情や話し方がめまぐるしく変わり、予測がつかない。それらの反応はすべて意図的なものではなく、とにかく必死な感じである。

◆

インテーク面接で合意されたこと——まずセラピストからLさんに対し、認知行動療法に基づくカウンセリングの考え方や進め方について、長々と説明した。その際、特に以下の点について強調した（実際にはもっと噛み砕いた言葉遣いで、紙に言葉や図を書きながら話している）。

❶ 認知行動療法は「自助の援助」を目的とした心理療法である。あくまでも主役はLさんである。セラピストはLさん自身による自助を側面から手助けするパートナーである。

❷ 認知行動療法は段階的に少しずつ進めていくものである。したがって根気強く通ってもらう必要がある。逆に言えば、そうすれば少しずつさまざまな問題が解消されていくだろう。認知行動療法を始めたからといって問題がすぐに解消されるということはない。

❸ 経過が長そうであるし、主訴も複雑であることが推測されるので、これまでの経過や現状をある程度しっかりと「ヒアリング」させてもらう必要がある。ヒアリングが一通り済んだら、主訴を認知行動療法のモデルに沿って整理する「アセスメント」の作業に入る。

❹ この「ヒアリング」や「アセスメント」とは、問題解決の流れでいうと、「問題を理解する」プロセスである。そのプロセスを終えて初めて、「問題を解決する」プロセスに入ることができる。「何がどうなっているか」がわからなければ、「どうすればよいか」が見えてこない。問題やそれを抱えている自分と向き合うということは、かなりしんどい作業になることが予測される。だからこそセラピストがパートナーとしてお手伝いさせてもらうのだが、いずれにせよ自分と向き合うしんどい作業があるということを了承してもらいたい。

❺ 自傷行為や自殺念慮、および他者を傷つける行為など重大な件については、主治医やセラピストの判断で動くことがあることを了承してもらいたい（インテーク面接の段階で、Lさんに自傷行為があることはすでに共有されている）。

❻ 自傷行為や自殺念慮だけでなく、治療上重要と思われることについては主治医とセラピストは連携して動く。秘密保持は、Lさん、主治医、セラピストの三者で行われるものと思ってもらいたい。したがってセラピストの判断で動く場合があることを了承してもらっても、「この話はどうしても主治医に知らせたくない」ということがあれば、その都度教えてもらいたい。セラピストがその話は主治医に知らせなくてもよいと判断した場合、その件に限ってはLさんとセラピストの二者の秘密保持ということになる。

❼ 認知行動療法はLさんとセラピストの協同作業で進めていくものであ

る。セラピストも質問したり提案したりするなど積極的にかかわるが、Lさんにも同じようにかかわってもらいたい。

❽ セラピストの言動や認知行動療法の進め方について疑問や要望や苦情などがあれば、遠慮なく言ってもらいたい。毎回必ず感想や要望を言ってもらう時間を設けてもらえれば、それ以外のときでも構わないので、ネガティブなことも含めて率直なフィードバックをいただきたい。ただしセラピストも人間なので、さきほどのようにいきなり怒鳴られると、つらくなってしまう。そういうときは後でも構わないので、どうしてそうしたのか、説明してもらいたい。

❾ 限られた時間を大切に使いたいので、Lさんの話が逸れてしまったように思われるときは、一度話をさえぎり、本来の話題に戻したい。話を遮られるのは不快かもしれないが許してもらいたい。

以上❶～❾のセラピストからの説明や依頼に対するLさんの反応は以下の通りであった。

① 「自分を助ける」という考え方には驚いた。今までそういうふうに考えたことがなかったので。今までは「誰か、助けて」という思いで病院やカウンセリングに通っていた。

② 少しずつ進めていくしかないことはわかっている。

③ 自分もセラピストにこれまでのことを知ってもらうのがいいと思うので、「ヒアリング」をするのは賛成。「アセスメント」についても了解した。

④ 自分と向き合うのがしんどいだろうというのは何となくわかるし、そうしなくちゃいけないのだろうとも思うが、何かこわい感じがする。

⑤ 自傷行為や自殺念慮など重大なときに、主治医やセラピストの判断で動くことについては当然のことだと思うので大丈夫。むしろそうしてほしい。

⑥ 主治医とセラピストが情報を共有することについても、むしろそうしてほしい。男性に知られたくない話が出てくるかもしれないので、むしろそのときはセラピストと自分だけの話にしてもらいたい（主治医は男性、セラピストは女性である）。

⑦ 協同作業については、もちろんそれがいい。そもそもセラピストが積極的に質問したり提案するというのが、これまでのカウンセリングとは違うなあと思う。私にはただ話を聞いてもらうだけのカウンセリングよりもこういうやり方のほうが合っていると思う。

⑧ 「疑問や要望や苦情を言ってほしい」なんていうことも初めて言われてびっくりした。「そんなこと言ってもいいんだー」という感じ。さっき大きな声で怒鳴ってしまったのは、主訴を聞かれたとき、なぜか急に先生をこわいと感じてしまったから。怒鳴ろうと思って怒鳴ったわけじゃないが、申し訳ない（《こういうふうに説明してもらえるととても助かります》と返す）。

⑨ 自分の話が迷子になりやすいのは自分でもわかっている。わかっているけど、話しているうちに訳がわからなくなって、元の話題に戻れなくなってしまう。だから私の話が逸れたとき、先生に引き戻してもらえるのはむしろありがたい。今までのカウンセリングでは私が一方的

❖ CBTの経過の概要

X年五月にインテーク面接を実施した。その後の最初の14回のセッションは、Lさんの生活環境や面接構造を整えたり、自傷行為など諸問題への応急処置的コーピングを計画したりするために費やされた（X年五月〜九月）。第15セッションから第28セッションまでの間は、「ヒアリング」と称して、Lさんのこれまでの人生を一緒に振り返った（X年九月〜十二月）。第29セッションから第42セッションにかけて問題を同定し、目標を設定した（X+1年1月〜四月）、第43セッションから第44セッションにかけて問題を同定し、目標を設定した（X+1年1月〜四月）。第45セッションから第82セッションまでの間、Lさんは目標を達成するために選択されたさまざまな技法を練習し、身につけた（X+1年五月〜X+2年六月）。第82セッションから「長期フォローアップ」に入り、面接のペースをまず二週間に一度に落として、約三年間にわたってフォローアップを行い、さらに一カ月に一度に落として、CBTを開始して約五年四カ月後の第127セッションでもって終結となった（X+2年七月〜X+5年九月）。

8・2 面接構造が安定するまで

インテーク面接で予告したとおり、セラピストは当初、Lさんのこれまでの生活歴をヒアリングすることから認知行動療法を始めるつもりでいたが、そもそもLさんを取り巻く生活環境そのものが非常に不安定であることが初回セッションで判明し、そちらを安定化することにまずエネルギーを注ぐことになった。

にしゃべり、そのうち迷子になり、訳がわからなくなってぐちゃぐちゃになって、それで終わりになることが多かった。面接の時間が延びたり、先生の話し方が急に変わったりして、それがこわくて余計ぐちゃぐちゃになったりしていた（《ではLさんが迷子になりかけたときは、今日のように引き戻しますね》ともう一度確認すると、「ぜひお願いします」とのことだった。また面接の時間は何があっても決して延長はせず、必ず五十分で終わらせる、ということを再度説明した）。

以上の話し合いを経て、週に一度のペースで継続的な認知行動療法を開始することが合意された（筆者はインテーク面接において、「誰が治療費や面接料金を支払うのか」という重要な情報をLさんに尋ねるのを忘れてしまった。反省点である）。

◆

インテーク面接に対するLさんの感想——「説明を聞いて、今まで受けてきたカウンセリングとは全然違うと思いました。こんなにいろいろと質問してもらったり説明してもらったりしたことはこれまでありませんでした。だからすごく期待できそうな気がしています」

この感想に対してセラピストは、〈期待してもらえるのはありがたいと思いますが、進めていくうちに期待外れのことがいろいろと出てくるかもしれません。その場合、「期待外れだから行くのをやめてしまおう」ということではなく、何がどう期待外れなのか、必ず私に教えてください〉とお伝えした。

セラピストはインテーク面接で治療費や面接料金の出所を確認するのを失念したため、初回セッションでそれを確認したところ、お金を出してくれるのは今付き合っている男性（M氏）であるとのことだった。そこでM氏との関係や付き合いについて具体的に話してもらったところ、以下のことが明らかになった。

・M氏は既婚者で妻子があり、Lさんとはいわゆる「不倫」の関係にある。

・Lさんは以前勤務していた飲食店でM氏と知り合い、二年前から付き合うようになった。付き合いの条件として、Lさんは仕事を辞め、M氏の金銭的援助で生活するようになった（M氏は自営業者で金銭的に余裕があるらしい）。Lさんが長年精神的に不安定なことをM氏は承知しており、治療費は快く出してくれる。M氏はLさんに対し「自分と一緒にいれば、いつか良くなるはず」と言っている。付き合い始めのころはLさんもM氏のその言葉にすがっていたとのことである。

・M氏は自宅とLさんの家を気ままに行き来するような生活を送っている。たとえばある月は前半の二週間、M氏はLさんの家で寝泊りし、後半の二週間は自宅に戻る、といった具合である。それはすべてM氏の気分次第である。一緒にいるときは四六時中一緒におり、そうでないときは連絡もなく放っておかれる状況であり、それがLさんの心身の状態をさらに不安定にさせているようである。

・Lさんが M氏の気に沿わないと M氏は暴言を吐く、顔を殴る、身体を蹴る、などの暴力をLさんにふるうことがある。

・Lさんとしては M氏と一緒にいたいという気持ちと、M氏と別れた

いという気持ちの両方があり、揺れ動いているが、現在うつ状態がひどく、仕事をするのは到底無理そうなので、別れるのは無理だと思っている。心身の状態がよくなって仕事ができるようになったら、別れるかどうかについて検討しようと思っているのは絶対に嫌。だったら殴られても Mさんと一緒のほうがいい」とのことである）。

後で詳しく述べるが、このような生活環境のなかで、Lさんは自傷行為やや過食嘔吐などさまざまな問題行動を呈しており、時に自殺念慮が高まるなど危険な状態になることがあった。セラピストは、このような状況を放置しておくのは危険であると考え、Lさんの了承を得たうえで主治医と協議し、さらにその後、Lさん、主治医、セラピストの三者で協議した。その結果、Lさんの生活環境を安定させるためには、いったんM氏と離れ、実家に戻って両親に世話してもらうのが妥当であるとの結論に至った（Lさんの話を聞く限り、事情さえきちんと伝われば、両親は快くLさんの世話をしてくれる人たちであると思われた）。しかし両親はLさんの現状をまったく知らない。そこで一度両親にクリニックに来てもらい、主治医もしくはセラピストから事情を伝え、家族としての協力を仰ぐことになった。Lさんは最初かなり抵抗を示したが、〈安定した生活環境を整えることが先決。そうでないといくら治療や面接をしても回復しない〉というセラピストの説得に折れ、セラピストの目の前で両親に電話をし、自分が精神科の疾患にかかりクリニックに通院していること、担当治療者から両親に話があるのでぜひ一度来院してほしいということを伝えてくれた。

その数日後、セラピストは両親と家族セッションを行い、Lさんの現状を伝えた上で、Lさんが実家で落ち着いて療養できるよう協力してほしいと依頼した。両親は大変驚いていたが、すぐに快く了承してくれた。Lさんは M 氏から離れることで M 氏に何かされるのではないかと非常におびえていた（例：ストーカー行為など）。そのことをセラピストが両親に伝えたところ、Lさんの父親は「私が相手の男性に事情を伝えて、納得してもらうようにします」と提案してくれた。

ただしLさんは実家に戻るに際し、二つの条件を出していた。一つは「両親もカウンセリングを受けること」、もう一つは「実家にいる兄に家を出てもらうこと」である。

一つ目の条件についてのLさんの言い分は、そもそも両親のせいである。自分だけが苦しんで、自分だけが治療を受けなければならないなんて、不公平だ。親もカウンセリングを受けて、自分たちのどこがいけなかったのか、ちゃんと反省してもらいたい、というものである。

Lさんのこのような言い分をセラピストが両親に伝えたところ、両親は「Lは小さい頃から気難しく、扱いづらい子だった。自分たちの育て方に反省すべき点があるかどうかはわからないが、Lが両親もカウンセリングを受けてよというのであれば受けてもよい」とのことであった。またこの件についてセラピストが両親に伝えたところ、〈ご両親にはLさんのサポーターとして治療に協力していただけると大変助かります。過去を振り返って反省するためというよりは、Lさんをサポートする者同士として、定期的にお目にかかって情報

や意見を交換し合えるとよいのではないかと思います。ご両親が定期的にこちらに来てくださること自体が、Lさんの助けにもなると思います。ただもちろん最終的にはご両親に意思決定していただきたい〉と回答した。最終的には父親が「私たちも久々に娘と一緒に暮らすことになり、しかもその娘が精神科の病気を患っているのであれば、自分たちが娘にどう接したらよいか、正直言ってかなり不安です。私どもとしても、ぜひときどき夫婦でうかがって、先生とお話させてもらいたい」と言い、継続的な家族セッションを開始することが合意された。

問題はもう一つの条件、「実家にいる兄に家を出てもらうこと」であった。Lさんは過去に、兄から身体的暴力と性的な虐待を受けていたのだが、この当時、Lさんはセラピストにもそれを語らず、「とにかく兄がいる家には絶対に住みたくない。理由を知りたければ兄に聞いてほしい」としか言わなかった。セラピストがLさんの言葉をそのまま両親に伝えると、「この条件については、さすがに即答できない。持ち帰って検討させてもらいたい」との回答が返ってきた。この時点でセラピストはLさんの兄についてセラピストの見解を求められたが、〈Lさんは今かなり危機的な状態にあります。もしお兄さんがLさんのような危機状態にないのであれば、お兄さんに事情を伝えていただき、Lさんをサポートするための協力を依頼することができるのではないでしょうか？」と伝えた。Lさんの兄は安定した社会生活を送っており、健康面や生活面において特に大きな問題を抱えているようではなかった。そこでセラピストは両親に対し、〈Lさんは今かなり危機的な状態にあります。もしお兄さんがLさんのような危機状態にないのであれば、お兄さんに事情を伝えていただき、Lさんをサポートするための協力を依頼することができるのではないでしょうか？」と再度尋ねられは兄に実家を出ていってもらう、ということですか？」と再度尋ね

れたので、〈「理由を知りたければ兄に聞いてほしい」とLさんがおっしゃっているのだから、その言葉も含め、Lさんの要望をそのままお兄さんに伝えてみるのがいいかもしれませんね〉と答えたところ、両親も「それがいいと思う。兄に伝えてみましょう」と言い、両親と兄の三人で検討してきてもらうことになった。

結局、兄が実家を出て独り暮らしをし、Lさんが実家に戻ることになった（両親がLさんの希望を兄に伝えたところ、兄はすぐに「自分が家を出ましょう」と言い、準備を始めたとのことである。両親は「兄とLとの間に昔何かがあったのではないか」とひどく不安そうであったが、Lさんが自ら話すまではこの件については特に追求しないことがセラピストと両親との間で合意された）。父親が間に入ってくれたため、Lさんは母氏ともとくにトラブルなく離れることができた。実家に戻ったLさんは両親、特に母親に大声を上げたり物を投げたりするなどトラブルが耐えなかったが、両親とLさんの家族セッションで対策を立てるなどしてしのいでいるうちに、少しずつLさんの状態が安定し、家庭内の緊張状態は徐々に緩和されていった。

このように初回セッションから第14セッションぐらいまでは、Lさんの生活環境を整えるための話し合いが主に行われたのであるが、それと同時に、セッションの構造そのものを安定させるために、さまざまな話し合いが行われた。以下にその例を挙げる。

【例１】
「遅刻してもセッションは延長しない」とインテーク面接時にあらか

じめ伝えてあったが、あるときLさんはセッションに三十分遅れてきて、セラピストが予定通りの時間にセッションを終えようとしたところ、「五分、十分遅れてきて、延長しないという話だと思っていました。今日、三十分遅れたのは、自分のせいじゃないのに（Lさんの言い分によればM氏のせいで寝坊したとのことである）、何でこんなひどい目に逢わなければならないんですか!?」と激怒した。

……遅刻が何分、何十分であろうと、「遅刻しても延長しない」というルールが等しく適用されること、遅刻の理由が何であれやはり等しくルールが適用されること、次に待っているクライアントがおり、延長したら次々と他のクライアントに迷惑がかかってしまうこと、もしLさん自身が「次に待っているクライアント」だとしたら、予約をしているのに、いきなり何十分も待たされるのは大変不安だったり不快であろうこと……などについて、おちついて、かつきっぱりと説明したところ、「わかりました」と納得してくれた。その後はまったく遅刻がなくなった。

【例２】
セッションで扱いたい重要な話は、「アジェンダ設定」のときに必ずアジェンダとして提案するよう初回セッションおよびその後のセッションで伝えてあったが、セッションが残り五分といったときに、Lさんが「今、思い出したんですけど……」と重要な話をしようとした。セラピストは〈今日はもう時間がないから、もし必要であれば、次回のセッションでアジェンダとして提案してくださいね〉と伝えると、「今、ここでこの話をしないと意味がないんです！」と大きな声を出したので、〈それだけ大事な話であれば、残り一〜二分で簡単に済ま

8章 境界性パーソナリティ障害

すことはできませんよね。だったらなおさら一週間我慢していただいて、次のセッションのアジェンダとして提案してください〉と言うと、Lさんは「いろいろありすぎて、それに私、頭悪いから、次のセッションで提案するなんてできそうにありません。だから今、話したいのに……」と言って泣き出した。そこでセラピストが、〈では次回、私たちがその話を必ずできるよう、ここにメモをしておきましょう〉と言って、次回に使う予定の面接記録用紙を取り出してLさんに見せたところ、そこに「前回できなかった大事な話」と書き付けてLさんに見せたところ、ようやく納得したようだった。

さらに次のセッションで話し合った結果、日常生活のなかで「次のセッションでこのことを話したい」「次のセッションでこの件について相談したい」ということを思いついたら、必ずメモを取ることが合意された。

【例3】

セッションが終わるころになって激しく泣き出すことが何度かあった。終了時間が来てセラピストが終わりを告げると、「こんなに私が泣いていて、お化粧だって崩れちゃっているのに、先生は私を追い出すのですか？それってずいぶん残酷じゃないですか。これまでのカウンセラーの先生は皆、私が落ち着くまで部屋にいさせてくれました」と激昂されてしまった。

……セラピストが〈ここでのカウンセリングは五十分という決まりでしたよね。私は五十分ここでクライアントさんと面接して、次のセッションまでの十分間、セッションの記録をまとめたり、次のセッションにいらっしゃるクライアントさんの資料を見たりすることにしていま

す。たった十分間ですが、私にとってとても重要な時間なんです。お化粧を直すなら、洗面所を使っていただけますし、落ち着くまで待合室にいていただいても構わないんです。しかし、このお部屋でのセッションは五十分で終わりにしなくてはならないんですよ。Lさんだって、Lさんの前でのセッションを受けていた人が泣いてしまった影響を受けて、私がLさんのセッションの準備が十分にできなかったら困るでしょう？〉と説明したところ、「わかりました」と言ってLさんはその後はセッション中に泣き出しても、セッション終了時にはLさんが自力で泣き止み、同様のことは起きなかった。

【例4】

突然「先生、私、もう駄目かも」と泣いたり「今、とてもさみしくてリストカットしてしまいそう。どうしたらいいですか？」と尋ねてきたりする。郵便物はたいてい五〜十枚のレポート用紙に、今の気持ちが綿々とつづられているものであった。

……セッション中に「電話および郵便物について」というアジェンダを立て、セラピストから次のように説明した。〈当機関の電話は、問合せや予約などを受け付けるための、つまり事務手続き用のものです。事務的なこと以外のお話は電話でおうかがいすることができませんので、むしろそういう大事なお話は次のセッションで必ずアジェンダとして提案してください〉〈一枚ぐらいのメモであれば、事前に見ておいてさっと目を通すことができますが、これだけびっしり書いてあるレポートのようなものは、申し訳ありませんが事前に見ておくことができないのです。それにここには大事な話がたくさん含まれているのではあ

りませんか。それだったらなおさらセッションでLさんと一緒に共有させてくださいン。Lさんはきちんと理解し、電話や郵便物はなくなった。

【例5】

セッションを重ねるなかで構造化について試行錯誤しているうちに、セッションの冒頭に毎回10分間、Lさんが自由に話をする時間を設けるのが良さそうであること、セッションの最後に10分間の時間を確保して、まとめの話し合いをしたりホームワークを設定したりすると、Lさんが落ち着いてセッションを終えられることがわかってきた（通常、セッションのまとめは五分程度で済ませることが多い）。

以上のようにセラピストから説明したり、セラピストもLさんも互いに納得できるセッションの構造を作り上げていった。以下、この時期に交された対話を紹介する。

セラピスト　態度でそれはすぐにわかります。私がLさんを嫌に思っているような、もしくはLさんを持て余しているような態度を取っているに違いないと思って、先に言ってみたんです。

Lさん　いいえ、でもいつかそうなるに違いないと思って、私のほうから説明させてもらってもいいですか？

セラピスト　なるほど。私のほうから説明させてもらってもいいですか？

Lさん　お願いします。

セラピスト　前にも何度か申し上げたように、ここでやっている認知行動療法で重要なのは、Lさんと私とで「協同作業」をすることなんです。私がつねに考えているのは、Lさんと一緒に気持ちよく協同作業を進めるにはどうしたらいいか」ということです。……ここまではよろしいですか？

Lさん　ええ、よくわかります。

セラピスト　これまでたとえば電話の件とか、セッションを延長しない件とか、いろいろなことを私とLさんは話し合いましたよね。ああいう話し合いをしなければならないとき、「困ったなあ。どうしたらいいかなあ」「どうしたらLさんも私自身も納得のいくやり方が見つけられるかなあ」と考えることはありましたが、それでLさんを嫌に思うとか、持て余すとか、そういうことは一度もありませんでした。……ここまでよろしいですか？

Lさん　ええ、一応わかります。でもこういうことが続くと、結局みんな、私を持て余すようになるんです。先生だってきっとそうだと思います。

セラピスト　みんなって？

Lさん　これまでのカウンセラーや医者や友達や彼氏……みんな同じ。私が不安になったり悲しくなったりして助けを求めると、最初は親切にしてくれるけれど、次第に私のことを持て余すようになる。誰も「持て余している」とははっきりと私に言わないけれど、

セラピスト　こうやって私がいろいろ言うから、先生はさぞかし私のことが嫌になっているんでしょうね。

Lさん　どうしてそう思うのですか？

セラピスト　みんな、そうやって私のことを持て余すから。

Lさん　みんなって？

セラピスト　そうですね。確かに私が今後Lさんを持て余すことが絶

Lさん （ホッとしたように）ああ、それだったら大丈夫かもしれません。それだったら、先生からいきなり「もうここには来ないでください」とか言われることはない、ということですよね。

セラピスト ええ、ありません。そんなことはまずないと思いますが、万が一私が「もうLさんにはここには来て欲しくない」と思うようなことがあったら、そのこともLさんに正直に伝えて相談します。そうしたらLさんはちゃんと私の相談に乗ってくださいね。

Lさん （笑いながら）わかりました。

セラピスト それから私からもLさんにお願いがあります。言ってもいいですか？

Lさん 何でしょうか？

セラピスト さきほど私からLさんに「もうここには来ないでください」といきなり言うことはないと申し上げましたが、逆にもしLさんが「もうここには来たくない」と思ったときにも、急に来るのをやめてしまうのではなく、必ず私に相談してもらいたいのですが、いかがでしょうか？

Lさん （笑いながら）わかりました。そんなことはないと思いますけど。

対にないとは断言できないですよね。未来のことはわかりませんから。……だったらこうしてみませんか。万が一私がLさんを持て余すようなことをLさんに率直に伝えて、相談させてもらうのです。「私がLさんを持て余した」という問題に対しても、Lさんと私で協同作業的に取り組み、乗り越えていくのです。いかがでしょうか？

この話し合いによってLさんはずいぶん安心したようで、その後、待合室や面接室でのLさんの様子や態度が次第にやわらかいものへと変化していった（これは筆者の主観的印象でもあるが、複数の受付スタッフの印象とも合致している）。

8・3 諸問題への応急処置的コーピング

Lさんとの認知行動療法の初期段階では、面接構造の安定化を図りながら（前節参照）、日常生活でのさまざまな問題に対するコーピングを応急処置的に計画し、実施するための話し合いがもたれた。本来、日常生活での諸問題を解決するには、それぞれを認知行動療法の基本モデルで丁寧にアセスメントし、問題点を明確にしたうえで、技法を導入する必要があるが、Lさんの場合、たとえ応急処置であれ、それらの問題へのコーピングを早急に実施しなければ、認知行動療法や医師の診療そのものが阻まれてしまう恐れがあったため、このような手段を取った次第である。実際には各問題につき、3章でも紹介したようなコーピングシートを作成し、検証する、という作業を繰り返した。

自傷行為を対象として作成したコーピングシートを図8・1に示す（Lさんは、リストカット、足首のカット、足のスネをカッターで傷つける、頭皮をむく、といった自傷行為を繰り返していた）。

「自傷行為の衝動が高まったからといって、特に何もせず、呼吸を整えたうえで、あとはその衝動がおさまるのを待つ」というコーピングは、実は認知行動療法における主要技法である「エクスポージャー（曝

```
┌─────────────────────────────────────────────────────────────┐
│           テーマ：自傷行為に対するコーピング                │
│                                                             │
│      認知的コーピング              行動的コーピング         │
│                                                             │
│ ・「今，私は自傷行為をしたがってい  ・50パーセント以下だったら……呼吸 │
│   る」と気づく                       法を実施する。（口から細く長く吐 │
│ ・「何で私は今，自分を傷つけたいの   く ➡ 鼻から吸っておなかをふくらま │
│   だろう」と自分に問いかける         せる……をゆっくりと繰り返す）    │
│ ・「その程度（自傷行為をしたがって  ➡ 呼吸法をしながら自傷行為をした │
│   いる気持ちの強さ）は何十パーセン    がる気持ちがおさまるのを待つ    │
│   トだろう？」と自分に問いかける                                    │
│ ・50パーセント以下だったら……「落  ・50パーセント以上だったら……以 │
│   ち着いてゆっくり呼吸しよう。その   下のことを片っ端に試しながら，自 │
│   うち大丈夫になるから大丈夫」と考   分の気持ちがどうなるか観察する   │
│   える                             ◇足首や手首を強くつかんでは離す │
│ ・50パーセントを超えていたら……   ◇指で足のスネを圧迫する         │
│   「先生と一緒に考えたコーピングを  ◇指で頭皮を軽くたたく           │
│   実施して，何とかしのごう」と考   ◇目をつむって首をぐるぐる回す   │
│   え，行動的コーピングに移る       ◇氷を握りしめる                 │
│                                    ◇石けんをつけて冷たい水で手を洗う │
│                                    ◇目薬をさす                     │
└─────────────────────────────────────────────────────────────┘
```

図8・1　コーピングシート：自傷行為

露）であることを説明すると、Lさんは興味深そうにその説明を聞き、「衝動がおさまるのを待つ、ということをこれまでしたことがありませんでした。なんか新鮮な感じがする」と述べていた。

次に盗癖を対象として作成したコーピングシートを図8・2に示す。

（Lさんは、万引きをしたり親の財布からお金を抜いたりすることが癖になっていた。実際、万引きをしてつかまったことが過去にあるそうである。M氏と半同居していたときはM氏の財布に手をつけていたとのことである）。セラピストとLさんは、上の自傷行為のコーピングに準じて、「盗みたい衝動」の程度を数字で表し、50％以下であればエクスポージャー（その場にそのまま踏みとどまり、呼吸をしながら、衝動がおさまるのを待つ）を、50％を超えていればタイムアウト（その場を立ち去る）を実施することで合意された。

盗みたい衝動が50％を超える場合、その場を自ら立ち去って危機を乗り越えるやり方が「タイムアウト」という技法であることを説明すると、先述の「エクスポージャー」と同様、Lさんは興味を示し、「認知行動療法っていろんなコーピングがあるんですね。面白い」と述べていた。

それ以外にもこの段階で数々の問題について応急処置のためのコーピングシートを作成した。それぞれ一度作っては、その効果をLさんに検証してもらい、修正をして仕上げたものである。その概要を表8・1に示す。

なお両親との家族セッションで、セラピストはこの応急処置およびコーピングシートについて説明し、協力を要請したところ、快諾してもらった。「こういうふうに紙に書いてあると、どうすればよいかということが一目でわかるので、家族としても大変助かる」とのことであった。

8章　境界性パーソナリティ障害

```
┌─────────────────────────────────────────────────────────┐
│              テーマ：盗癖に対するコーピング                │
│                                                         │
│      認知的コーピング              行動的コーピング       │
│                                                         │
│ ・「今，私は盗みたがっている」   ・50パーセント以下だったら……│
│   と気づく                      エクスポージャーを行う。  │
│ ・「何で私は今，○○を盗みたい    （呼吸法をしながら盗みた  │
│   んだろう」と自分に問いかける   がっている気持ちがおさま  │
│ ・「その程度（盗みたがってい     るのを待つ）              │
│   る気持ちの強さ）は何十パー                               │
│   セントだろう？」と自分に問   ・50パーセント以上だったら……│
│   いかける。                    タイムアウトを行う（ひとま │
│ ・50パーセント以下だったら……   ずその場から立ち去る。でき │
│   「これはエクスポージャーの    る限り，盗みたい物や金から │
│   チャンスだ。落ち着いてゆっ    遠ざかる。そのうち盗みた   │
│   くり呼吸しよう。そのうち大   がっている気持ちがおさまる  │
│   丈夫になるから大丈夫」        ので，それを待つ）。       │
│ ・50パーセントを超えていたら                              │
│   ……「これはタイムアウトの                               │
│   チャンスだ。この場を立ち去                              │
│   ろう」                                                 │
└─────────────────────────────────────────────────────────┘
```

図8・2　コーピングシート：盗癖

表8・1　応急処置として扱った問題と計画されたコーピング

問題	認知的コーピング（一部）	行動的コーピング（一部）
自殺念慮（自殺したくなる）	・「自殺したい気持ちの強さ」と「自殺を実行する可能性」にそれぞれ0〜100%の数字をつける	・両方の値が60%以下のときはエクスポージャーと呼吸法を実施する ・どちらかが60%を超えた場合，親にSOSを出し，そばについていてもらう。頓服を飲んで，眠る
過食嘔吐	・「週に1回ぐらいなら過食嘔吐してもいいや」と考える	・1週間に1度程度なら，過食嘔吐することを自分に許す
アルコールを飲みすぎて暴れる	・「どうして自分はお酒を飲みたいんだろう」「お酒を飲んでどうなりたいの？」と自分に問う	・両親と一緒のときに2杯までなら飲んでもいいことにする ・親と一緒のときも3杯以上は飲まない。（親にコントロールしてもらう） ・一人では酒を飲まない。飲みたくなったら頓服飲んで，寝てしまう
親に暴言を吐いたり，暴力をふるいたくなったりする	・「どうして自分はそうしたいんだろう」と自分に問い，その程度を0〜100%で表す	・そういう衝動があることを，0〜100の数字と共に，親に伝え，聞いてもらう。どうしても話せないときは紙に書き出して，親に読んでもらう
兄への怒りで気が狂いそうになる	・「気が狂ったりすることはないから大丈夫。これで狂うのなら，とっくに狂っているはずだよ」「あんな奴のことは忘れたほうがいいよ」と優しく自分に語りかける	・気持ちを食べ物に向ける（週に1度なら過食嘔吐も可） ・ぬいぐるみをぎゅーっと抱きしめる
さみしくてたまらなくなる	・「ああ，さみしいなあ」とさみしさをそのまま感じる ➡ エクスポージャー ・さみしさの程度を0〜100%で表現する	・自分で自分を抱きしめたりなでたりする ・母親に抱きしめてもらう ・ぬいぐるみをなでる，抱きしめる ・甘いものを食べる
むなしくてたまらなくなる	・「ああ，むなしいなあ」とむなしさをそのまま感じる ➡ エクスポージャー ・むなしさの程度を0〜100%で表現する	・髪をとく ・マニキュアを塗る ・アロマオイルをたく ・辛いものを食べる

各問題に対するコーピングは、〈あくまでも応急処置だから、本当にLさんの役に立つかわからないけれど、心理学的に妥当であったり、多くのクライアントさんが使っていたりするコーピングを紹介します〉というスタンスで、セラピストが提案したものに基づいている。

Lさんは特に「『週に一回ぐらいなら過食嘔吐してもいいや』と考えてもいいんですか？」とひどく驚いていた。

〈過食嘔吐をやめよう〉と思ってやめられる程度の問題だったら、ここで応急処置する必要はないわけでしょう？　過食嘔吐は頻繁にやるから負担がかかって問題になるけれども、たまにだったらLさんにとってそんなに大問題になるのでしょうか？」とセラピストが言うと、「たしかに週に一回なら、あんまり問題とは思わないかもしれません」ということになり、「週に一度程度なら、過食嘔吐することを自分に許す」という対策が合意された。

上の図8・1、図8・2、および表8・1を見ればわかるとおり、どんな問題であっても認知的コーピングの基本は自己観察（その問題をそのまま観察する）とエクスポージャー（その問題をそのまま感じようとする構えをもつ）である。Lさんはコーピングシートを何枚も作成するうちにそのことに気づいたようで、「結局、自分に何が起きているか、逃げずにそのことに向き合おうとすることが大事なのでしょうか？　すべてのことに対してそのようにできれば、私は今の苦しみから解放されるのでしょうか？」とあるときセラピストに質問してきた。セラピストは〈そうですね、確かにそれは非常に大事なのですが、だからこそすごく難しかったりもしますよね。今後、ここでの認知行動療法でも、予定通りヒアリングをし、さらにアセスメントをすることになるでしょう。インテーク面接のときに申し上げたように、ヒアリングやアセスメントの作業は、まさに自分と向き合うことになり、かなりしんどい思いをするかもしれません。今はまだその前の段階ですから、現時点で「すべてのことに逃げずに向き合おうとする」のではなく、応急処置のためのコーピングの計画の枠内で、できる範囲で自己観察やエクスポージャーをしていただければいいと思いますよ〉と伝えた。

それとは対照的に行動的コーピングには特に一貫性がなく、問題によってかなり内容が異なるものとなった。どの行動的コーピングで互いに案を出し合い、良さそうなものを選んでプランを立て、ホームワークとしてLさんに行動実験をしてきてもらい、改良を加えたものである。したがって同じ嗜癖行動でも、過食嘔吐の場合は、「週に一回程度ならいい」と考え、その程度の頻度であれば過食嘔吐してしまったほうがコーピングとして役に立つが、アルコール摂取については、どんなに頻度が低くても、一人で飲酒すると後で抑うつ気分や自殺念慮が跳ね上がることが確認されたため、飲酒欲求が高まったらさっさと頓服薬を服用し、寝てしまったほうがよいということになった。興味深いのは「さみしくてたまらない」という問題の場合は、自分をやさしく慈しむようなコーピング、「むなしくてたまらない」という問題の場合は、自分に刺激を与えるようなコーピングが役立つことである。また、両親への暴力衝動はアサーション的なコーピングがかなり役立つことがわかった（両親にはLさんの話を落ち

着いて傾聴し、そのまま受容するよう協力してもらっている）。ところで「兄への怒りで気が狂いそうになる」という問題については、この時点でも兄にどのような怒りを抱いているのか「言いたくない」とのことだったので、特に追求はしなかった。（Lさんの口ぶりから、兄に虐待のようなものを受けていたのではないかということは十分に推察されたが、この時点では特にそれを伝えたりもしなかった。

前節で述べた面接構造の安定化と本節で紹介した応急処置的コーピングがおおむね整うまでに、14セッション（約四カ月間）を費やした。認知行動療法としてはまだ本格的なことは何もしていないが、Lさんの生活環境は開始当初と比べて格段に安定し（両親とのコミュニケーションは良好とは言えなかったが、少なくとも突発的な諸問題についてもとりあえずの対策（すなわち応急処置的コーピング）が揃い、Lさんの状態も安定傾向を示し始めた。このころのBDI-IIは40ポイント前後を推移していた。

二〜三週間に一度の両親との家族セッションも継続して行われており、最初は「精神科の病気にかかった娘が戻ってくる」ということで、戦々恐々としていた両親も、だいぶ対応のコツがつかめ、また応急処置的コーピングが共有されたため、ひどく動揺するようなことはなくなった（なおLさん本人との両親とのセッションはまったく別のものであり、少なくともセラピストはLさんとのセッションでの話をLさんの許可なしでは両親に伝えないこと、同時に両親とのセッションでの話を許可なしではLさんに伝えないこと、というルールをLさんと両親とで共有しており、このルールは終結まで維持された）。

ちなみにLさんの生活環境やセッションでのコミュニケーションが安定し、応急処置のためのコーピングシートが出揃った頃からは、以下のような構造で毎回のセッションが進められることになり、この構造はフォローアップに入るまで維持された。

【Lさんとのセッションの構造】
① BDI-IIの実施
② 10分間フリートーク
③ 応急処置的コーピングの実施状況の確認
④ アジェンダ設定
⑤ 各アジェンダについての話し合いや作業
⑥ まとめの作業（10分間）

8.4 ヒアリング（これまでの生活歴の振り返り）

第15セッションから第28セッションまでの約四カ月間、セラピストとLさんは、Lさんのこれまでの生活歴を丹念に振り返り、共有した。筆者はこの作業を「ヒアリング」と呼んでいるが、認知行動療法のヒアリングとは、あくまでも現在のクライアント自身、および現在クライアントが抱えている問題をよりよく理解するために行う作業である。したがってクライアントやケースによってそもそもヒアリングが必要かどうか、必要だとしたらどの程度の回数や期間が必要かどうかが異なる。そこでヒアリングを行って過去の経緯を共有するかどうか、するとしたらどれぐらいの回数や期間をかけて行うか、ヒアリングの構造はどうするか（例：ある項目に絞って経緯を振り返る、時系列に沿っ

三年生時のことを話すのであればその当時の写真をセッションに持参し、ある時期に付き合った男性の話を主にするのであればその時期に撮った写真やその男性の写真を持参する）。

本事例の場合、インテーク面接時に得た断片的な情報だけでも、これまでの生活歴についての情報がLさんの現状を理解するうえで必要だと考えられ、すでにインテーク面接時にヒアリングを行うことが同意されていた。第15セッションで、改めてヒアリングについて説明し、Lさんの意向を問うと、「私も必要だと思う。先生に私のことはできる限り知ってもらいたいし、自分でも振り返ってみたいと思うから」ということだったので、第15セッションでヒアリングの進め方についてさらに具体的に話し合い、以下の点が合意された。

・項目を特に絞らず、幼少期から今に至るまでの生活歴を時間軸に沿って話してもらう。
・毎回、「何をどう話すか」についてLさんが心積もりしてきて、それをセッションで語ってもらい、セラピストがそれを年表形式で書きとめる。
・書いたものはコピーして共有し、次のセッションまでに一度読み直し、感想をまとめてくる。
・つらいことや話しづらいことも整理や理解のために重要だと思ったら、回避をせずに必ず話す。ただし無理はせず、「話しづらい」ということを予め伝えたうえで、話をする。
・より鮮明に過去のことを思い出すため、写真を使う。（例：小学校

・つらい過去に向き合ってセッション中に動揺してしまうこともありうる。そのためにも必ず最後のセッションの10分間は、まとめの時間として確保する。

次の第16セッションから本格的なヒアリングを開始した。Lさんはまず保育園のときの写真を持参して、もともと人見知りがひどかったことと、保育園の初日に「行きたくない」と泣き叫んだが無理やり連れて行かれたこと、保育園の先生や子どもたちがこわくて仕方なかったこと、いつも両親の目が四歳上の「できる兄」に向いていて寂しかったこと、服をどうしても一人で着られず母親に助けを求めたら「それぐらい一人でやりなさい」と言われて途方に暮れたこと……などを語ってくれた。セラピストはそれをおおまかな時系列に沿って書きとめていった。Lさんは話しながら、ときおり涙を流していた。「すみません、何でかわからないけど、涙が出てきちゃって……」と謝るので、〈Lさんにとって大事な話だからこそ、感情や涙が出てくるのでしょう。まったく気にする必要はありませんよ。出てきた感情や涙はそのままにしておきましょう〉と伝えた。第16セッションに対するLさんのコメントは、「うんと過去の話だから冷静に話せるかと思っていたけれど、次から次へといろいろ思い出してしまって、自分でもびっくりしました」「保育園に行くのがすごく心細かったのを思い出しました。私はあの頃から人がこわかったんだなあと思いました」というものであった。第16セッションのホームワークは次のとおりである。①第16セッションのヒアリ

ングを外在化したシートを見直してくる、②第17セッションのヒアリングの心積もりをしてくる（例：何歳ごろの話をするか、何をどのように話すか）。③次回のヒアリングに該当する時期の写真を持ってくる。

このような感じで約四カ月間、ヒアリングを続けた。その間、多くの写真を参照しながら、さまざまなことが語られ、それを書き留めた用紙（A4の白い紙にセラピストが書き留めた）は全部で十三枚にもなった。ヒアリングで共有された情報のなかでも、特に重要と思われるものを以下に挙げる。

□ 物心ついたときから、繊細で、臆病な性格だった。
□ 人見知りがひどく、保育園に行くのが苦痛でたまらなかった。
□ 両親は共働きで、特に母親はいつも忙しそうにしていて、甘えたくても甘えられなかった。
□ 保育園時、何回か母親に甘えてみようとしたら突っぱねられて、それ以来、「誰にも頼ってはいけない」と思うようになった。
□ 父親は兄にばかり声をかけたり、兄とばかり遊んでいた。「父親は私が嫌いなんだ」と思うようになった。
□ 兄は要領がよく甘え上手。あるとき兄が母親に甘えている場面を見てしまった。それ以来、「両親は兄だけを好きなんだ」「私はいらない子なんだ」と思うようになった。
□ 小学校では地味な存在だったが、仲のよい友達ができ、保育園ほど学校は嫌ではなかった。
□ 兄はLさんと話していても何かにつけて兄のことを話題にし、そのたちはLさんと話していても何かにつけて兄のことを話題にし、そのたびに「私なんかいなくてもいいんだ」と思っていた。
□ 小学校でのLさんの成績は中の上ぐらいで、悪くなかった。しかし特別に成績のよい兄がいたので、Lさんがどんなに頑張ってよい点を取ってもほめられることはなく、逆に「あなたももっと頑張ればお兄ちゃんと同じように百点が取れるわよ」と母親に言われていた。しかしどんなに頑張ってもLさんには百点が取れない。そのうち「頑張っても百点を取れない私はLさんには本当に駄目な人間なんだ」「兄と同じようにできない私は、この家では本当にいらない子なんだ」とさらに強く思うようになった。

□ Lさんが小学校五年生時に、兄は地元で有名な進学校（高校）の受験に合格し、両親は大喜びだった。それを見て「私はこんなふうに親を喜ばせることが絶対にできない」と強く感じ、「私にはこの家で親に養ってもらう資格がない」と思い、意図的に食事を取らないようにした。その結果ひどくやせ細ってしまったが、それに気づいた母親は心配するどころか、「ちゃんと食事を取らなきゃ駄目でしょう」とLさんを叱るばかりであった。Lさんは絶望的になり、縄跳び（ゴム縄）で首を吊ろうとしたが、こわくてどうしても最後の一歩を踏み切れなかった。

□ Lさんが小学校六年生時、高校一年の兄が、親の見ていないところで荒れ始めた。両親が共働きで、家のなかで兄とLさんの二人だけという時間がけっこうあり、廊下ですれ違いざまに兄がLさんの足を蹴ったり、トイレから出てきたLさんの首を絞めるそぶりをしたりするようになった。Lさんは最初ひどく驚き、兄が自分にそんなことをしてきたことに大きなショックを受けた。親が家にいるときとそんなので、「言っても信じてもらえない」

と思い、親には一切言わなかった。

□兄の暴力は最初はごくたまにだったが、次第に頻繁になってきた。Lさんはできるだけ自宅で兄と二人きりにならないようにしていたが、完全に兄を避けることはできないでいた。そして小学校六年生の九月、Lさんがトイレから出るのを兄に待ち伏せされ、手首をつかまれて兄の部屋に引きずられ、そのまま性的な暴行を受けた。Lさんはその当時セックスについてさほど詳しい知識がなかったが、それでも自分が何をされたかはよくわかっており、あまりのショックと恐怖で呆然としてしまった。Lさんがこのことを両親に言うはずもないということを兄はわかっており、特に口止めもされなかった。Lさんは「こんなことが続いたら自分は死ぬしかない」と思い、いつでも死ねるよう遺書を書くことにし、そこに兄にされたことを書いてみたが、「こんなこと、親が信じてくれるはずがない」と思い、「やっぱり死ねない」と思ってしまった。

□その後なぜか兄はLさんを避けるようになり、暴力も一切なくなったが、Lさんは常に兄の存在におびえていた。中学生になって同級生の子たちが異性やセックスの話で盛り上がるのを聞いて、「自分は薄汚れた存在なんだ」と思うようになった。中学校では一人でぽつんと過ごすことが多く、いじめの標的にされたこともあったが、「もうどうでもいい」と思っていたので、特につらくもなかった。中学三年ごろよりそれまで以上にさらに精神的に不安定になり、親に隠れて自傷行為をするようになる。リストカットだと目立つので、足首やスネをカッターで傷つけることが多かった。「どうせ私は薄汚れているんだから、どうなってもいいんだ」と思っていた。

にLさんは家でもほとんど口をきかなくなり、よほどの必要がないとき以外は自室にこもるようになった。それについても両親はさほど心配するふうでもなく「思春期だから」ということで片づけられてしまった。「どうせそんなものだろう」とわかっていたので、特に傷つきもしなかった。

□地元の県立高校に入学したが、周囲になじめず（「楽しそうにしている皆が馬鹿に見えて、とても仲良くしようとは思えなかった」）、勉強にもやる気が出ず、すぐに学校に行かなくなり、一年生の一学期で中退してしまった。「とにかく高校は卒業してくれ」と親に強く言われたため、単位制の高校に入りなおして、何とか卒業だけはした。

□高卒後、アルバイトを始め、そこで知り合った男性と一緒に暮らすため、実家を出ることにした。親はもうあきらめていたようで（「といかう、最初から親は私になんか期待していなかったようで、どうでもよかったんだと思います」）、何も言わなかった。家を出てからはアルバイトで稼いだお金で暮らしており、ずっと親から一切援助は受けていない。

□自分で稼ぐようになって、ずっと行きたかった「精神科」を受診した。精神科医もカウンセラーも最初はすごく親切に接してくれるが、次第にLさんを持て余すようになり、だんだんこわくなってくるのこわさに耐えられず、また「どの先生もカウンセラーも最初はすごく親切にしてくれる」とわかっているので、ちょっとこわくなってくると別の病院やクリニックに転院する、ということを繰り返している。

□どんなアルバイトでもLさんはものすごく頑張るので、最初は重宝されるが、アルバイト先の人間関係のちょっとしたトラブルによってLさん自身が不安定になり、自ら辞めてしまう、ということを繰り返し

□兄は両親の前では相変わらず朗らかに振舞っており、それとは対照的

□ 異性関係も同様で、付き合い始めはよいが、相手とのちょっとしたトラブルがきっかけでLさん自身が非常に不安定になってしまい、そうなると相手をひどくこわく感じ、自分から逃げるようにして別れてしまう、ということを繰り返していた。

□ 自分がまともな人生を歩んでいないのは自分が一番良くわかっており、常に死にたいと思っていたが、「死んだったら兄にやられたときに死ぬべきだった。時機を逃した」という思いもあり、生きることに対しても死ぬことに対してもなげやりになってしまった。二十代は、セックス、酒、薬のまとめ飲み、自傷行為、過食嘔吐、盗み（万引き、人の財布から金を抜く）などで気を紛らわすだけの生活だった。妊娠中絶も二度、経験したということである。

□ X−3年十月ごろ、当時務めていたお店（ショットバー）にM氏が客として訪れ、猛烈にアプローチされて付き合うことになった。「生活費もすべて払うから、仕事を辞めて自分だけの恋人になってほしい」と言われ、そこまで熱烈に男性に求められたのが初めてだったので、Lさんは「これでやっと地獄のような生活から抜けられるかも」と一瞬目の前が開けたような気がした。M氏と半同居の生活を始めた最初の半年ほどは、これまでの苦しみが一気に解消されたかのような幸せな気持ちでいられたが、M氏との生活も結局は不安定で（LさんがM氏と一緒にいられるかどうかはM氏の気分次第）、しかもM氏が次第にLさんに暴言を吐いたり暴力を振るうようになり、「やっぱり私はまともに生きていけないんだ」「こうやって男に暴力を振るわれる人間なんだ」と深く絶望するようになる（その後、現在の主治医およびセラピストのもとで治療を開始し、実家に戻り、何とか実家での療養生活を続けながら今に至る）。

以上のヒアリングのなかでも、兄から暴行を受けた話をするのに、Lさんは最も時間とエネルギーを費やした。少し話しては泣き出したり、ぶるぶる震えて固まってしまったりし、一回のセッションでほんのわずかしかヒアリングできないときもあったが、ヒアリングについてはLさんがホームワークで心積もりしたりするようなペースに任せることになっていたので、セラピストからあえて話を促したりするようなことはなかった。セラピストはLさんの話をひたすら傾聴し、Lさんの目の前でそれらを書き留める役割に徹した。

兄の話をあらかた終えた次のセッションで、「兄の件を話したのは初めて。先生の感想を聞きたい」との要望があった。セラピストは、〈正直って、衝撃を受けました。こんなひどい話は聞いたことがありません。Lさんがよく死なずに生きてこられたなあ、とただそれだけ思いました。それだけのことを体験して、生き延びて、今こうやってここに来てくださっているから、私はLさんとこうやってお話することができると思えば思うほど思えられなくて、ずっと苦しんでいました。でも応うと思えば思うほどあって思いました。……すみません、こんな感想しか言えなんだなあって思いました。……すみません、こんな感想しか言えなくて〉と答えた（これはすべてセラピストの偽らざる率直な感想である）。

このときはそうとしか言えなかった。

Lさんはぽろぽろと涙を流しながら、「話してよかったです。兄のことは今までひたすら忘れよう、忘れよう、としてきたのですが、忘れようと思うほど忘れられなくて、ずっと苦しんでいました。でも応急処置のコーピングのときに、エクスポージャーということを教わって、忘れようとするより思い切って向き合ってしまったほうがいいのかなと少しずつ思うようになって、先生だったらこの話をしても軽蔑はされないだろうと少しずつ思えるようになって……それでも話すのがすごくこわかった。もう本当にこわかったです」と言って、またしばらく

しゃくり上げていた。

ちなみにヒアリングで話されたことは、危機介入のために必要な場合を除いて、セラピストからLさんの両親や主治医に一切伝えないことが約束されてあった。実際、Lさんとの認知行動療法におけるヒアリング以降で、Lさんが危機介入が必要になるほどの状態に陥ることはなく（一時的に不安定になることは多々あったが）、両親はLさんの状態に察されたか、最後まで知らないままであった。両親も、Lさんと兄との間で何があったということは察しており、当初はセラピストに対しても「何か重大なことがあったのではないのでしょうか？」親としてそういうことは知っておくべきではないのでしょうか？」と言っていたが、Lさんの状態がそれを絶対に知らなければならないとは思わなくなりました。Lがいつか話してくれれば、どんな話であれ、受け止めてやりたいと思います」といった言い方に変わっていった。

このようにして第28セッションでヒアリングがひととおり終了した。ヒアリング全体に対するLさんの感想は、「ここまでじっくりと自分のことを振り返ったことはなかったので、いい機会になりました」「（ヒアリング内容がすべて外在化されている紙の束を指して）こうやって紙に書いてもらったので、家で何度も見直した。前にも言ったとおり、向き合ったほうがいいということがわかったので。何回も見ているうちに、なんだか自分でしみじみしてきちゃいました。前に先生に『よく死なずに生きてきましたね』と言ってもらったけれど、こうやって見直してみると、自分でも確かにそうだなあと思いました」「写真を見て話すと

いうやり方は新鮮だった」というものであった。

この時期のLさんの生活は、Lさんが両親に対して急に激昂するようなことがときどきある（両親が上手に受け止めてくれていた）CBT開始当初に比べて、かなり安定してきていた。ただし、ほとんど家にいて両親と一緒に過ごしているだけなので、刺激がないから安定しているとも言える。ヒアリングの内容によって一時的に大きく気持ちが動揺することに対しては、応急処置のためのコーピングシートを参照し、実行することでしのげていた。このころのBDI-IIは20点台の前半を推移するようになり、この時期に抑うつ状態がだいぶ改善されたことがわかる。

8・5 アセスメント

第29セッションから第42セッションにかけてアセスメントを行った。インテーク面接時には「気持ちが変わりやすい」というのを暫定的な主訴としていたが、ここで改めて話し合って、①対人関係で気持ちが不安定になりやすく、結局は関係がうまくいかなくなる、②一人でいるときに気持ちが不安定になりやすく、結局おかしなことをしてしまう、という二点を主訴としてアセスメントを進めていくことが合意された。それぞれの主訴にかかわるエピソード（過去および現在）をLさんに挙げてもらい、それをセッション中にアセスメントシートに整理するという作業を繰り返し行った。主訴①のアセスメントの例を図8・3、図8・4に、主訴②のアセスメントの例を図8・5にそれぞれ示す。

対人関係についてはアセスメントを実施した当初、Lさんは引きこもりに近い生活を送っており両親以外との関係がなかったので、過去のエピソードをいくつか思い出してもらってそれをシートにまとめた。その一つが図8・3である。また親との間で起きたちょっとしたトラブルをアセスメントしてみたところ図8・4のようになり、過去と現在の二つのエピソードが同じような応急処置的コーピングをLさんが活用できていること、また現在はサポート資源が過去とはまったく異なることが、二枚のシートを見比べてみると一目瞭然である。Lさんは「前はお酒とか薬のまとめ飲みとか過食嘔吐とかリストカットとかで必死に自分を支えようとしていたけど、今は支えてくれる人がいるから自分が必死にならなくてもいい。それがすごく自分にとって楽」と言っていた（アセスメントをしていたころ、両親はLさんにとってストレッサーであると同時にサポート資源でもあるという、実に二律背反的な存在になっていた）。

図8・5は、「一人でいるときに気持ちが不安定になりやすく、結局おかしなことをしてしまう」という主訴②について作成されたアセスメントシートであるが、ここでもLさんが悪循環にどっぷりつかってしまう前にコーピングが使えていること、サポート資源が豊富にあり、そのおかげで最悪な状態にならずに済んでいることが確認された（ちなみに図8・5にはオチがある。その夜、味噌が見つからなくて大変だったという話をLさんが帰宅した母親にしたところ、実際にその日、Lさん

アセスメント・シート――自分の体験と状態を総合的に理解する

ストレス状況

ストレスを感じる出来事や変化
（自分，他者，状況）

4年前，バイト先での飲み会。

① 右にT子、左にS君がいる。T子が自分を飛び越えてS君に話しかけた。
⑧ 対面の店長がT子に話しかける。T子と店長とS君とその隣の子が楽しそうに話している。

認知：頭の中の考えやイメージ

② 「無視された」
④ 「T子は本当はS君の隣に座りたかったんだ」「S君もきっとそうだろう」「私なんかいないほうがいい」
⑨ 「店長にも無視された」「みんな、私がじゃまなんだ」「私はここにいるべきじゃない」「何で飲み会なんかに来ちゃったんだろう」「私がじゃまなら飲み会になんか呼ぶな！」

気分・感情

③ ショック100%
⑤ 落ち込み80%
　悲しみ80%
⑩ 落ち込み100%
　悲しみ100%
　自己嫌悪100%
　怒り100%

身体的反応

⑥ 胸がしめつけられる、涙が出そう
⑪ 全身が硬直する、息ができない

行動

⑦ しばらく黙って耐える
⑫ そのまま黙って席を立って帰ってしまった。

サポート資源

- 彼氏
- お酒
- 過食嘔吐
- リストカット
- お薬（まとめ飲み）

コーピング（対処）

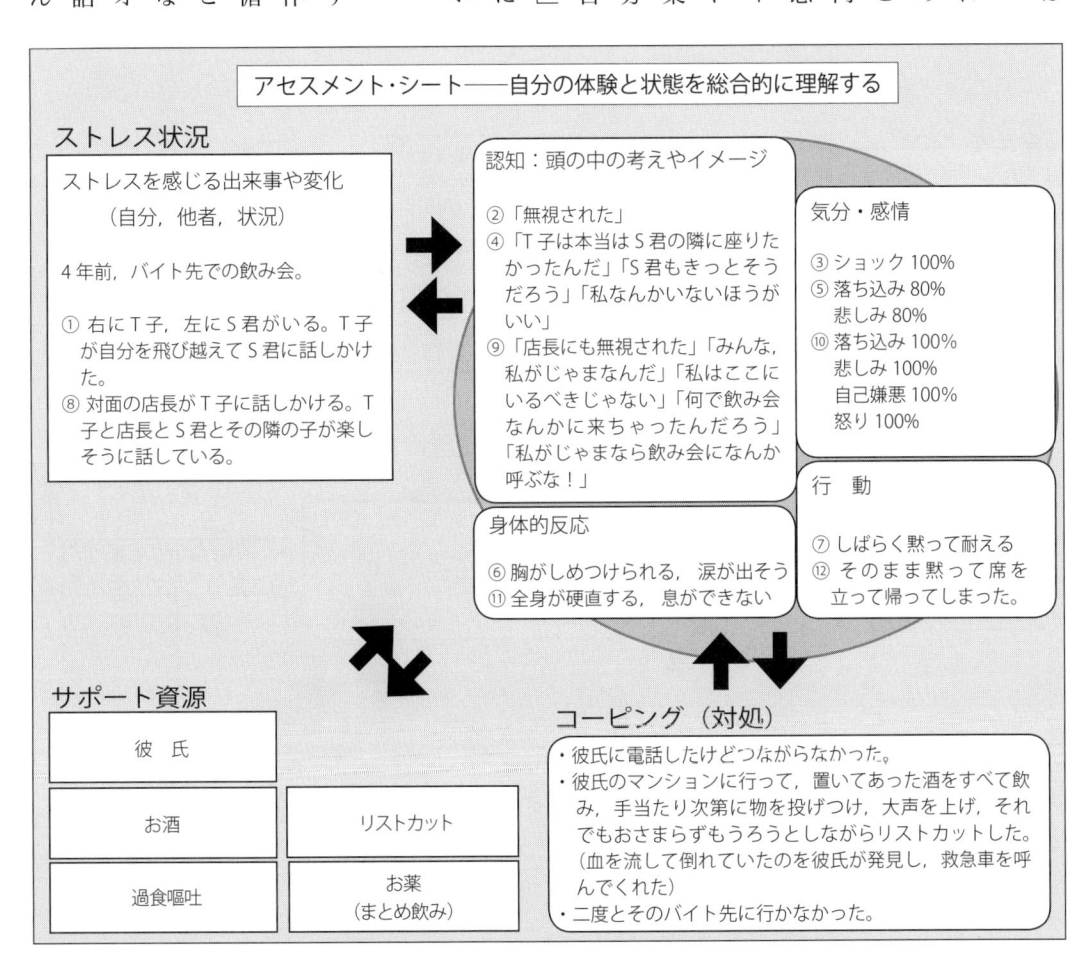

・彼氏に電話したけどつながらなかった。
・彼氏のマンションに行って、置いてあった酒をすべて飲み、手当たり次第に物を投げつけ、大声を上げ、それでもおさまらずもうろうとしながらリストカットした。（血を流して倒れていたのを彼氏が発見し、救急車を呼んでくれた）
・二度とそのバイト先に行かなかった。

図8・3 Lさんの主訴①（対人関係）のアセスメントの例（1）（ツール1）

宅では味噌を切らしていたことが判明した。Lさんは自宅の味噌が切れていることなど思いもよらなかったため心底びっくりし、このような自分の反応が「なんて意味がないんだろう」と思っておかしくなってしまったそうである。Lさんはこの件について「今思うと、『味噌を切らしているのかもしれない』と考えたってよかったし、『一人でパニックにならずに母親に電話をしてもよかった。そうしたらやっぱり味噌が切れていることを知って、『なーんだ』と思ってそれで終わりになっていたのに。……なんか私、無意味に独り相撲をとっているみたい」と語っていた）。

このように二つの主訴について何枚ものアセスメントシートが出揃ったところで、セラピストはスキーマという概念について心理教育し、エピソードをアセスメントした何枚ものシートを一緒に眺め、Lさんが「自分は皆にとって邪魔な存在だ。自分は無能で価値のない人間だ」といった、かなり非機能的なスキーマを有しているであろうという仮説が共有された。Lさんはスキーマという概念について、「実際には両親は、今、私にとてもよくしてくれているんです。両親が私を大事に思ってくれていることも、私なりには理解できています。なのになぜ私は味噌が見つからなかったぐらいであれほど混乱してしまったのか不思議だったのですが、自分のなかにそういうスキーマがあると思うと納得できます。自分のなかのいろいろなスキーマが私を苦しめているのだと思います」と語っていた。

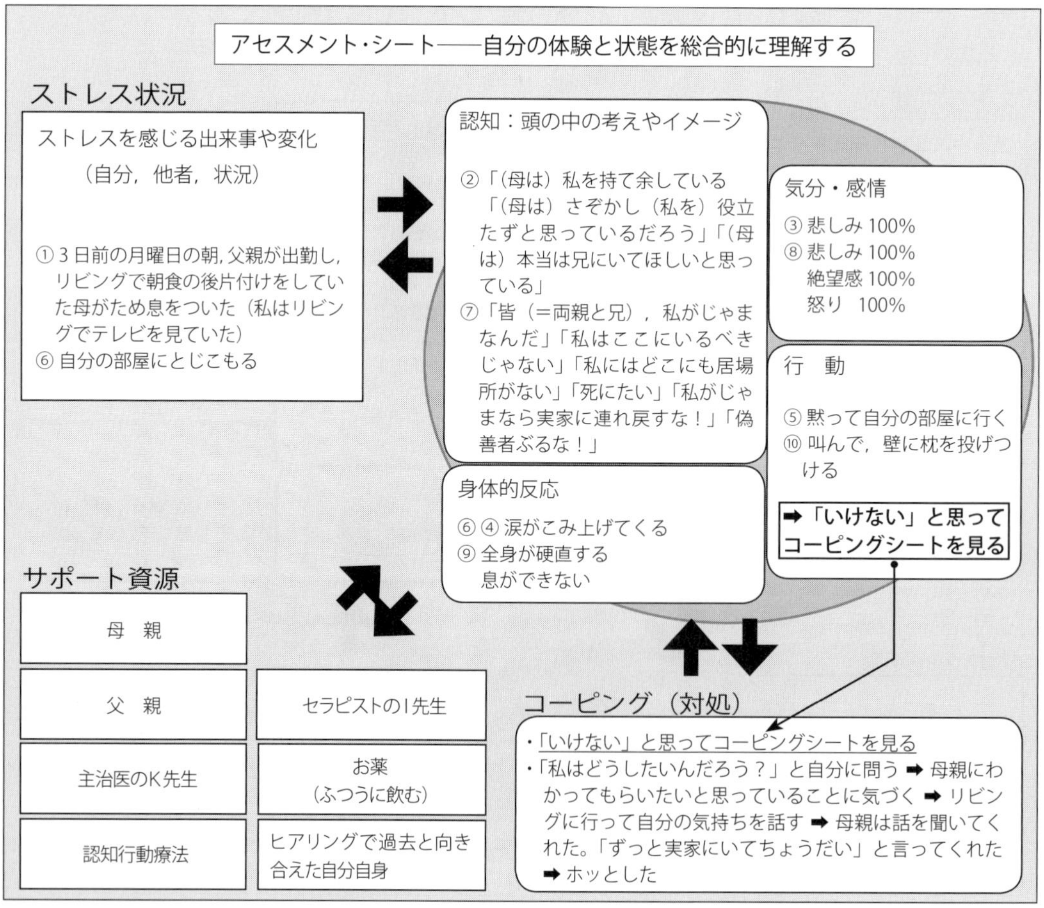

図8・4　Lさんの主訴①（対人関係）のアセスメントの例（2）（ツール1）

アセスメント・シート――自分の体験と状態を総合的に理解する

ストレス状況

ストレスを感じる出来事や変化
（自分，他者，状況）

① 3日前の月曜日の朝，父親が出勤し，リビングで朝食の後片付けをしていた母がため息をついた（私はリビングでテレビを見ていた）
⑥ 自分の部屋にとじこもる

認知：頭の中の考えやイメージ

② 「（母は）私を持て余している」「（母は）さぞかし（私を）役立たずと思っているだろう」「（母は）本当は兄にいてほしいと思っている」
⑦ 「皆（＝両親と兄），私がじゃまなんだ」「私はここにいるべきじゃない」「私にはどこにも居場所がない」「死にたい」「私がじゃまなら実家に連れ戻すな！」「偽善者ぶるな！」

気分・感情

③ 悲しみ 100%
⑧ 悲しみ 100%
　絶望感 100%
　怒り　 100%

身体的反応

⑥ ④ 涙がこみ上げてくる
⑨ 全身が硬直する
　息ができない

行　動

⑤ 黙って自分の部屋に行く
⑩ 叫んで，壁に枕を投げつける

➡「いけない」と思ってコーピングシートを見る

サポート資源

母　親	
父　親	セラピストのI先生
主治医のK先生	お薬（ふつうに飲む）
認知行動療法	ヒアリングで過去と向き合えた自分自身

コーピング（対処）

・「いけない」と思ってコーピングシートを見る
・「私はどうしたいんだろう？」と自分に問う ➡ 母親にわかってもらいたいと思っていることに気づく ➡ リビングに行って自分の気持ちを話す ➡ 母親は話を聞いてくれた。「ずっと実家にいてちょうだい」と言ってくれた
➡ ホッとした

ヒアリングを終えた時点でLさんの抑うつ症状や非機能的行動はかなり改善されていたが、認知行動療法のモデルに沿って自分を観察したりシートに外在化したりといったアセスメントのための諸作業を通じて、Lさんの状態はさらに改善されていった。図8・4、図8・5をみてもわかるとおり、Lさんは行きつくところまで行く前に自分が悪循環にはまったことに気づき、自らコーピングできるようになっている。Lさん自身、そのような変化に気づいており、「最近、なんか『自分がいる』気がしてきた」「前は自分がこうなったのは兄や両親のせいだと思っていたし、今でも兄のことは許せない。でも私は私を生きるしかないので、兄のこととは別に、ちゃんとしたいと思うようになったんです」と語っていた。またそのような変化について、「このアセスメントシートが大きい。何かあるとこのシートを思い浮かべて、自分を観察するようにしています。すると、『今、こういう状況だから、私はストレスを感じているんだ』『こんな自動思考が浮かぶから、こんな気分になっちゃうんだ』『ふーん、こうなると私は自傷行為がしたくなっちゃうんだ』みたいな感じで、自分のことが客観的にわかってくる。そうすると感情が暴走しなくなる。前はそういう歯止めがまったくなく、わけがわからずに暴走しちゃっていたんだと思います」と語っていた。

また、両親との家族セッションによると、このころからLさんはやたらと両親に甘えだしたということである。その少し前からLさんは母親にはスキンシップを求めたり、さみしいとき

アセスメント・シート──自分の体験と状態を総合的に理解する

ストレス状況

ストレスを感じる出来事や変化
（自分，他者，状況）

① 2月17日（火曜日）午後5時頃。両親は仕事に行っていて、一人で家にいる。「味噌汁を作ったら喜んでもらえるかな」と思い立ち、作り始めるが、いざ味噌を入れる段になって、味噌のありかがわからない。

認知：頭の中の考えやイメージ

② 「ここまで作っちゃたのに、どうしたらいいの！？」「どうしよう、味噌がないと味噌汁にならない！」「誰か助けて！」

⑥ 「味噌汁なんか作ろうとしなければよかった」「どうせ自分は味噌汁さえまともに作れない駄目人間なんだ」「生きててもしょうがない」

気分・感情

③ パニック 95%
⑦ 落ち込み 100%
　後悔 100%
　自責 100%

行動

④ とにかく台所中を探し回る……でも見つからない
⑧ 自傷行為がしたくなりカッターを探し始める
→「いけない」と思ってコーピングシートを見る

身体的反応

⑤ 頭に血が上る
⑦ 力が抜ける
　涙が止まらない

サポート資源

コーピングシート	
両親	I先生とK先生
認知行動療法	お薬（ふつうに飲む）
ヒアリングで過去と向き合えた自分自身	甘いもの（アイス，チョコ）

コーピング（対処）

・「いけない」と思ってコーピングシートを見る
・「何で自傷行為をしたがっているのか」と考える ➡ 物事が思い通りにいかなかったから自分がパニックになったのだと気づく。
・自傷行為をしたい気持ちの強さを考える ➡ 50%のような気がする ➡ 呼吸法をする ➡ なんとか落ち着いた ➡ アイスクリームを食べた ➡ さらに落ち着いた

図8・5　Lさんの主訴②（ひとりでいるとき）のアセスメントの例（ツール1）

に抱きしめてもらったりしていたが、このころには母親だけでなく、それまではどちらかというと避けていた父親に対し、自分から近寄っていって話をしたり、ソファでテレビを観ている父親の隣に座ったりすることが増えたのだという。父親はそのような現象に対し、「息子は男同士だから自分が育ててやるという気持ちが強かったのですが、Lについては『女の子だからよくわからない』という感じで、子育ても妻に任せっきりでした。思春期になってLがおかしくなりだしても、『思春期の女の子はなおさらよくわからない』と放置してしまった。今になってそれが悔やまれます。今、娘をとてもかわいく感じるんです」と話し、隣で母親はしきりにうなずきながら涙を流していた。〈Lさんをかわいいと感じるご両親のお気持ちがLさんに伝わっているからこそ、Lさんは今、回復に向かいつつあるのではないでしょうか。少なくとも私自身はそう考えています〉とセラピストは返した。

第40セッションのアジェンダ設定の際、Lさんは「診断のことについて聞きたい」と言い出した。そこで、「診断について」というアジェンダを設けて話を聞いてみると、「テレビで"境界例"についてやっていて、自分にあてはまる気がした。そこでK先生（主治医）に聞いてみたら、あっさり『そうだよ』と言われてしまった。もうちょっとその境界例というものについて教えてほしい」ということであった。そこで『DSM-IV-TR』の境界性パーソナリティ障害の診断基準を一緒に見てみたところ、「これ、全部自分のことだと思う。少なくとも前の私はすべて当てはまります」と驚いていた。Lさんは特に「現実に、または想像のなかで見捨てられることを避けようとする、なりふりかまわない努力」という項目について、「これって病気の症状だったんですね。私、これがすごかったんですよ。特に男の子と付き合っていたとき。相手に見捨てられるのが不安でたまらなくて、見捨てられないようにいつも必死でした。それで、ちょっとでも相手が自分を見捨てたそぶりを見せると、もうこわくなって別れちゃうんです」と話していた。〈以前Lさんは、やたらと人をこわがっていましたが、それもこのことと関係あると思いますか？〉と尋ねると、「あると思う。……確かにあると思います」と答えた。

このアセスメントの時期のBDI-IIであるが、アセスメントを開始した当初は20ポイント台、アセスメントが終わりにさしかかった第35セッション以降は10ポイント台を推移していた。一時的に動揺することはあるが、全体的にはかなり落ち着いており、見た目もしっかりしてきた。以前のおどおどした様子もなくなり、「ごくふつうに話をしている」という感覚をセラピストは持つようになった。

■ 8・6 問題の同定・目標の設定・技法の選択と導入・長期フォローアップ

以上に紹介したとおり、本事例はインテーク面接から約一年間、セッション数にして第42セッションまで、Lさんの生活環境を整えたり、面接構造の安定化を図ったり、喫緊の問題に応急処置的コーピングをしたり、これまでの経緯をヒアリングしたり、現在の問題をアセスメントしたりすることにセラピストとLさんはエネルギーを注いだ。つまり何か特定の問題に焦点を絞ったり、何か特定の技法を導入したりすること

> 1．問題リスト：現在，困っていることを具体的に書き出してみる
> - □① 「自分は誰からも必要とされていない」「私は無能で価値のない人間だ」というスキーマによって極端にネガティブな自動思考が生じやすい。
> - □② 読心術，全か無か思考といった非機能的な自動思考により，気分が急激に悪化することがひんぱんにある。
> - □③ 対人関係でもそのような非機能的な自動思考が生じやすく，その結果，極端な態度を取るなどして相手との関係を自分からぶちこわしてしまう。
> - □④ 何か少しでも物事がうまくいかないと，それに耐えられず自己破壊的なコーピングに逃げ込もうとしてしまう。
> - □⑤ どこにいても自分の居場所でないように感じ，緊張してしまう。その緊張を自分でゆるめられない。
> - □⑥ 少しでもネガティブな気分が生じると，それに耐えられず自己破壊的なコーピングに逃げ込もうとしてしまう。
> - □⑦ スキーマや自動思考が邪魔をして，相手の言葉をそのまま受け止められず，ひどい誤解をしてしまうときがある。
> - □⑧ 自分の気持ちを人に伝えるためのスキルが不足している。

図8・6　Lさんと作成した問題リスト（ツール2の一部）

を、ここまででまったくしていない。しかしここまでの一年間でLさんの状態は非常に良くなり、BPDの極端な特徴がむき出しになるようなことはまったくといっていいほどなくなった。ただしそれはあくまでもLさんが自身のBPD的特徴とうまく付き合えるようになっただけのことであって、BPD的特徴が解消されたわけではない。このことをセラピストとLさんは共有したうえで、第43セッション以降は、「問題の同定」「目標の設定」「技法の選択と導入」という認知行動療法の標準的なプロセスを踏み、目標が達成されたと合意された時点から、セッションの頻度を減らして「長期フォローアップ」に入った。このあたりのCBTの進め方は、前章までに紹介した他の事例とまったく変わらない。したがってここでは各過程の要点を紹介するにとどめる。

● 問題の同定と目標の設定（第43〜44セッション）

アセスメントされたことをもとに、上記の問題リスト（図8・6）が作成され、それをもとに全部で五つの目標が設定された（図8・7）。なおスキーマの問題については、①から⑤までの目標が達成されれば

> 3．現実的な目標を設定する
> - □① 非機能的な自動思考が生じたときに，その都度自覚し，別の考え方ができるようになる。
> - □② 生活上の現実的な問題に適切に向き合い，解決できるようになる。
> - □③ 対人関係における極端な思考や行動を改善する。
> - □④ 自分で自分の緊張を緩められるようになる。
> - □⑤ もっと自分を大切にするようなコーピングを増やす。

図8・7　Hさんと作成した目標リスト（ツール2の一部）

自然に解消されるだろうという仮説のもとで、あえて直接的に焦点を当てていないことが合意された。

● 技法の選択と導入

第44セッションでは、**図8・7**の目標①、③、⑤を達成するために認知再構成法、②、③、⑤を達成するためにリラクセーション法を導入することが合意された。さらに目標⑤については、コーピングレパートリーを増やすための話し合いや実践を行うことが合意された。

第45セッション以降、セッションとホームワークの課題を通じてLさんに技法を実践してもらった。ちょうどこのころ、Lさんがアルバイト（飲食店のホール係）を始めたので、認知再構成法や問題解決法のネタには事欠かず、少しずつではあるが順調に技法の練習が進んでいった。

● 長期フォローアップ

第82セッション（X＋2年六月〈インテーク面接の約二年後〉）にて、面接目標がほぼ達成されたことが合意され、フォローアップに入ることにした。「できればしばらくの間、先生たち（主治医、セラピスト）には経過を共有してもらいたい」とのLさんの希望があり、数回のセッションではなく、「長期フォローアップ」としてそれなりの期間、経過観察のためにセッションを実施することが合意された。セッションの頻度はこれまでの週に一度から二週に一度に落とし、さらに途中から月に一度のペースに落とし、そのペースがX＋5年九月までの約三年三カ月もの間、維持された。結局、フォローアップセッションはX＋5年九月までの約三年三カ月もの間、実施された。

その間、一カ月〜二カ月に一度のペースで家族セッションも継続された。

フォローアップセッションの構造は以前のようなガチガチなものではなく、フリートーク中心の比較的ゆるやかなものであった。フォローアップ期間に入ってから、Lさんはいくつかのアルバイトや習い事に挑戦し、さまざまな体験を経た後に、中古のCDや本を売買する企業に最初はアルバイトとして入り、その後仕事ぶりが認められ最終的には正社員になった。職場での人間関係や業務におけるさまざまなトラブルに対して、Lさんはその時々にはそれなりの動揺を示しながらも、CBTで身に付けたモニタリングやアセスメント、そして種々の技法やスキルを用いて、見事に乗り切ることができていた。第110セッションのころより、主治医からは〈もういつでも治療をやめて大丈夫。そのタイミングはLさんに任せる〉という話があり、CBTも同様に〈終結についてはLさんの判断に任せる〉ということで合意されていた。その約一年後の第125セッション時に、Lさんから「もうそろそろ終わりにしてもいいと思う」との発言があり、それを受けて第126セッションと第127セッションでは、これまでのCBTの経過を一緒に振り返る作業を行った。「長い間よく頑張ったと自分でも思います。私はこれまで自分のために頑張るということをしたことがなかった気がします。認知行動療法を通して、世の中で何とか自分らしく生きていくためのスキルを身につけたように思います。ありがとうございました」というのがLさんの最後のフィードバックであった。なお「自分は誰からも必要とされていない」「私は無能で価値のない人間だ」というスキーマについては、この一年ほどまったくそのように感じたことがないということで、「お

8・7 事例Lのまとめ

● BPDの認知行動療法の場合、構造化が双方を救う

BPDのクライアントに認知行動療法を実施する場合、とにかくきっちりと構造化を行うことがクライアントとセラピストの双方を救う、と筆者は信じている。本事例ではたとえば以下の局面で筆者とLさんは構造化に救われたと言えるだろう。

【例1】

インテーク面接で生活歴についてある程度の情報を取りたかったが、Lさんの話し方の特徴（脱線、詳細化）によって時間がなくなってしまったため、インテーク面接ではあえて生活歴の情報収集を行わないことにした。

→認知行動療法の「構造化」において最も重要なのは、時間を守ることである。したがって「聞くべきことが聞けていない」という状況と「時間がない」という状況では、後者が優先されるべきである（「時間があるときに、聞くべきことを聞けばよい」とする）。この原則は、BPDのクライアントの場合、特に重要だと思われる。

そらくこれらのスキーマは解消されたのだろう」ということが合意された。終結時Lさんから「先生の感想も聞きたい」とのリクエストがあったので、〈よくここまで生き延びて頑張ってくださったとしか言いようがありません。そういうLさんを心から尊敬しています。Lさんの認知行動療法を担当させてもらって私のほうこそ感謝しています。ありがとうございました〉とお伝えした。

BPDのクライアントは、「自分の話が長引いたので、その結果、セッションが長引いた」といった現象に対し、非常に恐ろしい思いを抱くようである。おそらくそのような現象はクライアントにとって「自分の言動が世界を変えてしまう」という体験になってしまうのだろう。逆にクライアントの言動がどうであれ「時間が来たらおしまい」というあり方は、一時的な反発を買うことがあるが、クライアントの世界を揺るがさなくて済む。セッションを時間通りに終わらせるということは、〈あなたがどういう状態であっても、時間が来たら今日のセッションは終わりになる〉というメッセージを有し、その結果、クライアントの世界は揺るがされずに済む。

【例2】

インテーク面接時に〈主訴を一言で言うと？〉というセラピストの質問に激昂したLさんは、〈インテーク面接ではまず主訴を大雑把におかがいし、それをここに書き留めることになっていて（フォームを見せる）、面接を継続することになっているんです。それがインテーク面接の決め事なんで。それを私が最初に言わなかったのがいけませんでしたね〉というセラピストの、「インテーク面接」についてのくどくどとした説明によって、落ち着きを取り戻した。

→セラピストという人間が何かを依頼したり指示したりするのではなく、〈○○（例：インテーク面接）とはこういうものだから・とりあえずそれに従ってくださいね〉という説明をするほうが、BPDのクライアントははるかに受け入れやすいようである。つまりインテーク面接という構造のせいにしてしまうということである。

【例3】

セッションの時間は決して延長しないことを予め説明し、実際にそれを守り続けた。

↓決められた時間を守る、というのは構造化において最も重要なことであると筆者は考えている。クライアントが遅刻しようが、話がまとまらなかろうが、時間が来たらセッションを終える、ということを繰り返すことは、BPDのクライアントに結果的に安心感をもたらすようである。自分の遅刻や話しぶりによって時間が延長されるというのは、そのときどきの自分の状態によって「世界が変化してしまう」という体験である。遅刻しようが話がまとまらなかろうが決められた時間にセッションが終わるというのは、自分がどのような状態にあっても「世界は揺るぎなく変わらない」という体験である。その「変わらない」という体験がBPDのクライアントにとっては、決定的に重要と思われる。

セラピストが決して構造を揺るがさない覚悟でもってクライアントに接し続けているうちに、クライアントは自分自身が構造化によって安心できることを実感するようになる。すると構造化に対してむしろ協力的になってくる。そうなるとBPDのクライアントとの認知行動療法は、非常に進展が早くなる。そういう印象を筆者は持っている。なおBPDに限らず困難な事例における構造化の詳細については、ベック（二〇〇五）を参照されたい。

● クライアントの話が逸れてしまった場合の対応

BPDのクライアントのすべてではないが、あるアジェンダについて話しているうちに、話が逸れていってしまう人が多いように思われる。筆者の場合、インテーク面接においてそのような徴候が見られたら、それを放置せずに話を引き戻し、そういうことが何度もあるようであれば、認知行動療法のコミュニケーションはアジェンダを中心にしたものであること、アジェンダから話が逸れてしまうような場合はセラピストから話を引き戻すがそれでよいかということをクライアントに話すようにしている（メタコミュニケーション）。最も多いのがLさんのような反応である。つまりクライアント自身、自分の話が迷子になりがちなことを知っているのだが、自分でそれを修正することができず困っているのである。したがってクライアントが迷子になりかけたことをセラピストが察知したら、なるべく早めに〈○○の話題に戻りましょう〉と声をかけ、クライアントに戻ってもらうようにするのが対応としては適切だろう。

いずれにせよ話が逸れてしまった場合に限らず、お互いのコミュニケーションの仕方についての話し合い（つまりメタコミュニケーション）を、できるだけ事前に丁寧にしておく、ということがBPDの認知行動療法の場合、特に重要であると筆者は考えている。

● クライアントの生活環境を整えることが先決

認知行動療法は言うまでもなく、クライアント個人の認知と行動の工夫を手助けするものであるが、序章でも述べたとおり、クライアントを

理解するための基本モデルにおいて最も重要なのは、「環境」と「クライアント個人」との相互作用のあり方を把握することである。そしてその相互作用のあり方にそもそも大きな問題があるのであれば（言い換えればクライアントが置かれている状況そのものに大きな問題があれば）、まずそのような環境的・状況的問題をできるかぎり解消するべく努める必要がある。

Lさんの場合、実家を出て、とある男性と半ば一緒に暮らしていたのだが（そのこと自体が問題というのではない）、男性の気ままな行動によってLさんの生活が支配されていたり、暴力を振るわれていたりするなどして、それがLさんの心身の不安定さに拍車をかけていたことは間違いなかった。Lさん自身、それを自覚して男性と別れたいとも考えていたが、経済的にその男性に依存していたため、別れることを半ばあきらめていた。それは「実家に戻って両親の世話になる」という選択肢がLさんになかったためである。Lさんを取り巻くこのような環境を把握した主治医とセラピストは、両親に事情を伝えて治療的協力をお願いし、Lさんが実家に戻って療養できるよう手助けしてもらった。また、筆者には判断しきれないが、認知行動療法ものだったのかどうか、筆者には判断しきれないが、認知行動療法が「環境」と「個人」との相互作用をモデルに組み込んでいる以上、必要に応じてクライアントを取り巻く環境を調整する役割を担うのは、当然のことのようにも思う。ただしもちろんその際、「どのように環境を整

えたらよいか」の答えをセラピストが出すのではなく、あくまでも「協同的実証主義」に基づき、クライアントおよび関係者（家族、主治医など）と一緒に検討するための調整役をセラピストが担うべきであることは言うまでもないだろう。

● 「応急処置」という枠組みでのコーピングシートの作成

序章でも述べたとおり、認知行動療法ではすぐに問題解決に入ることはしない。「問題」をしっかりとアセスメントし、その後、「解決」について検討するのが通常の流れである。そのことをインテーク面接時にクライアントに説明し、〈すぐに問題が解決されることはないと思ってください〉と伝えると、大方のクライアントは受け入れてくれる。そのようなクライアントは自分の問題をかかえていられる力を持っている人たちである。

しかしなかには「待ったなし」の問題を複数かかえ、切羽詰まって来談するクライアントもいる。その場合、「そのクライアントのかかえるその問題にカスタマイズした解決策」はもちろんすぐには立てられないが（解決策を立てるにはおおむね役立つであろうと思われる解決策」をブレインストーミングを応急処置としてコーピングの案を出し合ったり、他のクライアントに役立ったコーピングをセラピストが紹介したりすることで、応急処置的なコーピングの計画を立てることができる。

応急処置的なコーピングを計画し、行動実験して、「まあ、なんとか

これでしのげる」ところまで持っていければ、当初「待ったなし」状態だったクライアントもある程度落ち着きを取り戻し、従来の認知行動療法の流れに乗ることができる。また応急処置の枠組みとはいえども、さまざまな技法をちらりと試すことができるので、どの技法がその人に役立ちそうか、どの技法は習得が難しそうかともでき、そういう意味では「あなたにとって本当に役立つかわからないけれども」という言い訳つきで応急処置のコーピングを試すというのは、かえって役に立つ場合がある。Lさんの場合、少なくとも応急処置的コーピングを通じて、セルフモニタリング、エクスポージャー（曝露）、認知再構成法、問題解決法、行動実験、アサーション、リラクセーション、タイムアウトといった技法を断片的に試したことになり、これが後に本格的に技法を実践する際に役立った。

応急処置的であるかどうかにかかわらず、コーピングの計画は必ずコーピングシートやコーピングカードに外在化する必要がある。筆者は序章および3章、本章で示したようなコーピングシートを作り、それを複数コピーしたものをクライアントにお渡しすることが多い。そして家のなかに貼ってもらったり（冷蔵庫、机、壁、洗面所など）、折りたたむか縮小コピーするかして持ち歩いてもらったりして、現実的に応急処置として使えるよう工夫してもらう。その際のホームワークは「一日三回、問題が起きているか否かにかかわらず、コーピングシートを見て備えておく」というのと「当該の問題が起きたら必ずコーピングシートに書かれてあることを実行する」というのを組合せるとよいだろう。まとコーピングシートやカードとして外在化されてあると、家族などLさんのように家族に協力してもらと共有しやすいので便利である。

う必要のあるコーピングの計画を立てた場合は、あらかじめ家族のぶんまでシートのコピーを取り、家族にコピーを渡したうえで協力を要請すると、快く応じてもらいやすいようである。

●認知行動療法における「ヒアリング」について

主訴や問題の経過が長かったり、そもそも幼少期や思春期における適応が良くなかったというクライアントの場合、「ヒアリング」と称して、これまでの経過を共有させてもらうことがある。「認知行動療法では過去を扱わない」と思い込んでいるセラピストやクライアントがときおりいるが、現在の問題やクライアント自身をよりよく理解する点を当てたほうがいいと判断された場合は当然そうする。ただしヒアリングはあくまでも「現在の問題やクライアント自身を理解するため」という位置づけであり、ヒアリングそのものが目的化することはない。またヒアリングをする際は、どの程度のセッション数や期間をそこに使うか、出てきた情報を誰が外在化するか（記録を取るのはセラピストかクライアントか）、セッション主体で進めていくかホームワークで書いてきてもらうか、話したくないことをあえて話すかもしくはそれは話さないことにするか……などヒアリングのやり方そのものをクライアントと話し合って決めておくとよいだろう（これもメタコミュニケーションである）。

本事例のようにそれなりのセッション数をかけてヒアリングをするケースも少なくない。Lさんのような幼少期からずっと傷ついてきたBPDのクライアントの場合、できればヒアリングをしっかり行って、その傷つきの具体的な内容を共有させてもらっておくほうが、次のアセ

スメントがうんとやりやすくなるだろう。この場合のヒアリングのコツは、話された情報をすべて紙に書き出し外在化するということだと思う。外在化することでクライアントは自らの内に秘めていた過去に距離を置いて向き合うことができる。それはつらい体験ではあるが、向き合うことができればそれに巻き込まれなくてすむようになる。また外在化することで今まで混沌としていた過去が、あるまとまりをもったものとして体験されるようになる。なかなか系統的に過去を想起できない場合は、本事例のように写真を使うとやりやすくなると思う。

前述のとおり認知行動療法においてはヒアリング自体を目的とすることはないが、本事例のように外傷体験を持つクライアントの場合、ヒアリングの時点でそれを詳細に話すことにより、結果的にエクスポージャーの効果がもたらされる場合がある。この場合、鍵となるのは、①セッションが構造化されていること、②ヒアリングの進め方そのものについて合意されていること（例：つらいこともあえて話す、クライアントのペースで話す、セラピストは聴くに徹する、など）、③ヒアリングの情報が外在化されること、の三点だと筆者は考えている。この三点が揃うことで、クライアントは安全な環境において外傷体験を想起し、かつそれが外在化されることによってPTSD的な再体験が阻止される、という効果が得られるのだと思う。実際、このような形でのヒアリングを進めるだけで症状が解消し、終結となったPTSDのケースを筆者は複数経験している。

● BPDに対するアセスメントの効果

Lさんが言っていたように、BPDのクライアントに対するアセスメントの効果は絶大である。特に自己観察をアセスメントシートに外在化するという作業が、BPDの人にとっては効果的なようである。それはおそらくBPDの「同一性障害：著明で持続的な不安定な自己像または自己感」という特徴と関連していると筆者は推測している。簡単にいえばBPDの人は「自分がない」。自分がないから、状況や相手に振り回されてしまう。それがアセスメントを通じて、認知行動療法の基本モデルに沿って自分の体験を外在化する作業を続けていく。そのうちにこんどは基本モデルに沿って自己観察できるようになる。そうなると状況に容易に振り回されることなく、何があってもその状況における反応を落ち着いて観察し、その後の対処を自分自身で検討することができるようになる。つまり「自分がある」状態に変化するのである。アセスメントを通じて、BPDのクライアントが自分に距離を置くようになるというのは、まさに今、非常に注目されている「マインドフルネス」そのものであるように思われる。

なおBPDのケースの場合、アセスメントの際に、自動思考だけでなくスキーマ（中核信念）についても心理教育し、クライアントにどのようなスキーマがあるか、一緒に仮説を立てるとよいと思う。というのも、BPDのクライアント自身、自分がなぜこれほどまでに極端な反応をするか不思議に思っていることが多く、スキーマという概念を知り、自分のスキーマについて仮説を立てることで、腑に落ちる人が多いからである。また本事例のように、アセスメントの段階でBPDの診断基準

を共有することで、クライアントの自己理解が深まることも少なくない。

このように、とにかくBPDの認知行動療法ではアセスメントのクライアントの作業が決定的に重要である。Lさんほど重症ではないBPDのクライアントの場合、アセスメントを丁寧に行うだけでクライアントが安定し、抑うつ症状や問題行動が改善され、特に技法を導入しなくても終結させられるケースも少なくない（ただし本事例のように、BPDのケースの場合、アセスメントを良好に行うための下地作り＝構造化が非常に重要なのは言うまでもない。それがなければアセスメントを良好に行うことは絶対に不可能であると筆者は考えている）。

●回復過程で親に甘え始めるBPDのクライアントについて

BPDのクライアントが回復する際（寛解のすぐ前の段階ぐらいで）、急に親（父親にも母親にも）に甘え始める人が少なくないということを筆者は経験しており、以前からその現象に興味を抱いていた。そのようなクライアントはいつまでも甘え続けるのではなく、ある時期をすぎると、つきものが落ちたように甘えることをやめ、今度は親から離れ、自立していく。そのような現象を何度も見聞きするうちに、これはクライアントが自ら育ち直しをするための一種の戦略なのだと思うようになった。そしてクライアントが親に甘えるという現象は、寛解に至る好ましい徴候であると捉えるようになった。BPDの事例の場合、本事例のように両親もしくは母親とのクライアントとの家族セッションを並行して行うことがあるが、親は子ども（クライアント）がいきなり自分に甘えてくることに驚いたり、「状態が悪化したのではないか」「いい年した娘が、こんなふうに親に甘えるなんて、大丈夫なんだろうか」といった不安を抱いたりすることが多い。このようなときセラピストが、〈回復過程でよく見られる現象です。一時的なので心配することないと思いますよ。これまでの経験からですが、年齢は大人でも心は小さな子どもだと思って思いきり甘えさせてあげると、むしろ予後がいいようです〉といったことを伝えると、親も安心するようである。

ところでBPDのクライアントが回復の過程でこのような「子ども返り」をすることについて、理論的にどのような説明ができるか、これまで筆者なりに文献などを探してきたのだが、なかなかぴんとくるものがなかった（もちろん筆者の勉強不足のせいで、重要な文献を見逃している可能性も大いにあるのだが）。しかし本章の冒頭で紹介したヤングら（二〇〇三）のスキーマ療法に出会って、やっと納得のいく説明や概念を手に入れることができた。スキーマ療法の理論によれば、BPDのクライアントのなかには、「寂しいチャイルドモード」と呼ばれる"子ども部分"が生々しく残っており、そういう"内なる子ども"のなかに存在することをクライアント自身が認め、そのような子どもを"治療的再養育法"によって育て直しをすることによって、クライアントのチャイルドモードやそれにかかわるスキーマが癒されるのだという。ここではスキーマ療法についてこれ以上紹介しないが、スキーマ療法のモードの概念や"治療的再養育法"というアプローチは、BPDの病理や回復過程を非常によく説明できる概念だと思われるので、興味のある読者は文献を参照されたい。

伊藤絵美（2001）：心身症の治療問題解決療法．心療内科，**5**, 256-260．

伊藤絵美（2003）：問題解決的アプローチによる認知療法（うつ病の認知療法）．井上和臣編，認知療法ケースブック．こころの臨床アラカルト，**22**（2），2-9．

伊藤絵美（2006）：認知療法・認知行動療法——面接の実際．星和書店．

伊藤絵美（2005a）：認知療法・認知行動療法カウンセリング 初級ワークショップ．星和書店．

伊藤絵美（2005b）：認知行動療法の実際——カウンセリング．こころの科学，**121**，102-106．

伊藤絵美（2005c）：医師との連携における実践．坂本真士・丹野義彦・大野 裕編，抑うつの臨床心理学．東京大学出版会，197-211．

伊藤絵美（2006a）：うつ病に対する認知行動療法の適用のポイント——患者の自助を通じて再発を予防するために．医学のあゆみ，**219**，（13），971-975．

伊藤絵美（2006b）：認知療法・認知行動療法——面接の実際．星和書店．

伊藤絵美（2006c）：認知行動療法における認知再構成法と問題解決法の相補的活用について——再発事例および難治事例に対する認知行動療法のフルパッケージ．日本心理臨床学会第25回大会発表論文集，120．

伊藤絵美・向谷地生良（2007）：認知行動療法．べてる式。．医学書院．

小杉正太郎編著（2002）：ストレス心理学——個人差のプロセスとコーピング．川島書店．

Linehan, M.M. (1993): *Cognitive-Behavioral Treatment of Borderline Personality Disorder : Diagnosis and Treatment of Mental Disorders*. Guilford Press. 大野 裕監訳（2007）：境界性パーソナリティ障害の弁証法的行動療法．誠信書房．

McCullough, J.P. (2000): *Treatment for Chronic Depression : Cognitive Behavioral Analysis System of Psychotherapy (CBASP)*. Guilford Press. 古川壽亮・岡本泰昌・大野 裕・鈴木伸一監訳（2005）：慢性うつ病の精神療法——CBASPの理論と技法．医学書院．

鍋田恭孝（2007）：対人恐怖症の今日的問題——SADという新たなる視点とアプローチ．鍋田恭孝編著，思春期臨床の考え方・すすめ方．金剛出版，130-148．

Nezu, A.M., Nezu, C.M. & Perri, M.G. (1989): *Problem-Solving Therapy for Depression*. Wiley. 高山 巌監訳（1993）：うつ病の問題解決療法．岩崎学術出版社．

Nezu, A.M., Nezu, C.M. & Lombardo, E. (2004): *Cognitive-Behavioral Case Formulation and Treatment Design : A Problem Solving Approach*. Springer.

境 泉洋・佐藤 寛・松尾 雅・滝沢瑞枝・富川源太・坂野雄二（2004）：軽度うつ症状に対する問題解決療法の有効性——メタ分析による検討．行動療法研究，**30**（1），43-53．

坂野雄二・丹野義彦・杉浦義典編（2006）：不安障害の臨床心理学．東京大学出版会．

清水寛之（2002）：自己の状況とメタ認知．井上 毅・佐藤浩一編，日常認知の心理学．北大路書房，192-208．

樽味 伸（2004）：「対人恐怖症」概念の変容と文化拘束性に関する一考察．こころと文化，**3**（1），44-56．

Young, J.E., Klosko, J.S., & Weishaar, M.E. (2003): *Schema Therapy : A Practitioner's Guide*. Guilford Press. 伊藤絵美監訳（2008）：スキーマ療法．金剛出版．

参考文献

Albers, S. (2003): *Eating Mindfully*. New Harbinger Publications. 上原徹・佐藤美奈子訳（2005）食も心もマインドフルに．星和書店．

American psychiatric Association. (2000): *Diagnostic and statistical manual of mental disorders* (ed.4, text revision). Washington, DC: American Psychiatric Press. 高橋三郎・大野 裕・染矢俊幸訳（2002）：DSM-Ⅳ-TR──精神疾患の診断・統計マニュアル．医学書院．

Andrews, G., Creamer, M., Crino, R., Hunt, C., Lampe, L., & Page, A. (2002): *The Treatment of Anxiety Disorders: Clinician Guides and Patient Manuals* (Second Edition). Cambridge University Press. 古川壽亮監訳（2003）不安障害の認知行動療法（2）社会恐怖──不安障害から回復するための治療者向けガイドと患者さん向けマニュアル．星和書店．

Bartlett, F.C. (1932): *Remembering: An Experimental and Social Study*. Cambridge University Press. 宇津木保・辻 正三訳 (1982) 想起の心理学．誠信書房．

Beck, A.T., Rush, A.J., Shaw, B.F., & Emery, G. (1979): *Cognitive Therapy of Depression*. New York: Guilford. 坂野雄二監訳, 神村栄一・清水里美・前田基成訳（1992）：うつ病の認知療法．岩崎学術出版社．

Beck, J.S. (1995): *Cognitive Therapy: Basics and Beyond*. New York: Guilford. 伊藤絵美・神村栄一・藤澤大介訳（2004）：認知療法実践ガイド・基礎から応用まで──ジュディス・ベックの認知療法テキスト．星和書店．

Beck, J.S. (2005): *Cognitive Therapy for Challenging Problems*. Guilford Press. 伊藤絵美・佐藤美奈子訳（2007）：認知療法実践ガイド：困難事例編．星和書店．

Clark, D.A. (2004): *Cognitive-Bihavioral Therapy for OCD*. Guilford Press.

Clark, D.M. & Fairburn, C.G.(Eds.) (1997): *Science and Practice of Cognitive Bihavior Therapy*. Oxford University Press. 伊豫雅臣監訳（2003）：認知行動療法の科学と実践．星和書店．

D'Zurilla, T.J. (1986): *Problem-Solving Therapy*. Springer. 丸山 晋監訳（1995）．問題解決療法．金剛出版．

D'Zurilla, T.J. (1990): Problem-solving training for effective stress management and prevention. *Journal of Cognitive Psychotherapy*, 4, 327-354.

Giesen-Bloo, J., van Dyck, R., Spinhoven, P., van Tilburg, W., Dicksen, C., van Asselt, T., Kremers, I., Nadort, M., & Arntz, A. (2006): Outpatient Psychotherapy for Borderline Personality Disorder: Randomized Trial of Schema-Focused Therapy vs Transference-Focused Psychotherapy. *Archives of General Psychiatry*, 63, 649-658.

原田誠一編（2006）：強迫性障害治療ハンドブック．金剛出版．

樋口輝彦・神庭重信編（2002）：双極性障害の治療スタンダード．星和書店．

飯倉康郎（1999）：強迫性障害の治療ガイド．二瓶社．

井上和臣（2003）：認知行動療法の適応拡大と技法の修正．臨床精神医学, **32**（10），1179-1184.

伊藤絵美（2000）：心理療法，ストレスマネジメント，メンタルヘルスのための問題解決に関する研究．慶應義塾大学大学院社会学研究科博士論文．

腹式呼吸法　10, 120
不幸のシナリオ（ストーリー）　159, 160, 162
フラッディング　175
ぶりかえし　145, 152
フリートーク　85
ふりをする　94, 100
フルパッケージ　187
ブレインストーミング　23, 53
ベック
　　ベックの抑うつ尺度改訂版 ⇒〔BDI-II〕
　　アーロン・ベックの認知療法　14, 21
弁証法的行動療法（DBT）　222
ポジティブな気分　125
ホームワーク　4

ま行

マインドフルネス　195, 214, 221, 253
メタコミュニケーション　250, 252
メタ認知機能　86
メタ認知的知識　86
メタ認知的プロセス　86
面接構造　227
目標の設定　7
目標リスト　44, 111
モチベーション　125, 151, 207
モード　254
モニター　86

モニタリング　38, 210
モニタリングシート　38, 39, 55, 62
問題解決　4
問題解決シート（ツール6）　10, 48, 51, 57
問題解決チーム　4
問題解決法　8, 45, 48, 65, 175, 176, 178, 179
問題解決療法　48
問題志向　86, 87
問題の同定　7
問題リスト　43, 44, 111

や行

約束事項　138
予期不安　112
抑うつ気分　73

ら行

リラクセーション法　10, 120, 125, 127, 175, 176, 181, 191
ロールプレイ　23

わ行

Y-BOCS（エール・ブラウン強迫観念強迫行為尺度）　129

た行

大うつ病性障害　14, 31, 34
大技法　66
対処法　194
対人関係　3, 33
対人恐怖　164, 188
代替思考　24, 26
代替思考を案出するためのシート（ツール５）
　　9, 27
タイムアウト　234
代理確認　151
食べ吐き日記　211
段階的曝露　117, 174, 193
段取り　64
チャイルドモード　254
注意分散法　12, 175, 176, 182, 191
中核信念　4, 88, 253
中和行動　131
長期フォローアップ　184, 248
治療的再養育法　254
つなぎの課題　62
ツール　4, 6-10, 22, 23, 25, 26, 27, 48, 57, 87
DSM　63, 99
　　DSM-Ⅳ　42
動機づけ　198

な行

内在化　253
内的曝露　125, 126
認知　3
　　適応的認知　50
認知構造　3
認知行動分析システム精神療法（CBASP）　64
認知行動療法（Cognitive Behavior Therapy）　2,
　　48, 70, 225
認知行動療法全体の構造化　4
認知行動療法の基本モデル　2
認知再構成法　8, 14, 20, 48, 118, 126, 175, 176,
　　180
　　図的ツールを用いた認知再構成法　21
認知心理学　3, 88

認知的安全行動　150
認知的な工夫　48
ネガティブな気分　125
ネガティブな反すう　78
ネガティブな予測　171
ノーマライズ　148

は行

媒介信念　4
発狂恐怖　156
破局的な解釈　109
曝露（法）（エクスポージャー）　8, 10, 112,
　　118, 124, 125, 174, 177, 233, 236, 241,
　　253
　　イメージ曝露　127
　　外的曝露　125
　　段階的曝露　117, 174
　　内的曝露　125
曝露課題　118
曝露曲線　113, 125
曝露の精神　174, 176, 177, 187
曝露の説明図　114, 116
曝露の報告　176, 177
曝露反応妨害法　10, 128, 135, 136, 142, 150,
　　157
橋渡し　5
パニック障害　102, 122
パニック障害の説明図　106
パニック発作　104, 110
反すう　19, 78
ヒアリング　37, 61, 225, 237, 242, 252
非医師　63, 99, 123, 127
非機能的認知　20
BDI-Ⅱ（ベックの抑うつ尺度改訂版）　15, 70,
　　72, 84
PTSD　253
BPD ⇒〔境界性パーソナリティ障害〕
秘密保持　225
不安階層表　117, 119, 126, 136
不安障害　102, 123
フィードバック　5
複雑な気分障害　68, 84
腹式呼吸　94

行動的な工夫　48
呼吸コントロール　120
個人内相互作用　3
コーピング　6, 212, 221, 233, 235, 236, 252
コーピングカード　99, 118, 181, 252
コーピングシート　12, 80, 81, 83, 93, 99, 142, 233, 252
コーピングレパートリー　214, 218
コ・メディカル　63
コラム法　21
コンサルテーション　46
コンサルテーション・セッション　47
コンタミネーション　137
困難事例　89, 222

さ行

サイコロジスト　62
再発予防　29, 121
再発予防計画　31, 98
サポート資源　6
ジェットコースターの比喩　125
自我違和化　209
しかけ　64
実験　103, 123
実行可能性　53
思考中断法　195
自己観察　40, 79, 86, 236, 253
自己視線恐怖　164, 194
自己臭恐怖　164, 194
自己注目　171, 182, 191
自己評価　208
自殺念慮　225
自傷行為　225, 233
自助（セルフヘルプ）　2
自助の援助　4, 199, 225
姿勢　120
自動思考　3, 21, 24, 32, 96, 134, 211
自動思考の確信度　26
自動思考の検討　22
自動思考の同定　32
自動思考のモニター　24
CBASP（認知行動分析システム療法）　64
社会適応　102

社会的相互作用　3
社会不安障害　164, 168, 171, 185
写真　238, 253
主観的評定　99
主訴　87
主訴を作る　185
10分間フリートーク　72, 85, 237
状況　3, 33
状況分析　64
症状モデル　148
自律神経　108
事例定式化（ケース・フォーミュレーション）　4
神経性大食症　196
神経性無食欲症　196
身体的反応　3
診断　63, 154, 161, 186, 246
侵入思考　133
侵入体験　133, 134, 148, 155, 156
心理教育　4, 21, 98, 106, 121, 123, 124, 133, 148, 149, 162
スキーマ　3, 88, 89, 172, 175, 181, 205, 209, 244, 253
スキーマ療法　89, 222, 254
ストレスマネジメント　121
生活環境　227, 237
生活リズム　100
整合性　125
性の問題　220
摂食障害　196
セッション
　セッションの時間　250
　1回のセッションの構造化　5
セラピストの自己開示　45, 66, 149
セルフアセスメント　86
セルフモニタリング　62, 220
洗浄強迫　128, 130, 162
専門書　99
双極性障害　98
双極Ⅱ型障害　68
相互作用　3
操作的診断　63
ソクラテス式質問法　4
ソーシャルサポート　33

索引

あ行

アジェンダ 5, 250
アジェンダ設定 5, 230
アセスメント 3, 4, 6, 14, 32, 63, 71, 73, 85, 98, 104, 169, 210, 225, 242
アセスメントシート 6, 162
安全行動 105, 109, 131, 171
言い聞かせ 150
生き方 84
医師との連携 46
維持と般化 28
医師の指示 208
維持療法 28
イメージ 52, 53
イメージ曝露 127, 143
イメージリハーサル 53
うつ 34
　その人の"うつ" 34
うつ病 34
エクスポージャー ⇒〔曝露〕
エピソード 63
応急処置 233, 235, 251
応急処置的コーピング 252
思い込み 88

か行

外在化 4, 6, 7, 13, 64, 87, 99, 142, 148, 151, 208, 242, 252, 253
外傷体験 253
階層的な認知モデル 3
外的曝露 125, 126
回避 65, 110, 112, 134, 171
回避の説明図 113
カウンセリング 70
加害恐怖 132
確認強迫 128, 131, 132

過食嘔吐 196, 210, 220
過食症 196
活性化 64
家族セッション 229
活動レベル 42
環境 3, 33
　生活環境 227, 237, 250
感情 3
危機介入 98
気分 3
気分障害 68
気分状態チェックシート 95
〔気分にだまされないぞ〕 45
気分変調性障害 34, 42, 61
技法 7, 127, 150, 252
技法間の整合性 187
基本モデル 86, 253
境界性パーソナリティ障害（BPD） 122, 222, 246, 249, 253
協同作業 4, 225, 226, 232
協同的問題解決 65
強迫行為 134, 156
強迫行為を伴わない OCD 128
強迫性障害（OCD） 128, 134, 147, 154, 156
強迫性障害の症状モデル 134, 156
拒食症 196
緊張 191
緊張反応 108
軽躁状態 93
軽躁病エピソード 95, 98
軽躁病エピソード徴候チェックリスト 96
傾聴 241
ケース・フォーミュレーション（事例定式化） 4
「原因」の扱い 152
効果 53
交感神経 108
構造化 4, 5, 64, 65, 207, 222, 232, 249
行動 3
行動実験 54, 203

著者紹介

伊藤　絵美（いとう　えみ）

1996年　慶應義塾大学大学院社会学研究科博士課程単位取得退学

現　在　洗足ストレスコーピング・サポートオフィス所長
　　　　博士（社会学），臨床心理士，公認心理師，国際スキーマ療法協会認定上級セラピスト

専　門　認知行動療法，ストレス心理学，スキーマ療法

著訳書　『認知療法・認知行動療法カウンセリング初級ワークショップ』星和書店, 2005.
　　　　『ケアする人も楽になる認知行動療法入門』医学書院, 2011.
　　　　『スキーマ療法』（ジェフリー・ヤング，他著）（監訳）金剛出版, 2008.
　　　　『ケアする人も楽になるマインドフルネス＆スキーマ療法』医学書院, 2016.
　　　　『セルフケアの道具箱』晶文社, 2020.
　　　　『認知行動療法実践ガイド』（ジュディス・ベック著）（共訳）星和書店, 2023.

事例で学ぶ認知行動療法（じれいでまなぶにんちこうどうりょうほう）

2008年9月5日　第1刷発行
2024年9月5日　第6刷発行

著　者　伊藤絵美
発行者　柴田敏樹
印刷者　日岐浩和

発行者　株式会社　誠信書房

〒112-0012　東京都文京区大塚 3-20-6
　　　　　　電話　03(3946)5666
　　　　　　https://www.seishinshobo.co.jp/

中央印刷　協栄製本　　落丁・乱丁本はお取り替えいたします
検印省略　　無断で本書の一部または全部の複写・複製を禁じます
© Emi Ito, 2008　　　　　　　　　　　　　Printed in Japan
ISBN 978-4-414-40046-5 C3011

JCOPY　<（社）出版者著作権管理機構 委託出版物>
本書の無断複写は著作権法上での例外を除き禁じられています。複写される場合は，そのつど事前に，（社）出版者著作権管理機構（電話 03-5244-5088, FAX 03-5244-5089, e-mail: info@jcopy.or.jp）の許諾を得てください。

あなたを困らせる ナルシシストとの つき合い方
病的な自己愛者を身近にもつ人のために

ウェンディ・ビヘイリー 著
伊藤絵美・吉村由未 監訳

モラハラ、DV等で周囲を傷つけるナルシシスト（病的な自己愛者）を理解し、彼／彼女らとの関係を改善していくための具体的スキルを呈示する。

主要目次
第1章　ナルシシストの成り立ちを明らかにする
第2章　パーソナリティ構造を理解する
　　　　——スキーマと脳科学の視点から
第3章　「とらわれ」を理解する
　　　　——あなた自身のもつ「落とし穴」を見つける
第4章　障壁を乗り越える
　　　　——コミュニケーション上の問題やその他の障害
第5章　注意を向ける
　　　　——ナルシシストとの困難な出会いに直面する
第6章　出口を見つける
　　　　——危険性の高いナルシシズムを回避する
第7章　「共感的直面化」を活用する
　　　　——対人的効果の高い戦略を用いる／他

A5判並製　定価（本体2700円＋税）

スキーマ療法最前線
第三世代CBTとの統合から理論と実践の拡大まで

M・ヴァン・ヴリースウィジク／
J.ブロアーゼン／M.ナドルト 編
伊藤絵美・吉村由未 監訳

司法など新たな現場でのスキーマ療法の実践や、マインドフルネス・ACTとの接点を紹介。CBTの最先端のひとつが見えてくる。

主要目次
第Ⅰ部　スキーマ療法
　　　　——理論と技法の最前線
第1章　スキーマ療法
　　　　——歴史と現状とこれから／他
第Ⅱ部　マインドフルネス・ACTとスキーマ療法の統合
第7章　スキーマ療法、マインドフルネス、そしてACT／他
第Ⅲ部　カップルやセラピスト自身のためのスキーマ療法
第10章　カップルのためのスキーマ療法／他
第Ⅳ部　司法領域におけるスキーマ療法
第12章　司法領域におけるスキーマ療法
第13章　司法領域における多職種協同によるスキーマ療法の実践／他

A5判並製　定価（本体3900円＋税）